最高裁判所判例解説

民事篇

平成27年度（上）

（1月～6月分）

一般財団法人　法曹会

は　し　が　き

1. 本書は，最高裁判所判例集に登載された民事判例（平成27年1月から同年12月までの分）の全部について，最高裁判所の調査官が判示事項，裁判の要旨等を摘示し，かつ，当該裁判について個人的意見に基づいて解説したもの（法曹時報第68巻第3号より第70巻第3号までに掲載）を集録したものである。
2. 解説番号は，裁判の月日の順序である。
3. 目次は裁判要旨の内容に従って，憲法，民法，商法，会社法，民事訴訟法，民事執行法，民事執行規則および諸法令（五十音順）の順に配列した。
4. 見出しの次にある括弧内の民集69巻とあるのは，最高裁判所判例集第69巻中の民事判例集を意味する。
5. 巻末に掲げた裁判月日索引は，裁判の月日，最高裁判所判例集の頁と本書における解説番号および頁とを対照したものである。
6. 本書は上，下の2冊に分かれている。目次の頁数の左に附した上は，上巻を，下は，下巻を示す。
7. なお，本解説の担当者の氏名は，次のとおりである（五十音順）。
市原義孝，衣斐瑞穂，大森直哉，小田真治，加本牧子，菊池絵理，齋藤毅，清水知恵子，須賀康太郎，田中孝一，谷村武則，寺岡洋和，冨上智子，德地淳，飛澤知行，中丸隆，野村武範，畑佳秀，林俊之，廣瀬孝，山地修

平成27年度最高裁判所各法廷の構成

大法廷

裁判長　寺田逸郎

第一小法廷

裁判官　櫻井龍子

裁判官　金築誠志
（3月31日限り退官）

裁判官　白木　勇
（2月14日限り退官）

裁判官　山浦善樹

裁判官　池上政幸

裁判官　大谷直人
（2月17日就任）

裁判官　小池　裕
（4月2日就任）

第二小法廷

裁判官　寺田逸郎

裁判官　千葉勝美

裁判官　小貫芳信

裁判官　鬼丸かおる

裁判官　山本庸幸

第三小法廷

裁判官　岡部喜代子

裁判官　大谷剛彦

裁判官　大橋正春

裁判官　木内道祥

裁判官　山﨑敏充

最高裁判所判例解説

民事篇　平成27年度

目　次

日本国憲法（昭和21年11月3日）

第3章　国民の権利及び義務

第13条
○民法750条と憲法13条 …………………………………33（　畑　）…下　708
○民法750条と憲法14条1項 ……………………………33（　畑　）…下　708
○民法750条と憲法24条 …………………………………33（　畑　）…下　708

第14条
○国籍法12条と憲法14条1項 …………………………… 6（寺　岡）…上　106
○西宮市営住宅条例（平成9年西宮市条例第44号）46条1項柱書き及び同項6号の規定のうち，入居者が暴力団員であることが判明した場合に市営住宅の明渡しを請求することができる旨を定める部分と憲法14条1項 ……………………………………… 8（廣　瀬）…上　155
○衆議院小選挙区選出議員の選挙区割りを定める公職選挙法13条1項，別表第1の規定の合憲性 ………………………26（衣　斐）…下　523
○民法733条1項の規定のうち100日の再婚禁止期間を設ける部分と憲法14条1項，24条2項 ………………………………32（加　本）…下　642
○民法733条1項の規定のうち100日を超えて再婚禁止期間を設ける部分と憲法14条1項，24条2項 ……………………32（加　本）…下　642
○立法不作為が国家賠償法1条1項の適用上違法の評価を受ける場合 ………………………………………………………………32（加　本）…下　642
○国会が民法733条1項の規定を改廃する立法措置をとらなかった

— 1 —

ことが国家賠償法1条1項の適用上違法の評価を受けるものではないとされた事例 …………………………………………32(加　本)…下　642
○民法750条と憲法13条 ……………………………33(　畑　)…下　708
○民法750条と憲法14条1項 ………………………33(　畑　)…下　708
○民法750条と憲法24条 ……………………………33(　畑　)…下　708

第15条

○衆議院小選挙区選出議員の選挙区割りを定める公職選挙法13条1項,別表第1の規定の合憲性 ………………………26(衣　斐)…下　523

第22条

○西宮市営住宅条例(平成9年西宮市条例第44号)46条1項柱書き及び同項6号の規定のうち,入居者が暴力団員であることが判明した場合に市営住宅の明渡しを請求することができる旨を定める部分と憲法22条1項 …………………………………8(廣　瀬)…上　155

第24条

○民法733条1項の規定のうち100日の再婚禁止期間を設ける部分と憲法14条1項,24条2項 …………………………………32(加　本)…下　642
○民法733条1項の規定のうち100日を超えて再婚禁止期間を設ける部分と憲法14条1項,24条2項 …………………………32(加　本)…下　642
○立法不作為が国家賠償法1条1項の適用上違法の評価を受ける場合 ………………………………………………………32(加　本)…下　642
○国会が民法733条1項の規定を改廃する立法措置をとらなかったことが国家賠償法1条1項の適用上違法の評価を受けるものではないとされた事例 …………………………………………32(加　本)…下　642
○民法750条と憲法13条 ……………………………33(　畑　)…下　708
○民法750条と憲法14条1項 ………………………33(　畑　)…下　708
○民法750条と憲法24条 ……………………………33(　畑　)…下　708

第4章　国　会

第41条

○国家公務員共済組合法(平成24年法律第63号による改正前のもの)附則12条の12第4項及び厚生年金保険法等の一部を改正する

目　次

法律（平成8年法律第82号）附則30条1項と憲法41条及び73条6
号 ……………………………………………………30（徳　　地）…下　609
第43条
○衆議院小選挙区選出議員の選挙区割りを定める公職選挙法13条1
項，別表第1の規定の合憲性 ………………………26（衣　　斐）…下　523
第44条
○衆議院小選挙区選出議員の選挙区割りを定める公職選挙法13条1
項，別表第1の規定の合憲性 ………………………26（衣　　斐）…下　523

第5章　内　　閣
第73条
○国家公務員共済組合法（平成24年法律第63号による改正前のも
の）附則12条の12第4項及び厚生年金保険法等の一部を改正する
法律（平成8年法律第82号）附則30条1項と憲法41条及び73条6
号 ……………………………………………………30（徳　　地）…下　609

民　　法（明治29年法律第89号）

第1編　総　　則

第3章　法　　人
第37条（平成18年法律第50号による改正前のもの）
○特例財団法人は，その同一性を失わせるような根本的事項の変更
に当たるか否かにかかわらず，その定款の定めを変更することが
できるか ……………………………………………28（野　　村）…下　572

第7章　時　　効
第1節　総　　則
第147条

○事前求償権を被保全債権とする仮差押えと事後求償権の消滅時効
　の中断 ……………………………………………… 1 (山　地)…上　　1
○保証人が主たる債務者に対して取得した求償権の消滅時効の中断
　事由がある場合における共同保証人間の求償権の消滅時効中断の
　有無 ……………………………………………………24 (齋　藤)…下　505

第154条
○事前求償権を被保全債権とする仮差押えと事後求償権の消滅時効
　の中断 ……………………………………………… 1 (山　地)…上　　1

第2編　物　　権

第3章　所　有　権

第3節　共　　有

第251条
○共有に属する株式についての議決権の行使の決定方法
　　　　　　　　　　　　　　　　　　…… 2 (冨　　上)…上　19

第252条
○共有に属する株式についての議決権の行使の決定方法
　　　　　　　　　　　　　　　　　　…… 2 (冨　　上)…上　19

第264条
○共有に属する株式について会社法106条本文の規定に基づく指定
　及び通知を欠いたまま権利が行使された場合における同条ただし
　書の株式会社の同意の効果 ……………………… 2 (冨　　上)…上　19
○共有に属する株式についての議決権の行使の決定方法
　　　　　　　　　　　　　　　　　　…… 2 (冨　　上)…上　19

第3編　債　　権

第1章　総　　則

第2節　債権の効力

第1款　債務不履行の責任等

第412条

○不法行為によって死亡した被害者の損害賠償請求権を取得した相続人が労働者災害補償保険法に基づく遺族補償年金の支給を受けるなどしたとして損益相殺的な調整をするに当たって，損害が塡補されたと評価すべき時期 ………………………………… 5（谷　　村）…上　82

第3節　多数当事者の債権及び債務

第3款　連帯債務

第442条

○保証人が主たる債務者に対して取得した求償権の消滅時効の中断事由がある場合における共同保証人間の求償権の消滅時効中断の有無 …………………………………………………24（齋　　藤）…下　505

第4款　保証債務

第1目　総　　則

第459条

○事前求償権を被保全債権とする仮差押えと事後求償権の消滅時効の中断 ………………………………………………… 1（山　　地）…上　1

第460条

○事前求償権を被保全債権とする仮差押えと事後求償権の消滅時効の中断 ………………………………………………… 1（山　　地）…上　1

第465条

○保証人が主たる債務者に対して取得した求償権の消滅時効の中断事由がある場合における共同保証人間の求償権の消滅時効中断の有無 …………………………………………………24（齋　　藤）…下　505

第4節　債権の譲渡

第468条
○異議をとどめないで指名債権譲渡の承諾をした債務者が，譲渡人に対抗することができた事由をもって譲受人に対抗することができる場合 …………………………………………………12（廣　瀬）…上　256

第5節　債権の消滅

第1款　弁　　済

第1目　総　　則

第489条
○配当表記載の根抵当権者の配当額に相当する金銭が供託され，その後，当該根抵当権者に対し上記配当表記載のとおりに配当がされる場合における，当該供託金の充当方法 …………………21（冨　上）…下　451

第490条
○配当表記載の根抵当権者の配当額に相当する金銭が供託され，その後，当該根抵当権者に対し上記配当表記載のとおりに配当がされる場合における，当該供託金の充当方法 …………………21（冨　上）…下　451

第491条
○配当表記載の根抵当権者の配当額に相当する金銭が供託され，その後，当該根抵当権者に対し上記配当表記載のとおりに配当がされる場合における，当該供託金の充当方法 …………………21（冨　上）…下　451

第2款　相　　殺

第505条
○本訴請求債権が時効消滅したと判断されることを条件とする，反訴における当該債権を自働債権とする相殺の抗弁の許否
　　　　　　　　　　　　　　　　　……29（菊　池）…下　591

第508条

目次

○本訴請求債権が時効消滅したと判断されることを条件とする，反訴における当該債権を自働債権とする相殺の抗弁の許否

……29（菊　池）…下　591

第5章　不法行為

第709条

○不法行為によって死亡した被害者の損害賠償請求権を取得した相続人が労働者災害補償保険法に基づく遺族補償年金の支給を受けるなどした場合に，上記の遺族補償年金との間で損益相殺的な調整を行うべき損害 …………………………………… 5（谷　村）…上　82

○不法行為によって死亡した被害者の損害賠償請求権を取得した相続人が労働者災害補償保険法に基づく遺族補償年金の支給を受けるなどしたとして損益相殺的な調整をするに当たって，損害が塡補されたと評価すべき時期 ………………………… 5（谷　村）…上　82

○責任を弁識する能力のない未成年者が，サッカーボールを蹴って他人に損害を加えた場合において，その親権者が民法714条1項の監督義務者としての義務を怠らなかったとされた事例

…… 9（菊　池）…上　186

第712条

○責任を弁識する能力のない未成年者が，サッカーボールを蹴って他人に損害を加えた場合において，その親権者が民法714条1項の監督義務者としての義務を怠らなかったとされた事例

…… 9（菊　池）…上　186

第714条

○責任を弁識する能力のない未成年者が，サッカーボールを蹴って他人に損害を加えた場合において，その親権者が民法714条1項の監督義務者としての義務を怠らなかったとされた事例

…… 9（菊　池）…上　186

第4編 親　　族

第2章 婚　　姻

第1節　婚姻の成立

第1款　婚姻の要件

第733条

○民法733条1項の規定のうち100日の再婚禁止期間を設ける部分と憲法14条1項,24条2項 …………………………32(加　　本)…下　642
○民法733条1項の規定のうち100日を超えて再婚禁止期間を設ける部分と憲法14条1項,24条2項 ……………32(加　　本)…下　642
○立法不作為が国家賠償法1条1項の適用上違法の評価を受ける場合 ………………………………………………32(加　　本)…下　642
○国会が民法733条1項の規定を改廃する立法措置をとらなかったことが国家賠償法1条1項の適用上違法の評価を受けるものではないとされた事例 ……………………………32(加　　本)…下　642

第2節　婚姻の効力

第750条

○民法750条と憲法13条 …………………………33(　畑　)…下　708
○民法750条と憲法14条1項 ……………………33(　畑　)…下　708
○民法750条と憲法24条 …………………………33(　畑　)…下　708

第3章 親　　子

第1節　実　　子

第772条

○民法733条1項の規定のうち100日の再婚禁止期間を設ける部分と憲法14条1項,24条2項 …………………………32(加　　本)…下　642

○民法733条1項の規定のうち100日を超えて再婚禁止期間を設ける
　部分と憲法14条1項，24条2項 …………………………32(加　本)…下　642
○立法不作為が国家賠償法1条1項の適用上違法の評価を受ける場
　合 ……………………………………………………………32(加　本)…下　642
○国会が民法733条1項の規定を改廃する立法措置をとらなかった
　ことが国家賠償法1条1項の適用上違法の評価を受けるもので
　はないとされた事例 …………………………………………32(加　本)…下　642

第5編　相　　　続

第7章　遺　　言

第2節　遺言の方式

第1款　普通の方式

第968条

○遺言者が自筆証書である遺言書の文面全体に故意に斜線を引く行
　為が民法1024条前段所定の「故意に遺言書を破棄したとき」に該
　当し遺言を撤回したものとみなされた事例 ………………25(飛　澤)…下　516

第5節　遺言の撤回及び取消し

第1024条

○遺言者が自筆証書である遺言書の文面全体に故意に斜線を引く行
　為が民法1024条前段所定の「故意に遺言書を破棄したとき」に該
　当し遺言を撤回したものとみなされた事例 ………………25(飛　澤)…下　516

商　　　　法（明治32年法律第48号）

第2編　会　　　社（削除　平成17年法律第87号）

第4章　株式会社（削除　平成17年法律第87号）

第3節ノ2　新株ノ発行（削除　平成17年法律第87号）

第280条ノ2（平成17年法律第87号による改正前のもの）
　　　　　　　　　　　　　　　　（削除　平成17年法律第87号）

○非上場会社が株主以外の者に発行した新株の発行価額が商法（平成17年法律第87号による改正前のもの）280条ノ2第2項にいう「特ニ有利ナル発行価額」に当たらない場合 ………………3（廣　瀬）…上　42

第2編　商　行　為

第4章　匿名組合

第535条
○匿名組合契約に基づき匿名組合員が受ける利益の分配と所得区分の判断 ……………………………………………16（清　水）…上　314
○匿名組合契約に基づき航空機のリース事業に出資をした匿名組合員が，当該契約に基づく損失の分配を不動産所得に係るものとして所得税の申告をしたことにつき，国税通則法65条4項にいう「正当な理由」があるとされた事例 …………………16（清　水）…上　314

第536条
○匿名組合契約に基づき匿名組合員が受ける利益の分配と所得区分の判断 ……………………………………………16（清　水）…上　314

第539条
○匿名組合契約に基づき匿名組合員が受ける利益の分配と所得区分の判断 ……………………………………………16（清　水）…上　314

会　社　法（平成17年法律第86号）

第2編　株式会社

目 次

第2章 株　式

第1節 総　則

第105条

○共有に属する株式についての議決権の行使の決定方法
　　　　　　　　　　　　　　　……2（冨　上）…上　19

第106条

○共有に属する株式について会社法106条本文の規定に基づく指定
及び通知を欠いたまま権利が行使された場合における同条ただし
書の株式会社の同意の効果 ………………………………2（冨　上）…上　19

第8節 募集株式の発行等

第1款 募集事項の決定等

第199条

○非上場会社が株主以外の者に発行した新株の発行価額が商法（平
成17年法律第87号による改正前のもの）280条ノ2第2項にいう
「特ニ有利ナル発行価額」に当たらない場合 ………………3（廣　瀬）…上　42

第5編　組織変更，合併，会社分割，株式交換及び株式移転

第5章 組織変更，合併，会社分割，株式交換及び株式移転の手続

第2節 吸収合併等の手続

第1款 吸収合併消滅会社，吸収分割会社及び株式交換完全子会社の手続

第1目　株式会社の手続

第785条

〇非上場会社において会社法785条1項に基づく株式買取請求がされ，裁判所が収益還元法を用いて株式の買取価格を決定する場合に，非流動性ディスカウント（当該会社の株式には市場性がないことを理由とする減価）を行うことの可否 ……………… 7（廣　瀨）…上　140

第786条

〇非上場会社において会社法785条1項に基づく株式買取請求がされ，裁判所が収益還元法を用いて株式の買取価格を決定する場合に，非流動性ディスカウント（当該会社の株式には市場性がないことを理由とする減価）を行うことの可否 ……………… 7（廣　瀨）…上　140

民事訴訟法（平成8年法律第109号）

第1編　総　　則

第2章　裁判所

第2節　管　轄

第9条

〇労働基準法114条の付加金の請求の価額は，同条所定の未払金の請求に係る訴訟の目的の価額に算入されるか ……………11（須　賀）…上　245

第4章　訴訟費用

第3節　訴訟上の救助

第82条

〇訴訟の目的である金銭債権の数量的な一部に対応する訴え提起の手数料につき訴訟上の救助を付与する決定が確定した場合におい

て，請求が上記数量的な一部に減縮された後の訴えを却下することの許否 …………………………………………………20（大　森）…下　431

第83条

○訴訟の目的である金銭債権の数量的な一部に対応する訴え提起の手数料につき訴訟上の救助を付与する決定が確定した場合において，請求が上記数量的な一部に減縮された後の訴えを却下することの許否 …………………………………………………20（大　森）…下　431

第5章　訴訟手続

第5節　裁　　判

第114条

○本訴請求債権が時効消滅したと判断されることを条件とする，反訴における当該債権を自働債権とする相殺の抗弁の許否

……29（菊　池）…下　591

第2編　第一審の訴訟手続

第1章　訴　　え

第142条

○本訴請求債権が時効消滅したと判断されることを条件とする，反訴における当該債権を自働債権とする相殺の抗弁の許否

……29（菊　池）…下　591

第146条

○本訴請求債権が時効消滅したと判断されることを条件とする，反訴における当該債権を自働債権とする相殺の抗弁の許否

……29（菊　池）…下　591

第6章　裁判によらない訴訟の完結

第262条

○訴訟の目的である金銭債権の数量的な一部に対応する訴え提起の

手数料につき訴訟上の救助を付与する決定が確定した場合において，請求が上記数量的な一部に減縮された後の訴えを却下することの許否 ……………………………………………20(大　森)…下　431

第267条
○訴訟上の和解が成立したことによって訴訟が終了したことを宣言する第1審判決に対し被告のみが控訴した場合と不利益変更禁止の原則 ……………………………………………27(小　田)…下　554

○訴訟上の和解が成立したことによって訴訟が終了したことを宣言する第1審判決に対し被告のみが控訴した場合において，控訴審が，当該和解が無効であり，かつ，請求の一部に理由があるが第1審に差し戻すことなく自判をしようとするときの判決主文
 ……27(小　田)…下　554

第3編　上　訴

第1章　控　訴

第302条
○訴訟上の和解が成立したことによって訴訟が終了したことを宣言する第1審判決に対し被告のみが控訴した場合において，控訴審が，当該和解が無効であり，かつ，請求の一部に理由があるが第1審に差し戻すことなく自判をしようとするときの判決主文
 ……27(小　田)…下　554

第304条
○訴訟上の和解が成立したことによって訴訟が終了したことを宣言する第1審判決に対し被告のみが控訴した場合と不利益変更禁止の原則 ……………………………………………27(小　田)…下　554

第305条
○訴訟上の和解が成立したことによって訴訟が終了したことを宣言する第1審判決に対し被告のみが控訴した場合と不利益変更禁止の原則 ……………………………………………27(小　田)…下　554

目 次

民事執行法（昭和54年法律第4号）

第2章 強制執行

第2節 金銭の支払を目的とする債権についての強制執行

第1款 不動産に対する強制執行

第2目 強制競売

第85条
○配当表記載の根抵当権者の配当額に相当する金銭が供託され，その後，当該根抵当権者に対し上記配当表記載のとおりに配当がされる場合における，当該供託金の充当方法 ……………21(冨　上)…下　451

第90条
○配当表記載の根抵当権者の配当額に相当する金銭が供託され，その後，当該根抵当権者に対し上記配当表記載のとおりに配当がされる場合における，当該供託金の充当方法 ……………21(冨　上)…下　451

第91条
○配当表記載の根抵当権者の配当額に相当する金銭が供託され，その後，当該根抵当権者に対し上記配当表記載のとおりに配当がされる場合における，当該供託金の充当方法 ……………21(冨　上)…下　451

第92条
○配当表記載の根抵当権者の配当額に相当する金銭が供託され，その後，当該根抵当権者に対し上記配当表記載のとおりに配当がされる場合における，当該供託金の充当方法 ……………21(冨　上)…下　451

第3章 担保権の実行としての競売等

第188条

○配当表記載の根抵当権者の配当額に相当する金銭が供託され，その後，当該根抵当権者に対し上記配当表記載のとおりに配当がされる場合における，当該供託金の充当方法 ……………21(冨　上)…下　451

民事執行規則 (昭和54年最高裁判所規則第5号)

第2章　強制執行

第2節　金銭の支払を目的とする債権についての強制執行

第1款　不動産に対する強制執行

第1目　強制競売

第61条
○配当表記載の根抵当権者の配当額に相当する金銭が供託され，その後，当該根抵当権者に対し上記配当表記載のとおりに配当がされる場合における，当該供託金の充当方法 ……………21(冨　上)…下　451

第3章　担保権の実行としての競売等

第173条
○配当表記載の根抵当権者の配当額に相当する金銭が供託され，その後，当該根抵当権者に対し上記配当表記載のとおりに配当がされる場合における，当該供託金の充当方法 ……………21(冨　上)…下　451

目 次

諸 法 令

一般社団法人及び一般財団法人に関する法律（平成18年法律第48号）

第3章 一般財団法人

第1節 設　立

第1款 定款の作成

第153条
○特例財団法人は，その同一性を失わせるような根本的事項の変更に当たるか否かにかかわらず，その定款の定めを変更することができるか …………………………………………………28（野　村）…下　572

第4節 定款の変更

第200条
○特例財団法人は，その同一性を失わせるような根本的事項の変更に当たるか否かにかかわらず，その定款の定めを変更することができるか …………………………………………………28（野　村）…下　572

一般社団法人及び一般財団法人に関する法律及び公益社団法人及び公益財団法人の認定等に関する法律の施行に伴う関係法律の整備等に関する法律（平成18年法律第50号）

第1章 中間法人法の廃止，民法の一部改正等

第4節 民法及び民法施行法の一部改正に伴う経過措置

第1款 社団法人，財団法人等の存続等

第40条
○特例財団法人は，その同一性を失わせるような根本的事項の変更に当たるか否かにかかわらず，その定款の定めを変更することができるか ……………………………………………………28(野　村)…下　572

第42条
○特例財団法人は，その同一性を失わせるような根本的事項の変更に当たるか否かにかかわらず，その定款の定めを変更することができるか ……………………………………………………28(野　村)…下　572

第2款 経過措置及び一般社団・財団法人法の特則

第3目 特例財団法人に関する経過措置及び一般社団・財団法人法の特則

第94条
○特例財団法人は，その同一性を失わせるような根本的事項の変更に当たるか否かにかかわらず，その定款の定めを変更することができるか ……………………………………………………28(野　村)…下　572

医薬品，医療機器等の品質，有効性及び安全性の確保等に関する法律

(昭和35年法律第145号)

第4章 医薬品，医薬部外品及び化粧品の製造販売業及び製造業

第14条

○医薬品の製造販売につき，特許権の存続期間の延長登録出願の理由となった承認に先行する承認が存在することにより，上記出願の理由となった承認を受けることが必要であったとは認められないとされる場合 ……………………………………23（田　中）…下　479
○医薬品の製造販売につき，特許権の存続期間の延長登録出願の理由となった承認に先行する承認がされている場合において，先行する承認に係る製造販売が，上記出願の理由となった承認に係る製造販売を包含するとは認められないとされた事例 ………23（田　中）…下　479

行政事件訴訟法（昭和37年法律第139号）

第2章　抗告訴訟

第1節　取消訴訟

第9条

○行政手続法12条1項により定められ公にされている処分基準に先行の処分を受けたことを理由として後行の処分に係る量定を加重する旨の定めがある場合における先行の処分の取消しを求める訴えの利益 ………………………………………… 4（市　原）…上　61
○市街化調整区域内における開発行為に関する工事が完了し検査済証が交付された後における開発許可の取消しを求める訴えの利益
　　　　　　　　　　　　　　　　　　……31（　林　）…下　627

行政手続法（平成5年法律第88号）

第3章　不利益処分

第1節　通　　則

第12条

○行政手続法12条1項により定められ公にされている処分基準に先行の処分を受けたことを理由として後行の処分に係る量定を加重する旨の定めがある場合における先行の処分の取消しを求める訴えの利益 ………………………………………………… 4（市　原）…上　61

供託規則（昭和34年法務省令第2号）

第3章　払渡手続

第30条
○配当表記載の根抵当権者の配当額に相当する金銭が供託され，その後，当該根抵当権者に対し上記配当表記載のとおりに配当がされる場合における，当該供託金の充当方法 ………………21（冨　上）…下　451

原子爆弾被爆者に対する援護に関する法律（平成6年法律第117号）

第1章　総　則

第1条
○在外被爆者が日本国外で医療を受けた場合における，原子爆弾被爆者に対する援護に関する法律18条1項の適用の有無
………18（清　水）…下　379

第3章　援　護

第3節　医　療

第18条
○在外被爆者が日本国外で医療を受けた場合における，原子爆弾被爆者に対する援護に関する法律18条1項の適用の有無
………18（清　水）…下　379

目次

公職選挙法（昭和25年法律第100号）

第3章　選挙に関する区域

第13条
○衆議院小選挙区選出議員の選挙区割りを定める公職選挙法13条1項，別表第1の規定の合憲性 ……………………………26（衣　斐）…下　523

別表第1
○衆議院小選挙区選出議員の選挙区割りを定める公職選挙法13条1項，別表第1の規定の合憲性 ……………………………26（衣　斐）…下　523

厚生年金保険法等の一部を改正する法律（平成8年法律第82号）

附則30条
○国家公務員共済組合法（平成24年法律第63号による改正前のもの）附則12条の12第4項及び厚生年金保険法等の一部を改正する法律（平成8年法律第82号）附則30条1項と憲法41条及び73条6号 ……………………………………………………………30（徳　地）…下　609

厚生年金保険法等の一部を改正する法律の施行に伴う国家公務員共済組合法による長期給付等に関する経過措置に関する政令（平成9年政令第86号）

第2章　退職一時金等の返還に関する経過措置

第4条
○国家公務員共済組合法（平成24年法律第63号による改正前のもの）附則12条の12第4項及び厚生年金保険法等の一部を改正する

法律（平成 8 年法律第82号）附則30条 1 項と憲法41条及び73条 6
号 ……………………………………………………………30（徳　地）…下　609

国税通則法（昭和37年法律第66号）

第 6 章　附　帯　税

第 2 節　加 算 税

第65条
○匿名組合契約に基づき航空機のリース事業に出資をした匿名組合
　員が，当該契約に基づく損失の分配を不動産所得に係るものとし
　て所得税の申告をしたことにつき，国税通則法65条 4 項にいう
　「正当な理由」があるとされた事例 ……………………16（清　水）…上　314

国　籍　法（昭和25年法律第147号）

第12条
○国籍法12条と憲法14条 1 項 ………………………… 6 （寺　　岡）…上　106
第17条
○国籍法12条と憲法14条 1 項 ………………………… 6 （寺　　岡）…上　106

戸　籍　法（昭和22年法律第224号）

第 4 章　届　　出

第14節　国籍の得喪

第104条
○国籍法12条と憲法14条 1 項 ………………………… 6 （寺　　岡）…上　106

— 22 —

国家公務員共済組合法（昭和33年法律第128号）

附則12条の12（平成24年法律第63号による改正前のもの）
　　　　　　　　　　　　　　（削除　平成24年法律第63号）

○国家公務員共済組合法（平成24年法律第63号による改正前のもの）附則12条の12第4項及び厚生年金保険法等の一部を改正する法律（平成8年法律第82号）附則30条1項と憲法41条及び73条6号 ……………………………………………………30（徳　地）…下　609

国家賠償法（昭和22年法律第125号）

第1条
○立法不作為が国家賠償法1条1項の適用上違法の評価を受ける場合 ……………………………………………………………32（加　本）…下　642
○国会が民法733条1項の規定を改廃する立法措置をとらなかったことが国家賠償法1条1項の適用上違法の評価を受けるものではないとされた事例 ……………………………………32（加　本）…下　642

私的独占の禁止及び公正取引の確保に関する法律（昭和22年法律第54号）

第1章　総　則

第2条
○音楽著作権の管理事業者が放送への利用の許諾につき使用料の徴収方法を定めるなどの行為が，独占禁止法2条5項にいう「排除」の要件である他の事業者の参入を著しく困難にする効果を有するとされた事例 ………………………………………10（清　水）…上　204

第2章　私的独占及び不当な取引制限

第3条

○音楽著作権の管理事業者が放送への利用の許諾につき使用料の徴収方法を定めるなどの行為が，独占禁止法2条5項にいう「排除」の要件である他の事業者の参入を著しく困難にする効果を有するとされた事例 …………………………………………10(清　水)…上　204

所得税法(昭和40年法律第33号)

第1編　総　則

第1章　通　則

第2条

○外国法に基づいて設立された組織体が所得税法2条1項7号及び法人税法2条4号に定める外国法人に該当するか否かの判断の方法 ……………………………………………………17(衣　斐)…下　349
○米国デラウェア州の法律に基づいて設立されたリミテッド・パートナーシップが行う不動産賃貸事業に係る投資事業に出資した者につき，当該賃貸事業に係る損失の金額を同人の所得の金額から控除することができないとされた事例 ……………………17(衣　斐)…下　349

第2編　居住者の納税義務

第2章　課税標準及びその計算並びに所得控除

第2節　各種所得の金額の計算

第1款　所得の種類及び各種所得の金額

第26条

目 次

○匿名組合契約に基づき航空機のリース事業に出資をした匿名組合員が，当該契約に基づく損失の分配を不動産所得に係るものとして所得税の申告をしたことにつき，国税通則法65条4項にいう「正当な理由」があるとされた事例 …………………………16(清　水)…上　314
○米国デラウェア州の法律に基づいて設立されたリミテッド・パートナーシップが行う不動産賃貸事業に係る投資事業に出資した者につき，当該賃貸事業に係る損失の金額を同人の所得の金額から控除することができないとされた事例 ………………………17(衣　斐)…下　349

　　　　第27条
○匿名組合契約に基づき匿名組合員が受ける利益の分配と所得区分の判断 …………………………………………………16(清　水)…上　314

　　　　第35条
○匿名組合契約に基づき匿名組合員が受ける利益の分配と所得区分の判断 …………………………………………………16(清　水)…上　314

　第3節　損益通算及び損失の繰越控除

　　　　第69条
○米国デラウェア州の法律に基づいて設立されたリミテッド・パートナーシップが行う不動産賃貸事業に係る投資事業に出資した者につき，当該賃貸事業に係る損失の金額を同人の所得の金額から控除することができないとされた事例 ………………………17(衣　斐)…下　349

建物の区分所有等に関する法律

(昭和37年法律第69号)

第1章　建物の区分所有

第1節　総　　則

第3条
○一部の区分所有者が共用部分を第三者に賃貸して得た賃料のうち

各区分所有者の持分割合に相当する部分につき生ずる不当利得返
　　　還請求権を各区分所有者が行使することができない場合
　　　　　　　　　　　　　　　　　　　　……19(齋　　藤)…下　403
○一部の区分所有者が共用部分を第三者に賃貸して得た賃料につき
　生ずる不当利得返還請求権を他の区分所有者が行使することがで
　きないとされた事例 …………………………………19(齋　　藤)…下　403

　　　第2節　共用部分等

○一部の区分所有者が共用部分を第三者に賃貸して得た賃料のうち
　各区分所有者の持分割合に相当する部分につき生ずる不当利得返
　還請求権を各区分所有者が行使することができない場合
　　　　　　　　　　　　　　　　　　　　……19(齋　　藤)…下　403
○一部の区分所有者が共用部分を第三者に賃貸して得た賃料につき
　生ずる不当利得返還請求権を他の区分所有者が行使することがで
　きないとされた事例 …………………………………19(齋　　藤)…下　403

　　　第18条

○一部の区分所有者が共用部分を第三者に賃貸して得た賃料のうち
　各区分所有者の持分割合に相当する部分につき生ずる不当利得返
　還請求権を各区分所有者が行使することができない場合
　　　　　　　　　　　　　　　　　　　　……19(齋　　藤)…下　403
○一部の区分所有者が共用部分を第三者に賃貸して得た賃料につき
　生ずる不当利得返還請求権を他の区分所有者が行使することがで
　きないとされた事例 …………………………………19(齋　　藤)…下　403

　　　第5節　規約及び集会

○一部の区分所有者が共用部分を第三者に賃貸して得た賃料のうち
　各区分所有者の持分割合に相当する部分につき生ずる不当利得返
　還請求権を各区分所有者が行使することができない場合
　　　　　　　　　　　　　　　　　　　　……19(齋　　藤)…下　403
○一部の区分所有者が共用部分を第三者に賃貸して得た賃料につき
　生ずる不当利得返還請求権を他の区分所有者が行使することがで

目次

きないとされた事例 ………………………………………19(齋　藤)…下　403

地方税法（昭和25年法律第226号）

第1章　総　　則

第4節　第二次納税義務

第11条

○地方税法11条の8にいう「滞納者の地方団体の徴収金につき滞納処分をしてもなおその徴収すべき額に不足すると認められる場合」の意義 ………………………………………22(中　丸)…下　466

第11条の8

○地方税法11条の8にいう「滞納者の地方団体の徴収金につき滞納処分をしてもなおその徴収すべき額に不足すると認められる場合」の意義 ………………………………………22(中　丸)…下　466

著作権等管理事業法（平成12年法律第131号）

第1章　総　　則

第2条

○音楽著作権の管理事業者が放送への利用の許諾につき使用料の徴収方法を定めるなどの行為が，独占禁止法2条5項にいう「排除」の要件である他の事業者の参入を著しく困難にする効果を有するとされた事例 ………………………………………10(清　水)…上　204

第2章　登　　録

第3条

○音楽著作権の管理事業者が放送への利用の許諾につき使用料の徴収方法を定めるなどの行為が，独占禁止法2条5項にいう「排

除」の要件である他の事業者の参入を著しく困難にする効果を有するとされた事例 …………………………………………10（清　水）…上　204

都市計画法（昭和43年法律第100号）

第3章　都市計画制限等

第1節　開発行為等の規制

第29条（平成26年法律第42号による改正前のもの）
○市街化調整区域内における開発行為に関する工事が完了し検査済証が交付された後における開発許可の取消しを求める訴えの利益
　　　　　　　　　　　　　　　　……31（　林　）…下　627

第42条
○市街化調整区域内における開発行為に関する工事が完了し検査済証が交付された後における開発許可の取消しを求める訴えの利益
　　　　　　　　　　　　　　　　……31（　林　）…下　627

第43条
○市街化調整区域内における開発行為に関する工事が完了し検査済証が交付された後における開発許可の取消しを求める訴えの利益
　　　　　　　　　　　　　　　　……31（　林　）…下　627

特　許　法（昭和34年法律第121号）

第2章　特許及び特許出願

第29条
○物の発明についての特許に係る特許請求の範囲にその物の製造方法が記載されているいわゆるプロダクト・バイ・プロセス・クレームにおける発明の要旨の認定 …………………………14（菊　池）…上　269

第36条

○物の発明についての特許に係る特許請求の範囲にその物の製造方法が記載されているいわゆるプロダクト・バイ・プロセス・クレームと明確性要件 ……………………………………………13（菊　池）…上　268
○物の発明についての特許に係る特許請求の範囲にその物の製造方法が記載されているいわゆるプロダクト・バイ・プロセス・クレームにおける発明の要旨の認定 ……………………………14（菊　池）…上　269

第4章　特　許　権

第1節　特　許　権

第67条
○医薬品の製造販売につき，特許権の存続期間の延長登録出願の理由となった承認に先行する承認が存在することにより，上記出願の理由となった承認を受けることが必要であったとは認められないとされる場合 ……………………………………………23（田　中）…下　479
○医薬品の製造販売につき，特許権の存続期間の延長登録出願の理由となった承認に先行する承認がされている場合において，先行する承認に係る製造販売が，上記出願の理由となった承認に係る製造販売を包含するとは認められないとされた事例 ………23（田　中）…下　479

第67条の3
○医薬品の製造販売につき，特許権の存続期間の延長登録出願の理由となった承認に先行する承認が存在することにより，上記出願の理由となった承認を受けることが必要であったとは認められないとされる場合 ……………………………………………23（田　中）…下　479
○医薬品の製造販売につき，特許権の存続期間の延長登録出願の理由となった承認に先行する承認がされている場合において，先行する承認に係る製造販売が，上記出願の理由となった承認に係る製造販売を包含するとは認められないとされた事例 ………23（田　中）…下　479

第70条
○物の発明についての特許に係る特許請求の範囲にその物の製造方法が記載されているいわゆるプロダクト・バイ・プロセス・クレ

ームにおける特許発明の技術的範囲の確定 ……………13（菊　　池）…上　268

西宮市営住宅条例（平成9年西宮市条例第44号）

　　第2章　市営住宅の管理

　　　第46条
○西宮市営住宅条例（平成9年西宮市条例第44号）46条1項柱書き及び同項6号の規定のうち，入居者が暴力団員であることが判明した場合に市営住宅の明渡しを請求することができる旨を定める部分と憲法14条1項 ……………………………………8（廣　　瀬）…上　155
○西宮市営住宅条例（平成9年西宮市条例第44号）46条1項柱書き及び同項6号の規定のうち，入居者が暴力団員であることが判明した場合に市営住宅の明渡しを請求することができる旨を定める部分と憲法22条1項 ……………………………………8（廣　　瀬）…上　155

法　人　税　法（昭和40年法律第34号）

第1編　総　　　則

　　第1章　通　　　則

　　　第2条
○外国法に基づいて設立された組織体が所得税法2条1項7号及び法人税法2条4号に定める外国法人に該当するか否かの判断の方法 …………………………………………………17（衣　　斐）…下　349
○米国デラウェア州の法律に基づいて設立されたリミテッド・パートナーシップが行う不動産賃貸事業に係る投資事業に出資した者につき，当該賃貸事業に係る損失の金額を同人の所得の金額から控除することができないとされた事例 ……………17（衣　　斐）…下　349

目 次

暴力団員による不当な行為の防止等に関する法律（平成3年法律第77号）

第1章　総　則

第2条

○西宮市営住宅条例（平成9年西宮市条例第44号）46条1項柱書き及び同項6号の規定のうち，入居者が暴力団員であることが判明した場合に市営住宅の明渡しを請求することができる旨を定める部分と憲法14条1項 ……………………………… 8（廣　瀬）…上　155

○西宮市営住宅条例（平成9年西宮市条例第44号）46条1項柱書き及び同項6号の規定のうち，入居者が暴力団員であることが判明した場合に市営住宅の明渡しを請求することができる旨を定める部分と憲法22条1項 ……………………………… 8（廣　瀬）…上　155

民事訴訟費用等に関する法律（昭和46年法律第40号）

第2章　裁判所に納める費用

第1節　手　数　料

第3条

○労働基準法114条の付加金の請求の価額は，同条所定の未払金の請求に係る訴訟の目的の価額に算入されるか …………11（須　賀）…上　245

第4条

○労働基準法114条の付加金の請求の価額は，同条所定の未払金の請求に係る訴訟の目的の価額に算入されるか …………11（須　賀）…上　245

第6条

○訴訟の目的である金銭債権の数量的な一部に対応する訴え提起の

手数料につき訴訟上の救助を付与する決定が確定した場合において，請求が上記数量的な一部に減縮された後の訴えを却下することの許否 ……………………………………………20(大　森)…下　431
　　　別表第１
○労働基準法114条の付加金の請求の価額は，同条所定の未払金の請求に係る訴訟の目的の価額に算入されるか ………………11(須　賀)…上　245

労働基準法 (昭和22年法律第49号)

第２章　労働契約

第19条
○労働者災害補償保険法による療養補償給付を受ける労働者につき，使用者が労働基準法81条所定の打切補償の支払をすることにより，解雇制限の除外事由を定める同法19条１項ただし書の適用を受けることの可否 ………………………………………15(須　賀)…上　295

第８章　災害補償

第75条
○労働者災害補償保険法による療養補償給付を受ける労働者につき，使用者が労働基準法81条所定の打切補償の支払をすることにより，解雇制限の除外事由を定める同法19条１項ただし書の適用を受けることの可否 ………………………………………15(須　賀)…上　295

第81条
○労働者災害補償保険法による療養補償給付を受ける労働者につき，使用者が労働基準法81条所定の打切補償の支払をすることにより，解雇制限の除外事由を定める同法19条１項ただし書の適用を受けることの可否 ………………………………………15(須　賀)…上　295

第12章　雑　　則

第114条

○労働基準法114条の付加金の請求の価額は，同条所定の未払金の
　請求に係る訴訟の目的の価額に算入されるか ……………11（須　賀）…上　245

労働者災害補償保険法（昭和22年法律第50号）

第3章　保険給付

第2節　業務災害に関する保険給付

第12条の8
○労働者災害補償保険法による療養補償給付を受ける労働者につ
　き，使用者が労働基準法81条所定の打切補償の支払をすることに
　より，解雇制限の除外事由を定める同法19条1項ただし書の適用
　を受けることの可否 ………………………………………15（須　賀）…上　295

第16条
○不法行為によって死亡した被害者の損害賠償請求権を取得した相
　続人が労働者災害補償保険法に基づく遺族補償年金の支給を受け
　るなどした場合に，上記の遺族補償年金との間で損益相殺的な調
　整を行うべき損害 ……………………………………………5（谷　村）…上　82
○不法行為によって死亡した被害者の損害賠償請求権を取得した相
　続人が労働者災害補償保険法に基づく遺族補償年金の支給を受け
　るなどしたとして損益相殺的な調整をするに当たって，損害が塡
　補されたと評価すべき時期 …………………………………5（谷　村）…上　82

〔1〕 事前求償権を被保全債権とする仮差押えと事後求償権の消滅時効の中断

(平成24年(受)第1831号　同27年2月17日第三小法廷判決　棄却)
(第1審大津地裁　第2審大阪高裁　民集69巻1号1頁)

〔判決要旨〕

事前求償権を被保全債権とする仮差押えは，事後求償権の消滅時効をも中断する効力を有する。

〔参照条文〕

民法147条2号，154条，459条1項，460条

〔解　説〕

第1　事案の概要

1　概　要

本件は，信用保証協会であるXが，信用保証委託契約上の事後求償権等に基づき，Yらに対し，金員の連帯支払を求めた事案である。Yらが事後求償権の消滅時効を主張したのに対し，Xは事前求償権を被保全債権とする仮差押えにより消滅時効が中断していると主張して争った。

2　事実関係

Y_1は，平成2年5月，A銀行との間で，貸越極度額500万円の貸越契約を締結した。その際，Xは，Y_1との間で同年2月に締結した信用保証委託契約（以下「本件信用保証委託契約」という。）に基づき，A銀行に対し，上記貸越契約に基づくY_1の債務を保証した。Y_1は，A銀行から，上記貸越契約に基づき借入れをした。

Y_2は，平成2年2月，Xとの間で，本件信用保証委託契約に基づきY_1がXに対して負担すべき債務について連帯保証する旨の契約をした。

Y_1がA銀行に対する債務につき約定の分割弁済をしなかったため，Xは，平成6年10月，Y_1を債務者として，Y_1所有の不動産につき，本件信用

保証委託契約に基づく事前求償権を被保全債権とする不動産仮差押命令の申立てをし，仮差押命令を得て，仮差押登記をした。

　Y_1は，平成6年11月，A銀行に対する債務の期限の利益を失った。Xは，同月，A銀行に対し，借入残元本等を代位弁済し，Y_1に対する事後求償権を取得した。

　Xは，平成22年12月，本件訴訟を提起した。
3　第1審及び原審の判断[注1]
（1）第1審は，事前求償権を被保全債権とする仮差押えは，事後求償権の消滅時効をも中断する効力を有するなどとして，Xの請求を認容した。

（2）原審も，事前求償権を被保全債権とする仮差押えは，事後求償権の消滅時効をも中断する効力を有するなどとして，Xの請求を認容すべきものとした。原判決の理由の骨子は，次のとおりである。[注2]

　ア　事前求償権を被保全債権とする仮差押えは，事後求償権の消滅時効をも中断する効力を有する。

　確かに，事前求償権と事後求償権とは，その発生事由及び消滅事由を異にし，債権内容も異なるから，両者は別個の権利であり，その法的性質も異なるものというべきである。しかし，そもそも事前求償権は，受託保証人が免責行為をしたことにより取得する事後求償権を保全するために認められた権利であり，このことは，事前求償権の発生事由又は消滅事由が全て事後求償権を保全する必要性の発生又は消滅に依拠していることからも明らかであり，両者は，密接な関係にあるというべきである。したがって，事後求償権の発生後であっても，保全の必要性があれば，事前求償権について認められた権利行使を事後求償権についても認めるのが相当である。

　本件における仮差押えは，事後求償権を保全するために行使された事前求償権に基づくものであるところ，事前求償権の行使によって事後求償権が保全されなくなるというのは本末転倒である。また，事前求償権保全のため上記仮差押えをした保証人に，免責行為後に事後求償権保全のため改めて仮差

〔1〕 事前求償権を被保全債権とする仮差押えと事後求償権の消滅時効の中断

押えをすべきことを求めるというのも不合理である。したがって，事後求償権が発生した時期からは，上記仮差押えにより事後求償権も保全されているとみるべきである。

　次に，仮差押命令は，当該命令に表示された被保全債権と異なる債権についても，これが上記被保全債権と請求の基礎を同一にするものであれば，その実現を保全する効力を有する（最一小判平成24年2月23日・民集66巻3号1163頁）。本件における仮差押えの被保全債権は，事前求償権であるが，事後求償権とは請求の基礎を同一にするものであり，上記仮差押えは，事後求償権の実現も保全する効力を有するから，上記仮差押えに基づく消滅時効中断の効力は，事後求償権にも及び，消滅時効が中断したと解するのが相当である。

　イ　仮差押えによる時効中断の効力は，仮差押えの執行保全の効力が存続する間は継続すると解するのが相当である（最二小判昭和59年3月9日・集民141号287頁，最三小判平成10年11月24日・民集52巻8号1737頁参照）。

　ウ　Yらは，本件における仮差押え後，本案の起訴命令や事情変更による仮差押命令の取消しを求めることができたこと，Y₁は，Xに対し，平成6年10月，住民票上の住所では生活しておらず，新しい住所や連絡先は明かせない旨告げたこと，A銀行の内容証明郵便は到達せず，A銀行の調査によってもYらの新たな居住地の情報は得られなかったことに照らせば，Xが本件訴訟を早期に提起できなかったことにつき合理的な理由があり，本訴請求が権利の濫用であるとは認められない。

（3）原判決に対し，Yらが上告受理の申立てをしたところ，第三小法廷は，上告審として事件を受理した（ただし，後記第2の1以外の申立て理由は排除された。）。

第2　上告受理申立て理由と本判決

　1　上告受理申立て理由の概要

　上告受理申立て理由は，事前求償権を被保全債権とする仮差押えにより事

後求償権の消滅時効が中断するとした原審の判断は，事前求償権と事後求償権とが発生要件等を異にし，別個の債権であることに照らせば，民法の解釈を誤っているというものである。

2　本判決

本判決は，以下のような判断を示して，Yらの上告を棄却した。

事前求償権を被保全債権とする仮差押えは，事後求償権の消滅時効をも中断する効力を有するものと解するのが相当である。その理由は，次のとおりである。

事前求償権は，事後求償権と別個の権利ではあるものの（最高裁昭和59年（オ）第885号同60年2月12日第三小法廷判決・民集39巻1号89頁参照），事後求償権を確保するために認められた権利であるという関係にあるから，委託を受けた保証人が事前求償権を被保全債権とする仮差押えをすれば，事後求償権についても権利を行使しているのと同等のものとして評価することができる。また，上記のような事前求償権と事後求償権との関係に鑑みれば，委託を受けた保証人が事前求償権を被保全債権とする仮差押えをした場合であっても民法459条1項後段所定の行為をした後に改めて事後求償権について消滅時効の中断の措置をとらなければならないとすることは，当事者の合理的な意思ないし期待に反し相当でない。

第3　説　明

1　はじめに

本件の争点は，事前求償権を被保全債権とする仮差押えが事後求償権の消滅時効をも中断する効力を有するか否かである。

民法147条は時効の中断事由を定めているところ（平成29年法律第44号による改正後の民法〔以下「平成29年改正民法」という。〕147条～149条参照），時効中断の客観的範囲は解釈に委ねられている。その上で，事前求償権を被保全債権とする仮差押えが事後求償権の消滅時効をも中断する効力を有するか否かについては，最高裁判例がなく，学説上もほとんど議論されていなかった

〔1〕 事前求償権を被保全債権とする仮差押えと事後求償権の消滅時効の中断

が，理論的には，時効中断の客観的範囲の問題と事前求償権と事後求償権との関係の問題の両面から考察されるべき問題であると思われる。

2　時効中断の客観的範囲

（1）概要

仮差押えは，権利の現実的実行行為であること（後記の権利行使説ないし実体法説からの説明），あるいは，その手続を通して権利の存在がある程度公に確認されること（後記の権利確定説ないし訴訟法説からの説明）から，時効中断事由として挙げられている(注3)。「時効中断の客観的範囲」のうち「仮差押え」に限定して論じるものは少なく，「権利主張形式の中断事由（「承認」と対置される）」として「裁判上の請求」と同列に論じられることが一般である(注4)。なお，「仮差押え」の時効中断に関しては，仮差押えの時効中断効の終了時期がこれまで主に議論されてきた。

（2）学説

学説上は，時効中断が認められる根拠についての，権利行使説ないし実体法説（訴えの提起等が権利者の最も断固たる権利主張の態度と認められることにあるとする見解）(注5)と，権利確定説ないし訴訟法説（訴訟物たる権利関係の存否が既判力をもって確定されることにあるとする見解）(注6)の対立に対応した議論がされている。すなわち，権利行使説からは，時効中断の客観的範囲は必ずしも訴訟物に限定されず，権利者の権利行使の意思がどの範囲まで及ぶかという観点から決せられるという結論に結び付きやすいのに対し，権利確定説からは，時効中断の客観的範囲は訴訟物に限定されるという結論に結び付きやすいといえる。もっとも，両説は，時効中断をめぐる法律関係を統一的に説明するための説明概念という面があり，上記の議論から直ちに本件の争点についての結論が導かれるものではないと考えられる(注7)。

（3）判例

最高裁判例としては，手形債権に関する訴えの提起により原因債権についても消滅時効中断の効力が生ずるとされた最二小判昭和62年10月16日・民集

41巻7号1497頁（理由付けにおいて，「手形債権は，原因債権と法律上別個の債権ではあっても，経済的には同一の給付を目的とし，原因債権の支払の手段として機能しこれと併存するものにすぎず」という説明がされている。）や，債権者が主たる債務者の破産手続において債権全額の届出をし，保証人が，債権調査期日終了後に債権全額を弁済した上，破産裁判所に債権の届出をした者の地位を承継した旨の届出名義の変更の申出をしたときは，保証人が取得した求償権の消滅時効は，届出名義の変更の時から破産手続の終了に至るまで中断するとされた最一小判平成7年3月23日・民集49巻3号984頁（理由付けにおいて，「右債権〔注：原債権〕は，求償権を確保することを目的として存在する附従的な権利である」という説明がされている。）がある。

時効中断の客観的範囲については，判例において権利確定説の視点が放棄されたとはいえないこと(注8)からすると，訴訟物概念から演繹的に問題解決を図っていく見解（権利確定説ないし訴訟法説を前提に，時効中断の客観的範囲は訴訟物たる権利関係にとどまるとする見解）も考えられる。しかし，判例は，大審院以来，裁判上の請求に関してではあるが，裁判上の請求の概念を訴訟物に限定せずかなり広く認める傾向を示している(注9)。すなわち，判例は，裁判上の請求に関し，その権利が直接訴訟物になっていなくても，当事者が同一で，訴訟物としての権利主張が当該権利の主張の一態様・一手段とみられるような牽連関係があるか，その存在が実質的に確定される結果となるようなときは，これを「裁判上の請求」に準ずるものとして，訴訟物となっていない権利についても時効中断を認めているものと解される(注10)。

3　事前求償権と事後求償権との関係

（1）概要

受託保証人（主たる債務者の委託を受けて保証をした保証人）は，主たる債務者に対し，事前求償権及び事後求償権を有する（民法459条～461条〔平成29年改正民法459条，460条，461条参照〕）。これに対し，無委託保証人（主たる債務者の委託を受けないで保証をした保証人）は事前求償権を有しない。

〔1〕 事前求償権を被保全債権とする仮差押えと事後求償権の消滅時効の中断

ア 発生要件

事前求償権については，民法459条1項前段，460条各号（平成29年改正民法460条参照）に規定されており，他に合意で発生事由が定められる場合もある（これらの事由は受託保証人が債権者に対する免責行為をしたことにより取得する事後求償権を保全する必要性についての事由である。）。事後求償権については，民法459条1項後段（平成29年改正民法459条1項参照）に規定されている。

イ 事前求償権に特有の抗弁・消滅原因

事前求償権については，（主たる債務者が保証人に対して償還をする場合に保証人に担保を供させること等を請求することができるという）抗弁が付着し（民法461条1項），また，（主たる債務者が供託するなどして償還義務を免れるという）消滅原因が規定されている（同条2項）（平成29年改正民法461条参照）。

ウ 求償権の範囲（民法459条2項，442条2項〔平成29年改正民法459条2項，442条2項参照〕）

事前求償権の範囲は，求償時における主たる債務の額，既発生の利息，遅延損害金，免責のために避けることができないと見込まれる費用，免責のために被ることの確定している損害の賠償の合計額である。事後求償権の範囲は，弁済その他による免責のあった額，免責日以後の法定利息，免責のために避けることができなかった費用その他の損害の賠償の合計額である。

エ 消滅時効の起算点

事前求償権の消滅時効の起算点について，最高裁の判例はない[注11]。事後求償権の消滅時効の起算点は，免責行為をした日の翌日である（前掲最三小判昭和60年2月12日）。

（2）学説

学説上，かつては事前求償権と事後求償権との関係につき両者が同一の権利であるか否かが議論されていたが[注12]，前掲最三小判昭和60年2月12日以降は，両者が別個の権利であるとする2個説が通説となり，その中では，民法

459条1項後段（平成29年改正民法459条1項参照）所定の行為があれば事前求償権は消滅するとする説は少数にとどまり，同行為があっても事前求償権は消滅しないとする説が多数である。

なお，事前求償権の制度趣旨について，通説は，保証委託契約の趣旨からは一般の委任契約の場合とは異なり費用前払請求権は認められないのが原則であるが，事前に求償をしなければ主たる債務者の財産が散逸してしまうなどの危険があり得るため，必要な範囲で例外的に認められた権利であると理解しているのに対し，近時の有力説は，保証人をその負担から解放し免責するためのものであると理解している。

（3）判例

前掲最三小判昭和60年2月12日は，事後求償権の消滅時効の起算点が問題となった事案で，事前求償権は事後求償権とその発生要件を異にするものである上，事前求償権については，事後求償権については認められない抗弁が付着し，また，消滅原因が規定されていること（民法461条〔平成29年改正民法461条〕参照）に照らすと，両者は別個の権利であり，その法的性質も異なるとしている（なお，最一小判昭和34年6月25日・民集13巻6号810頁参照）。

他方で，事前求償権の発生・消滅が事後求償権保全の必要性の発生・消滅にかかっていること（民法459条～461条〔平成29年改正民法459条，460条，461条参照〕）に鑑み，事前求償権は事後求償権確保のためのものであると一般に理解されている。

このように，事前求償権と事後求償権は，別個の権利であると同時に関連性があることを踏まえ，前掲最三小判昭和60年2月12日で問題となった事後求償権の消滅時効の起算点以外の論点は，残された問題と考えられていた。

4　本判決の考え方

このような議論状況の下で，本判決は，**判決要旨**のとおり，事前求償権を被保全債権とする仮差押えは，事後求償権の消滅時効をも中断する効力を有すると判示した。

〔1〕事前求償権を被保全債権とする仮差押えと事後求償権の消滅時効の中断

本判決が挙げる理由は次の2点である。

第1に、事前求償権は、事後求償権と別個の権利ではあるものの（前掲最三小判昭和60年2月12日参照）、事後求償権を確保するために認められた権利であるという関係にあるから、委託を受けた保証人が事前求償権を被保全債権とする仮差押えをすれば、事後求償権についても権利を行使しているのと同等のものとして評価することができるということである。

第2に、上記のような事前求償権と事後求償権との関係に鑑みれば、委託を受けた保証人が事前求償権を被保全債権とする仮差押えをした場合であっても民法459条1項後段（平成29年改正民法459条1項参照）所定の行為をした後に改めて事後求償権について消滅時効の中断の措置をとらなければならないとすることは、当事者の合理的な意思ないし期待に反し相当でないということである。

理由の第1は、上記のような事前求償権と事後求償権との関係を踏まえ、時効中断が認められる根拠に照らして理由付けたものと解される。判文からは権利行使説に親和的とも思われるが、権利確定説からも説明可能であると思われる。また、本判決の結論は、事前求償権の制度趣旨に関する通説・近時有力説の議論に直接影響されるものではなく、本判決によりこの議論につき最高裁の採用する立場が明らかにされたとはいえないと思われる。理由の第2は、第1の点とも関連するが、本判決と反対の見解に立った場合の具体的帰結が当事者の合理的な意思・期待に反することを述べたものと解される。(注21)

なお、本判決と同旨の結論を示した原判決は、その理由付けの一つとして、仮差押命令が、当該命令に表示された被保全債権と異なる債権についても、これが上記被保全債権と請求の基礎を同一にするものであれば、その実現を保全する効力を有することを挙げていたが（前掲最一小判平成24年2月23日参照）、本判決は、上記の理由を挙げていない。前掲最一小判平成24年2月23日は、かなり特殊な事例について請求の基礎の同一性の有無が判断され

たものであって，本件とは事案を異にすると考えられたものと思われる。

5　本判決の射程等

本判決で示された考え方は，その判文に照らし，事前求償権を被保全債権とする仮差押えによる，事後求償権の消滅時効の中断が問題となる場合一般に広く妥当するものと解される。

他方，判文の趣旨に照らせば，請求，承諾等による時効中断の場合には，本判決の射程は及ぶものではないと解される。

ところで，事前求償権と事後求償権との関係については，本判決や前掲最一小判昭和34年6月25日，前掲最三小判昭和60年2月12日で取り上げられた問題のほかにも，相殺の可否等をめぐる問題や，民事手続の各場面における問題，例えば，民事訴訟における訴えの変更の許否（民訴法143条），本案の訴えの不提起による保全取消しの可否（民事保全法37条3項），競売手続中の請求債権の変更の可否，破産手続における権利行使の方法（破産法104条）等の問題がある。これらの問題は，両者の権利の性質・内容のみならず個々の問題状況をも勘案して検討されるべきであると思われる。

6　本判決の意義

本判決は，事前求償権を被保全債権とする仮差押えが事後求償権の消滅時効をも中断する効力を有するか否かについて，最高裁が初めて判断を示したものであり，実務的にも，理論的にも，重要な意義を有するものと考えられる。

(注1)　Xは，事後求償請求とともに事前求償請求もしていたが（第1審では単純併合，原審では選択的併合），第1審は追加判決で事前求償請求を棄却し（Xが代位弁済したことを理由とする。），原審は併合態様の変更に伴い（事後求償請求を認容したことにより，事前求償請求については判断するまでもないとして），上記判決部分が失効した旨を主文第3項で注記している。事前求償請求については，本判決では問題となっていない。

〔1〕 事前求償権を被保全債権とする仮差押えと事後求償権の消滅時効の中断

　なお，本件における事後求償権は，代位弁済の日の翌日から5年間行使しないときは，消滅することになる（最二小判昭和42年10月6日・民集21巻8号2051頁，前掲最三小判昭和60年2月12日参照）。

　また，求償権の根拠ないし訴訟物としては，①内部関係説（保証委託契約に存するとする説），②保証契約説（保証契約に存するとする説），③特別法規説（民法459条以下の規定に基づいて直接生ずる法定債権であるとする説）があるが，判例は，①説であると理解される（前掲最二小判昭和42年10月6日参照）。奈良次郎・最判解説民事篇昭和42年度485頁，柴田保幸・最判解説民事篇昭和60年度30頁のほか，山本進一ほか「信用保証の法的意義について」法論49巻（昭52）6号41頁，小杉茂雄「判批」民商93巻（昭61）4号584頁，加藤正男「求償金請求訴訟（1）」『裁判実務大系第13巻金銭貸借訴訟法』（昭62）344頁等。なお，破産法の解釈適用の場面で求償権の性質を論ずるものとして，最二小判平成24年5月28日・民集66巻7号3123頁がある。

　ところで，信用保証協会では，地域によって，訴えを提起する方法が多用されるところと仮差押命令を申し立てる方法が多用されるところがあり，また，仮差押えの実際上の効力として，相手方の任意の履行を促す心理的効果があるとされる（岡本坦ほか「座談会時効中断の各種手続と実務上の諸問題」金法1398号〔平6〕25頁〔塚原朋一発言〕）。

（注2）　原判決の評釈等として，無署名コメント・金法1981号（平25）112頁，吉岡伸一「判批」銀行実務44巻（平26）4号7頁等がある。

（注3）　幾代通『総合判例研究叢書民法（8）』（昭33）70頁，川島武宜編『注釈民法（5）』（昭42）116頁（岡本坦），四宮和夫『民法総則〔第4版〕』（昭61）316頁等。

（注4）　田邊光政「判批」判評355号（昭63）59頁，篠原勝美・最判解説民事篇昭和62年度639頁，644頁等。

（注5）　権利行使説ないし実体法説として，我妻栄『新訂民法総則』（昭40）457頁等がある。

（注6）　権利確定説ないし訴訟法説として，兼子一『新修民事訴訟法体系』（昭31）178頁，川島武宜『民法総則』（昭40）473頁等がある。

（注7）　消滅時効制度の根拠と中断の範囲については，松久三四彦『時効制度の

構造と解釈』(平23) 1頁, 71頁参照。また, 内田貴『民法Ⅰ〔第4版〕』(平20) 320頁は, 中断に関しては権利確定説が説得的であり, たとえ時効の法的性質について実体法説をとった場合でも, 時効の根拠には, 弁済などの過去の事実の立証の困難を回避するという側面が含まれていることは否定できないとする。

(注8) 最二小判昭和34年2月20日・民集13巻2号209頁(1個の債権の数量的な一部についてのみ判決を求める旨を明示して訴えの提起があった場合, 訴え提起による消滅時効中断の効力は, その一部の範囲においてのみ生じ残部に及ばないとされたもの), 最三小判昭和50年11月28日・民集29巻10号1797頁(二重訴訟を解消するために前訴が取り下げられても, 前訴の請求がそのまま後訴においても維持されている場合は, 前訴の提起により生じた時効中断の効力は消滅しないとされたもの)等。

(注9) 大連判昭和14年3月22日・民集18巻238頁(債務不存在確認請求訴訟において, 被告が債権の存在を主張し被告勝訴の判決が確定したときは, 被告の行為は裁判上の請求として, 当該債権につき消滅時効中断の効力を生ずるとされたもの), 最二小判昭和38年1月18日・民集17巻1号1頁(係争地域が自己の所有に属することの主張は変わることなく, 単に請求を境界確定から所有権確認に変更したにすぎない場合は, 境界確定の訴え提起によって生じた時効中断の効力には影響がないとされたもの), 最大判昭和43年11月13日・民集22巻12号2510頁(所有権に基づく登記手続請求訴訟において, 被告が自己に所有権があることを主張して請求棄却の判決を求め, その主張が判決によって認められた場合には, その主張は, 裁判上の請求に準ずるものとして, 原告のための取得時効を中断する効力を生ずるとされたもの)等。

(注10) 篠原・前掲(注4)639頁参照。なお, 最二小判平成29年3月13日・集民255号43頁も参照。

(注11) 事前求償権の成立時であるとする説(潮見佳男『債権総論Ⅱ〔第3版〕』〔平17〕493頁), 受託保証人が事前求償権を行使し得る場合においては保証債務の履行責任が存在する限りその消滅時効が進行を開始することはないとする説(東京高判平成19年12月5日・金判1283号33頁)等に分かれている。

(注12) 事前求償権と事後求償権は同一の権利であるとする説(1個説)(石井

〔1〕 事前求償権を被保全債権とする仮差押えと事後求償権の消滅時効の中断

眞司「事前求償権と事後求償権は別個の権利か」金法1112号〔昭61〕4頁等）は，両者の関連性に着目する見解といえる。他方，両者は別個の権利であるとする説（2個説）（林良平「判批」論叢67巻〔昭35〕1号99頁等。判例・通説）は，両者の違いに着目する見解といえ，旧訴訟物理論からは自然な見方といえる。

　もっとも，事前求償権と事後求償権との関係につき両者が同一の権利であるか否かという「個数論争」から演繹的に個別の問題点の結論が導かれるわけではないこと等を踏まえ，「同一か別個か」という問題設定自体を疑問視する見解も示されている（石田喜久夫ほか「シンポジウム保証人の弁済と求償」金融法研究4号〔昭63〕71頁〔米倉明発言〕，74頁〔星野英一発言〕）。

(注13) 石黒一憲「判批」ジュリ720号〔昭55〕160頁等。この見解は，事前求償権が「権利的地位」にすぎないとする説（少数説）と親和的である（戒能通孝「判批」判例民事法20巻〔昭17〕462頁）。なお，第1審はこの見解をとっていたが，原審はその判断部分を引用していない。

(注14) 林良平「事前求償権と事後求償権」金法1143号〔昭62〕31頁等。この見解は，事前求償権を「確定的債権」とする説（判例・通説）と親和的である（柴田・前掲（注1）33頁）。

(注15) 我妻栄『新訂債権総論』〔昭39〕491頁等。費用前払請求権の制限という観点（例外的な権利である点も含む。）から説明するものとして，我妻・上掲491頁のほか，川名兼四郎『債権法要論〔3版〕』〔大7〕404頁，石坂音四郎『債権総論中巻』〔大10〕1106頁，柚木馨「保証人の求償権をめぐる諸問題（上）」金法261号〔昭36〕24頁，西村信雄編『注釈民法(11)』〔昭40〕274頁（中川淳）等があり，事後求償権の保全（確保）という観点から説明するものとして，奥田昌道『債権総論〔増補版〕』〔平4〕407頁等がある。両者を「委任事務処理費用説」と「事後求償権保全説」という対立した見解として整理する文献もあるが，両者は説明の観点を異にするだけであり必ずしも対立した見解とはいえないであろう（目黒大輔「委託を受けた保証人が主債務者に対して有する事前求償権の消滅時効」判タ1299号〔平21〕12頁，中田裕康『債権総論〔第3版〕』〔平25〕501頁等）。なお，事前求償権に「派生権利」の側面があることを踏まえ，「事前求償権とは不思議な権利である」との指摘もされている

(山野目章夫「事前求償権の不思議」金判1285号〔平20〕1頁)。

(注16)　國井和郎「事前求償権と事後求償権」金融法研究資料編(3)(昭62)62頁，同「フランス法における支払前の求償権に関する一考察」阪法145・146号(昭63)245頁，髙橋眞「事前求償権の法的性質」民商108巻(平5)2号173頁，平野裕之『プラクティスシリーズ債権総論』(平17)436頁，潮見・前掲(注11)491頁，福田誠治『保証委託の法律関係』(平22)19頁，渡邊力「受託保証人の事前保護制度」関学62巻(平23)1号458頁等。ただし，論者により力点の置き方は若干異なる。この見解は，事前求償権の沿革（ローマ法に由来しフランス法の影響を受けて我が国の民法は規定されていること）等を踏まえて，制度趣旨を理解しようとするものであるが（事前求償権のローマ法的沿革について論じたものとして，西村重雄「保証人の事前求償権」鈴木禄弥先生古稀記念『民事法学の新展開』〔平5〕221頁がある。），現行民法の文言解釈としてはやや無理があるとも指摘されている（國井・上掲「フランス法における支払前の求償権に関する一考察」270頁等参照）。

(注17)　中田・前掲（注15）501頁は，問題の本質は，一定の事由が生じた段階における受託保証人と主たる債務者の適切なリスク分配の在り方をどのように図るかということにあると指摘する。なお，事前求償権については，従来から一部学説により立法論的に疑問があるとの指摘がされており，民法（債権法）改正検討委員会において，債権者に適時執行義務を課した上で民法460条の規定を削除する旨の提案がされ，民法（債権関係）の改正に関する中間的な論点整理においても，「仮に適時執行義務に関する規定を設ける場合には，委託を受けた保証人が事前求償権を行使することができることを規定する同条を維持するかどうかについて，更に検討してはどうか」とする旨の提案がされた。しかし，事前求償権を廃止することについては反対論が強かったため，中間試案，要綱仮案及び要綱案においては，「同法459条，460条の規律を基本的に維持」した上で，削除に異論の少ない「同条3号のみを削除する」旨の提案がされ，これが平成29年改正民法460条に反映された。民法（債権法）改正検討委員会編『詳解・債権法改正の基本方針Ⅲ』(平21)452頁，商事法務編『民法（債権関係）の改正に関する中間的な論点整理の補足説明』(平23)103頁，商事法務編『民法（債権関係）の改正に関する中間試案の補足説明』(平25)214

〔1〕 事前求償権を被保全債権とする仮差押えと事後求償権の消滅時効の中断

頁，筒井健夫＝村松秀樹編著『一問一答民法（債権関係）改正』（平30）128頁等。

(注18) 奥田・前掲（注15）407頁等。

(注19) 倉田卓次・最判解説民事篇昭和34年度101頁は，「この両者（注：事前求償権と事後求償権）は窮極の目的と社会的効用を同じくし，その別異性に着眼したとしても何らの実益なく，むしろ制度の趣旨から両者の同一性ないし同質性が要求されている。例えば第460条第1号の場合保証人は求償権によって財団の配当に加入し得るが，この際事前と事後とで権利が異なるのでは困るわけである。（中略）両権利をその発生の基礎たる保証委託契約関係において捉え，第460条各号は第459条と並んで同じ求償権発生の要件を規定するもので，前者はその事前発生に，後者はその事後発生に関するものと理解するのが便宜」である旨指摘する。

(注20) 柴田・前掲（注1）36頁，塚原朋一＝武田美和子「判批」手形研究475号（平5）67頁，山田誠一「判批」金法1433号（平7）97頁等。

なお，この点に関連して，「原債権と求償権との関係」と「事前求償権と事後求償権との関係」との間の類似点・相違点が指摘されている。類似点としては，同一当事者間の債権であり経済的目的は共通であるが法的性質が異なるという点が挙げられる（林・前掲（注14）35頁，山田・上掲97頁）。他方，相違点としては，原債権は元々求償権とは無関係に生じたものである（したがって，求償権も原債権に付随する担保等を，消滅時効も含め本来原債権が有している限界内で使用し得るにすぎない）のに対し，事前求償権は元々事後求償権の確保のために生じたものである点が挙げられる（髙橋眞「事前求償権と事後求償権の関係」金法1242号〔平2〕66頁）。

(注21) なお，この点に係る判文は，本件の事実関係を念頭に置いて，事後求償権の発生要件をいうものであって，仮差押えと免責行為の前後関係は問わない趣旨であると解される。

(注22) 市川多美子・最判解説民事篇平成24年度（上）249頁参照。なお，民事保全における被保全債権と民事訴訟の本案の債権との食い違いがどの程度の範囲であれば許容されるかが問題とされてきた場面は，①保全命令の後に債務者の申立てにより起訴命令が出され（民事保全法37条1項），これを受けて債権

者が訴訟を提起したが，債務者が，同訴訟の訴訟物が保全命令の被保全債権と異なると主張して，保全命令の発令裁判所に保全命令の取消決定を求める場合（同条3項），②債権者に担保を立てさせた上で保全命令が発令された（同法14条）後，債権者が，本案の全部勝訴判決が確定したことを理由とする担保の取消決定を求める場合（同法4条2項，民訴法79条1項），③他の債権者が仮差押債権者と同じ目的財産に執行をして，配当手続に至り，仮差押債権者には配当等留保供託がされ，その後に仮差押債権者が本案の判決を得たとして執行裁判所に配当等の実施命令を求める場合（民事執行法166条2項，91条1項2号），④不動産の仮差押えの執行後，債務者が当該不動産を第三者に譲渡し，その後に仮差押債権者が本案の判決を得て執行裁判所に本執行の申立てをして強制競売の開始決定を求める場合（同法45条1項），⑤仮差押債権者が他の差押債権者が受領する配当について配当異議訴訟を提起した場合等であり，本件のような場面は余り議論されていない。

(注23) 民法461条の抗弁権が付着している場合に事前求償権を自働債権とする相殺は否定されるか（大判昭和15年11月26日・民集19巻2088頁参照），受託保証人に対して主たる債務者が金銭債権を有しておりそれが差し押さえられた場合に受託保証人が求償権を自働債権とする相殺をすることができるか（同法511条）等が問題となる。

(注24) 事前求償権と事後求償権とは請求の基礎を同一にするものであると解されるから（吉原省三「保証人の事後求償権と事前求償権の関係について」金法1145号〔昭62〕9頁等），事前求償権に基づく請求から事後求償権に基づく請求への訴えの変更は原則として許されるであろう。

(注25) 事前求償権を被保全債権とする保全命令の後に債務者の申立てにより起訴命令が出され（民事保全法37条1項），これを受けて債権者が事後求償権に基づく請求訴訟を提起したが，債務者が，同訴訟の訴訟物が保全命令の被保全債権と異なると主張して，保全命令の発令裁判所に保全命令の取消決定を求める場合に（同条3項），その取消決定は認められないと解される（最一小判昭和26年10月18日・民集5巻11号600頁参照）。

(注26) 民事執行において事前求償権を請求債権とする競売申立ては可能かについて，見解は分かれているが，東京地裁民事執行センターでは，積極説に基づ

〔1〕事前求償権を被保全債権とする仮差押えと事後求償権の消滅時効の中断

き，求償権を担保する抵当権の設定を受けていた場合において，所定の事実が発生したときには，保証人が債権者に対して弁済する以前であっても，保証人が主たる債務者に対して事前求償権を行使することを認める取扱いがされている。次に，事前求償権を請求債権として競売申立てをした後に代位弁済をした場合に請求債権を事後求償権に変更できるかについて，同センターでは，変更を認める取扱いがされている。その理由は，事前求償権と事後求償権は異なる権利であるが，一方が弁済によって満足すれば，他方の請求権はその弁済のされた限度で消滅する関係にあり，また，事前求償権は独立して存在するものであるが，事後求償権の保全のためという目的でのみ成立するものと解され，代位弁済後は事前求償権の独立した権利としての存在は目的を遂げその後は事後求償権として存続するといってよいことにある。東京地裁民事執行センター実務研究会編著『民事執行の実務不動産執行編（上）〔第3版〕』（平24）98頁。なお，事後求償権を担保するための根抵当権による免責行為前の配当金受領の可否については，前掲最一小判昭和34年6月25日参照。

(注27) 主たる債務者の破産の場合は次のとおりである。すなわち，破産手続開始後に保証人が弁済等をした場合でも，債権の全額が消滅した場合を除き，債権者は破産手続開始の時に有する債権の全額についてその権利を行使することができ（破産法104条2項），保証人は求償権の範囲について破産債権を行使することはできない（同条4項）。保証人が債権全額を弁済した場合は，その求償権の範囲で債権者が有していた権利を破産債権者として行使することができ（同項），債権者の届け出た債権について名義変更手続をした上で配当に加わることができる。保証人は，事前求償権の届出をすることができるが，債権者が届出をしている場合は権利行使ができない（同条3項）。東京地裁破産再生実務研究会編著『破産・民事再生の実務破産編〔第3版〕』（平26）423頁，463頁。なお，求償権を自働債権とする相殺の可否については，前掲最二小判平成24年5月28日参照。

(注28) 他には，求償権を目的として作成された公正証書が「金銭の一定の額の支払」（民事執行法22条5号）を内容とするものであるといえるか等の問題がある。

(後注) 本判決の評釈等として，髙橋眞「判批」民商151巻（平26）2号20頁，松

本光一郎「判批」東京公証人会会報平成27年4月号10頁，水野信次「判批」銀法786号（平27）58頁，髙橋恒夫「判批」銀法786号（平27）62頁，村田利喜弥「判批」銀法787号（平27）30頁，岩田好二「判批」東京公証人会会報平成27年6月号6頁，黒田直行「判批」JA金融法務535号（平27）55頁，宗宮英俊ほか「判批」NBL1056号（平27）69頁，下村信江「判批」金法2025号（平27）29頁，鈴木尊明「判批」立正49巻（平27）1号141頁，大澤慎太郎「判批」速判解17号（平27）83頁，荒木新五「判批」『民事判例XI』（平27）92頁，山地修「時の判例」ジュリ1487号（平27）68頁，鈴木健之「判批」金法2031号（平27）52頁，福田誠治「判批」セレクト2015［Ⅰ］（法教425号別冊付録）（平28）15頁，渡邊力「判批」リマークス52号（平28）22頁，仲田哲「判批」金法2036号（平28）59頁，吉垣実「判批」セレクト2015［Ⅱ］（法教426号別冊付録）（平28）34頁，齋藤由起「判批」判評685号（平28）2頁，吉岡伸一「事前求償権による仮差押えと事後求償権の時効中断」岡法65巻（平28）3・4号1頁，川嶋四郎「判批」法セ735号（平28）112頁，米倉暢大「判批」平成27年度重判解（ジュリ1492号）（平28）75頁，加藤新太郎「判批」平成27年度重判解（ジュリ1492号）（平28）133頁，同「判批」金判1492号（平28）8頁，石井教文「保証人の求償権に関する時効管理」金法2043号（平28）4頁，関武志「判批」青山ローフォーラム5巻（平28）1号47頁，根岸謙「判批」法学80巻（平28）3号84頁，山中稚菜「判批」同法68巻（平28）5号495頁，帷子翔太「判批」日本大学法科大学院法務研究14号（平29）167頁，潮見佳男『新債権総論Ⅱ』（平29）719頁，浅野雄太「判批」法政84巻（平29）1号173頁等がある。

(山地　修)

〔2〕 1　共有に属する株式について会社法106条本文の規定に基づく指定及び通知を欠いたまま権利が行使された場合における同条ただし書の株式会社の同意の効果
2　共有に属する株式についての議決権の行使の決定方法

(平成25年(受)第650号　同27年2月19日第一小法廷判決　棄却
第1審横浜地裁川崎支部　第2審東京高裁　民集69巻1号25頁)

〔判決要旨〕

1　共有に属する株式について会社法106条本文の規定に基づく指定及び通知を欠いたまま当該株式についての権利が行使された場合において，当該権利の行使が民法の共有に関する規定に従ったものでないときは，株式会社が同条ただし書の同意をしても，当該権利の行使は，適法となるものではない。

2　共有に属する株式についての議決権の行使は，当該議決権の行使をもって直ちに株式を処分し，又は株式の内容を変更することになるなど特段の事情のない限り，株式の管理に関する行為として，民法252条本文により，各共有者の持分の価格に従い，その過半数で決せられる。

〔参照条文〕
（1, 2につき）　民法264条
（1につき）　会社法106条
（2につき）　会社法105条1項3号，民法251条，252条

〔解　説〕

第1　事案の概要

1　本件は，株式会社（特例有限会社）であるYの発行済株式の総数3000株のうち2000株をAと2分の1ずつの持分割合で準共有しているXが，Yの株主総会決議には，決議の方法等につき法令違反があると主張して，Yに

対し，会社法831条1項1号に基づき，上記株主総会決議の取消しを求めた事案である。

上記の2000株（以下「本件準共有株式」という。）について，会社法106条本文の規定に基づく権利を行使する者の指定及びYに対する通知はされていなかったが，YがAによる本件準共有株式全部についての議決権の行使に同意したことから，同条ただし書により，当該議決権行使が適法なものとなるか否かが争われた。

2 事実関係の概要

（1）本件準共有株式（2000株）は，Bが保有していたが，Bが死亡したため，いずれもBの妹であるX及びAが法定相続分である各2分の1の割合で共同相続した。(注1)

（2）Aは，平成22年11月11日に開催されたYの臨時株主総会（以下「本件総会」という。）において，本件準共有株式の全部について議決権の行使（以下「本件議決権行使」という。）をした。Yの発行済株式のうちその余の1000株を有するCも，本件総会において，議決権の行使をした。

（3）本件総会において，①Dを取締役に選任する旨の決議，②Dを代表取締役に選任する旨の決議並びに③本店の所在地を変更する旨の定款変更の決議及び本店を移転する旨の決議がされた（以下，上記各決議を「本件各決議」という。）。

（4）本件準共有株式について，会社法106条本文の規定に基づく権利を行使する者の指定及びYに対するその者の氏名又は名称の通知はされていなかったが，Yは，本件総会において，本件議決権行使に同意した。

3 第1審及び原審の判断

第1審は，本件議決権行使にYが同意しているから，会社法106条ただし書により本件議決権行使は適法なものとなるとし，Xの請求を棄却した。

これに対し，原審は，会社法106条ただし書について，同条本文の規定に基づく権利を行使する者の指定及び通知の手続を欠いていても，共有者間に

〔2〕共有に属する株式について会社法106条本文の規定に基づく指定及び通知を欠いたまま権利が行使された場合における同条ただし書の株式会社の同意の効果　共有に属する株式についての議決権の行使の決定方法

おいて権利の行使に関する協議が行われ，意思統一が図られている場合に限って，株式会社の同意を要件に当該権利の行使を認めたものである旨を判示して，本件は上記の場合に当たらないから，本件議決権行使は不適法であり，決議の方法に法令違反があるとして，本件各決議を取り消した。

第2　上告受理申立て理由及び本判決

1　Yが上告受理申立てをしたところ，第一小法廷は，上告審として事件を受理した。Yの論旨（排除されたものを除く。）は，会社法106条ただし書は，株式会社の同意さえあれば特定の共有者が準共有株式について適法に権利を行使することができる旨を定めた規定であるというものである。

2　本判決は，次のとおり判示して，本件各決議は，決議の方法が法令に違反するものとして取り消されるべきものであるとし，Yの上告を棄却した。

（1）会社法106条本文は，「株式が二以上の者の共有に属するときは，共有者は，当該株式についての権利を行使する者一人を定め，株式会社に対し，その者の氏名又は名称を通知しなければ，当該株式についての権利を行使することができない。」と規定しているところ，これは，共有に属する株式の権利の行使の方法について，民法の共有に関する規定に対する「特別の定め」（同法264条ただし書）を設けたものと解される。その上で，会社法106条ただし書は，「ただし，株式会社が当該権利を行使することに同意した場合は，この限りでない。」と規定しているのであって，これは，その文言に照らすと，株式会社が当該同意をした場合には，共有に属する株式についての権利の行使の方法に関する特別の定めである同条本文の規定の適用が排除されることを定めたものと解される。そうすると，共有に属する株式について会社法106条本文の規定に基づく指定及び通知を欠いたまま当該株式についての権利が行使された場合において，当該権利の行使が民法の共有に関する規定に従ったものでないときは，株式会社が同条ただし書の同意をしても，当該権利の行使は，適法となるものではないと解するのが相当である。

（2）共有に属する株式についての議決権の行使は，当該議決権の行使をもって直ちに株式を処分し，又は株式の内容を変更することになるなど特段の事情のない限り，株式の管理に関する行為として，民法252条本文により，各共有者の持分の価格に従い，その過半数で決せられるものと解するのが相当である。

（3）これを本件についてみると，本件議決権行使は会社法106条本文の規定に基づく指定及び通知を欠いたままされたものであるところ，本件議決権行使の対象となった議案は，①取締役の選任，②代表取締役の選任並びに③本店の所在地を変更する旨の定款の変更及び本店の移転であり，これらが可決されることにより直ちに本件準共有株式が処分され，又はその内容が変更されるなどの特段の事情は認められないから，本件議決権行使は，本件準共有株式の管理に関する行為として，各共有者の持分の価格に従い，その過半数で決せられるものというべきである。

そして，前記事実関係によれば，本件議決権行使をしたＡは本件準共有株式について２分の１の持分を有するにすぎず，また，残余の２分の１の持分を有するＸが本件議決権行使に同意していないことは明らかである。そうすると，本件議決権行使は，各共有者の持分の価格に従いその過半数で決せられているものとはいえず，民法の共有に関する規定に従ったものではないから，Ｙがこれに同意しても，適法となるものではない。

第３　説　　明

１　問題の所在

会社法106条本文は，「株式が二以上の者の共有に属するときは，共有者は，当該株式についての権利を行使する者一人を定め，株式会社に対し，その者の氏名又は名称を通知しなければ，当該株式についての権利を行使することができない。」と規定しているが，これは，平成17年法律第87号による改正前の商法（以下「旧商法」という。）203条２項（「株式ガ数人ノ共有ニ属スルトキハ共有者ハ株主ノ権利ヲ行使スベキ者一人ヲ定ムルコトヲ要ス」）を引き継

〔2〕 共有に属する株式について会社法106条本文の規定に基づく指定及び通知を欠いたまま権利が行使された場合における同条ただし書の株式会社の同意の効果 共有に属する株式についての議決権の行使の決定方法

いだものである。同項は、会社の事務処理の便宜のために設けられたものと解されており（末川博編集代表『民事法学辞典上巻』238頁［八木弘］、大隅健一郎＝今井宏『会社法論上巻［第三版］』334頁、上柳克郎＝鴻常夫＝竹内昭夫編集代表『新版注釈会社法(3)』51頁［米津昭子］等）、会社法106条本文においてもその趣旨は同じであると解されている（相澤哲＝葉玉匡美＝郡谷大輔編『論点解説 新・会社法』492頁、青竹正一『新会社法（第3版）』125頁等）。（以下、会社法106条本文の「権利を行使する者一人」又は旧商法203条2項の「権利ヲ行使スベキ者一人」を「権利行使者」ということがある。）(注2)

最三小判平成11年12月14日裁判集民事195号715頁（以下「平成11年最判」という。）は、旧商法203条2項による指定及び会社に対する通知を欠く株式の共有者につき会社の側から議決権の行使を認めることの可否について、「権利行使者の指定及び会社に対する通知を欠くときには、共有者全員が議決権を共同して行使する場合を除き、会社の側から議決権の行使を認めることは許されないと解するのが相当である。」と判示して、共有者全員が共同して行使する場合にのみ会社の側から権利行使を認めることができるものとしていた。

その後、平成17年に会社法が制定され、同法106条が定められたが、同条には、旧商法にはなかった、「ただし、株式会社が当該権利を行使することに同意した場合は、この限りでない。」とのただし書が設けられた。

しかし、会社法の立法過程において、上記ただし書を設ける趣旨が公に議論された様子がうかがえないこともあって、学説においてその理解は分かれている。

2 会社法106条ただし書についての学説
(1) 平成11年最判との関係

学説は、会社法106条ただし書の意義、特に、平成11年最判との関係に関し、①会社法106条ただし書は、平成11年最判の法理を否定ないし変更する趣旨で設けられたものと解する説（相澤哲＝葉玉匡美＝郡谷大輔編『論点解説

新・会社法』492頁〔注3〕，江頭憲治郎＝中村直人編『論点体系 会社法1 総則，株式会社Ⅰ』268頁［江頭憲治郎］，酒巻俊雄＝龍田節編集代表『逐条解説会社法 第2巻 株式・1』42頁［森淳二朗］，山下友信編『会社法コンメンタール3－株式(1)』38頁［上村達男］，石山卓磨ほか『ハイブリッド会社法』31頁［河内隆史］，伊藤靖史ほか『事例で考える会社法（初版）』125～127頁［田中亘］等）と，②会社法106条ただし書は，平成11年最判の法理を確認する趣旨で設けられたものと解する説（大野正道「非公開会社と準組合法理」江頭還暦『企業法の理論（上巻）』63頁，奥島孝康＝落合誠一＝浜田道代編『新基本法コンメンタール会社法1』189頁［鳥山恭一］等）とに分かれている。

（2）会社法106条ただし書の「同意」についての学説

会社法106条ただし書の株式会社の「同意」により，いかなる権利行使が適法な権利行使となるのかについて述べる学説としては，次のようなものなどがある（それぞれの説が念頭に置く事案が異なり，又は明確でないところもあるが，あえて便宜的に分類したものである。）。

ア　共有者の1人による準共有株式についての権利行使であっても，株式会社の同意により常に適法な権利行使となるとする説

①　相澤哲＝葉玉匡美＝郡谷大輔編『論点解説 新・会社法』は，会社法106条ただし書は，権利行使者の通知がない場合であっても，株式会社が自らのリスクにおいて共有者の1人に権利行使を認めることができることとしている（492頁），会社が，共有者間の協議内容等の確認を怠って，協議内容と異なる議決権の行使を許したとしても，共有者の議決権の行使自体には瑕疵がないので，決議取消事由には該当しないものと解される（493頁）とする。〔注4〕

②　山下友信編『会社法コンメンタール3－株式(1)』38頁［上村達男］は，会社法106条ただし書は，「文言解釈としては，共有者が権利行使者1人を定めなくても，あるいは定めたにもかかわらずその名称を会社に通知しない場合でも，会社が同意すればある特定の者を株主として扱ってよいとして

〔2〕共有に属する株式について会社法106条本文の規定に基づく指定及び通知を欠いたまま権利が行使された場合における同条ただし書の株式会社の同意の効果　共有に属する株式についての議決権の行使の決定方法

いるように読める。」、「これ（注：平成11年最判）を否定するかのような規定を本条（注：会社法106条）にわざわざ追加したことのほうが不当である。」とする(注5)。

　イ　共有者全員による権利行使の場合に，株式会社の同意により適法な権利行使となるとする説

　①　大野正道「非公開会社と準組合法理」江頭還暦『企業法の理論（上巻）』63頁は，会社法106条ただし書は，平成11年最判の趣旨を実定法化したものと思われるとし，旧商法下において，通説は，会社の側から共有者全員による権利行使を認めることは差し支えないと解しており，会社法106条ただし書がこのように解されるものであれば問題はないとする。

　②　奥島孝康＝落合誠一＝浜田道代編『新基本法コンメンタール会社法1』189頁〔鳥山恭一〕は，会社法106条ただし書は，共有者全員による共同の権利行使を会社の側から認めることができるとする学説及び平成11年最判の趣旨を確認したものと考えられるとし，会社が権利行使者の通知がないにもかかわらず共有株式について議決権の行使を認めた場合に，その内容が共有者の協議内容と異なっていたときには，その総会決議には取消事由があると解されるとする(注6)。

　ウ　当該権利の行使を，民法の共有に関する規定に応じて（変更ないし処分行為・管理行為・保存行為に）分類し，株式会社の同意により適法となるかどうかを個別に判断する説

　①　青竹正一『新会社法（第3版）』126頁は，「会社側から共同相続人に議決権の行使を認める場合に，全員が共同して行使しなければならないかどうかは，議決権の行使が共同相続株式または各相続持分権の内容に変更・影響を及ぼす変更行為（民251条参照）といえるかによって判断されるべきである。合併，事業譲渡などの重要事項が議題となっているときは，全員の同意が必要となる。取締役の選任が議題となっているときも，同族的な非公開会社の株式の大部分または過半数が共同相続されている場合は，全員の同意が

必要となる。」とする。

　②　江頭憲治郎＝門口正人編集代表『会社法大系　機関・計算等　第3巻』65頁［岡正晶］は，株式の数が権利行使の結果に影響を及ぼさずかつ株主であれば行使できる権利（総会決議取消訴訟，合併無効確認訴訟を提起する権利等），争いのない共有持分権者名義への名義書換請求権のような保存行為，会計帳簿閲覧謄写請求権等の少数株主権については，会社側が会社法106条ただし書に基づき，準共有者の直接の権利行使を認めても問題はない。しかし，原則として共有株式の処分行為に該当すると考えられる株主総会における議決権行使については，共有者全員が共同して行使する場合に限って会社側から認めることができると解すべきである（73頁），共有株式が経営支配株式であり，決議事項が合併，事業譲渡，解散などの場合は，原則として処分行為に当たると解される。取締役の選任・解任は，微妙であるが，取締役の会社の業務執行に及ぼす影響力の大きさを考えると，処分行為に当たる場合があると解するのが相当である（70頁）とする。

　③　稲葉威雄『会社法の解明』332頁は，「共有者全員の共同は，すべての場合に必要でないとしても，実体法上，共有物の管理は持分の過半数（民252），変更については全員の同意（民251）という原則があり，これを無視することは許されない。通知がないだけの場合はもちろん，権利行使者の指定がなくても，議決権行使について持分の過半数による決定があれば，会社の判断でその行使を許してもよい。」，「議決権の行使は，一般にはその行使者の指定を含め管理行為であるが，株式買取請求に繋がるような重大事項についての議決権行使は，むしろ変更に属するとみる余地がある。」とする。

　エ　株式会社の同意により，各共有者がその持分に応じた数の議決権を各自行使することができるとする説

　①　伊藤靖史ほか『事例で考える会社法（初版）』110頁［田中亘］は，共有者は本来，共有持分に応じてそれに対応する個数の議決権を行使することができるが，便宜上，会社法106条は権利行使者を通じた権利行使を求めた

[2] 共有に属する株式について会社法106条本文の規定に基づく指定及び通知を欠いたまま権利が行使された場合における同条ただし書の株式会社の同意の効果　共有に属する株式についての議決権の行使の決定方法

ものであると解する立場（119頁）から，会社が同意すれば，各共有者は持分に応じて議決権を行使することができる（126頁）とする。

②　石山卓磨ほか『ハイブリッド会社法』31頁［河内隆史］は，旧商法下では，平成11年最判により，法定相続分に従った各相続人の議決権の行使を会社が認めることはできないとされていたが，会社法106条ただし書により，会社が同意すればこのような議決権行使ができるようになったとする。(注7)

3　本判決の立場

（1）会社法106条ただし書の意義について，学説は上記のとおり様々に分かれていたところ，本判決は，一般的な法令の文言解釈を基礎として，同条ただし書の意義について述べている。その内容は，判文に説示されたとおりであるが，敷衍すると，次のような構造であると思われる。

ア　法令におけるただし書は，本文の文章に対する例外を規定するための立法技術であり，「ただし，……この限りでない」という形をとることが多いとされている（法制執務研究会編『新訂ワークブック法制執務』187頁，713頁）。そして，「この限りでない」という語は，ある規定の一部又は全部を打ち消し，その適用除外を定める場合に用いられる語で，本来，本文の規定を打ち消すだけの消極的なものにとどまるので，本文の規定を打ち消した上で更に積極的な意味をもたせたい場合には，明示的な規定を置くべきものとされている（同687頁）。

会社法106条についてみると，同条ただし書の「株式会社が当該権利を行使することに同意した」という要件を満たせば，同条本文の「共有者は，当該株式についての権利を行使する者一人を定め，株式会社に対し，その者の氏名又は名称を通知しなければ，当該株式についての権利を行使することができない。」との規定が打ち消されることとなるが，打ち消されたその先がどうなるのかについては，同条は何も定めていないということになる。

イ　民法264条は，「この節の規定（注：民法249条以下の「第三節　共有」の規定）は，数人で所有権以外の財産権を有する場合について準用する。ただ

し，法令に特別の定めがあるときは，この限りでない。」と規定しているところ，準共有株式の権利の行使方法について定める会社法106条本文は，民法264条にいう「特別の定め」に当たるとされている（旧商法203条2項につき，我妻榮『新訂物権法』337頁，田中誠二『三全訂会社法詳論（上巻）』304頁等。会社法106条についても同様である。川島武宜＝川井健編『新版注釈民法（7）』596頁［川井健］等）。

　すなわち，①株式の準共有は，「数人で所有権以外の財産権を有する場合」に当たるため，民法264条により，民法の共有に関する規定が準用される。民法の共有に関する規定によれば，共有物の利用については，それが㋐保存行為に当たる場合には各共有者が単独ですることができ（同法252条ただし書），㋑共有物の変更又は処分に当たる場合には共有者全員の同意を必要とし（同法251条）(注8)，㋒これら以外の共有物の管理行為に当たる場合には持分の価格に従いその過半数で決する（同法252条本文）こととされている。したがって，準共有株式についての権利をどのように行使するかについては，上記の民法の共有に関する規定に従う必要があるといえる。②これに加えて，会社法106条本文が，準共有株式についての権利の行使方法に関する特別の定めとして，会社の事務処理上の便宜のため，会社に対し，権利行使者を定めて通知しなければ（指定・通知された権利行使者によるのでなければ），権利を行使することができない旨を定めている。

　ウ　以上によると，「株式会社が当該権利を行使することに同意した場合」（会社法106条ただし書）には，上記イ②の規律（同条本文）は排除されることになるが，なお，同①の規律（民法の共有に関する規定）には服するということとなる。

　（2）前記のとおり，学説において，会社法106条ただし書が，平成11年最判の法理を変更したものであるのか，あるいは同法理を確認したものであるのかについて対立があるが，平成11年最判は，会社法106条ただし書のような規定の存しない旧商法下において，株式についての権利のうち議決権の行

〔2〕共有に属する株式について会社法106条本文の規定に基づく指定及び通知を欠いたまま権利が行使された場合における同条ただし書の株式会社の同意の効果 共有に属する株式についての議決権の行使の決定方法

使につき判示したものにすぎないから，平成11年最判の示した法理と会社法106条ただし書の新設との関係を，一般的に論ずることは必ずしも適当ではないであろう。

新設規定である会社法106条ただし書の立法趣旨が明確とはいえないことから，本判決は，規定の文言から客観的に読み取れる意味を基礎として，解釈したものと考えられる。実質的に見ても，権利行使者として指定・通知されていない者による権利行使が，会社の同意さえあれば常に適法になるとするのは，会社側の恣意的選択を許すこととなる点で問題があると思われるし，他方，あえて「ただし書」が設けられた新法（会社法）下において，常に共有者全員による行使でなければならないとする積極的な理由も見いだし難いように思われる。(注9)

（3）会社法106条ただし書の意味を上記のとおりに解すると，株式会社の同意がある場合に当該権利の行使が適法であるといえるためには，民法の共有に関する規定に従っていることが必要ということになり，当該権利の行使が①保存行為，②処分又は変更行為，③管理行為のいずれの場合に該当するのか，また，該当する場合における所定の要件を満たすのかによって，決せられることとなる。

本判決の立場は，前記2（2）の学説のうち，ウ説（当該権利の行使を，民法の共有に関する規定に応じて分類し，株式会社の同意により適法となるかどうかを個別に判断する説）と基本的な考え方を同じくするものといえよう。

本件で問題となっている「株式についての権利」は議決権であるため，本判決は，続いて，準共有株式についての議決権の行使の性質（決定方法）について判断している。

4 準共有株式についての議決権の行使の決定方法
（1）学説
準共有株式についての議決権の行使の性質につき，学説の多くは管理行為と見ているとされるが（青竹正一『閉鎖会社紛争の新展開』74頁等），会社の法

律関係を変動させるものとして，議決権行使一般につき，全員の一致がある場合にのみなし得るとする説（大杉謙一・判批・ジュリ1214号89頁等）もあり，さらに，議案により異なるとする説（例えば合併，事業譲渡，解散等の議案に対する議決権行使は処分行為ないし変更行為に当たるとするなど。前記2（2）ウに挙げた説のほか，山田泰彦「株式の共同相続による商法203条2項の権利行使者の指定方法と『特段の事情』」早稲田法学75巻3号381頁，片木晴彦・判批・判評466号63頁，永井和之「商法203条2項の意義」戸田古稀『現代企業法学の課題と展開』219頁，泉田栄一「株式・持分の相続と権利行使者の通知」法学新報109巻9・10号113頁，木内宜彦・判批・判評326号56頁等）もある。

（2）本判決の立場

ア　本判決は，準共有株式についての議決権の行使は，当該議決権の行使をもって直ちに株式を処分し，又は株式の内容を変更することになるなど特段の事情のない限り，株式の管理に関する行為として，民法252条本文により，各共有者の持分の価格に従い，その過半数で決せられるものと解するのが相当であるとした。

議決権は，株主が株主総会に出席してその決議に加わる権利（大隅健一郎＝今井宏＝小林量『新会社法概説（第2版）』153頁，河本一郎『現代会社法〈新訂第9版〉』399頁等）であるから，本来，その行使自体が直接，株式の処分や株式の内容の変更をもたらすものではないといえる。(注10)　また，議決権の行使が株式の保存行為となる場合も通常は想定し難い。

とはいえ，例えば，発行済株式のほぼ全部が準共有となっている場合に，株式の処分や株式の内容に変更をもたらす議案(注11)に対して当該準共有株式全部について賛成の議決権が行使されるような場合を想定すると，このような議決権行使は，株式の処分や株式の内容の変更に直結する行為ということもでき，これを持分の過半数を有する者のみの意思で決することができるとするのは妥当でないとも考えられる。

このようなことから，本判決は，多くの学説と同様に準共有株式について

〔2〕共有に属する株式について会社法106条本文の規定に基づく指定及び通知を欠いたまま権利が行使された場合における同条ただし書の株式会社の同意の効果 共有に属する株式についての議決権の行使の決定方法

の議決権の行使は管理行為に当たるとするのが原則としつつも，議案の内容，準共有株式の数等によっては，当該準共有株式についての議決権の行使が，株式の処分や株式の内容の変更に直結する行為といえる場合もあり得ることを考慮して，特段の事情がある場合の例外を設けたものと思われる。(注12)

イ そして，本判決は，本件議決権行使の対象となった議案は，①取締役の選任，②代表取締役の選任並びに③本店の所在地を変更する旨の定款の変更及び本店の移転であり，これらが可決されることにより直ちに本件準共有株式が処分され，又はその内容が変更されるなどの特段の事情は認められないから，本件議決権行使は，本件準共有株式の管理に関する行為として，各共有者の持分の価格に従いその過半数で決せられるものとした。(注13)

本件議決権行使をしたＡは本件準共有株式について２分の１の持分を有するにすぎず，残余の２分の１の持分を有するＸは，本件議決権行使に同意していないから，本件議決権行使は，持分の価格に従いその過半数で決せられているものとはいえず，Ｙが本件議決権行使に同意しても，適法とはならない。

したがって，本判決は，本件議決権行使が不適法なものとなる結果，本件各決議は，決議の方法が法令に違反し，取り消されるべきものとした。(注14)

上記の特段の事情があるといえる具体的な場合については，今後の事例の集積が待たれる。(注15)

5 その他の問題
（1）協議（話合い）の要否について

ア 本件では，Ａの持分は過半数に満たないものであったため問題にはならなかったが，持分の価格に従いその過半数により決せられるという場合に，過半数を有する者の意思に合致していれば足りるのか，あるいは，共有者間での協議（話合い）を要するのかという問題も生じ得るところである。

イ 下級審裁判例や学説において，権利行使者の指定方法（最三小判平成９年１月28日裁判集民事181号83頁〈以下「平成９年最判」という。〉は，持分の価

格に従い過半数をもって定めるとする。）について，単に過半数の持分を有する共有者の意思に沿っているというだけでなく，共有者間の協議や協議に参加する機会を重視するものが見られる（大阪地判平成9年4月30日判時1608号144頁とその評釈である伊藤靖史・商事法務1586号39頁，青竹正一『閉鎖会社紛争の新展開』38頁等，東京高決平成13年9月3日金判1136号22頁に対する評釈である菊地雄介・金判1143号64頁，藤田祥子・法学研究77巻6号133頁等，大阪高判平成20年11月28日金判1345号38頁[注16]とその評釈である王芳・ジュリ1396号169頁，河内隆史・判評611号22頁等）。

　本件の原審が，会社法106条ただし書は，「準共有者間において議決権の行使に関する協議が行われ，意思統一が図られている場合にのみ」，会社の同意を要件として権利行使を認めたものである旨を説示していることについて，上記のような協議等を重視する考え方と整合する旨を指摘する見解もある[注17]。

　ウ　この問題は，準共有株式の権利行使に特有の問題ではなく，民法の共有一般の問題であるともいえるが，共有物の管理行為を持分の過半数で決するに当たり，協議（話合い）を要するものか否かは，必ずしも明らかではないとされている[注18]。今後に残された問題といえよう[注19]。

（2）持分に応じた数の議決権の行使について

　ア　株式の準共有は1株ごとに成立するものであるから，準共有する同種の株式が複数ある場合に，各共有者が，その全体に対する持分割合に応じた数の議決権を有するものではない（例えば，3人が各3分の1の持分で準共有している同種の株式が3000株ある場合に，各自が1000株分の議決権を有するものではない。）。したがって，株式会社が同意をしても，共有者の1人が持分割合に応じた数（上記の例では1000株分）の議決権を当然に行使できるものではない[注20]。

　イ　本判決の触れるところではないが，本判決の立場によれば，権利行使者の指定・通知がない場合に，複数の準共有株式のうちある株式については

〔2〕共有に属する株式について会社法106条本文の規定に基づく指定及び通知を欠いたまま権利が行使された場合における同条ただし書の株式会社の同意の効果　共有に属する株式についての議決権の行使の決定方法

賛成の議決権を行使し，ある株式については反対の議決権を行使することが（特段の事情はないものとして）持分の価格に従いその過半数で決せられている場合（例えば，上記の例で，1000株分については賛成の議決権行使をし，2000株分については反対の議決権行使をする旨が共有者間で決せられている場合）には，株式会社がこの議決権行使に同意をすれば，適法な議決権行使になるものと考えられる。(注21)

（3）指定・通知された権利行使者による権利行使の規律との関係について

ア　平成9年最判は，権利行使者の指定は持分の価格に従いその過半数をもって決することができるとし（平成11年最判も重ねてこれを説示している。），また，最二小判昭和53年4月14日民集32巻3号601頁（以下「昭和53年最判」という。）は，有効に指定・通知された権利行使者は，自己の判断に基づき議決権を行使することができ，他の共有者の意見に反する場合であっても，当該議決権行使に瑕疵はないとの立場に立っていると解されている。(注22)

仮に，昭和53年最判が，準共有株式の権利行使一般について，上記のような立場に立っているものとすれば，平成9年最判の立場と合わせると，「株式の処分ないし変更に当たるような権利行使であっても，有効に指定・通知された権利行使者による行使を介すれば，持分の過半数を有する共有者の意思によって（全員の同意がなくとも），会社に対して適法に権利行使をすることができる。」ということになるように思われる。(注23)(注24)

イ　このように，権利行使者による権利行使について，会社に対する関係では常に適法な権利行使になるという効果があるとした場合，このことと，会社法106条ただし書についての本判決の立場との関係については，次のように捉えることができよう。

共有者が権利行使者の指定・通知をした場合の法律関係（①）と，これをしていない場合の法律関係（②）とでは，異なる規律に服すると解することは不合理ではない。すなわち，本来的には，準共有株式について，民法の共有に関する規定に従わない権利行使は適法なものではないところ，①集団的

法律関係の画一的処理の要請から，会社法上の規律として権利行使者の指定・通知を要求し，指定・通知がされた権利行使者のした権利行使は，会社に対しては常に適法なものとすることとし，他方，②会社法上の規律に従わずに，権利行使者の指定・通知を欠く場合には，権利行使者による権利行使であるが故に認められる上記の効果は生じず，本則に戻って，民法の共有に関する規定に従った権利行使のみが会社の同意により適法な権利行使となるとみることは，一定の合理性を有するものということができる。

（4）株式の共有者の原告適格について

最三小判平成2年12月4日民集44巻9号1165頁（以下「平成2年最判」という。）は株主総会決議不存在確認の訴えについて，平成3年最判は合併無効の訴えについて，平成9年最判は有限会社の社員総会決議不存在確認の訴えについて，いずれも，株式ないし持分の共有者は，権利行使者の指定・通知を欠くときは，特段の事情がない限り，原告適格を有しない旨を判示している。

いかなる事情が上記各最判のいう「特段の事情」に当たるかについては，議論があるが(注25)，本件では，Xの原告適格が認められていることから，上記の特段の事情があるとされたものといえる。会社法106条違反のために決議に瑕疵が生じているとしてその決議の効力を争う訴えの原告適格を，同条によって制限するのは，背理というべきものであろう(注26)。

6　本判決の意義

本判決は，学説において種々理解が分かれていた会社法106条ただし書について最高裁が初めてその意義を明らかにするとともに，準共有株式の議決権行使の決定方法についても判断を示したものであり，理論的にも実務的にも，重要な意義を有すると考えられる。

（注1）　共同相続された株式が相続開始と同時に当然に相続分に応じて分割されるものではなく，共同相続人による準共有となることは，確立した判例である

〔2〕共有に属する株式について会社法106条本文の規定に基づく指定及び通知を欠いたまま権利が行使された場合における同条ただし書の株式会社の同意の効果　共有に属する株式についての議決権の行使の決定方法

（最三小判平成26年2月25日民集68巻2号173頁，最一小判昭和45年1月22日民集24巻1号1頁等）。

(注2)　旧商法203条2項には，会社法106条本文のように，会社に対する通知を要する旨の文言はないが，会社に対して通知を要することは当然のことと解されていた（松田二郎＝鈴木忠一『條解株式會社法』114頁，田中誠二＝山村忠平『五全訂コンメンタール会社法』417頁等）。

(注3)　法務省の立案担当者らによる解説書である。同文献は，後記のとおり，その記述の意味するところが必ずしも明確でない部分もあるが，少なくとも，会社法106条ただし書は平成11年最判の法理と同一の規律を規定したものではない旨解説していることは明らかといえる。

(注4)　同文献の記述は，共有者による①権利行使者の指定，②会社への通知，③具体的な議決権行使の内容の協議，を峻別することを前提としているのか，また，そのいずれかを欠く場合のみを念頭に置いた記述であるのかは，必ずしも明確ではないが，同文献は，会社の同意さえあれば，共有者の1人が共有株式全部についていかなる権利行使もできるとして，会社に広範な裁量を認める見解（少なくともそう読めるもの）と理解されている（伊藤靖史ほか『事例で考える会社法（初版）』125頁［田中亘］，藤原俊雄・判批・新・判例解説Watch（2014年4月）121頁，中村信男・判批・早稲田商学439号1086頁，林孝宗・判批・早稲田法学89巻4号189頁等）。本件の第1審判決は，このような理解に沿った判断といえる。

(注5)　ただし，同文献は，共有株式が整数によって割り切れる場合には，共有者は当然に分割的に株式を保有すると解する立場を採り，会社法106条は，割り切れない1株式の共有が問題になっている場合の規定であるとする（42頁）。

(注6)　ただし，同文献は，「『管理行為』（民法252条本文）に当たる株主総会における議決権行使に関しては，共有者各自の持分の価格に応じた議決権の行使を会社が認めることもできると解される。」（189頁）とする。

(注7)　同文献の記述は，会社の同意があれば常に適法な権利行使となるとする見解（上記ア説）と見る余地もあるが，いちおう本文のように分類した。

(注8)　共有物の処分は，各共有者の持分権の処分であるから，全員の同意が必要であるのは，民法251条を待つまでもなく当然のこととされる（川島武宜＝

川井健編『新版注釈民法（7）』452頁［川井健］，我妻榮『新訂物権法』323頁）。

(注9) 旧法下において，学説は，例えば，大隅健一郎『全訂會社法論上巻』（昭和29年）237頁は，「代表者は単独で共有株式につき株主の権利を行使することができるが，代表者を選ばない限り，共有者全員が共同しても株主の権利を行使することはできない。但し会社の方からかかる権利行使をみとめることは差支ない。」とし，末川博編集代表『民事法学辞典上巻』（昭和35年）238頁［八木弘］は「代表者選定の必要は会社の事務処理の便宜を顧慮したものであるから，会社の方でこの顧慮を不要なものとして，全員共同による権利の行使を認めることは，これを否認すべき理由がない。」としており，その後の学説（服部栄三＝星川長七編『基本法コンメンタール商法Ⅱ』〈昭和45年〉138頁［蓮井良憲］，上柳克郎＝鴻常夫＝竹内昭夫編集代表『新版注釈会社法（3）』〈昭和61年〉52頁［米津昭子］等）においても，上記の各文献の記述と同旨が述べられている。上記の各文献の記述は，全員共同行使の場合に権利行使を許容するものであることは明らかであるが，全員共同行使でなければならない理由は述べておらず，また，全員共同行使以外の権利行使の可否について触れるものではない。

(注10) 株式の処分や株式の内容の変更をもたらす議案が可決された場合であっても，そもそも当該議案に反対の議決権を行使したのであれば，当該議決権の行使によって株式の処分や株式の内容の変更がされたということはできないし，賛成の議決権を行使したとしても，他の株主による賛成の議決権行使とあいまって議案が可決され，その結果として，株式の処分や株式の内容の変更をもたらすものであるとすると，基本的には個々の賛成の議決権行使それ自体をもって，株式の処分行為や変更行為と見ることはできないと考えられる。

(注11) 例えば，全部取得条項付種類株式の取得を決定する議案（会社法171条1項，309条2項3号），会社の発行する全部の株式を譲渡制限株式とする定款変更の議案（同法107条1項1号，309条3項1号）等が想定しやすい。

(注12) 本判決は，特段の事情として，処分又は変更に当たる場合を例示しているが，保存行為に当たる場合をあえて排除するものではないであろう。

(注13) 本判決は，上記各議案の内容自体から，本件議決権行使は株式の処分や

〔2〕共有に属する株式について会社法106条本文の規定に基づく指定及び通知を欠いたまま権利が行使された場合における同条ただし書の株式会社の同意の効果　共有に属する株式についての議決権の行使の決定方法

株式の内容の変更をもたらすものではないとしたものか，あるいは，本件では，当該議決権の行使をもって直ちに株式を処分し，又は株式の内容を変更することになるといえるような事情がないとしたものか，必ずしも明確ではないともいえる。

　この点，学説には，役員の選任の議案に対する議決権行使について，同族的な非公開会社の株式の大部分又は過半数が共同相続されている場合には全員の同意が必要となるとする見解（青竹正一『新会社法（第3版）』126頁）や，会社の業務執行に及ぼす影響力の大きさから処分行為に当たる場合があると解する見解（江頭憲治郎＝門口正人編集代表『会社法大系　機関・計算等　第3巻』70頁〔岡正晶〕）などもある。

　その者が役員に選任されることが直ちに会社の価値の毀損に当たるということは通常想定し難いことや，業務執行権の掌握を志向する者ら間の紛争であるかどうかなど，株主構成，株主の属性や意思，背景事情等を考慮して，議決権の行使が処分ないし変更行為に当たるか否かが判断されるものとするのは，会社法が予定する組織法上の法律関係の規律としては適当ではないように思われることからすると，役員の選任の議案に対する議決権行使は，株式の処分や変更行為には当たらないと見るのが妥当ではないかと考えられる。仮に閉鎖会社特有の配慮をすべきものとすれば，別途規律を設ける必要があるのではないかと思われる（岩原紳作ほか「座談会　改正会社法の意義と今後の課題〔下〕」商事2042号18頁参照）。

(注14)　本件では，Yの発行済株式の総数は3000株であるところ，そのうち本件準共有株式2000株については適法に議決権を行使し得なかったことになるから，結局，本件総会では，その余の1000株の議決権を有するCのみが出席して議決権を行使したことになる。

　本件各決議のうち，取締役の選任及び代表取締役の選任の各決議については，定足数として，議決権を行使することができる株主の議決権の過半数を有する株主が出席することが必要であり（会社法309条1項，341条。なお，本件では，Yの定款に別段の定めがあるとは認められていない。），本件では1500（3000×1／2）を超える議決権を有する株主の出席が必要であるところ，上記のとおり，1000の議決権を有する株主しか出席していないから，定足数を欠

く。

　本店所在地を変更する定款変更の決議については，総株主の半数以上であって，当該株主の議決権の4分の3以上に当たる多数をもって行わなければならないところ（会社法309条2項11号，会社法の施行に伴う関係法律の整備等に関する法律14条3項），本件では，上記のとおり，総株主の議決権数3000のうち1000の議決権を有する株主が議決権を行使したにすぎないから，決議の成立要件を欠く。

　なお，上記の定足数及び決議の成立要件の算定に関し，権利行使者の指定・通知のない準共有株式の議決権数（本件では2000）を，その算定に含めない見解もあるが（小室直人＝上野泰男・判批・民商63巻4号597頁，大杉謙一・判批・ジュリ1214号89頁），権利行使者の指定・通知がされていない準共有株式であっても，議決権のある株式であることに変わりはないから，これを定足数及び決議の成立要件の算定に含めるのが妥当と考えられる（最三小判平成3年2月19日裁判集民事162号105頁〈以下「平成3年最判」という。〉も，権利行使者の指定・通知がされていない準共有株式を，定足数及び決議の成立要件の算定に含めることを当然の前提としていると考えられる。）。学説においても，これを含める説が有力である（江頭憲治郎『株式会社法（第5版）』333頁，伊藤靖史ほか『事例で考える会社法（初版）』117頁［田中亘］，岩原紳作編『会社法コンメンタール（7）－機関（1）』156頁［松尾健一］，加藤貴仁・平成25年重判解107頁）。

(注15)　上記の特段の事情がある場合とは，抽象的には，①議案の内容自体が，株式の処分又は株式の内容の変更をもたらすものであり，かつ，②当該準共有株式に係る議決権の行使をもって可決要件を満たすような場合ではないかと考えられる。

(注16)　大阪高判平成20年11月28日に対して上告受理申立てがされたが，第一小法廷で，不受理決定がされている。上記大阪高判は，持分の過半数を有する共有者らが会社の経営を混乱に陥れることを意図して権利行使者を指定したなどとの事情の下で，権利行使者の指定及び当該権利行使者による議決権行使が権利の濫用に当たるとしたものであり，権利行使者の指定につき協議がないことのみを理由として権利の濫用と判断したものではない。

共有に属する株式について会社法106条本文の規定に基づく指定及び通知を欠いたまま権利が行使された場合における同条ただし書の株式会社の同意の効果　共有に属する株式についての議決権の行使の決定方法〔2〕

(注17)　弥永真生・判批・ジュリ1460号3頁，玉井利幸・判批・判例セレクト2013〔Ⅱ〕15頁，藤原俊雄・判批・新・判例解説Watch（2014年4月）122頁，加藤貴仁・平成25年重判解107頁，吉川信將・判批・法学研究87巻4号40頁等。

(注18)　星野英一『民法概論Ⅱ（物権・担保物権）』136頁。過半数の持分を有する者だけで自由に決定することができるとする見解として，能見善久＝加藤新太郎編『論点体系　判例民法〈第2版〉2　物権』333頁〔平野裕之〕があり，少数持分共有者に無断で決定することはできないとする見解として，山野目章夫『物権法　第5版』171頁がある。なお，谷口知平＝五十嵐清編『新版注釈民法(13)〔補訂版〕』868頁〔椿寿夫〕は，必ずしも明示的に述べるものではないが，過半数の持分を有する者のみで決定できることを前提としているように思われる。

　最一小判昭和39年1月23日裁判集民事71号275頁は，過半数の持分権者の承諾によって賃貸借契約が有効に成立した旨の原審の判断を正当としており，過半数の持分を有する者だけで決定できることを前提としているようでもある。

(注19)　一つの考え方としては，協議（話合い）あるいは協議に参加する機会といった要件は，曖昧なものにならざるを得ないことから（実質面を強調すれば，少数派が抵抗している限り，協議がされていないものとして，多数派による権利行使を認めないということになりかねないし，逆に，形式的な協議の打診で足りるのであれば，そのような形骸化した協議要件を要求する意味はないといえる。），そのような，存否を確定することが困難な要件をもって，権利行使者の指定方法や権利行使者によらない権利行使の適法性如何の要件とすることは妥当でないという考え方があり得よう。

(注20)　本判決は，これを当然の前提としていると考えられる。また，平成11年最判も，この考え方に立っているものといえる。

(注21)　この同意は，会社法106条ただし書の「同意」と同法313条3項によって不統一行使を拒むことはしないという意味の同意とを兼ねるものといえよう。

　なお，平成11年最判は，このような不統一行使を認めなかったものであるが，本判決の立場に立てば，平成11年最判の事案については結論が異なることになろう。

(注22) 龍田節・判批・民商80巻1号117頁，江頭憲治郎＝門口正人編集代表『会社法大系 機関・計算等 第3巻』69頁［岡正晶］，江頭憲治郎＝中村直人編『論点体系 会社法1 総則，株式会社Ⅰ』266頁［江頭憲治郎］等。なお，昭和53年最判は，有限会社の持分が準共有されている事案についてのものであるが，株式の準共有の場合にもそのまま当てはまるといえる。

(注23) 青竹正一『閉鎖会社紛争の新展開』52頁は，権利行使者は，変更行為として共同相続人全員の同意に基づき権利行使すべき場合に，それに違反して自己の判断で権利行使しても，対会社との関係では有効と解すべき旨を述べる。

(注24) このような立場を正当とするのか否かについては，議論の余地がある。処分ないし変更に当たるような権利行使が権利行使者によってされた場合に，会社が当該権利行使について共有者全員の同意がないことにつき悪意のときは，当該権利行使は無効となる旨を述べるものとして，山田泰彦「株式の共同相続による商法203条2項の権利行使者の指定方法と『特段の事情』」早稲田法学75巻3号384頁，伊藤靖史ほか『事例で考える会社法（初版）』120頁［田中亘］，神作裕之「会社訴訟における株式共有者の原告適格」神作裕之ほか編『会社裁判にかかる理論の到達点』244頁等があり，また，昭和53年最判は管理行為に当たる権利行使についての判断であるとの考え方を指摘するものとして，藤原俊雄・判批・金判1480号18頁，岩淵重広・判批・同志社法学67巻7号2971頁等がある。

(注25) 定足数の充足の有無が一応の基準になるとする見解（『最高裁判所判例解説民事篇（平成2年度）』448頁［篠原勝美］）等がある。

(注26) 学説は，古くから，「利益配当請求権や議決権はもとより，少数株主権・総会の決議の取消又は無効を訴える権利なども代表者によって行使しなければならない。」（大隅健一郎『全訂會社法論上巻』〈昭和29年〉237頁）等としており，これと同旨を述べる学説が多く，通説的見解と目される（『最高裁判所判例解説民事篇（平成2年度）』441頁［篠原勝美］。平成2年最判等も，基本的にこの見解に依拠しているものと考えられる。）。ただ，上記の学説の記述が，準共有株式の議決権が旧商法203条2項の規定に従って行使されていないなどという瑕疵を争う場合をも念頭に置いたものかどうかは疑問の余地もあろう。平成2年最判及び平成3年最判が，訴訟上の信義則違反を理由として原告

〔2〕共有に属する株式について会社法106条本文の規定に基づく指定及び通知を欠いたまま権利が行使された場合における同条ただし書の株式会社の同意の効果　共有に属する株式についての議決権の行使の決定方法

適格を認めたのは，上記のような場合に原告適格を認めないことが背理であるとみたものと捉えることもできよう。

（後注）　本判決の評釈等として，弥永真生・ジュリ1480号2頁，川島いづみ・Monthly Report 77号30頁，林孝宗・新・判例解説Watch（2015年10月）139頁，青竹正一・商事2073号18頁，福島洋尚・金判1470号2頁，同・法学新報122巻9・10号375頁，鳥山恭一・法セミ727号119頁，同・リマークス52号98頁，中村信男・ひろば68巻9号53頁，岡久幸治・会報（東京公証人会）平成27年9月号2頁，原弘明・近畿大学法学63巻2号33頁，藤原俊雄・金判1480号14頁，岩淵重広・同志社法学67巻7号2953頁，志谷匡史・判例セレクト2015〔Ⅱ〕16頁，吉川信將・法学研究89巻1号99頁，木下崇・法学新報122巻9・10号109頁，松元暢子・平成27年重判解91頁，金子敬明・平成27年重判解71頁，同・千葉大学法学論集30巻4号1頁，松井智予・判評690号18頁，前嶋京子・甲南法学56巻3・4号295頁，脇田将典・法協133巻8号1293頁，岡田陽介・法律論叢89巻1号229頁等がある。　　　　　　　　　　　　（冨上　智子）

〔3〕 非上場会社が株主以外の者に発行した新株の発行価額が商法（平成17年法律第87号による改正前のもの）280条ノ2第2項にいう「特ニ有利ナル発行価額」に当たらない場合

（平成25年(受)第1080号　同27年2月19日第一小法廷判決　破棄自判
　第1審東京地裁　第2審東京高裁　民集69巻1号51頁）

〔判決要旨〕

非上場会社が株主以外の者に新株を発行するに際し，客観的資料に基づく一応合理的な算定方法によって発行価額が決定されていたといえる場合には，その発行価額は，特別の事情のない限り，商法（平成17年法律第87号による改正前のもの）280条ノ2第2項にいう「特ニ有利ナル発行価額」に当たらない。

〔参照条文〕

商法（平成17年法律第87号による改正前のもの）280条ノ2第2項，会社法199条3項

〔解　説〕

第1　事案の概要

1　概　要

本件は，A社（株式会社アートネイチャー）の株主であるXが，取締役であったY1らに対し，平成16年3月の第三者割当の方法による新株発行（以下「本件新株発行」という。）の発行価額は商法（平成17年法律第87号による改正前のもの。以下同じ。）280条ノ2第2項の「特ニ有利ナル発行価額」に当たるのに，Y1らは同項後段の理由の開示を怠ったから，同法266条1項5号の責任を負うなどと主張して，同法267条に基づき，連帯して22億円余りをA社に支払うことを求める株主代表訴訟である。

A社は平成16年3月当時は非上場会社であり，Y1らは公認会計士による株価の算定結果等を踏まえて新株の発行価額を1株1500円としたものである

〔3〕 非上場会社が株主以外の者に発行した新株の発行価額が商法（平成17年法律第87号による改正前のもの）280条ノ2第2項にいう「特ニ有利ナル発行価額」に当たらない場合

ところ，本件では，この発行価額が「特ニ有利ナル発行価額」に当たるのかが争われた。

2 事実関係

本件の事実関係の概要は，次のとおりである。

（1）A社は，株式の上場を計画し，平成12年5月，新株引受権の権利行使価額を1株1万円とする新株引受権付社債(注3)を発行したが，その後，業績が下向きとなり，一時的に無配となった。

（2）本件新株発行当時，①Y_1らが退職者からA社の株式を買い取った際の価格，②A社がY_1から上記株式を買い取った際の価格，③Y_1が従業員らに対してA社の株式の購入を募集した際の価格，④新株引受権付社債の新株引受権の権利行使価額，⑤A社による自己株式の処分価格は，いずれも1株1500円であった。

（3）A社は，平成15年11月の自己株式の処分に先立ち，B公認会計士にA社の株価の算定を依頼した。

B公認会計士は，A社から各種資料の提出を受けた上，配当還元法により株価を算定することとした。そして，A社の無配は一時的なものにすぎず，1株当たりの配当金額は150円とするのが相当であるとした上，所定の資本還元率で還元し，A社の株価を1株1500円と算定して，平成15年10月31日，その旨をA社に報告した。

（4）A社では，平成16年2月19日，取締役会において，1株1500円で新株発行（本件新株発行）(注4)を行う旨の決議がされ，同年3月8日，株主総会において，本件新株発行を行う旨の特別決議がされた。その際，Y_1らは，「特ニ有利ナル発行価額」をもって新株を発行することを必要とする理由の説明はしなかった。

（5）その後，A社の業績は上向きとなり，平成18年2月には1株を10株にする株式分割が行われ，同年3月には新株22万株が1株900円で発行された。

3 第1審及び原審の判断

第1審(東京地判平成24年3月15日)(注5)は,本件新株発行における「公正な価額」がいくらかを当事者双方に主張立証させた上,DCF法によれば平成16年3月時点の価値は1株7897円と算定されると判断し,これに,平成12年5月及び平成18年3月当時の株式の価値等も考慮に入れると,本件新株発行における公正な価額は少なくとも1株7000円を下らないというべきであるとして,本件新株発行の発行価額は「特ニ有利ナル発行価額」に当たるとした。そして,結論として,連帯して2億2000万円と遅延損害金をA社に支払うよう命ずる限度で,Xの請求を認容した。

XとY₁らの双方が控訴したが,原審(東京高判平成25年1月30日)(注6)は,双方の控訴をいずれも棄却するなどして,第1審判決の結論を維持した。

これに対し,Y₁らが上告受理申立てをした。

第2 本判決

本判決は,次のとおり判示した上,本件新株発行における発行価額は「特ニ有利ナル発行価額」には当たらないと判断して,原判決中Y₁ら敗訴部分を破棄し,同部分につき第1審判決を取り消して,Xの請求をいずれも棄却した。

「非上場会社の株価の算定については,簿価純資産法,時価純資産法,配当還元法,収益還元法,DCF法,類似会社比準法など様々な評価手法が存在しているのであって,どのような場合にどの評価手法を用いるべきかについて明確な判断基準が確立されているというわけではない。また,個々の評価手法においても,将来の収益,フリーキャッシュフロー等の予測値や,還元率,割引率等の数値,類似会社の範囲など,ある程度の幅のある判断要素が含まれていることが少なくない。株価の算定に関する上記のような状況に鑑みると,取締役会が,新株発行当時,客観的資料に基づく一応合理的な算定方法によって発行価額を決定していたにもかかわらず,裁判所が,事後的に,他の評価手法を用いたり,異なる予測値等を採用したりするなどして,

改めて株価の算定を行った上，その算定結果と現実の発行価額とを比較して「特ニ有利ナル発行価額」に当たるか否かを判断するのは，取締役らの予測可能性を害することともなり，相当ではないというべきである。

したがって，非上場会社が株主以外の者に新株を発行するに際し，客観的資料に基づく一応合理的な算定方法によって発行価額が決定されていたといえる場合には，その発行価額は，特別の事情のない限り，「特ニ有利ナル発行価額」には当たらないと解するのが相当である。」

第3　説　明

1　商法280条ノ2第2項

（1）商法280条ノ2第2項によれば，第三者割当の方法による新株発行の場合，すなわち「株主以外ノ者」に新株を発行する場合において(注7)，「特ニ有利ナル発行価額」をもって発行するのであれば，株主総会の特別決議を要するとともに(注8)，株主総会において，「特ニ有利ナル発行価額」をもって新株を発行することを必要とする理由の開示を要する(注9)。

現行の会社法でも，募集株式の払込金額が「募集株式を引き受ける者に特に有利な金額」である場合，取締役は，株主総会において，「当該払込金額でその者の募集をすることを必要とする理由」の説明を要するものとされている（同法199条3項）。本件の議論は，基本的に現行の会社法下でも妥当するものである(注10)。

なお，商法280条ノ2第2項と同様に，新株の発行価額に対する規制条項として，商法280条ノ11がある。これは，取締役と通じて「著シク不公正ナル発行価額」をもって株式を引き受けた者は，会社に対し，公正な価額との差額に相当する金額の支払義務を負うとしたものである。通説は，商法280条ノ2第2項の「特ニ有利ナル発行価額」と同法280条ノ11の「著シク不公正ナル発行価額」とは同じ趣旨であるとする(注11)。

（2）商法280条ノ2第2項にいう「特ニ有利ナル発行価額」とは，一般に，公正な価額よりも特に低い価額をいうものと解されている(注12)。もっとも，何を

もって公正な価額というのかについては，困難な問題であり，このことは昭和41年の法改正当初から指摘されていたところである。(注13)

この点，上場会社については，市場での株価というものが存在するため，比較的，公正な価額というものを観念しやすい。

しかしながら，本件のような非上場会社については，そもそも上場会社のような市場での株価というものがなく，客観的なよりどころがない。そして，非上場会社の株価の算定については，①簿価純資産法（会計上の純資産価額で評価する方法），②時価純資産法（時価に換算して算出した純資産価額で評価する方法），③配当還元法（実際の配当金額又は予測配当金額を資本還元率により還元する方法），④収益還元法（予測純利益を資本還元率により還元する方法），⑤DCF法（将来収支予測に基づき算出される将来フリーキャッシュフローを所定の割引率で割り戻す方法），⑥類似会社比準法（類似する上場会社等の市場価格を元に評価する方法）など様々な評価手法が存在しているところ，どのような場合にどの評価手法を用いるべきかについては見解が分かれていて，明確な判断基準が確立されているというわけではない。(注14)

結局，非上場会社については，何か一つの「公正な価額」というものを求めることは極めて困難とされているのが実情である。(注15)

（3）商法280条ノ2第2項に違反して，株主総会の特別決議を経ず，仮に経ていたとしても所定の理由の開示をしないまま，「特ニ有利ナル発行価額」(注16)による新株発行がされ又はされようとしている場合，既存株主の採り得る法的手段としては，①商法266条1項5号又は同法266条ノ3に基づく損害賠償請求，②商法280条ノ11に基づく差額支払請求，③商法280条ノ10に基づく新株発行の差止請求，④その他の請求（商法257条3項に基づく取締役解任請求等）がある。(注17)

2　本判決の見解

（1）本件の原審の判断手法は，要するに，本来あるべき「公正な価額」というものが一つだけ（又は若干の価格幅をもって）存在することを前提に，本

〔3〕 非上場会社が株主以外の者に発行した新株の発行価額が商法（平成17年法律第87号による改正前のもの）280条ノ2第2項にいう「特ニ有利ナル発行価額」に当たらない場合

件新株発行における「公正な価額」がいくらなのかを当事者双方に主張立証させ，各当事者が提出してきた算定結果を検討した上，「公正な価額」は「1株7000円を下らない」と判断して，本件新株発行の発行価額はこれを大幅に下回るから「特ニ有利ナル発行価額」に当たるとしたものである。

しかし，そもそも前述したとおり，非上場会社における株価の評価手法には多種多様なものが存在しているのであって，明確な判断基準が確立されているというわけではない。そのため，一つの評価手法のみを合理的なものと断じ，これと異なる評価手法に基づく算定結果を直ちに排斥するというのは，相当とはいい難い。

また，個々の評価手法においても，将来の収益，フリーキャッシュフロー等の予測（収益還元法，DCF法の場合）や，将来の配当の予測（配当還元法の場合），資本還元率・割引率等の数値（収益還元法，DCF法，配当還元法の場合），類似会社の範囲（類似会社比準法の場合）など，ある程度幅のある判断要素が含まれていることが少なくない。(注18)そのため，同じ評価手法を採用した場合も，評価する者によって異なる結果が出ることも十分あり得るのであって，このうち一つの算定結果のみを合理的なものとし，他の算定結果をいずれも排斥するというのも，相当ではない。

したがって，何か一つの「公正な価額」というものが本来あるべき姿として存在することを前提に，これを探求し，これと現実の新株発行価額を比較するという手法は，そもそも前提において問題があるように思われる。(注19)

（2）もちろん，裁判手続の中には，本来あるべき「公正な価額」を裁判所が一つだけ決めなければならないものもある。平成17年法律第87号による改正前の商法においては，譲渡制限株式の売買価格決定（商法204条ノ4），株式買取請求権が行使された場合の買取価格の決定（商法245条ノ3，349条，408条ノ3），単位未満株式の買取価格の決定（昭和56年商法改正附則19条）などであり，現行の会社法では，譲渡制限株式の売買価格決定（同法144条2項），株式買取請求権が行使された場合の買取価格の決定（同法117条2項，

470条2項，786条2項，798条2項，807条2項），全部取得条項付種類株式の取得価格の決定（同法172条），単元未満株式の買取・売渡価格の決定（同法193条2項，194条4項）などがこれに当たる。しかし，これらは，いずれも非訟手続において，当事者の一方が買い取るべき価格等を決定するものであり，いわば将来に向けた決定である。[注20]

他方，本件のような新株の有利発行該当性の問題は，既にされた新株発行につき，過去を振り返ってその発行価額の当否を判断するものである。[注21]その場合，裁判所に求められているのは，事後的な「公正な価額」による当てはめではなく，むしろ，当時の新株の発行価額の決定が合理的であったか否かということのはずである。

そうすると，本件のような場合，裁判所の判断手法としては，一つの理想的な「公正な価額」を算定した上でこれを現実の新株発行価額と比較するのではなく，会社側で実際に行われた新株発行価額の算定過程を検証し，その判断が客観的な資料に基づき，かつ，一応合理的な算定方法が採られているのであれば，その算定結果は原則として「特ニ有利ナル発行価額」に当たらないとするのが相当であるように思われる。

（3）このような考え方は，上場会社の株価の算定の場面においては，既に最高裁の判例で示されていたところである。

まず，最三小判昭和50年4月8日・民集29巻4号350頁（判時778号22頁，判タ324号119頁）は，商法280条ノ11の「著シク不公正ナル発行価額」該当性が争われた事案[注22]において，上場会社の新株発行価額が価額決定直前の市場株価より低額であっても，①「客観的な資料」に基づき，②「一応合理的」な算定方法によって発行価額が決定され，③発行価額が直前の市場株価に近接している場合には，④「特別の事情」がない限り，新株発行価額は「著シク不公正ナル発行価額」に当たらない旨判断している。[注23]

そして，最三小判昭和51年3月23日・集民117号231頁（金法798号36頁）は，上記①～④の各要件が満たされれば，当該新株発行価額は「公正な価

〔3〕 非上場会社が株主以外の者に発行した新株の発行価額が商法（平成17年法律第87号による改正前のもの）280条ノ2第2項にいう「特ニ有利ナル発行価額」に当たらない場合

額」というべきである旨判断している。

　これらの判例は，事後的に何か一つの「公正な価額」を算定してそれを現実の新株発行価額と比較するのではなく，実際に会社が行った発行価額決定の判断を前提として，これが客観的資料に基づいて一応合理的な算定方法が採られていれば，「特ニ有利ナル発行価額」や「著シク不公正ナル発行価額」に当たらないという判断手法を採ることを明らかにしたものといえる。(注24)

　（4）上場会社の場合における最高裁の上記各判例の判断手法は，広く支持されているところである。(注25)

　ましてや，非上場会社の場合は，市場での株価という客観的なよりどころがなく，株価の算定方法に定見がないのであって，上記判例のような判断手法は，より強く妥当するといえる。学説上も，従前から，「非上場会社の有(注26)利性の判断についても，学説は，一般に，……合理的に発行価額を決定すれば，公正なものと解する」とされており，実務上も，非上場会社については(注27)「ある程度合理的根拠のある方法を採用していれば，……算出された評価額について特に有利な発行価額とまで認めるのは困難であることが多い」とされていたところである。(注28)

　（5）下級審の裁判例をみても，新株の有利発行に関して取締役の損害賠償責任等を肯定した裁判例はいくつかあるが，その多くは会社の支配権維持・奪取目的で新株を発行した事案であり，取締役側でおよそ合理的な方法による算定を行っていなかったものといえる。(注29)

　もっとも，取締役の損害賠償責任等を否定したり，新株発行差止めの仮処分を却下したりした裁判例の中には，裁判所があるべき「公正な価額」を求めたと思われるものも散見されるが，これらは，取締役側の算定方法を前提とした判断手法を採るまでもなく，有利発行に該当しないことが明らかであったためともいい得る。かえって，「公正な価額」を求めることなく，取締役側の算定方法が一応合理的なものであるとして，有利発行に該当しないと判断したものも従前からみられたところである。(注30)

そして，最近も，「非上場会社の株式価値算定方法には，配当還元法，収益還元法，類似会社比準法及び純資産価額法等（これらを加重平均して併用する方法を含む。）様々なものがあって，選択する方法によって算定結果が異なる」ことなどから，「その算定の方法及び結果に不合理な点があるか否かを検討」し，不合理な点がないときには有利発行に当たらない旨判断したものがある。(注31)

（6）翻って本件の原審の判断手法をみると，原審のような，あるべき「公正な価額」を先に算定し，これを過去の新株発行価額と比較するという手法では，新株発行に携わる取締役らの予測可能性を著しく害することにもなる。すなわち，前述のとおり，非上場会社の株価の評価手法には多種多様なものがある上，個々の評価手法においてもある程度幅のある判断要素が含まれているのであって，新株発行に携わる取締役らにとっては，後に裁判所がどのような評価手法を採用し，どのような算定結果を導くのかは事前に予測が付かない。(注32) このような点からも，原審の判断手法は，相当ではないように思われる。

以上のような観点から，本判決は，「非上場会社が株主以外の者に新株を発行するに際し，客観的資料に基づく一応合理的な算定方法によって発行価額が決定されていたといえる場合には，その発行価額は，特別の事情のない限り，『特ニ有利ナル発行価額』には当たらない」との判断手法を示したものと解される。(注33)

3　本件への当てはめ

上記判断手法を本件に当てはめてみると，まず，B公認会計士は各種の資料等を踏まえて株価を算定したものであって，その算定は客観的資料に基づいていたといえる。(注34)

次に，B公認会計士は配当還元法を採用しているが，本件のような場合に配当還元法が適さないとは一概にはいい難い。(注35) また，本件では，B公認会計士の算定結果の報告から本件新株発行に係る取締役会決議までに4箇月程度

〔3〕 非上場会社が株主以外の者に発行した新株の発行価額が商法（平成17年法律第87号による改正前のもの）280条ノ2第2項にいう「特ニ有利ナル発行価額」に当たらない場合

が経過しているが，その間，A社の株価を著しく変動させるような事情が生じていたことはうかがわれない。そして，当時，①Y₁らによる買取価格，②A社による買取価格，③Y₁が提案した購入価格，④新株引受権付社債の新株引受権の権利行使価額，⑤A社による自己株式の処分価格がいずれも1株1500円であったことを併せ考慮すると，本件においては一応合理的な算定方法によって発行価額が決定されていたということができる。

さらに，本件においては，上記判断手法にいう「特別の事情」もうかがわれない。(注36)

本判決は，以上を総合して，本件新株発行における発行価額は「特ニ有利ナル発行価額」には当たらないと判断したものである。

4　本判決の意義

本件は，非上場会社における新株発行価額が「特ニ有利ナル発行価額」に当たるか否かにつき，最高裁として初めて判断手法を示したものであり，実務上重要な意義を有するものと思われる。(注37)

（注1）　Xの請求のうち本件新株発行に係る部分を整理すると，おおむね次のとおりとなり，このうち①が本件において直接争われた部分である。

「新株の公正な価額は1株3万2254円であったから，本件新株発行は「特ニ有利ナル発行価額」に当たるのに，Y₁らは，①商法280条ノ2第2項後段の理由の開示を怠り（同項違反），②本件新株発行について反対せず（善管注意義務違反），③新株引受人として，取締役と通謀して「著シク不公正ナル発行価額」で新株を引き受けた（商法280条ノ11違反）。したがって，旧商法266条1項5号に基づき，連帯して12億3016万円（公正な価額との差額合計）と遅延損害金をA社に支払うよう求める。」

なお，Xは，平成15年11月のA社の自己株式処分についても法令違反があるなどと主張して，連帯して10億2155万5618円を支払うよう求めていたが，これを棄却すべきものとした原判決に対し，Xは不服申立てをしていない。

（注2）　本件新株発行の後に会社法が施行されているが（平成18年5月1日施

行），Y_1らの損害賠償責任及びその株主代表訴訟については，会社法の施行に伴う関係法律の整備等に関する法律78条，111条3項により，改正前の商法の規律（商法266条1項5号，267条3項）が適用される。

（注3） 昭和56年の商法改正により導入された。なお，後の平成13年の商法改正では「新株予約権付社債」（商法341条ノ2）などと整理されている。

（注4） 原審の認定によれば，本件新株発行は，店舗改修等の設備投資資金及び運転資金を調達するとともに，役員や幹部従業員に株式を保有させて経営への参画意識を高めることを目的としたものである。

（注5） 第1審判決は，判時2150号127頁，判タ1380号170頁，金判1414号15頁，金法1951号114頁に掲載されている。評釈として，鳥山恭一「判批」法セミ695号129頁，田路至弘ほか「判批」商事法務1999号59頁，永井和之「判批」ビジネス法務13巻3号78頁，山田剛志「判批」判評649号18頁，西岡祐介「判批」銀行法務756号120頁，山下徹哉「判批」平成24年重判（ジュリ1453号）109頁，川島いづみ「判批」金判1418号2頁，小林俊明「判批」ジュリ1456号28頁，徳本穣「判批」リマークス47号90頁がある。

（注6） 原判決は，判タ1394号281頁，金判1414号8頁に掲載されている。評釈として，弥永真生「判批」ジュリ1455号2頁，浜辺陽一郎「判批」WJ判例コラム3号（ウェブ上で公表），河内隆史「判批」Monthly Report 60号1頁，田中亘「判批」ジュリ1463号106頁，水島治「判批」武蔵61巻1・2号1頁，葉玉匡美＝小林貴恵「判批」金法2011号77頁，杉田貴洋「判批」法学研究87巻11号47頁がある。

（注7） 「株主」に対する新株発行とは，全ての株主に対して新株引受権が付与され，しかも，それが株主の資格においてその持株比率に応じて付与される場合をいい，それ以外の場合は全て「株主以外ノ者」に対する新株発行（すなわち第三者割当の方法による新株発行）に当たる。上柳克郎ほか編『新版注釈会社法（7）』64頁〔森本滋〕（昭62）

（注8） 商法343条に定める決議であり，①総株主の議決権の過半数又は定款に定める議決権数を有する株主が出席し，②議決権の3分の2以上に当たる多数をもってされる。

（注9） 昭和41年改正（昭和41年法律第83号）により設けられた規定である。従

〔3〕 非上場会社が株主以外の者に発行した新株の発行価額が商法（平成17年法律第87号による改正前のもの）280条ノ2第2項にいう「特ニ有利ナル発行価額」に当たらない場合

前は，第三者に「新株引受権」を与えて新株発行をするには，有利発行か否かを問わず，株主総会の特別決議を要し，その際，その旨の理由を開示するものとされていたところ（昭和30年改正（昭和30年法律第28号）による創設），その後，実務で広く行われていた買取引受（証券会社等が新株の全部を一旦買い受け，これを投資家に引き渡す方法）が「新株引受権」の付与に当たる（そのため特別決議を要することとなってしまう）のではないかが争われたため，昭和41年改正により，「新株引受権」を付与する場合に特別決議を要するのではなく，（新株引受権の付与いかんにかかわらず）「特に有利なる発行価額」で発行する場合に特別決議を要するものとされたものである。味村治『改正商法逐条解説』29頁（昭41），味村治「商法の一部を改正する法律の解説（四）」曹時18巻10号91頁（昭41），前掲『新版注釈会社法（7）』14頁〔森本〕，浜田道代「閉鎖会社における第三者割当増資」商事1191号20頁（平元）。

なお，この昭和41年改正によって，第三者割当の方法による新株発行は「特に有利なる発行価額」での発行に当たらなければ取締役会限りで自由に行えるようになったが，この点については，平成2年改正（平成2年法律64号）により商法280条ノ5ノ2が設けられ，株式の譲渡制限を定款で定めている会社では，第三者割当の方法による新株発行に株主総会の特別決議を要するものとされた（現行の会社法においても，非公開会社であれば株主総会の特別決議を要する。同法199条2項，309条2項5号。なお同法201条1項前段参照）。本件のA社が本件新株発行に際して株主総会の特別決議を経たのは，この商法280条ノ5ノ2の規定に基づいたものである。

(注10) 本件に関連する平成17年法律第87号による改正前の商法の規定を，現行の会社法の規定と対照させたものとして，河内・前掲 Monthly Report 60号5頁（原判決の評釈）がある。

(注11) 前掲『新版注釈会社法（7）』309頁〔近藤弘二〕，北沢正啓『会社法（第6版）』535頁（平13）。これに対し，前掲『新版注釈会社法（7）』68頁〔森本〕は，「特に有利なる発行価額」であっても，特別の事情により旧株主の利益を害していなければ「著しく不公正なる発行価額」でなくなる余地があるとする。

(注12) 前掲『新版注釈会社法（7）』65頁〔森本〕等

(注13) 立案担当者自身,「公正な発行価格をどのようにして定めるかは,非常に困難な問題」と自認していた。味村・前掲『改正商法逐条解説』30頁（昭41),味村・前掲曹時18巻10号96頁。
(注14) 東京地方裁判所商事研究会『類型別会社訴訟Ⅱ（第3版）』575頁（平23)。そもそも,原則的な評価手法があるという見解と,ないという見解とがあり,また,前者の見解の中にも,特定の評価手法をもって理論的に正しいとするものと,理論的に正しいものはないが,ただ裁判所が何か一つのルールを作ることが大切であるとするものがある（河本一郎ほか「座談会　非公開株式の評価をめぐる問題」別冊商事101号9頁〔江頭憲治郎発言〕)。そして,特定の評価手法をもって理論的に正しいとするものの中でも,さらにどの評価手法が正しいのか争いがあるというのである。まさに「百家争鳴の観があり到底決着を見そうにない」（柴田和史「機能的企業評価論」竹内先生還暦記念『現代企業法の展開』439頁（平2)）というべき状況である。
(注15) 以下のような指摘がされている。なお,これらの他にも,そもそも昭和41年改正の際の国会審議において,既に同様の指摘がされていたところである（昭和41年4月19日における衆議院法務委員会での上村千一郎委員の質問及び新谷正夫政府委員の答弁)。
・「市場価格のない株式の適切な評価を求めて,種々の努力が試みられているが,それにもかかわらず,株式の適正な価格を算定することが極めて困難であることは,これまでの裁判例に照らして明白である。」（阪埜光男「第三者割当と新株の発行価額」法学研究51巻11号51頁（昭53))
・「非上場会社における『有利な発行価額』をどのようにして認識するかは非常に困難な問題である。立法者も,上場会社の時価発行は別にして,非上場会社において立法後いかなる『有利発行』実務が定着するかに関する確かな予測を持って立法していたとは思われない。」（関俊彦『株式評価論』321頁（昭58))
・「閉鎖会社における現行新株発行規制の最大の問題は,何が公正な新株発行価額であるかにつき,人々が納得しうる客観的な基準がないことにある。」（浜田道代「閉鎖会社における第三者割当増資」商事1191号19頁（平元))
・「株価の理論については,どんな理論であってもそれが現実の株価に一義的

〔3〕 非上場会社が株主以外の者に発行した新株の発行価額が商法(平成17年法律第87号による改正前のもの)280条ノ2第2項にいう「特ニ有利ナル発行価額」に当たらない場合

に一致するということは有り得ない。公開会社についてそうであるとするならば,非公開株式について客観的な唯一の株価を求めることがきわめて困難であることは当然であるといわざるを得ない。」(岸田雅雄「非公開株式の評価」河本先生古稀記念『現代企業と有価証券の法理』88頁(平6))

・「株式の客観的価値は本来厳密な正確性を持って一義的に示すことは困難……。株式評価の実務では,純資産方式,配当還元方式,収益還元方式あるいは類似業種比準方式などが利用されることもあるが,いずれかの方式が確立した評価方法であるとも言い難い……。」(神田秀樹編『会社法コンメンタール5』14頁〔吉本健一〕(平25))

(注16) 前述のとおり,平成2年改正により,商法280条ノ5ノ2が設けられ,有利発行か否かを問わず,譲渡制限会社の場合は第三者割当に際して株主総会の特別決議を要するものとされた。したがって,平成2年改正後は,譲渡制限会社では,仮に有利発行において株主総会の特別決議を経ていなければ,単に商法280条ノ2第2項に違反するだけでなく,商法280条ノ5ノ2に違反することにもなる(もっとも,後に紹介する下級審裁判例のほとんどは,平成2年改正より前の事案である。)。

(注17) 以上を整理したものとして,藤原俊雄「新株の有利発行と取締役の第三者に対する責任」判タ1163号81頁(平17),松井秀征「新株有利発行規制に関する一考察」落合先生還暦記念『商事法への提言』374頁(平16)。

なお,他に,新株発行無効の訴えができるかが問題となる。平成17年法律第87号による改正前の商法下ではこれを否定するのが判例(最二小判昭40年10月8日・民集19巻7号1745頁,最二小判昭46年7月16日・集民103号407頁),通説であったが,現行の会社法下の判例では,非公開会社において株主総会の特別決議を経ないまま第三者割当の方法による新株発行がされた場合,無効原因となるものとされた(最三小判平成24年4月24日・民集66巻6号2908頁)。もっとも,これはあくまでも特別決議を経なかった場合であって,本件のように,特別決議は経たが会社法199条3項所定の理由の説明を欠くにすぎない場合にもなお無効原因となるのかは,残された問題である。

(注18) 江頭憲治郎『株式会社法(第5版)』759頁(平26)も,「評価額を決定するため用いられる数値は評価者の主観に左右される面が大きいので,『特に

有利な金額』か否かにつき困難な解釈問題を提供する例が多」いと指摘している。

(注19)　宍戸善一「紛争解決局面における非公開株式の評価」竹内先生還暦『現代企業法の展開』401頁（平2）も，「判例・学説における株式評価論の混乱は，ありもしない『客観的に正しい』評価方法を求めて議論を戦わせてきたことに大きな原因がある」と指摘している。

(注20)　当審の先例でも，最一小決昭和48年3月1日・民集27巻2号161頁は，商法245条ノ3の買取価格決定事件につき，「裁判所による価格の決定は，……過去の株価の確認ではなく，新たに『……公正ナル価格』を形成するものである」と判示している。

(注21)　このように，裁判所での株価の判断が問われる場面には2種類ある（譲渡制限株式の売買価格決定等のような場合と，本件のような有利発行該当性の場合）ということ自体は，以前から認識されていた。例えば，江頭憲治郎「取引相場のない株式の評価」『法学協会百周年記念論文集3』447頁（昭58）（『会社法の基本問題』（平23）にも再録）は，前者（譲渡制限株式の売買価格決定等）の場合は「公正な価額が具体的にいくらであるかを，裁判所は，常に明示しなければならない」が，後者（有利発行該当性）の場合は，「公正な価額が厳密にはいくらであったかを明示しなくても裁判所は事件を処理できないわけではない」とする。

(注22)　上場会社の株主が，新株の引受人らに対し，「著しく不公正なる発行価額」による引受けを主張して，商法280条ノ11に基づき，公正な価額との差額を会社に支払うよう求めた株主代表訴訟である。結論として，請求を棄却すべきものとした原審の判断を是認した。

(注23)　この判断の根拠として，担当調査官は，「このような場合〔上記①～④の要件を満たすような場合〕は，むしろ価額の公正性が推定されるから」と解説している。川口冨男「判解」最高裁判所判例解説民事篇昭和50年度135頁。

(注24)　次のような評釈がある。

「判例は，まず，公正価額の算定が客観的に一義的なものでなく，複数の合理的な方法があり得ることを前提としているものと解される。……裁判所は，発行価額の公正性を判断するに当たって，自ら発行会社と同じ立場に立って発

〔3〕 非上場会社が株主以外の者に発行した新株の発行価額が商法（平成17年法律第87号による改正前のもの）280条ノ2第2項にいう「特ニ有利ナル発行価額」に当たらない場合

行価額の算定を行うのではなく，実際に発行会社が行った発行価額決定の判断を前提として，その判断要素の選択や判断過程に社会通念上著しく合理性を欠くところがないかどうかを審査すべきものと思われる。」（杉原則彦「第三者割当増資の諸問題」司研論集83号41頁（平2））

(注25) このうち最三小判昭和51年3月23日については，次のような評釈がある。

- 「判旨に賛成である。……本件発行価額390円を一応公正な額と認定した判旨は正当と思われる。」（石山卓磨「判批」ひろば29巻12号67頁（昭51））
- 「本件新株の発行価額は客観的資料に基づいて，各種の考慮要因をしんしゃくしているという点で，一応合理的なものであると判断した判旨は，これを承認することができる。」（高鳥正夫「判批」金判510号4頁（昭52））
- 「本判決がいうように，この発行価額が，客観的資料に基づいて右の考慮要因が斟酌された合理的な算定方法にしたがい，かつ，それが右決定直前の旧株の株価に近接していれば，一応公正な価額であると解さざるをえないであろう。」（木内宜彦「判批」法学新報83巻4・5・6号111頁（昭52））

(注26) 非上場会社の株式の評価額には相当の幅があること自体は，有利発行の事案ではないものの，既に最高裁の判例（最一小判平成22年7月15日・集民234号225頁）でも判示されているところである。

なお，この事件は，甲社が乙社（非上場会社）の株式を1株5万円で買い取ったことにつき，甲社の株主が，甲社の取締役らに対し，善管注意義務違反による対会社責任（会社法423条1項）を追及したものである。最高裁は，「非上場株式である乙社の株式の評価額には相当の幅があ」ることも考慮して，買取価格を1株5万円と決定したことが著しく不合理であるとはいい難いとし，株主の請求を棄却した。

この判例の評釈として，落合誠一「判批」商事1913号6頁（平22）は，「非上場会社の株式取得の事案においては……本来的にその価格の算定は難しく，ピンポイントで決められるようなものではない」とし，「不確実な未来に向けて適時・適切な経営決定を迫られる取締役とは異なり，法廷に出された十分な事後的な情報を元に余裕を持って検討ができる裁判官」が事後的に吟味を加えることの問題点を指摘して，判旨に賛同している。奈良輝久「判批」金判1368

号12頁（平23），伊藤靖史「判批」商事2009号55頁（平25）も同旨。
(注27)　前掲『新版注釈会社法（7）』75頁〔森本〕
(注28)　前掲『類型別会社訴訟Ⅱ（第3版）』576頁。初版（平18）以来の説明である。
(注29)　例として，東京地判昭和56年6月12日・判タ453号161頁，京都地判平成4年8月5日・判タ819号172頁，東京地判平成4年9月1日・判タ831号202頁，大阪高判平成11年6月17日・金判1088号38頁，東京地判平成12年7月27日・判タ1056号246頁。なお，東京地判平成24年2月7日・公刊物未登載は，そもそも有利発行であることを取締役自身が認識していたような事案である。
(注30)　例として，神戸地判昭和51年6月18日・判時843号107頁，東京地判平成9年9月17日・判タ976号208頁。
(注31)　東京地判平成26年6月26日・金判1450号27頁及びその控訴審の東京高判平成26年11月26日・公刊物未登載（商事法務2053号68頁で紹介）。本件と同じく株式会社アートネイチャーの新株発行の事案であり，平成18年3月の新株発行が「特ニ有利ナル発行価額」に当たるなどとして損害賠償を請求するものである。結論として，第1審及び控訴審ともに請求を棄却している。
(注32)　こうなると，取締役が敗訴リスクを回避するための選択肢としては，①全ての算定方法で算定した上，最も高い算定結果に基づいて新株を発行する，②全ての新株発行につき，これが有利発行であると位置付け，「有利発行をすることの理由」を開示する，③新株を一切発行しない，などという非現実的なものしか残されていない。
(注33)　「特別の事情」が認められる場合としては，例えば，従前は常に1株1000円で発行していたが，その後，会社の支配権確保目的で廉価に新株を発行することをもくろみ，会社の収益状況等に変化がないのに突如として全く異なる評価手法を用い，あえて株価を低めに評価して，1株100円で発行するような場合が考えられる。
(注34)　具体的には，B公認会計士は，①平成12年度から平成14年度までの決算書（貸借対照表，損益計算書及び利益処分計算書），営業報告書及び附属明細書，②平成14年度の法人税確定申告書及び勘定科目内訳書，③過去の株式売買実績例及び株式移動表並びに株主名簿，④相続税路線価による土地の評価資

〔3〕 非上場会社が株主以外の者に発行した新株の発行価額が商法（平成17年法律第87号による改正前のもの）280条ノ2第2項にいう「特ニ有利ナル発行価額」に当たらない場合

料，ゴルフ場等の含み損益に関する資料及び債権の貸倒引当金の明細等の提出を受けている。また，B公認会計士は，A社の担当部長と面談し，建物及び子会社株式にも含み損があることや，株価算定の基礎資料となる事業計画は存在しないことなどを確認している（いずれも原審認定による。）。

(注35) 原審は，配当還元法は，主として，①少数株主の株主評価において，②安定した配当が継続的に行われている場合に用いられる評価手法であって，本件においては相当性を欠くと判断している。

　しかしながら，上記①については，学説上，支配株主の所有する株式の評価についても配当還元法が採用されるべきとの見解もある（江頭・前掲「取引相場のない株式の評価」455頁）。また，そもそも本件新株発行の割当先の多くは少数株主であって（割当前の議決権比率でいえば，11％の者が1名，0.5％の者が1名，0％の者が4名），原審の見解を前提にしたとしても，むしろ配当還元法が妥当する事案であったといえる。

　そして，上記②についても，配当還元法とは「将来予想される1株当たりの配当額」等から還元して株価を算定する手法であり，この点，B公認会計士は，過去の無配は経営体質の強化を目的とした一時的なものであることから「将来予想される1株当たりの配当額」を150円と予想して算定したものであって，この予想自体，不自然，不合理なものと断ずることもできない。

　したがって，原審の指摘は，必ずしも当を得たものではないように思われる。

(注36) 原審は，本件新株発行の発行価額が「特ニ有利ナル発行価額」に当たる理由として，A社の株式は平成12年5月時点で1株1万円程度，平成18年3月時点で1株（株式分割前）9000円程度の価値を有していたというべきことも挙げている。しかし，A社の業績は，平成12年5月以降は下向きとなり，しばらく低迷した後に上向きに転じ，平成18年3月には再度良好となっていたものであって，平成16年3月の本件新株発行における発行価額と，平成12年5月及び平成18年3月当時の株式の価値とを単純に比較することは相当ではないというべきである。なお，原審がA社の株式を「平成12年5月時点で1株1万円程度」と判断したのは，A社が当時発行した新株引受権付社債の新株引受権の権利行使価額が1株1万円であったことを根拠とするものであり，この判

― 59 ―

断についても疑問がなくはないが，ここでは立ち入らない。

(注37) 本判決の評釈として，鳥山恭一「判批」法セミ725号119頁，大塚和成「判批」銀行法務787号66頁，久保田安彦「判批」商事法務2071号15頁，十市崇＝熊本哲也「判批」会社法務A2Z 98号20頁，黒沼悦郎「判批」金判1471号12頁，一ノ澤直人「判批」新・判例解説Watch 17号131頁，廣瀬孝「判批」ジュリ1485号100頁，増田友樹「判批」同志社法学67巻5号583頁，舩津浩司「判批」判例セレクト2015[II]23頁，尾形祥「判批」判評685号169頁，飯田秀総「判批」平成27年重判（ジュリ1492号）98頁，吉本健一「判批」リマークス52号102頁，松中学「判批」ビジネス法務15巻8号46頁，大川俊「判批」独協法学98号102頁，奈良輝久「判批」法の支配181号116頁，金澤大祐「判批」月刊税務事例48巻9号56頁，杉田貴洋「判批」会社法百選〔第3版〕（別ジュリ229号）50頁，津野田一馬「判批」法学協会雑誌134巻2号302頁，杉田貴洋「判批」法学研究90巻5号1頁・6号1頁がある。　　　　　　　　（廣瀬　孝）

〔4〕 行政手続法12条1項により定められ公にされている処分基準に先行の処分を受けたことを理由として後行の処分に係る量定を加重する旨の定めがある場合における先行の処分の取消しを求める訴えの利益

(平成26年(行ヒ)第225号　同27年3月3日第三小法廷判決　破棄自判)
(第1審札幌地裁　第2審札幌高裁　民集69巻2号143頁)

〔判決要旨〕

行政手続法12条1項により定められ公にされている処分基準において、先行の処分を受けたことを理由として後行の処分に係る量定を加重する旨の不利益な取扱いの定めがある場合には、上記先行の処分を受けた者は、将来において上記後行の処分の対象となり得るときは、上記先行の処分の効果が期間の経過によりなくなった後においても、当該処分基準の定めにより上記の不利益な取扱いを受けるべき期間内はなお当該処分の取消しによって回復すべき法律上の利益を有する。

〔参照条文〕

行政事件訴訟法9条1項、行政手続法12条1項

〔解　説〕

第1　事案の概要

1　概　要

処分行政庁(北海道函館方面公安委員会)から、風俗営業等の規制及び業務の適正化等に関する法律(以下「風営法」という。)に基づく許可を受けて、ぱちんこ屋等を経営する株式会社であるXは、その代表者らが遊技客から賞品を買い取り、風営法23条1項2号に違反したとして、風営法26条1項に基づき、40日間の営業停止処分を受けた。

本件は、Xが、処分行政庁の所属する行政主体であるYを相手に、上記営業停止処分には聴聞手続上の瑕疵や裁量権の範囲の逸脱等の違法があるな

どと主張して，その取消しを求めた事案である。

本件では，Xが，上記営業停止処分の効果が期間の経過によりなくなった後においてもなお処分の取消しによって回復すべき法律上の利益を有するか否か（行政事件訴訟法9条1項括弧書き参照）が争われた。

2　事実関係

Xの代表者らは，Xの営業所（店舗）に設置された換金所において，遊技客から，同人に提供したいわゆる特殊景品を買い取り，風営法23条1項2号に違反する行為（以下「本件違反行為」という。）を行った。X及びその代表者らは，本件違反行為により，いずれも罰金刑に処せられた。

処分行政庁は，Xに対する聴聞を実施した上で，Xに対し，平成24年10月24日付けで，上記営業所につき，本件違反行為を理由として，同年11月2日から同年12月11日までの40日間の営業停止処分（以下「本件処分」という。）を行った。

第2　関係法令等の定め

1　風営法の規定

風営法は，ぱちんこ屋を風俗営業に該当するものと定め（2条1項7号），風俗営業を営もうとする者について，その営業所ごとに都道府県公安委員会（以下「公安委員会」という。）の許可を受けなければならないとしている（3条1項）。

ぱちんこ屋の営業を営む者は，客に提供した賞品を買い取ってはならず（23条1項2号），これに違反した者は，6月以下の懲役又は100万円以下の罰金に処せられる（52条2号）。また，法人の代表者，使用人その他の従業者が違反行為をした場合には，行為者を罰するほか，その法人に対しても罰金刑が科される（56条〔両罰規定〕）。

公安委員会は，風俗営業者又はその代理人等が当該営業に関し法令に違反した場合において，著しく善良の風俗又は清浄な風俗環境を害するおそれがあると認めるときには，当該風俗営業者に対し，営業許可の取消し又は6か

〔4〕行政手続法12条1項により定められ公にされている処分基準に先行の処分を受けたことを理由として後行の処分に係る量定を加重する旨の定めがある場合における先行の処分の取消しを求める訴えの利益

月以内の営業の全部若しくは一部の停止を命ずることができる（26条1項）。

 2　行政手続法の規定

 行政手続法は，法律，法律に基づく命令（告示を含む。），条例及び地方公共団体の執行機関の規則（規程を含む。）を法令と定義し（2条1号），行政庁が法令に基づき特定の者を名宛人として直接にこれに義務を課し又はその権利を制限する処分を不利益処分と定義する（2条4号）。

 そして，行政庁は，不利益処分をするかどうか又はどのような不利益処分とするかについてその法令の定めに従って判断するために必要とされる基準（処分基準）（2条8号ハ）を定め，これを公にしておくよう努めなければならないとされ（12条1項）(注1)，さらに，処分基準を定めるに当たっては，不利益処分の性質に照らしてできる限り具体的なものとしなければならないとされている（12条2項）(注2)。

 なお，行政庁は，不利益処分をしようとする場合には，所定の区分に従い，その名宛人となるべき者について，聴聞又は弁明の機会の付与の手続を執らなければならず（13条1項），また，聴聞を行うに当たっては，事前に，上記の者に対し，予定される不利益処分の内容及び根拠となる法令の条項等を書面により通知しなければならないとされている（15条1項）。

 3　風営法に基づく営業停止命令等の量定基準

 行政手続法12条1項を受けて，警察庁では，風営法に基づく営業停止命令等の量定等の基準について，モデル処分基準を作成して公安委員会に示しており，本件処分当時においては，「風俗営業等の規制及び業務の適正化等に関する法律に基づく営業停止命令等の基準について」（平成18年4月24日警察庁丙生環発第17号生活安全局長）が示されていた(注3)。

 処分行政庁は，風営法に基づく営業停止命令等の量定等の基準について，上記モデル処分基準に準拠して，「風俗営業等の規制及び業務の適正化等に関する法律に基づく営業停止命令等の量定等の基準に関する規程」（平成18年北海道函館方面公安委員会規程第5号。以下「本件規程」という。）を定めてい

た。

　本件規程は，風俗営業者に対する営業許可の取消し又は営業停止命令の量定について，量定A（取消し），量定B（40日～6月の営業停止命令。基準期間3月），量定C（20日～6月の営業停止命令。基準期間40日），量定D（10日～80日の営業停止命令。基準期間20日），量定E（5日～40日の営業停止命令。基準期間14日），量定F（5日～20日の営業停止命令。基準期間7日），量定G（営業停止命令を行わないもの）及び量定H（5日～80日の営業停止命令。基準期間は量定D～量定Gの区分に準ずる。）に区分し，各処分事由に係る量定を別表に定めるところによるものとしていた（4条1号）(注4)。

　そして，常習違反加重として，過去3年以内に営業停止命令を受けた者に対し営業停止命令を行う場合の量定は，当該営業停止命令の処分事由について上記の量定の長期及び短期にそれぞれ過去3年以内に営業停止命令を受けた回数の2倍の数を乗じた期間を長期及び短期とし（10条2項），上記の基準期間の2倍の期間を基準期間とする（11条1項2号括弧書き）としていた。

第3　第1審及び原審の判断

　原審は，第1審判決を引用し，次のとおり，本件訴えは訴えの利益を欠き不適法であるとして，訴えを却下すべきものとした。

　1　処分期間の経過により本件処分の効果はなくなっているから，本件においては，Xが，本件処分の効果が期間の経過によりなくなった後においてもなお本件処分の取消しによって回復すべき法律上の利益を有するか否かが問題となる。

　風営法26条1項の定めるところによれば，公安委員会がいかなる内容の営業停止を命ずるかは，その裁量に委ねられていると解され，風営法その他の法令において，過去に風営法に基づく営業停止処分を受けた事実があることをもって将来の処分をする場合の加重要件としたり，不利益な事由として考慮し得ることを定める規定は見当たらない。

　もっとも，本件規程は，過去3年以内に営業停止命令を受けた者に対して

〔4〕行政手続法12条1項により定められ公にされている処分基準に先行の処分を受けたことを理由として後行の処分に係る量定を加重する旨の定めがある場合における先行の処分の取消しを求める訴えの利益

再び営業停止命令を行う場合の量定につき，一定の場合を除き，当該営業停止命令の処分事由につき本件規程が定める量定の長期及び短期にそれぞれ過去3年以内に営業停止命令を受けた回数の2倍の数を乗じた期間を長期及び短期とし，かつ，その基準期間につき，4条に定められた基準期間の2倍に加重している。しかしながら，本件規程は，風営法の委任に基づいて定められているものではなく，これが法令の性質を有すると解することはできず，また，営業停止の期間をいかに定めるかは処分行政庁の裁量に委ねられているのであるから，所定の期間内に風営法26条1項に基づく営業停止命令を受けたことがないからといって，これを受けたことがある場合に比して，当該風俗営業者に課される営業停止の期間が確実に短縮されるという法的地位が与えられるわけでもない。本件規程により，将来の処分を行うに当たって過去に本件処分を受けたことが裁量権行使の考慮要素とされたとしても，かかる取扱いは本件処分の法的効果によるものではない。仮に，本件処分に取消事由又は無効事由たる瑕疵が存する場合には，直截に，本件処分がされたことを考慮した上でされた将来の処分について，処分行政庁の裁量権の行使の適否を争うべきものと解するのが相当である。

そうすると，本件処分の存在を理由として将来の処分を加重する旨定める本件規程が存在することを理由として，Xに本件処分を取り消すことによって回復すべき法律上の利益があるとは認められない。

2 本件処分によって失われたXの信用の回復を求めるなど，本件処分の事実上の効果の除去を図る点に，本件処分の取消しを求める訴えの利益を肯定することはできない。本件処分が取り消されなければ，本件処分によって受けた経済的影響につき損害賠償を求めることができなくなるわけでもない。

3 Xは，本件処分に看過し難い違法性があるから，本件処分の取消しを求める訴えの利益が認められると主張するので，念のため検討する。

Xが主張する手続上の違法性のうち，聴聞通知書に営業停止命令の根拠法

条である風営法26条1項の記載がないことは，行政手続法15条1項1号に違反するといわざるを得ないが，上記通知書にはXの営業所に対する営業停止処分である旨の記載があることなどに照らし，本件処分の適法性に影響を及ぼすほどの手続違背があったとまでは認められない。

また，Xが主張する実体上の違法性については，本件違反行為の内容，関係者らの認識等に照らし，風営法26条1項の各要件の充足を認めた上で本件処分をしたことにつき，裁量権の逸脱は認められない。

以上のとおり，本件処分には，これを取り消すべきほどの違法性は認められず，この観点から本件処分の取消しを求める訴えの利益を認める余地はない。

第4　上告受理申立て理由及び本判決

1　上告受理申立て理由

上告受理申立て理由は，要旨次のとおりである。

不利益処分期間の経過後における訴えの利益の有無の判断に当たっては，不利益の存在する可能性が少しでもあるのであれば，広く訴えの利益が認められるべきであり，当該不利益処分を受けたことを理由として被処分者を不利益に取り扱うことを認めた法令の規定が存しない場合には，訴えの利益が否定されるが，行政手続法2条及び12条によれば，処分行政庁が処分基準として定めて公表した本件規程は法令に当たり，処分行政庁の裁量を拘束するものであるから，営業停止命令から3年以内に再び営業停止命令を行う場合には量定を加重する旨を定める本件規程の下においては，Xには本件処分の取消しを求める法律上の利益があり，これを否定した原審の判断には判例違反及び法令違反がある。(注5)

2　本判決

最高裁第三小法廷は，Xの申立てを受理した上，次のとおり判示して，原判決を破棄し，第1審判決を取り消して，本件を第1審に差し戻した。

行政手続法1条1項や12条1項の規定の文言，趣旨等に照らすと，同項に

〔4〕行政手続法12条1項により定められ公にされている処分基準に先行の処分を受けたことを理由として後行の処分に係る量定を加重する旨の定めがある場合における先行の処分の取消しを求める訴えの利益

基づいて定められ公にされている処分基準は，単に行政庁の行政運営上の便宜のためにとどまらず，不利益処分に係る判断過程の公正と透明性を確保し，その相手方の権利利益の保護に資するために定められ公にされるものというべきである。したがって，行政庁が同項の規定により定めて公にしている処分基準において，先行の処分を受けたことを理由として後行の処分に係る量定を加重する旨の不利益な取扱いの定めがある場合に，当該行政庁が後行の処分につき当該処分基準の定めと異なる取扱いをするならば，裁量権の行使における公正かつ平等な取扱いの要請や基準の内容に係る相手方の信頼の保護等の観点から，当該処分基準の定めと異なる取扱いをすることを相当と認めるべき特段の事情がない限り，そのような取扱いは裁量権の範囲の逸脱又はその濫用に当たることとなるものと解され，この意味において，当該行政庁の後行の処分における裁量権は当該処分基準に従って行使されるべきことが覊束されており，先行の処分を受けた者が後行の処分の対象となるときは，上記特段の事情がない限り当該処分基準の定めにより所定の量定の加重がされることになるものということができる。

以上に鑑みると，行政手続法12条1項の規定により定められ公にされている処分基準において，先行の処分を受けたことを理由として後行の処分に係る量定を加重する旨の不利益な取扱いの定めがある場合には，上記先行の処分に当たる処分を受けた者は，将来において上記後行の処分に当たる処分の対象となり得るときは，上記先行の処分に当たる処分の効果が期間の経過によりなくなった後においても，当該処分基準の定めにより上記の不利益な取扱いを受けるべき期間内はなお当該処分の取消しによって回復すべき法律上の利益を有するものと解するのが相当である。

本件において，Xは，行政手続法12条1項の規定により定められ公にされている処分基準である本件規程の定めにより将来の営業停止命令における停止期間の量定が加重されるべき本件処分後3年の期間内は，なお本件処分の取消しによって回復すべき法律上の利益を有するものというべきである。

第5　説　明
　1　狭義の訴えの利益
（1）意義

　行政事件訴訟において，訴えの利益は，広狭二つの意義に用いられる。広義の訴えの利益は，原告適格と狭義の訴えの利益からなる。このうち原告適格は，その訴訟において原告となり得る法的資格をいい，当該原告が訴訟を追行する正当な資格を有するかどうかという当該原告の主観的な側面からみた法律上の利益の問題である。これに対し，狭義の訴えの利益（以下，単に「訴えの利益」という。）は，具体的な状況という客観的な側面からみて当該訴訟を維持・追行する法律上の利益があるかどうかの問題である。

　訴えの利益は，行政事件訴訟に限らず通常の民事訴訟においても一般法理として当然に必要とされるものであって，行政事件訴訟法9条の規定があるがゆえに特に必要とされるものではない。

　なお，民事訴訟法の通説的な見解によると，訴えの利益とは，審判対象である特定の請求について本案判決をすることが，特定の紛争の解決にとって必要かつ有効，適切であることをいうとされており(注6)，判例の一般的な傾向として，その有効性・適切さの判断に当たっては，原告の法的地位に法的不利益が生ずる危険が具体的・現実的なものといえるか否かが重要な判断要素とされているものと考えられる(注7)。

（2）行政事件訴訟法9条1項括弧書きの趣旨

　訴えの利益が問題となる事案には，様々な類型があるが，処分後の事情の変化等により訴えの利益が失われたか否かが問題となるものがある。このようなものとしては，①期間の経過により処分の効果が完了した場合，②処分の取消しや変更等がされた場合，③法令の改廃があった場合，④処分の執行等によりその効果が消滅した場合，⑤後行の処分がされたことにより先行の処分が失効した場合，⑥事情の変更により原状回復が不可能となった場合などがあるとされる(注8)(注9)。

〔4〕行政手続法12条1項により定められ公にされている処分基準に先行の処分を受けたことを理由として後行の処分に係る量定を加重する旨の定めがある場合における先行の処分の取消しを求める訴えの利益

　これらの事案においては，処分後の事情の変化等により処分の本来的効果が消滅した場合でも，なお付随的効果が残存するときがあることから，この付随的効果を排除するために当該処分の取消しを求める利益（訴えの利益）が存続するかどうかが問題となる。(注10)例えば，地方議会の議員が除名処分を受けてその取消訴訟を提起したところ任期が満了した場合には，議員の身分は任期満了により回復する余地はないが，当該処分が違法であるとされて取り消されたときは，議員としての地位を占めていた間の報酬を請求することができるので，その限りで取消しを求める利益は存するかどうかが問題となる。

　この点については，旧行政事件訴訟特例法の時代に争いとなり，最高裁大法廷は8対7の僅差で訴えの利益が消滅した旨の判断をしたが(注11)，行政事件訴訟法の制定に当たり，「処分又は裁決の効果が期間の経過その他の理由によりなくなった後においてもなお処分又は裁決の取消しによって回復すべき法律上の利益を有する者を含む」という9条1項括弧書きが設けられ，訴えの利益を肯定する方向で立法的な解決が図られた。

（3）基本的な視点

　処分の取消訴訟は，処分が有効なものとして存在していることによる法的効果の除去を目的とするものであるから，処分の取消訴訟における訴えの利益の有無は，処分がその公定力によって有効なものとして存するために生じている法的効果を除去することによって回復すべき権利又は法律上の利益が存在しているか否かという観点から検討すべきものと解される。そして，侵害的行政処分の取消しを求める訴えの利益についていえば，期間の経過やその後の事情の変化によって，処分の本来的効果が消滅したとしても，処分を受けた事実があることを，将来の処分をする場合の加重要件としていたり，不利益な事由として考慮し得るなど，処分がされたことを理由として法律上の不利益を受けるおそれがあるか否かといった観点から検討すべきことになるものと解される。(注12)

これに対し、期間の経過によって処分の法的効果が消滅したとしても、当該処分によって名誉、感情、信用等が傷つけられたから、その回復を求める点に訴えの利益が認められるとする見解がある。しかし、不利益処分によって名誉、感情、信用等が傷つけられることがあったとしても、それは処分の法的効果ではなく、事実上の効果にすぎない。処分の取消訴訟の目的は、処分が有効なものとして存することによる法的効果の除去にあり、事実上の効果の除去はその目的ではないから、このような事実上の効果の除去を図る点に訴えの利益を認めることはできないと解される。(注13)

2 最高裁判例
(1) これまでの事例
訴えの利益の有無が問題とされた最高裁判例のうち、処分期間の経過後における訴えの利益の有無が争点となった主なものは、以下のとおりである。
ア 宅地建物取引業法に基づく業務停止処分（最二小判昭55.1.25集民129号121頁）
宅地建物取引業法に基づき3か月間の業務停止処分を受けた者が、当該処分は将来において受ける可能性のある同種の制裁的処分の加重原因となり、また、当該処分により名誉、信用等の人格的利益の侵害が残存しているのでその回復を図るため処分の取消しを求める必要性があるとして、訴えの利益があると主張した。
第1審、原審とも、上記業務停止処分を受けたことによる不利益取扱いを定めた法律の規定はなく、原告の主張は当該処分を受けたことが情状として事実上考慮され、将来不利益を受けるおそれがあることをいうにとどまるから、具体的・現実的な不利益があるとはいえず、また、人格的利益の侵害の回復は国家賠償法上の損害賠償請求により実現を図るべきものであるとして、訴えの利益を否定した。最高裁は、原審の判断を是認し、上告を棄却した。(注14)

イ 自動車運転免許の効力停止処分（最三小判昭55.11.25民集34巻6号781

〔4〕行政手続法12条1項により定められ公にされている処分基準に先行の処分を受けたことを理由として後行の処分に係る量定を加重する旨の定めがある場合における先行の処分の取消しを求める訴えの利益

頁）

　自動車運転免許の効力停止処分については，効力停止期間の経過後であっても，当時の道路交通法施行令38条1項2号，別表第二により，公安委員会が道路交通法の違反行為に対する行政処分の種類，程度を決定するに当たっては，当該違反行為をした日を起算日とする過去3年以内の処分歴の有無を判断資料とするが，処分の日から無違反，無処分で1年を経過した者については，1年の期間前に受けた処分歴は，将来の処分の加重事由とならないものとされていた。

　原審は，上記効力停止処分の日から無違反，無処分で1年を経過した者について，処分の記載のある免許証を所持することにより警察官に処分の存した事実を覚知され，名誉，感情，信用等を損なう可能性が存在するとして，上記処分に係る裁決の取消しを求める訴えの利益を肯定した。これに対し，最高裁は，このような可能性の存在が認められるとしても，処分がもたらす事実上の効果にすぎず，上記処分を理由にその者を不利益に取り扱い得ることを認めた法令の規定はないから，上記処分に係る裁決の取消しによって回復すべき法律上の利益は認められないとして，原判決を破棄し，訴えを却下した。(注15)

　ウ　医師法に基づく医業停止処分（最二小判昭56.12.18集民134号599頁）

　医師法に基づき3か月間の医業停止処分を受けた医師が，当該処分は将来において受ける可能性のある処分の加重原因となり，また，当該処分により低下した信用，毀損された名誉の回復を図るため処分の取消しを求める必要性があるとして，訴えの利益があると主張した。

　第1審，原審とも，医業停止処分を将来の制裁的処分につき加重要件とする旨の法条は存せず，将来そのおそれのある不利益の考慮は，情状としての事実上の考慮にすぎず，法律上の不利益とはいい難いこと，信用の低下や名誉の毀損等の経済的及び人格的利益の侵害は，上記処分の直接的効果でなく，副次的な結果にすぎないこと，その侵害の回復は国家賠償法上の損害賠

― 71 ―

償請求により救済を求めることができること等の理由により，訴えの利益を否定した。最高裁は，原審の判断を是認し，上告を棄却した。

　エ　弁護士法に基づく懲戒処分（最三小判昭58.4.5集民138号493頁）

　日本弁護士連合会の会長選挙規程（会規第19号）によれば，弁護士登録年数が通算10年以上の者は全て日本弁護士連合会の会長選挙の被選挙権を有するが（13条），弁護士法に基づく懲戒処分を受けた者は，受けた処分に対し不服の申立てができなくなった日から3年を経過するまでは，被選挙権を有しないとされている（14条）。

　原審は，業務停止処分を受けたことを理由として不利益に取り扱い得ることを認めた法令の規定はないとして，業務停止期間の経過後においては上記処分に係る裁決の取消しの訴えは不適法であるとした。これに対し，最高裁は，上記処分を受けた者は，会長選挙規程13条の要件を満たしていれば，業務停止期間が経過した後においても被選挙権を有しないという不利益を受けていることになり，上記処分に係る裁決の取消しによって回復すべき法律上の利益を有することになるとして，原判決を破棄し，事件を原審に差し戻した。(注16)

（2）判例理論

　上記の各判例によれば，処分期間の経過後における訴えの利益の有無についての最高裁のこれまでの判例理論は，次のようなものと考えられる。

　ア　名誉，感情，信用等の毀損は，処分がもたらす事実上の効果にすぎず，このような事実上の効果の除去を図ることを理由として訴えの利益を認めることはできない。

　イ　処分を受けたことを理由とする不利益取扱いを認めた法令の規定がなく，当該処分を受けたことが情状として事実上考慮される可能性があるにとどまる場合には，訴えの利益は認められない。

　ウ　処分を受けたことを将来の処分の加重事由とするなどの不利益取扱いを認める法令の規定がある場合には，処分の取消しによって回復すべき法律

〔4〕行政手続法12条1項により定められ公にされている処分基準に先行の処分を受けたことを理由として後行の処分に係る量定を加重する旨の定めがある場合における先行の処分の取消しを求める訴えの利益

上の利益があり，訴えの利益が認められる。(注17)

3 不利益取扱いを定めた処分基準がある場合

(1) 裁量基準

不利益処分を始めとする行政処分においては，法令により行政庁に一定の裁量が認められている場合が多い。このような裁量処分について，いかなる場合にいかなる処分をするかを事案ごとの行政庁の判断に全て委ねたのでは，恣意の介入するおそれもあり，予測可能性にも反することから，行政庁においてあらかじめ裁量の基準を設定することがあり，適正手続の観点からは，これを設定し公表するのが望ましいとされる。

このような裁量基準は，行政庁の内部的基準であるので，法規命令ではなく，行政規則であり，その設定には法律の根拠を要しないが(注18)，裁量基準が設定され，行政庁がこれに従って決定をしたとされるときには，裁判所の審査は，まず，その基準に不合理な点があるかどうかについて行われるのが通例である。(注19)もっとも，行政庁が，裁量基準から随意に離れた処分をすることが許されるかについては，行政手続法の制定前のものであるが，処分が基準に違背して行われたとしても，原則として当不当の問題を生ずるにとどまり，当然に違法となるものではないとする最高裁判例がある。(注20)

(2) 処分基準

ア 前記のとおり，行政手続法12条は，不利益処分について，処分基準をできる限り具体的なものとして定め，これを公にしておくべき努力義務を定めている。

行政手続法12条の立法趣旨については，立案担当者によれば，不利益処分の要件等に関する法令の定めは抽象的であって，行政庁の解釈・裁量の余地のある場合が多いことから，不利益処分が適正に行われることの重要性に鑑み，行政庁の上記のような努力義務を定めたものであるとされ，これにより，どのような場合にどのような処分がされるのかについて一定の予見可能性が得られ，また，行政庁の判断過程の透明性の向上に資することとなると

の説明がされている(注21)。さらに，法治主義の原理に立てば，不利益処分の要件は法律又はその委任に基づく法規命令によって定められていなければならないものであり，法令自体に要件が具体的に定められていることが望ましいが，それには完全を期し難いところがあるので，法令の定め以外に処分基準の設定・公表を一般法である行政手続法において定める意味があるとの指摘もされている(注22)。

イ 行政手続法12条1項に従って処分基準が定められた不利益処分につき行政庁に裁量が認められている場合には，その処分基準は，裁量基準としての性質を有することになる。このようにして定められ公にされた処分基準は，飽くまでも行政庁の内部的な基準にとどまり，法令の性質を有するものではないが，行政手続法は，行政運営における公正の確保と透明性の向上を図り，もって国民の権利利益の保護に資することをその目的とし（1条1項），行政庁は，不利益処分をするかどうか又はどのような不利益処分とするかについてその法令の定めに従って判断するために必要とされる基準である処分基準（2条8号ハ）を定め，かつ，これを公にしておくよう努めなければならないものと定めている（12条1項）。このような規定の文言や趣旨等に照らすと，行政手続法12条1項に基づいて定められ公にされている処分基準は，単に行政庁の行政運営上の便宜のためにとどまらず，不利益処分に係る判断過程の公正と透明性を確保し，その相手方の権利利益の保護に資するために定められ公にされるものと考えられる。したがって，行政庁が処分基準と異なる処分をすることは，裁量権の行使における公正かつ平等な取扱いの要請や基準の内容に係る相手方の信頼の保護等の観点から，これを相当と認めるべき特段の事情が必要であると解され，そのような特段の事情のない限り，処分基準に従った処分がされるべきものと考えられる(注23)(注24)。

ウ このような観点から，本判決は，行政手続法12条1項により定められ公にされている処分基準に行政庁自身に対する一種の拘束力（いわゆる自己拘束性）があることを前提に(注25)，過去に処分を受けたことを理由とする不利益

〔4〕行政手続法12条1項により定められ公にされている処分基準に先行の処分を受けたことを理由として後行の処分に係る量定を加重する旨の定めがある場合における先行の処分の取消しを求める訴えの利益

取扱いを定めた法令の規定がない場合であっても、処分基準にそのような不利益取扱いが定められているときは、先行の処分を受けた者が後行の処分の対象となる際には、処分基準の定めと異なる取扱いをすることを相当と認めるべき特段の事情がない限り、処分基準の定めにより所定の量定の加重がされることになるとして、先行の処分を受けたことと後行の処分における不利益取扱いとの間の法律上の関連性を肯定し、処分の効果が期間の経過によりなくなった後においてもなお処分の取消しによって回復すべき法律上の利益があり、訴えの利益が認められる旨の判断を示したものと考えられる。(注26)

4 本判決の意義

処分期間の経過後における訴えの利益の有無について、これまでの下級審の裁判例には、道路運送法40条に基づく輸送施設等の使用停止処分につき、処分基準において、先行の処分がされた日から3年の期間が経過するまでは、後行の処分において先行の処分がされたことを理由に量定の加重がされる旨が定められていたことを理由に、上記3年の期間の経過前における訴えの利益を肯定したものもあったが(注27)、本件の第1審及び原審の判断のようにこれを否定したものもあり、結論が分かれていた。

本判決は、最高裁が、初めて、行政手続法12条1項により定められ公にされている処分基準の規定を根拠に、処分の効果が期間の経過によりなくなった後において訴えの利益を肯定する判断を示したものであり(注28)、実務上重要な意義を有するものといえる。

(注1) 処分基準を「公にしておく」との趣旨は、「秘密にしない」ということであり、あらかじめ官報等により周知する方法のほか、行政庁の事務所に備え付けたり、問合せに応じて個別に示す方法でも構わないと解されている（総務省行政管理局編「逐条解説行政手続法」123頁）。

(注2) 行政手続法は、2条5号ロにおいて、同法にいう行政機関に地方公共団体の機関を含めているが、3条3項において、地方公共団体の機関がする処分

のうち，その根拠規定が条例又は地方公共団体の執行機関の規則に置かれているものについては，2章から6章まで（5条から45条まで）の規定は適用しない旨を定めている。したがって，地方公共団体の機関が行う処分のうち，法律の規定に基づく処分（風営法26条1項に基づく本件処分はこれに当たる。）には行政手続法12条1項が適用されるが，条例又は地方公共団体の執行機関の規則の規定に基づく処分には同項が適用されない。

　しかし，地方公共団体は，これらの処分についても，行政手続法の規定の趣旨にのっとり，行政運営における公正の確保と透明性の向上を図るため必要な措置を講ずるよう努めなければならないとされており（行政手続法46条），これを受けて，多くの地方公共団体において，行政手続法に準じた内容の行政手続条例が制定されている。条例又は地方公共団体の執行機関の規則の規定に基づく処分においても，行政手続条例に行政手続法12条1項と同趣旨の規定が設けられ，当該規定を受けて定められ公にされている処分基準に本件規程のような不利益取扱いが定められているときは，本判決の判旨が妥当するものと思われる。

(注3)　モデル処分基準や本件規程の策定の経緯，内容等については，阿久津正好・警察学論集69巻4号25頁が詳しい。

(注4)　本件規程の別表において，賞品買取り禁止違反（風営法23条1項2号，52条2号）の量定は，Cとする旨が規定されていた。

(注5)　上告受理申立て理由は，具体的には，①免職された公務員が免職処分の取消訴訟の係属中に市議会議員選挙に立候補したため公職選挙法の規定によりその職を辞したものとみなされることになった場合においても，訴えの利益は認められる旨を判示した最大判昭40.4.28民集19巻3号721頁，②自動車運転免許の効力停止処分を受けた者は，処分の日から無違反，無処分で1年を経過したときは，処分の取消しによって回復すべき法律上の利益を有しない旨を判示した最三小判昭55.11.25訟務月報27巻2号352頁，③行政庁が行政手続法12条に基づき処分基準を定めそれを公表したときは，行政庁は当該基準にき束されてその裁量権を行使することを対外的に表明したものといえるから，不利益処分をするには，原則としてその基準に従わなければならない旨を述べた最三小判平23.6.7民集65巻4号2081頁の田原睦夫裁判官補足意見を引用し，原審の判

〔4〕行政手続法12条1項により定められ公にされている処分基準に先行の処分を受けたことを理由として後行の処分に係る量定を加重する旨の定めがある場合における先行の処分の取消しを求める訴えの利益

断はこれらの判例ないしその趣旨に違反するというものであった。

(注6)　中野貞一郎ほか編「新民事訴訟法講義」118頁

(注7)　最三小判昭30.12.26民集9巻14号2082頁等

(注8)　塩野宏「行政法Ⅱ 第5版補訂版」143～148頁

(注9)　中込秀樹ほか「改訂 行政事件訴訟の一般的問題に関する実務的研究」118～132頁

(注10)　この付随的効果は，①本来的効果に伴う派生的効果と，②法規によって処分の存在に結び付けられた特殊な効果の二つに分類することができ，①に当たるものとしては，例えば，免職された者が公務員としての地位を回復し得ないような事情が後に生じても，処分が取り消されれば当該事情が生ずるまでの期間の給与請求権等を行使し得るようになる場合等が考えられ，②の例としては，過去に一定の処分を受けたことが，特定の資格についての欠格事由とされ，又は特定の処分の積極若しくは消極要件とされている場合等が考えられるとの指摘がある（小早川光郎・別冊ジュリスト50号〔医事判例百選〕172頁）。

(注11)　最大判昭35.3.9民集14巻3号355頁

(注12)　中込ほか・前掲（注9）115～116頁

(注13)　中込ほか・前掲（注9）116，120頁

(注14)　風営法に基づく営業停止処分については，最高裁の判例はないが，下級審の裁判例（甲府地判昭54.5.9行裁集30巻5号981頁，その控訴審の東京高判昭54.12.17行裁集30巻12号2022頁等）では，将来に行われる行政処分において営業停止処分が前歴として情状の一要素に斟酌されることがあり得るとしても，それは行政庁の裁量の問題であり，具体的・現実的な不利益とはいえないから，回復すべき法律上の利益に該当しないとして，前掲最二小判昭55.1.25集民129号121頁と同旨の判断がされている。

(注15)　前掲最三小判昭55.11.25訟務月報27巻2号352頁と前掲最三小判昭55.11.25民集34巻6号781頁は，いずれも同一の違反行為に係る事案であり（原審においては併合審理がされていた。），前者は自動車運転免許の効力停止処分の取消請求を棄却すべきものとした原判決に対する原告の上告についての，後者は当該処分に係る裁決の取消請求を認容すべきものとした原判決に対する被告の上告についての判断である。

(注16) 弁護士法46条1項，2項1号，33条2項2号は，日本弁護士連合会は会則を定めてこれに会長，副会長等の機関の選任に関する規定を記載しなければならない旨を規定している。これを受けて，会則61条は，会長は会員の投票によって会員の中から選挙する旨を，会則61条の5は，会長，副会長等の役員の選任に関し必要な事項は会規をもって定める旨をそれぞれ規定しており，会長選挙規程は，同条に基づき会長の選挙について定められた会規である。

また，会則6条は，日本弁護士連合会は会則を実施し，その他法令に基づいて必要な措置を行うため会規又は規則を定めること，会規は総会の決議により，規則は理事会の決議により，それぞれ制定又は変更されることを規定している。

上記のように日本弁護士連合会の会則，会規及び規則の制定権限が法律に由来するものであることに加えて，日本弁護士連合会が，弁護士及び弁護士法人の懲戒について，裁決行政庁又は処分行政庁としての権限を有すること（弁護士法59条，60条）等に鑑みると，会長選挙規程は，少なくとも法令に準ずる性質を有するといえるのではないかと思われる。

(注17) 処分後の事情の変化等と訴えの利益の存否に関する裁判例や通説的見解の整理を踏まえ，これらの裁判例等においては，訴えの利益の存続が認められるためには，過去にされた処分と原告が被っている現在の不利益との間に法律上の関連性があることが要求されており，何らかの形での処分の法律上の効果の現存を訴えの利益の基準とするものであるとの指摘がある（小早川・前掲（注10）172頁）。

(注18) 法規命令とは，行政主体と私人の関係の権利・義務に関し，行政機関が制定した一般的規律であり，政令，内閣府令・省令，各外局の長等が制定する外局規則，地方公共団体の長や委員会が制定する規則などがある。他方で，行政規則とは，行政機関の制定する定めのうち，国民の権利・義務に直接関係せず，外部的効果を有しないものをいい，行政の組織に関する規定，行政機関を名宛人とする行政機関の行動基準に関する規定などがある。行政規則の形式は必ずしも一定しておらず，訓令，通達，要綱等は，行政規則として制定されるのが通例であるが，告示については，実質的に法規命令を補充する性格を持つ場合もあれば，行政規則としての性格を持つ場合もある（塩野宏「行政法Ⅰ

〔4〕行政手続法12条1項により定められ公にされている処分基準に先行の処分を受けたことを理由として後行の処分に係る量定を加重する旨の定めがある場合における先行の処分の取消しを求める訴えの利益

第5版補訂版」99～100頁)。

「法令」とは,一般に,法律と命令を併せて呼ぶ観念であり,法規命令は法令に含まれるが,訓令,通達,要綱等の行政規則は法令に含まれず,本件規程は行政規則に属する。

(注19) 最一小判平10.7.16集民189号155頁(酒類販売業の免許に関し,国税庁長官の発した通達である酒類販売業免許等取扱要領が合理性を有するとされた。),最一小判平11.7.19集民193号571頁(タクシー事業の運賃変更の認可に関し,運輸省自動車局長の発した通達である運賃原価算定基準が合理性を有するとされた。)等。ただし,いずれも行政手続法制定前の事案であり,また,処分基準ではなく,審査基準(行政手続法2条8号ロ,5条参照)が問題となったものである。

(注20) 最大判昭53.10.4民集32巻7号1223頁〔マクリーン事件判決〕。なお,行政手続法制定後の事案である最二小判平19.12.7民集61巻9号3290頁は,判決文中ではマクリーン事件判決を引用していないものの,「行政庁がその裁量に任された事項について定めた裁量権の行使の準則に違背して処分が行われたとしても,裁量権の範囲内にとどまる限り,当該処分が当然に違法となるものではない」と判示している。この判示部分について,山本隆司「判例から探求する行政法」303～304頁は,行政庁が適法な内容の審査基準を考慮しなければ,裁量権の行使は考慮不尽により違法となるが,行政庁が個別事案に特別な事情等を考慮して審査基準から逸脱することは適法である旨を述べたもので,マクリーン事件判決を読み替えたと解されるとしている。

(注21) 総務省行政管理局編・前掲(注1)121頁

(注22) 塩野宏＝髙木光「条解行政手続法」184頁

(注23) これらに加えて,行政手続法14条1項は,行政庁が不利益処分をする場合には,原則として名宛人に対し当該不利益処分の理由を提示しなければならない旨を規定する。提示すべき理由の内容については,根拠となる法令の条項及び不利益処分の原因となる事実を示すことが最低限必要であると解されており(総務省行政管理局編・前掲(注1)152頁),処分基準が公にされている場合には,処分基準のどの部分に依拠して結論に達したかを示す必要があるとする見解が有力である(塩野＝髙木・前掲(注22)217頁,宇賀克也「行政手続

法の解説 第5次改訂版」119頁等）。

　　前掲最三小判平23.6.7民集65巻4号2081頁の多数意見も，不利益処分の原因となる事実とその根拠法条が示されているのみで，公にされている処分基準の適用関係を示さずにされた一級建築士免許取消処分について，行政手続法14条1項所定の理由提示の要件を欠き，違法であると判断している。なお，同判決の田原裁判官の補足意見は，本文に述べたところと基本的に同趣旨をいうものと解される。

(注24)　本判決は，どのような場合に処分基準の定めと異なる取扱いをすることを相当と認めるべき特段の事情があると認められるのかについて，具体的には明らかにしていないが，例えば，処分基準が法令の趣旨に合致せず違法な場合や，処分基準自体は違法ではないものの処分の対象行為の具体的状況等に照らし処分基準に従うことが著しく不合理な場合には，「特段の事情」があると考えられる。

　　なお，本判決の判旨からも分かるように，訴えの利益の有無の判断に当たっては「特段の事情」が存在する場合は除外されていないから，「特段の事情」の存否は，先行の処分の取消訴訟の審理の対象とはならず，後行の処分の取消訴訟において争われることになると考えられる。

(注25)　本判決は，処分基準の自己拘束性に依拠して，先行の処分を受けたことと後行の処分における不利益取扱いとの間の法律上の関連性を肯定し，訴えの利益の存続を認めたものであると考えられ，上告受理申立て理由のいうように処分基準について法規命令と同様の外部的効果を認めたものではないことは，判旨からも明らかである。

(注26)　行政手続法により処分基準が定められ公にされている場合にこのように解することは，同法の制定前の事案について，処分期間の経過後における訴えの利益を否定した最高裁判例（前掲最二小判昭55.1.25集民129号121頁，前掲最三小判昭55.11.25民集34巻6号781頁，前掲最二小判昭56.12.18集民134号599頁）と抵触しないものと考えられる。なお，宅地建物取引業法に基づく業務停止処分については，その後，処分基準（「宅地建物取引業者の違反行為に対する監督処分の基準」最終改正平成23年10月26日国土動指第43号）が公表され，処分前5年間の前歴が加重事由になるとされているので，現時点では，処

〔4〕　行政手続法12条1項により定められ公にされている処分基準に先行の処分を受けたことを理由として後行の処分に係る量定を加重する旨の定めがある場合における先行の処分の取消しを求める訴えの利益

分の取消しによって回復すべき法律上の利益が肯定されることになろう。

(注27)　大阪地判平19.2.13判タ1253号122頁，名古屋地判平25.5.31判時2241号31頁等

(注28)　なお，平成26年6月17日に言い渡された2件の最高裁第三小法廷判決（平成24年(行ツ)第335号，平成26年(行ツ)第52号。いずれも公刊物非登載）は，道路運送法40条に基づく輸送施設等の使用停止処分につき，行政手続法12条1項に基づき告示されている処分基準によれば，先行の処分がされた日から3年の期間の経過後は，後行の処分において先行の処分を受けたことを理由に量定が加重されることはないことなどを理由に，上記3年の期間の経過により上記停止処分の取消しを求める訴えの利益が失われたとしている。上記各判決は，本判決の立場と同様の考え方を前提とするものと解される。

(後注)　本判決の評釈等として知り得たものとして，①阿久津・前掲（注3），②馬橋隆紀＝幸田宏・判例地方自治398号4頁，③寺田友子・判例地方自治404号53頁，④桑原勇進・法学セミナー60巻6号117頁，⑤久保田仁詩・法学論叢（京都大学）178巻5号116頁，⑥庄村勇人・名城ロースクール・レビュー34号189頁，⑦友岡史仁・TKCローライブラリー新・判例解説 Watch 行政法 No.156，⑧高橋正人・静岡大学法政研究21巻1号60頁などがある。

（市原　義孝）

〔5〕 1　不法行為によって死亡した被害者の損害賠償請求権を取得した相続人が労働者災害補償保険法に基づく遺族補償年金の支給を受けるなどした場合に，上記の遺族補償年金との間で損益相殺的な調整を行うべき損害
　　　 2　不法行為によって死亡した被害者の損害賠償請求権を取得した相続人が労働者災害補償保険法に基づく遺族補償年金の支給を受けるなどしたとして損益相殺的な調整をするに当たって，損害が塡補されたと評価すべき時期

（平成24年(受)第1478号　同27年 3 月 4 日大法廷判決　棄却
　第 1 審東京地裁　第 2 審東京高裁　民集69巻 2 号178頁）

〔判決要旨〕

　1　被害者が不法行為によって死亡した場合において，その損害賠償請求権を取得した相続人が労働者災害補償保険法に基づく遺族補償年金の支給を受け，又は支給を受けることが確定したときは，損害賠償額を算定するに当たり，上記の遺族補償年金につき，その塡補の対象となる被扶養利益の喪失による損害と同性質であり，かつ，相互補完性を有する逸失利益等の消極損害の元本との間で，損益相殺的な調整を行うべきである。

　2　被害者が不法行為によって死亡した場合において，その損害賠償請求権を取得した相続人が労働者災害補償保険法に基づく遺族補償年金の支給を受け，又は支給を受けることが確定したときは，制度の予定するところと異なってその支給が著しく遅滞するなどの特段の事情のない限り，その塡補の対象となる損害は不法行為の時に塡補されたものと法的に評価して損益相殺的な調整をすることが相当である。

〔参照条文〕

　（1，2につき）　民法709条，労働者災害補償保険法16条

〔5〕不法行為によって死亡した被害者の損害賠償請求権を取得した相続人が労働者災害補償保険法に基づく遺族補償年金の支給を受けるなどした場合に、上記の遺族補償年金との間で損益相殺的な調整を行うべき損害　その他

（2につき）　民法412条

〔解　説〕

第1　事案の概要

1　事案の要旨

本件は、過度の飲酒による急性アルコール中毒から心停止に至り死亡したAの相続人であるXらが、Aが死亡したのは、長時間の時間外労働等による心理的負荷の蓄積によって精神障害を発症し、正常な判断能力を欠く状態で飲酒をしたためであると主張して、Aを雇用していたYに対し、不法行為又は債務不履行に基づき、損害賠償を求めた事案である。

2　事実関係等の概要

事実関係等の概要は、次のとおりである。

（1）ソフトウェアの開発等を業とする会社であるYにシステムエンジニアとして雇用されていたA（昭和55年生まれ）は、長時間の時間外労働や配置転換に伴う業務内容の変化等の業務に起因する心理的負荷の蓄積により、精神障害（鬱病及び解離性とん走）(注1)を発症し、病的な心理状態の下で、平成18年9月15日、さいたま市に所在する自宅を出た後、無断欠勤をして京都市に赴き、鴨川の河川敷のベンチでウイスキー等を過度に摂取する行動に及び、そのため、翌16日午前0時頃、死亡した。

Yは、Aの死亡について、Yの従業員がAに対する安全配慮義務を怠ったことを理由として、不法行為（使用者責任）に基づく損害賠償義務を負う。もっとも、Aにも過失があり、過失相殺をするに当たってのAの過失割合は3割である。

（2）Aの死亡による損害は、Aの逸失利益4915万8583円及び慰謝料1800万円、Aの父母であるXらの固有の慰謝料各200万円並びにX_1の支出に係る葬儀費用150万円である。

（3）X_1は、平成19年10月16日、労働者災害補償保険法（以下「労災保険法」という。）に基づく葬祭料として68万9760円の支給を受けたほか、控訴審

（事実審）の口頭弁論終結の日である平成24年2月9日の時点で，労災保険法に基づく遺族補償年金（以下，単に「遺族補償年金」という。）として合計868万9883円の支給を受け，又は支給を受けることが確定している。^(注2)

X_2は，控訴審の口頭弁論終結の日である上記同日の時点で，遺族補償年金として合計151万6517円の支給を受け，又は支給を受けることが確定している。

3　問題の所在

上記のとおり，Xらは，Aの死亡という同じ原因により，損害賠償請求権を取得するとともに，遺族補償年金の支給を受けるなどしている。そこで，本件では，この遺族補償年金と損害賠償請求権との調整が問題となるものである。この点について，死亡事案と後遺障害事案において，次のとおり，趣旨の異なる判例がある。

すなわち，最二小判平成16年12月20日裁判集民事215号987頁（以下「平成16年判決」という。）は，死亡事案において，遺族補償年金等がその支払時における損害金の元本及び遅延損害金の全部を消滅させるに足りないときは，遅延損害金の支払債務にまず充当されるべきとした。

これに対し，最一小判平成22年9月13日民集64巻6号1626頁（以下「平成22年9月判決」という。）は，死亡事案についての平成16年判決とは異なり，後遺障害事案についてではあるが，労災保険法に基づく保険給付や公的年金制度に基づく年金給付について，㋐同性質かつ相互補完性のある損害の元本との間で損益相殺的な調整を行うべきであり，㋑特段の事情のない限り，その填補の対象となる損害は不法行為の時に填補されたものと法的に評価して損益相殺的な調整をすべき（つまり，当該元本に対する遅延損害金の請求はできない）とした。また，最二小判平成22年10月15日裁判集民事235号65頁（以下「平成22年10月判決」という。）も平成22年9月判決と同様の判断をしている。

このような趣旨の異なる判例がある中で，本件では，遺族補償年金と損害

〔5〕不法行為によって死亡した被害者の損害賠償請求権を取得した相続人が労働者災害補償保険法に基づく遺族補償年金の支給を受けるなどした場合に、上記の遺族補償年金との間で損益相殺的な調整を行うべき損害　その他

賠償請求権との調整について，①損益相殺的な調整の対象となる損害は何か（損害の元本（ないしその一部）に限られるのか，遅延損害金も含まれるのか。なお，遅延損害金も含まれる場合には民法491条の適否も問題となる。），②対象となるのが損害の元本に限られる場合，遺族補償年金の支給を受け，又は支給を受けることが確定するまでの間の当該元本についての遅延損害金は別途請求することができるのかが問題となるものである。

4　第1審及び原審の判断

遺族補償年金と損害賠償請求権との調整について，本件の第1審及び原審は，次のとおり判断した。

（1）第1審

第1審は，遺族補償年金は死亡による逸失利益に塡補されるがその遅延損害金から充当されるとして，平成16年判決に従った判断をした。

（2）原審

原審は，㋐遺族補償年金は，これによる塡補の対象となる損害と同性質であり，かつ，相互補完性を有する関係にあるAの死亡による逸失利益の元本との間で損益相殺的な調整をすべきであり，同元本に対する遅延損害金を遺族補償年金による塡補の対象とするのは相当ではない，㋑遺族補償年金は，制度の予定するところと異なってその支給が著しく遅滞するなどの特段の事情のない限り，その塡補の対象となる損害が不法行為の時に塡補されたものとして損益相殺的な調整をすることが相当であるとして，平成22年9月判決に沿った判断をした。

第2　上告受理申立て理由及び本判決

1　上告受理申立て理由

Xらの上告受理申立て理由（排除部分を除く。）は，遺族補償年金についてAの死亡による逸失利益の元本との間で損益相殺的な調整をした原審の判断は，平成16年判決に違反するというものである。

2　本判決

最高裁大法廷は，第一小法廷から回付された本件について，**判決要旨**のとおり判断し，平成16年判決は本判決の判断と抵触する限度において変更すべきであるとして，Ｘらの上告を棄却した。具体的な判断の理由は，次のとおりである。

（１）**判示事項１**について

　「被害者が不法行為によって死亡し，その損害賠償請求権を取得した相続人が不法行為と同一の原因によって利益を受ける場合には，損害と利益との間に同質性がある限り，公平の見地から，その利益の額を相続人が加害者に対して賠償を求める損害額から控除することによって損益相殺的な調整を図ることが必要なときがあり得る（最高裁昭和63年（オ）第1749号平成５年３月24日大法廷判決・民集47巻４号3039頁）。そして，上記の相続人が受ける利益が，被害者の死亡に関する労災保険法に基づく保険給付であるときは，民事上の損害賠償の対象となる損害のうち，当該保険給付による塡補の対象となる損害と同性質であり，かつ，相互補完性を有するものについて，損益相殺的な調整を図るべきものと解される（最高裁昭和58年（オ）第128号同62年７月10日第二小法廷判決・民集41巻５号1202頁，最高裁平成20年（受）第494号・第495号同22年９月13日第一小法廷判決・民集64巻６号1626頁，最高裁平成21年（受）第1932号同22年10月15日第二小法廷判決・裁判集民事235号65頁参照）。

　労災保険法に基づく保険給付は，その制度の趣旨目的に従い，特定の損害について必要額を塡補するために支給されるものであり，遺族補償年金は，労働者の死亡による遺族の被扶養利益の喪失を塡補することを目的とするものであって（労災保険法１条，16条の２から16条の４まで），その塡補の対象とする損害は，被害者の死亡による逸失利益等の消極損害と同性質であり，かつ，相互補完性があるものと解される。他方，損害の元本に対する遅延損害金に係る債権は，飽くまでも債務者の履行遅滞を理由とする損害賠償債権であるから，遅延損害金を債務者に支払わせることとしている目的は，遺族補償年金の目的とは明らかに異なるものであって，遺族補償年金による塡補の

〔5〕不法行為によって死亡した被害者の損害賠償請求権を取得した相続人が労働者災害補償保険法に基づく遺族補償年金の支給を受けるなどした場合に，上記の遺族補償年金との間で損益相殺的な調整を行うべき損害　その他

対象となる損害が，遅延損害金と同性質であるということも，相互補完性があるということもできない。

したがって，被害者が不法行為によって死亡した場合において，その損害賠償請求権を取得した相続人が遺族補償年金の支給を受け，又は支給を受けることが確定したときは，損害賠償額を算定するに当たり，上記の遺族補償年金につき，その塡補の対象となる被扶養利益の喪失による損害と同性質であり，かつ，相互補完性を有する逸失利益等の消極損害の元本との間で，損益相殺的な調整を行うべきものと解するのが相当である。」

（2）**判示事項2**について

「不法行為による損害賠償債務は，不法行為の時に発生し，かつ，何らの催告を要することなく遅滞に陥るものと解されており（最高裁昭和34年(オ)第117号同37年9月4日第三小法廷判決・民集16巻9号1834頁参照），被害者が不法行為によって死亡した場合において，不法行為の時から相当な時間が経過した後に得られたはずの利益を喪失したという損害についても，不法行為の時に発生したものとしてその額を算定する必要が生ずる。しかし，この算定は，事柄の性質上，不確実，不確定な要素に関する蓋然性に基づく将来予測や擬制の下に行わざるを得ないもので，中間利息の控除等も含め，法的安定性を維持しつつ公平かつ迅速な損害賠償額の算定の仕組みを確保するという観点からの要請等をも考慮した上で行うことが相当であるといえるものである。

遺族補償年金は，労働者の死亡による遺族の被扶養利益の喪失の塡補を目的とする保険給付であり，その目的に従い，法令に基づき，定められた額が定められた時期に定期的に支給されるものとされているが（労災保険法9条3項，16条の3第1項参照），これは，遺族の被扶養利益の喪失が現実化する都度ないし現実化するのに対応して，その支給を行うことを制度上予定しているものと解されるのであって，制度の趣旨に沿った支給がされる限り，その支給分については当該遺族に被扶養利益の喪失が生じなかったとみること

が相当である。そして，上記の支給に係る損害が被害者の逸失利益等の消極損害と同性質であり，かつ，相互補完性を有することは，上記のとおりである。

上述した損害の算定の在り方と上記のような遺族補償年金の給付の意義等に照らせば，不法行為により死亡した被害者の相続人が遺族補償年金の支給を受け，又は支給を受けることが確定することにより，上記相続人が喪失した被扶養利益が塡補されたこととなる場合には，その限度で，被害者の逸失利益等の消極損害は現実にはないものと評価できる。

以上によれば，被害者が不法行為によって死亡した場合において，その損害賠償請求権を取得した相続人が遺族補償年金の支給を受け，又は支給を受けることが確定したときは，制度の予定するところと異なってその支給が著しく遅滞するなどの特段の事情のない限り，その塡補の対象となる損害は不法行為の時に塡補されたものと法的に評価して損益相殺的な調整をすることが公平の見地からみて相当であるというべきである（前掲最高裁平成22年9月13日第一小法廷判決等参照）。」

第3 説　明
 1 損益相殺的な調整の対象となる損害（判示事項1）について
（1）労災保険法に基づく保険給付を控除することの可否とその根拠

被害者が不法行為によって死亡した場合において，その死亡を原因として被害者の相続人が労災保険法に基づく保険給付の支給を受け，又は支給を受けることが確定したときに，これを同人に賠償すべき損害額から控除すべき場合があることは確立した実務の扱いである[注3]。

賠償すべき損害額から控除する理論的根拠について，本判決も引用する最大判平成5年3月24日民集47巻4号3039頁（以下「平成5年判決」という。）は，不法行為と同一の原因によって利益を受ける場合には，損害と利益との間に同質性がある限り，公平の見地から，その利益の額を損害額から控除することによって損益相殺的な調整を図ることが必要なときがあり得る旨の判

〔5〕不法行為によって死亡した被害者の損害賠償請求権を取得した相続人が労働者災害補償保険法に基づく遺族補償年金の支給を受けるなどした場合に，上記の遺族補償年金との間で損益相殺的な調整を行うべき損害　その他

示をしている。平成5年判決は，公平の見地からする損害の補塡による「損益相殺的な調整」が控除の理論的根拠となることを示したものと理解される（平成22年9月判決についての綿引万里子ほか・最高裁判所判例解説民事篇平成22年度（下）（法曹会，平成26年）562頁）。

（2）損害の内容と労災保険法に基づく保険給付の目的

次に，労災保険法に基づく保険給付との間で損益相殺的な調整の対象となる損害の範囲について検討する前提として，損害賠償請求において対象とされる損害の内容と，労災保険法に基づく保険給付の目的について概観する。

ア　損害の内容

（ア）損害の費目等

損害賠償請求において対象とされる損害の内容として，物的損害と人的損害があり，人的損害は，財産的損害と精神的損害（慰謝料）に分けられる。さらに，財産的損害は，積極損害と消極損害に分けられる。

積極損害（支出を余儀なくされたことによる損害）には，治療費，通院交通費，入院雑費，葬儀費用等がある。

消極損害（得べかりし利益に係る損害）には，休業損害，逸失利益（死亡，後遺障害）等がある。

（イ）遅延損害金

不法行為による損害賠償債務は，不法行為の時に発生し，かつ，発生と同時に何らの催告を要することなく遅滞に陥るというのが，確立した判例理論である（大判明治43年10月20日民録16輯719頁，大判大正10年4月4日民録27輯616頁，最三小判昭和37年9月4日民集16巻9号1834頁，最一小判昭和48年4月5日民集27巻3号419頁，最三小判昭和58年9月6日民集37巻7号901頁）。

したがって，このような遅延損害金の発生時期に鑑みると，労災保険法に基づく保険給付は，上記(ア)の損害に係る遅延損害金についても，損益相殺的な調整の対象になると考える余地を含むものである（この点が，損害の元本（ないしその一部）との間で損益相殺的な調整がされるのか，遅延損害金とも損

益相殺的な調整がされるのかに関わる問題である。）。

　イ　労災保険法に基づく保険給付の目的
　(ア) 労災保険法上の業務災害に関する保険給付の種類
　労災保険法上の業務災害に関する保険給付には，㋐療養補償給付，㋑休業補償給付，㋒障害補償給付，㋓遺族補償給付，㋔葬祭料，㋕傷病補償年金，㋖介護補償給付がある（同法12条の8第1項）。(注4)

　そのうち，療養補償給付（㋐）は負傷又は疾病による療養を必要とする場合に，休業補償給付（㋑）は負傷又は疾病による療養により労働することができないために賃金を受けない場合に，障害補償給付（㋒）は負傷又は疾病が治った後に身体に一定の障害が残った場合に，傷病補償年金（㋕）は負傷又は疾病が療養開始後1年6か月を経過した後も治らないなどの場合に，介護補償給付（㋖）は一定の者が常時又は随時介護が必要な状態で現に介護を受けている場合に，それぞれ支給されるものである（労災保険法12条の8第3項，4項，13条，14条，15条）。したがって，これらの給付は，傷害事案や傷害により後遺障害が残った後遺障害事案等で問題となる。

　これに対し，遺族補償給付（㋓）及び葬祭料（㋔）は，業務災害により死亡した場合に支給されるものであり，死亡事案で問題となるものである。遺族補償給付（㋓）は，遺族補償年金又は遺族補償一時金であり（労災保険法16条），本件では，遺族補償年金と葬祭料が支給されている。

　(イ) 労災保険法に基づく遺族補償年金の目的

　遺族補償年金の目的については，次のとおり説明されている。

　まず，㋐法務省訟務局行政訟務第二課職員編「労災訴訟の実務解説」（商事法務研究会，平成2年）25頁では，「この給付（筆者注：遺族補償給付を指す。）は，死亡した労働者に扶養されていた家族の，死亡によって失った被扶養利益を補てんしようとするものである。被扶養利益といっても労働者の収入，すなわち賃金によって扶養されていたのであるから，遺族補償給付も他の給付と同様に労働者の稼得能力の損失のてん補を目的とするものであ

[5] 不法行為によって死亡した被害者の損害賠償請求権を取得した相続人が労働者災害補償保険法に基づく遺族補償年金の支給を受けるなどした場合に、上記の遺族補償年金との間で損益相殺的な調整を行うべき損害　その他

る。」とされている。また、①厚生労働省労働基準局労災補償部労災管理課編「新訂版　労災保険制度の詳解」（労務行政研究所、平成13年）218頁では、「これ（筆者注：遺族補償給付を指す。）は、労働者の業務上の死亡によってもたらされる被扶養利益の喪失をてん補することを目的としたものといえるものである。遺族補償も災害補償の1つである以上、その性格は損失補償とされるが、この場合その「損失」の具体的内容は「労働者の死亡による被扶養利益の喪失」にほかならないものである。」とされている。

このように、遺族補償給付である遺族補償年金は、労働者の死亡による遺族の被扶養利益の喪失を填補することを目的としたものということができる。とりわけ、受給者を一定の範囲の遺族のうち「労働者の死亡の当時その収入によって生計を維持していたもの」（労災保険法16条の2）に限定する遺族補償年金については、上記のように解することができる。(注5、6)

（3）平成16年判決及び平成22年9月判決についての評価

ア　平成16年判決

(ア) 平成16年判決の内容

平成16年判決は、損害賠償請求権との調整に関し、①自賠責保険金のほか、②遺族補償年金及び③厚生年金保険法に基づく遺族厚生年金（以下、単に「遺族厚生年金」という。）を併せて「本件自賠責保険金等」と定義付けした上で、次のとおり判断した。

「本件自賠責保険金等によっててん補される損害についても、本件事故時から本件自賠責保険金等の支払日までの間の遅延損害金が既に発生していたのであるから、本件自賠責保険金等が支払時における損害金の元本及び遅延損害金の全部を消滅させるに足りないときは、遅延損害金の支払債務にまず充当されるべきものであることは明らかである（民法491条1項参照）。」

(イ) 平成16年判決に対する批判

平成16年判決のうち、遺族補償年金及び遺族厚生年金についても遅延損害金の支払債務にまず充当されるべきと判断した部分については、主として実

務家から批判を受けていた。(注7)綿引ほか前掲最判解説571頁以下では，その批判の内容について，次のとおり整理されている。

　a　社会保険給付は，各給付の基礎となる法が定める目的のために支給されるものであり，損害賠償の支払とは制度の趣旨，目的を異にする上，損害賠償債務のうち特定の費目（各給付と「同一の事由」の関係にある損害費目）のみを填補するものであることからすれば，そもそも遅延損害金を填補する性質を有するとはいえず，損害金の元本のうち各給付と「同一の事由」の関係にある損害費目に相当する部分のみを填補するものであるというべきである。民法491条1項を類推又は準用する基礎があるとはいい難い。

　b　社会保険給付が損害賠償債務のうち各給付と「同一の事由」の関係にある損害費目のみを填補するものであることからすれば，仮にその充当関係につき民法491条1項の定める充当順序が妥当するのであれば，遅延損害金についても，各給付と「同一の事由」の関係にある損害費目に対する遅延損害金のみが充当の対象となると解するのが自然である。そうすると，不法行為による損害賠償債務の一部につき弁済等がされた場合の充当計算が極めて複雑なものとなり，実務的に妥当性を欠く結果となる。

　イ　平成22年9月判決

（ア）平成22年9月判決の内容

　平成22年9月判決は，平成16年判決に対する上記の批判を受けて，後遺障害事案について，次のとおり判断した。

　a　「被害者が，不法行為によって傷害を受け，その後に後遺障害が残った場合において，労災保険法に基づく各種保険給付や公的年金制度に基づく各種年金給付を受けたときは，これらの社会保険給付は，それぞれの制度の趣旨目的に従い，特定の損害について必要額をてん補するために支給されるものであるから，同給付については，てん補の対象となる特定の損害と同性質であり，かつ，相互補完性を有する損害の元本との間で，損益相殺的な調整を行うべきものと解するのが相当である。」

〔5〕不法行為によって死亡した被害者の損害賠償請求権を取得した相続人が労働者災害補償保険法に基づく遺族補償年金の支給を受けるなどした場合に，上記の遺族補償年金との間で損益相殺的な調整を行うべき損害　その他

b　被害者が不法行為によって傷害を受け，その後に後遺障害が残った場合において，労災保険法に基づく保険給付や公的年金制度に基づく年金給付によって損害が塡補されたと評価すべき時期について，「制度の予定するところと異なってその支給が著しく遅滞するなどの特段の事情のない限り，これらが支給され，又は支給されることが確定することにより，そのてん補の対象となる損害は不法行為の時にてん補されたものと法的に評価して損益相殺的な調整をすることが，公平の見地からみて相当というべきである。」

（イ）平成22年9月判決に対する評価

　損害の元本との間で損益相殺的な調整を行うべきとした平成22年9月判決の判断については，学説上，おおむね肯定的な評価がされている。(注8)実務家の見解としても，上記の判断に異論を唱えるものは見当たらない。

　ところで，上記(ア)のように同性質かつ相互補完性のある損害の元本との間で損益相殺的な調整を行うべきとした平成22年9月判決と遅延損害金の支払債務にまず充当されるべきとした平成16年判決は，その基本的な考え方を異にするものである。しかし，平成22年9月判決が後遺障害事案における判断であるのに対して平成16年判決は死亡事案における判断であったことから，平成22年9月判決と平成16年判決との間に判例抵触があるとはいえないであろう。

　もっとも，後遺障害事案と死亡事案との間に，損害賠償請求権との調整に関する基本的な考え方を異にすべき違いがあるのかについては，問題となるところであった。(注9)

（4）労災保険法に基づく保険給付との間で損益相殺的な調整の対象となる損害の範囲

ア　まず，平成5年判決は，上記(1)のとおり，不法行為によって生じた損害と同一の原因によって受けた利益との調整について，一般的な判示として，損害と利益との間に同質性がある限り，公平の見地から，その利益の額を損害額から控除することによって損益相殺的な調整を図ることが必要なと

きがあり得る旨の判示をしている。

イ　そして，その利益が労災保険法に基づく保険給付である場合について，具体的にいかなる場合に損害額から控除すべきかに関し，最二小判昭和62年7月10日民集41巻5号1202頁（以下「昭和62年判決」という。）は，労災保険法又は厚生年金保険法に基づく保険給付の原因となる事故が被用者の行為により生じ，被用者及びその使用者が損害賠償責任を負う場合において，被害者に対し上記保険給付がされたときは，被害者の被用者及び使用者に対する各損害賠償請求権は，上記保険給付と損害賠償とが「同一の事由」の関係にあるとき，すなわち，「保険給付の対象となる損害と民事上の損害賠償の対象となる損害とが同性質であり，保険給付と損害賠償とが相互補完性を有する関係にある場合」に，その範囲で損害の填補がされるものと判断している。(注10)

ウ　労災保険法に基づく保険給付については，昭和62年判決のほか，最三小判昭和58年4月19日民集37巻3号321頁も労災保険法に基づく障害補償一時金及び休業補償給付は精神上の損害を填補するためのものではない旨の判示をしている(注12)など，損害の性質等と関連なくあらゆる損害について控除を認めるのではなく，損害の性質等を考慮して判断するのが一貫した判例の立場であるといえる。(注13)

したがって，遅延損害金についても，遺族補償年金の支給を受けるなどしたことによる控除が認められるのか否かについては，同性質で相互補完性を有するか否かについての検討を要するものである。

(5) 遺族補償年金が填補の対象とする損害等

ア　労災保険法に基づく保険給付は，その制度の趣旨目的に従い，特定の損害について必要額を填補するために支給されるものであり，遺族補償年金は，上記(2)イ(イ)のとおり，一定の範囲の遺族のうち「労働者の死亡の当時その収入によって生計を維持していたもの」（労災保険法16条の2）が受給できるとされていることなどに照らせば，労働者の死亡による遺族の被扶養

[5] 不法行為によって死亡した被害者の損害賠償請求権を取得した相続人が労働者災害補償保険法に基づく遺族補償年金の支給を受けるなどした場合に，上記の遺族補償年金との間で損益相殺的な調整を行うべき損害　その他

利益の喪失を塡補することを目的としたものということができる。このような遺族補償年金の目的等に照らせば，遺族補償年金が塡補の対象とする損害（すなわち，遺族の被扶養利益の喪失による損害）は，被害者の死亡による逸失利益等の消極損害と同性質であるということができる。

また，保険給付である遺族補償年金と逸失利益等の消極損害に係る民事上の損害賠償とは，（本件の場合にはいずれも労働者の死亡後における遺族の生活を保持するためのものとなるなど）相互補完性があるということもできる。

イ　これに対し，逸失利益等の消極損害についてのものといえども，遅延損害金に係る債権は，飽くまでも債務者の履行遅滞を理由とする損害賠償債権であるから，履行が遅れたことによる損害を塡補するものである遅延損害金の目的は，遺族の被扶養利益の喪失の塡補という遺族補償年金の目的とは明らかに異なるものであって，遺族補償年金による塡補の対象となる損害が，遅延損害金と同性質であるということも，相互補完性があるということもできない。遅延損害金であるからその対象となる元本の性質の影響を受けて元本と同一の性質を有するとみる（それによって，遅延損害金から控除されると解する）と考えることも困難である。遺族補償年金について遅延損害金から充当すべきとした平成16年判決の判断は改められることが相当である。

（6）小括

本判決は，以上のような点を踏まえて，**判決要旨1**のとおり，遺族補償年金は，逸失利益等の消極損害の元本との間で損益相殺的な調整を行うべきとの判断をしたものと思われる。

2　遅延損害金の請求の可否（**判示事項2**）について

（1）不法行為における遅延損害金の発生時期

上記1（2）ア（イ）のとおり，不法行為による損害賠償債務は，不法行為の時に発生し，かつ，発生と同時に何らの催告を要することなく遅滞に陥るというのが，確立した判例理論である。そうであれば，たとえ損害の元本との間で損益相殺的な調整をすべきとしても，不法行為の後に遺族補償年金の支

給がされた場合，不法行為の時から当該支給までの間の損害の元本に対する遅延損害金は既に発生しているものとして，これを請求することができるのかが問題となる。

(2) 平成22年9月判決の根拠及び学説の状況

ア 後遺障害事案において損害が填補されたと評価すべき時期を不法行為の時と解した平成22年9月判決は，損害の算定は，不確実，不確定な要素に関する蓋然性に基づく将来予測や擬制の下に不法行為の時におけるその額を算定せざるを得ない性質のものであることを踏まえた上で，中間利息の控除も厳密にされているものではないこと，労災保険法に基づく各種保険給付等は，填補の対象となる損害が現実化する都度ないし現実化するのに対応して定期的に支給されることが予定されているものであることなどを根拠としたものである。

イ 実務家の見解も含めた学説の状況についてみると，損益相殺的な調整をするに当たって損害が填補されたと評価すべき時期については，平成22年9月判決ないし平成22年10月判決に対する批評として論じられているものであるが，不法行為時に填補されたものとして遅延損害金を認めなかった平成22年9月判決の結論については，おおむね肯定的な評価がされている。[注14] しかし，平成22年9月判決の理論的根拠の当否や死亡事案との関係については，必ずしも十分に論じられていないように思われる。

(3) 遺族補償年金との間で損益相殺的な調整をするに当たって，損害が填補されたと評価すべき時期

まず，人身損害に係る損害賠償の性質という観点からみると，逸失利益など不法行為がなければ将来得られたはずの利益に係る損害についても，不法行為の時に発生したものとしてその額を算定することになるが，そのような損害に関し，例えば，不法行為がなければ被害者には10年後にどの程度の収入があり，生活費としてどの程度の支出があったのかなどを具体的に主張立証することは困難であることから，その損害額の算定については，本判決も

[5] 不法行為によって死亡した被害者の損害賠償請求権を取得した相続人が労働者災害補償保険法に基づく遺族補償年金の支給を受けるなどした場合に、上記の遺族補償年金との間で損益相殺的な調整を行うべき損害　その他

説示するとおり、事柄の性質上、不確実、不確定な要素に関する蓋然性に基づく将来予測や擬制の下に行わざるを得ないものである。(注15)

　そうであるところ、そのような将来予測や擬制に関し、具体的な認定を行うことが困難であるからといって、事案ごとに全く異なる将来予測や擬制の下で損害額を算定することは、裁判に対する信頼を損ない、被害者の迅速かつ適正な救済にも反する結果となるものである。そのため、人身損害に係る損害賠償については、事案ごとの法的安定性を維持しつつ公平かつ迅速に損害賠償額を算定し、もって、裁判に対する信頼を確保するとともに被害者の迅速かつ適正な救済を図るための一定の仕組みを確保するということも重要であり、その仕組みの内容については、不確実な将来見通しによる人身損害に係る損害賠償額の全体のバランスをも見据えた合理的かつ妥当なものとすることが求められるように思われる。

　そして、確かに、逸失利益は中間利息を控除して不法行為時における現価として算定されているものであり、このような逸失利益について、遺族補償年金が支給されるまでの間の遅延損害金の請求ができないとなると、被害者に不利であるようにも思われるが、他方で、遅延損害金について、例えば弁護士費用のように現実には不法行為時に支出しているものではない損害についても不法行為時から請求することができる（最三小判昭和58年9月6日民集37巻7号901頁）など被害者に有利な取扱いがされている損害費目もあるところである。(注16)

　そうであれば、そもそも、遅延損害金に関し、不法行為の時に損害賠償債務が発生し、何らの催告を要することなく遅滞に陥るものとして、不法行為の時からの遅延損害金の請求ができるとする判例理論自体が、事柄の本質的性質に起因するものではなく、いわば公平等の観点からの判断に基づく擬制によるものである中で、逸失利益等の消極損害と同性質である損害を填補する遺族補償年金については、その給付の意義等によっては、不法行為の後一定期間が経過した後に遺族補償年金が支給されたとしても当該支給までの間

― 97 ―

の遅延損害金の請求はできないと考えることは，決して不合理ないし相当性を欠くものではないと思われる。(注17)

　そして，遺族補償年金の給付の意義等についてみると，遺族補償年金は，労働者の死亡による遺族の被扶養利益の喪失の塡補を目的とする保険給付であり，その塡補の対象となる損害は，被害者の将来の継続的な収入に係る損害であって，不法行為がなければ，年金受給者は，被害者の収入により継続的に扶養の利益を得ていたはずのものである。遺族補償年金は，このような継続的に得ることができたであろう扶養の利益に関し，その目的に従い，法令に基づき，定められた額が定められた時期に定期的に支給される（原則として，毎年2月，4月，6月，8月，10月及び12月の6期に分けて支払われることとされている）ものであるから（労災保険法9条3項，16条の3第1項参照），これは，遺族の被扶養利益の喪失が現実化する都度ないし現実化するのに対応して，その支給を行うことを制度上予定しているものと解することができる。(注18)したがって，制度の趣旨に沿った支給がされる限り，その支給は遅滞したものではなく，その支給分については当該遺族に被扶養利益の喪失が生じなかったとみることが相当である。そして，遺族補償年金の支給に係る損害が被害者の逸失利益等の消極損害と同性質であり，かつ，相互補完性を有することは，上記1(5)のとおりである。

　以上のような人身損害に係る損害賠償に関する損害の算定の在り方と遺族補償年金の給付の意義等に照らせば，本判決が説示するとおり，不法行為により死亡した被害者の相続人が遺族補償年金の支給を受けるなどしたことにより，上記相続人が喪失した被扶養利益が塡補されたこととなる場合には，その限度で，被害者の逸失利益等の消極損害は現実にはないものと評価できるものである。

(4) 小括

　本判決は，このような点を踏まえて，**判決要旨2**のとおり，被害者の相続人が遺族補償年金の支給を受けるなどしたときは，制度の予定するところと

〔5〕不法行為によって死亡した被害者の損害賠償請求権を取得した相続人が労働者災害補償保険法に基づく遺族補償年金の支給を受けるなどした場合に，上記の遺族補償年金との間で損益相殺的な調整を行うべき損害　その他

異なってその支給が著しく遅滞するなどの特段の事情のない限り，その塡補の対象となる損害は不法行為の時に塡補されたものと法的に評価して損益相殺的な調整をすることが相当であるとの判断をしたものと思われる。(注19)

3　本判決の理解及び平成16年判決の判例変更等

（1）本判決は，労災保険法に基づく保険給付である遺族補償年金の目的や人身損害に係る損害賠償の性質等を検討して，**判決要旨1及び2のとおりの**判断をしたものである。死亡事案と後遺障害事案との違いがあるとはいえ，本判決の採った基本的な考え方は，平成22年9月判決と同趣旨のものといえるであろう。

（2）本判決は，その判断と抵触する限度において，平成16年判決を変更すべきとした。これにより，平成16年判決のうち，遺族補償年金について遅延損害金の支払債務にまず充当されるべきとした判断が改められたことは明らかである。

（3）本判決は，平成16年判決において遺族補償年金とともに言及された遺族厚生年金については，直接判示しているものではない。

しかし，遺族厚生年金も，一定の範囲の遺族のうち「被保険者又は被保険者であった者の死亡の当時（…中略…）その者によって生計を維持したもの」（厚生年金保険法59条1項）が受給できるとされていることなどに照らせば，その目的は遺族補償年金と同種のものということができるのであり，また，遺族補償年金と同様に，定められた額が定められた時期に定期的に支給されるものであること（同法36条3項，60条1項，2項）などにも鑑みれば，遺族補償年金について判示した本判決の趣旨が当てはまり，遺族厚生年金についても，本判決と同様の判断をするのが相当ではないかと思われる。(注20)

（4）なお，自賠責保険金については，賠償責任を塡補する損害保険金であるという性質上，平成16年判決が民法491条1項の定める充当順序に従うべき旨の判示をしたことは相当であり，判例及び実務ではそれを前提とした取扱いがされている。(注21,22)自賠責保険金と遺族補償年金とでは性質が異なるもので

― 99 ―

あり，その判断と抵触する限度において平成16年判決を変更すべきとした本判決によって，平成16年判決のうち，自賠責保険金についての判断は何ら変更されたものではないことは明らかであろう。

（5）さらに，労災保険法に基づく保険給付のうち，葬祭料については，本件の上告受理申立て理由において論旨として採り上げられておらず，本判決の判断するところではない。

しかし，遺族補償年金と同様，制度の趣旨目的に従い特定の損害について必要額を塡補するために支給される葬祭料について，遺族補償年金と異なる解釈を採るべき理由も乏しいように思われる。

（6）最後に，本判決の効力に関し，本判決が既に終局している判決の判決効に何らかの影響を与えるものでないことはいうまでもない。また，本判決と異なる解釈を採って裁判外ないし裁判上の和解が既にされていた場合においても，当然に当該和解の効力が錯誤等により影響を受けるものでもないことも明らかであると思われる。

4　結　語

本判決は，損益相殺的な調整をするに当たっての遺族補償年金の扱いについて判示し，併せて，上記のとおり平成16年判決を変更したものであり，理論的にも実務的にも重要な意義を有するものと考えられる。[注23]

(注1)　解離性障害は，意識，記憶，同一性，知覚など，通常は統合されている機能が破綻し，その統一性や一貫性が損なわれることによって生じる障害であり，そのうち，解離性とん走は，家庭あるいは普段の職場から突然，予期せぬ放浪に出ることが特徴とされている（「南山堂医学大辞典［20版］」（南山堂，2015年）331頁以下参照）。

(注2)　最大判平成5年3月24日民集47巻4号3039頁（平成5年判決）は，地方公務員等共済組合法（昭和60年法律第108号による改正前のもの）の規定に基づく遺族年金の控除の範囲等が問題となった事案において，支給を受けること

〔5〕不法行為によって死亡した被害者の損害賠償請求権を取得した相続人が労働者災害補償保険法に基づく遺族補償年金の支給を受けるなどした場合に，上記の遺族補償年金との間で損益相殺的な調整を行うべき損害　その他

が確定した遺族年金の額の限度で，加害者に対して賠償を求め得る損害額から控除すべきとしている。これにより，各種社会保険給付を控除する場合の時的範囲については，一応の決着をみたといえる。

(注3)　佐久間邦夫ほか編「リーガル・プログレッシブ・シリーズ　交通損害関係訴訟[補訂版]」(青林書院，2013年) 100頁以下，公益財団法人日弁連交通事故相談センター東京支部編「民事交通事故訴訟・損害賠償額算定基準」(いわゆる「赤い本」) 平成26年版217頁以下

(注4)　労災保険法に基づく保険給付には，上記の業務災害に関する保険給付のほか，通勤災害に関する保険給付等がある（同法7条1項）。

(注5)　平成5年判決は，地方公務員等共済組合法（昭和60年法律第108号による改正前のもの）に規定する退職年金及び遺族年金について，本人及びその退職又は死亡の当時その者が直接扶養する者のその後における適当な生活の維持を図ることを目的とする地方公務員法所定の退職年金に関する制度に基づく給付であるとしている。

(注6)　本件の論旨との関係で問題となるのは労災保険法に基づく保険給付である遺族補償年金のみであるが，平成16年判決では遺族厚生年金にも言及されていることから，遺族厚生年金の目的についても併せて検討しておきたい。

遺族厚生年金の目的について，例えば，堀勝洋「年金保険法[第3版]」(法律文化社，2013年) 477頁では，「遺族厚生年金は，厚生年金の被保険者等が死亡した場合に，その遺族の生活を保障することを目的として支給される。」，「遺族厚生年金は，従前の生活をある程度維持できるようにするための年金である。」とされている。

遺族厚生年金の受給者は，被保険者等の配偶者等であって被保険者等によって生計を維持したものとされており（厚生年金保険法59条1項），遺族厚生年金は，労災保険法に基づく保険給付である遺族補償年金と同種の目的に基づくものといえるであろう。

(注7)　髙取真理子「公的年金による損益相殺」判タ1183号70頁，大島眞一「交通損害賠償訴訟における虚構性と精緻性」判タ1197号37頁，田中敦ほか・基調報告「損害賠償債務に対する各種給付等の充当問題等」法曹時報61巻11号68頁以下，高野真人「社会保険給付と損益相殺・代位の問題点」財団法人日弁連交

通事故相談センター編「交通賠償論の新次元」(判例タイムズ社，2007年) 215頁以下，佐野誠「判批」損害保険研究67巻2号226頁ほか

(注8) 　前田陽一「判批」ジュリスト1420号112頁，中村肇「判批」法学セミナー674号126頁，中出哲「判批」損害保険研究73巻4号239頁，黒田有志弥「判批」季刊社会保障研究47巻1号84頁

(注9) 　平成22年10月判決における千葉裁判官の補足意見においても，この点に関する問題提起がされていた。

(注10) 　「同一の事由」の関係にあるとき，すなわち，「保険給付の対象となる損害と民事上の損害賠償の対象となる損害とが同性質であり，保険給付と損害賠償とが相互補完性を有する関係にある場合」に，「損益相殺的な調整」を法的根拠として，損害額から控除されることになると理解される。

(注11) 　昭和62年判決は，労災保険法に基づく休業補償給付及び傷病補償年金並びに厚生年金保険法に基づく障害年金が対象とする損害との間で「同一の事由」の関係にあることを肯定することができる損害は，財産的損害のうちの消極損害のみであって，財産的損害のうちの積極損害及び精神的損害は上記の保険給付が対象とする損害とは同性質であるとはいえないと判示している。

(注12) 　最二小判平成11年10月22日民集53巻7号1211頁(以下「平成11年判決」という。)は，国民年金法に基づく遺族基礎年金及び厚生年金保険法に基づく遺族厚生年金についてではあるが，上記各遺族年金をもって損益相殺的な調整を図ることのできる損害は，財産的損害のうちの逸失利益に限られると判示している。

(注13) 　綿引ほか前掲最判解説564頁では，「民事上の損害賠償の対象となる損害のうち，労災保険給付及び公的年金給付との間における損益相殺的な調整の対象となるのは，これらの保険給付と「同一の事由」の関係にある損害に限られるとするのが判例の立場であるといえる。」とされている。

(注14) 　前田前掲「判批」112頁，中村前掲「判批」126頁，中出前掲「判批」239頁，若林三奈「判批」判例セレクト2011[Ⅰ]19頁(ただし，平成22年10月判決についての批評)，黒田前掲「判批」85頁，座談会「交通損害賠償における実務の現状」判タ1346号24頁

(注15) 　将来の収入も蓋然性に基づく将来予測ないし擬制であるし，死亡事案に

〔5〕不法行為によって死亡した被害者の損害賠償請求権を取得した相続人が労働者災害補償保険法に基づく遺族補償年金の支給を受けるなどした場合に、上記の遺族補償年金との間で損益相殺的な調整を行うべき損害　その他

おける生活費控除率も将来予測ないし擬制である。生活費控除率を5％動かすだけでも大きく金額が異なってくる。

（注16）　次のような具体的な事例で検討してみる。30歳の男性（独身。年収600万円）が平成20年4月1日に発生した不法行為により同日死亡し、その2年6か月後である平成22年10月1日に訴えが提起され、不法行為の4年6か月後である平成24年10月1日に事実審の口頭弁論が終結した事例において、不法行為の1年後～4年後に得ることができるはずであった各年600万円ずつ（合計2400万円）の逸失利益について、それに対応するものとして、不法行為の1年後～4年後に各年250万円ずつ（合計1000万円）の社会保険給付がされたと仮定する。

この場合、治療費を除く損害額として、①逸失利益5013万3900円（生活費控除率を50％とし、67歳までの37年間に対応するライプニッツ係数16.7113を乗じたもの）、②慰謝料2200万円及び③弁護士費用700万円の合計7913万3900円と算定されたとした場合、上記の合計1000万円の社会保険給付が不法行為の時に塡補されたとみるか各支給時に塡補されたとみるかによる遅延損害金の額の差額は125万円である。これに対し、（不法行為時から遅延損害金の算定がされる）上記の弁護士費用に対する4年間の遅延損害金は140万円となる。

（注17）　死亡事案において、不法行為の時に塡補されたと評価して遅延損害金の請求ができないと考える場合には、中間利息の控除との関係で、被害者の不利益が大きいようにもみえる。すなわち、不法行為の時（同日死亡）の1年後に得られたはずの収入に係る逸失利益に関し、不法行為の1年後にその収入額に対応するものとしての社会保険給付が支給された場合、調整の対象となる損害は中間利息を控除して不法行為時の金額に現価計算されるのに、社会保険給付は支給時の金額をもって調整されることになり、調整の対象となる損害につき中間利息の控除がされた分だけ被害者に不利益に働くようにもみえる。

しかし、将来得ることができるはずであった利益に係る損害額の算定は、不確実、不確定な要素に関する蓋然性に基づく将来予測や擬制の下に不法行為の時におけるその額を算定せざるを得ない性質のもので、それ自体必ずしも厳密かつ緻密な損害額の算定がされるものではないこと、また、損害賠償の枠組み全体でみると、本文に記載した弁護士費用など遅延損害金について被害者側に

有利な取扱いがされている損害費目もあることにも鑑みると、全体としてみると、中間利息の控除を考慮したとしても、遺族補償年金の給付の意義等によっては、逸失利益（損益相殺的な調整がされた元本）についての遅延損害金を請求することができないと解しても不合理ないし不相当とはいえないように思われる。

(注18) 前田前掲「判批」112頁では、「被害者の死亡による遺族年金給付についても、被害者が生きていたらその収入から支払われたであろう扶養料の損害が現実化するのに即して遺族年金が支給されているとする議論が十分可能である。」とされている。

(注19) 本件に限らず損益相殺的な調整一般に関わる問題として、口頭弁論終結後（同時点で支給を受けることが確定していたものを除く。）に支給を受けた社会保険給付について、執行の局面で請求異議の対象となるのかという問題がある。本判決は、この点について判示するものではない。

(注20) 労災保険の保険料は事業主が全額負担するのに対し、厚生年金の保険料は、被保険者と事業主とが半額ずつ負担するとされている（厚生年金保険法82条1項）、つまり、被害者側も保険料を負担していたものである。したがって、そのような遺族厚生年金の給付を受けたことをもって、そもそも損益相殺的な調整の対象とすべきかについては議論の余地もあるところであるが、平成5年判決は、地方公務員等共済組合法（昭和60年法律第108号による改正前のもの）の規定に基づく遺族年金についても損益相殺的な調整の対象にすべき旨の判断をし、平成11年判決も、平成5年判決を参照として引用して遺族厚生年金も損益相殺的な調整の対象にすべき旨の判断をしている。これらの最判を前提とすれば、遺族厚生年金についても損益相殺的な調整の対象になると解される。

そうであれば、損益相殺的な調整を行うべき損害や損害が填補されたと評価すべき時期については、本判決と同様の判断をすることになると思われる。

(注21) 最三小判平成11年10月26日交民集32巻5号1331頁及び最二小判平成12年9月8日金法1595号63頁は、自賠責保険金の支払によって元本債務に相当する損害が填補された場合であっても遅延損害金の請求は制限されない旨の判示をしている。

(注22) 松本利幸「自賠法16条1項（被害者請求）により支払われた損害賠償額

〔5〕不法行為によって死亡した被害者の損害賠償請求権を取得した相続人が労働者災害補償保険法に基づく遺族補償年金の支給を受けるなどした場合に、上記の遺族補償年金との間で損益相殺的な調整を行うべき損害 その他

及び同法72条1項（政府保障事業）により支払われたてん補金の遅延損害金への充当について」判タ1149号16頁では，「自賠責保険金の遅延損害金への充当を認めた裁判例は多数あり，実務では肯定説が大勢である。」とされている。

(注23) 本判決の評釈等として，若林三奈・民商法雑誌151巻3号277頁，中益陽子・ジュリスト1491号119頁，松本克美・法律時報88巻5号146頁，西村健一郎・私法判例リマークス2016[上]46頁，三木千穂・法律のひろば69巻2号62頁，米村滋人・ジュリスト1492号79頁，嵩さやか・別冊ジュリスト227号132頁，宗宮英俊ほか・NBL1064号66頁，松浦聖子・法学セミナー732号112頁，根本到・法学セミナー733号99頁，尾島明・法律のひろば68巻6号66頁，谷村武則・ジュリスト1481号60頁などがある。　　　　　　　　（谷村　武則）

〔6〕 国籍法12条と憲法14条1項

(平成25年(行ツ)第230号　同27年3月10日第三小法廷判決　棄却
第1審東京地裁　第2審東京高裁　民集69巻2号265頁)

〔判決要旨〕

国籍法12条は，憲法14条1項に違反しない。

〔参照条文〕

憲法14条1項，国籍法12条，17条1項，3項，戸籍法104条

〔解　説〕

第1　事案の概要

1　本件の概要

本件は，日本国籍を有する父とフィリピン共和国籍を有する母との間に嫡出子として同国で出生し同国籍を取得したXらが，出生後3か月以内に父母等により日本国籍を留保する意思表示がされず，国籍法12条の規定によりその出生の時から日本国籍を有しないこととなったため，出生により日本国籍との重国籍となるべき子で国外で出生したものにつき上記の国籍留保の要件等を定める同条の規定が上記子のうち日本で出生した者等との区別において憲法14条1項等に違反し無効であると主張して，Y（国）を相手として，日本国籍を有することの確認を求めている事案である。

2　関係法令の定め

（1）出生による国籍の取得（国籍の生来的取得）

国籍法は，出生の時に父又は母が日本国民であるとき（2条1号），出生前に死亡した父が死亡の時に日本国民であったとき（同条2号）に子を日本国民とすると規定し，出生による国籍の取得について，血統主義（自国民から生まれた子に自国の国籍の取得を認める主義）のうち，父母の一方が自国民であれば子に自国の国籍の取得を認める父母両系血統主義を原則として採用している。

〔6〕 国籍法12条と憲法14条1項

(2) 重国籍となるべき子の扱い

国籍法12条は,「出生により外国の国籍を取得した日本国民で国外で生まれたものは,戸籍法……の定めるところにより日本の国籍を留保する意思を表示しなければ,その出生の時にさかのぼつて日本の国籍を失う。」と規定し,同条を受けた戸籍法104条は,国籍法12条に規定する国籍の留保の意思の表示は,出生の届出をすることができる者(戸籍法52条3項の規定によって届出をすべき者を除く。)が,出生の日から3か月以内に,日本の国籍を留保する旨を届け出ることによってすべきこととされており(戸籍法104条1項),この留保の届出は,出生の届出とともにこれをしなければならない旨規定する(同条2項)。

3　第1審及び原審の判断等

(1) 第1審判決(東京地裁)

ア　Xらの主張の概要

国籍法12条により,以下の各区別が生じるところ,かかる区別は合理的理由のない差別であって,憲法14条1項に違反して違憲無効であるから,Xらは,同法2条1号により日本国籍を取得している。

①　出生により外国籍を取得した日本国民のうち,日本国内で出生した者と日本国外で出生した者との間で,後者についてのみ国籍留保の意思表示をしなければ出生時に遡って日本の国籍を失うという区別(**出生地による区別。本件区別A**)

②　日本国外で出生して外国籍を取得した日本国民のうち,出生後3か月以内に国籍留保の意思表示をした者とこの意思表示をしなかった者との間で,後者については出生の時に遡って国籍を失うという区別(**国籍留保の意思表示の有無による区別。本件区別B**)

③　日本国外で出生した者のうち,出生後に日本国籍を有する父から認知を受けた嫡出でない子は,出生後の時間の長短を問わず,届出によって日本国籍を取得するのに(国籍法3条),日本国籍を有する親の嫡出子は,出生後

― 107 ―

3か月以内に国籍留保の意思表示をしなければ出生の時に遡って日本国籍を失うという区別（出生後に認知を受けた嫡出でない子との区別。本件区別C）

イ　憲法14条1項適合性の判断基準

憲法10条が国籍の得喪要件の定めを立法府の裁量判断に委ねているが，かかる立法裁量を考慮しても，なおそのような区別をすることの立法目的に合理的な根拠が認められない場合，又はその具体的な区別と上記の立法目的との間に合理的関連性が認められない場合には，当該区別は，憲法14条1項に違反する。

ウ　国籍法12条の立法目的の合理性

国籍留保制度が設けられた趣旨は，外国で出生した日本国民で外国の国籍も取得した者は，日本で出生し日本国籍だけを取得した者と比較して，**出生時の生活の基盤が外国に置かれている点で我が国と地縁的結合が薄く**，他方で，**外国籍をも取得している点でその外国との結合関係が強い**ことから，①日本国籍を取得しても，実効性がない形骸化したものになる可能性が相対的に高いためそのような**実効性がない形骸化した日本国籍の発生をできる限り防止する**とともに，②　弊害が大きいとされる**重国籍の発生をできる限り防止し解消する**ことにある。

国籍は，国家と個人とが相互に権利を有し義務を負担することになる法的きずなであって，本来，国家と真実の結合関係のある者に対して付与されるべきものであるが，①の立法目的は，国籍の本質に関わる重要な理念である上，実効性のない形骸化した国籍が生じるならば，国内法及び国際法上も看過し難い重篤な事態が生じかねないから，立法目的として合理性を有する。また，②の立法目的についても，重国籍状態が常態化することは，国家と国家との間，国家と個人との間又は個人と個人との間の権利義務に重大な矛盾衝突を生じさせるおそれがある以上，立法目的として合理性を有する。

なお，国籍留保制度は国籍を喪失させる制度ではなく，国籍の生来的取得を制限する制度である。

エ（ア）出生地による区別と立法目的との合理的関連性（本件区別Aの合理性）

出生地という地縁的要素を我が国との結合関係の指標とすることは合理性があり、国籍法12条が、類型的に実効性のない形骸化した日本国籍を有する重国籍者の発生をできる限り防止する目的のために日本国内で出生した者とは異なる扱いをすることは、立法目的との間に合理的な関連性がある。

（イ）国籍留保の意思表示の有無による区別と立法目的との合理的関連性（本件区別Bの合理性）

国籍留保の意思表示をされた子は、その親が子の福祉や利益の観点から日本国との結び付きを強め、日本国民としての権利を有し義務を負うことが相当であると判断したものと考えられ、類型的に我が国との結び付きが強いものということができるから、立法目的との合理的関連性がある。

（ウ）出生後に認知を受けた嫡出でない子との区別と立法目的との合理的関連性（本件区別Cの合理性）

国籍の生来的取得の制度である国籍留保制度と、（生後認知及び法務大臣への届出を要件とする）国籍の伝来的取得の制度である国籍取得制度（国籍法3条1項）とでは、制度目的や趣旨が異なるのであるから、国籍取得の要件や時期に差異があるのは当然であり、そのような伝来的な国籍取得の制度があることとの対比において、生来的な国籍取得の制度を定める国籍法12条が合理性を欠くということにはならない。

オ　国籍法12条の憲法13条適合性について

国籍法12条の国籍留保制度は、出生時の国籍の生来的取得のための要件を定めたものであって、国籍剥奪の制度ではない以上、仮に所論のようにその意に反し国籍を奪われない権利ないし利益（国籍保持権）が憲法13条によって保障されているとしても、国籍法12条は国籍を奪う規定ということはできないから、同制度は憲法13条に違反しない。

（2）原判決（東京高裁）

原判決は，第1審判決を引用してXらの請求を棄却すべきものと判断したところ，Xらから上告があった。(注1)

第2　上告理由及び本判決

1　上告理由

上告理由は，原判決の違憲をいうものであり，要旨，①　国籍法12条の立法目的には合理性がなく，又は立法目的と各区別との間にも合理的な根拠はなく，憲法14条に違反する旨，また，②　国籍法12条が憲法13条によって保障された国籍保持権を剥奪するものであって同条に違反する旨をいうものである。

2　本判決

(1)　憲法14条1項違反をいう点について

「1　憲法10条は，『日本国民たる要件は，法律でこれを定める。』と規定し，これを受けて，国籍法は，日本国籍の得喪に関する要件を規定している。憲法10条の規定は，国籍は国家の構成員としての資格であり，国籍の得喪に関する要件を定めるに当たってはそれぞれの国の歴史的事情，伝統，政治的，社会的及び経済的環境等，種々の要因を考慮する必要があることから，これをどのように定めるかについて，立法府の裁量判断に委ねる趣旨のものであると解される。そして，憲法14条1項が法の下の平等を定めているのは，合理的理由のない差別を禁止する趣旨のものであって，法的取扱いにおける区別が合理的な根拠に基づくものである限り，同項に違反するものではないから，上記のようにして定められた日本国籍の取得に関する法律の要件によって生じた区別につき，そのような区別をすることの立法目的に合理的な根拠があり，かつ，その区別の具体的内容が上記の立法目的との関連において不合理なものではなく，立法府の合理的な裁量判断の範囲を超えるものではないと認められる場合には，当該区別は，合理的理由のない差別に当たるとはいえず，憲法14条1項に違反するということはできないものと解するのが相当である（最高裁昭和37年(オ)第1472号同39年5月27日大法廷判決・民

〔6〕 国籍法12条と憲法14条 1 項

集18巻 4 号676頁，最高裁平成10年(オ)第2190号同14年11月22日第二小法廷判決・裁判集民事208号495頁，最高裁平成18年(行ツ)第135号同20年 6 月 4 日大法廷判決・民集62巻 6 号1367頁参照)。

2 (1) 国籍法12条は，出生により外国の国籍を取得するとともに同法 2 条 1 号又は 2 号によれば出生時に日本国籍を取得して重国籍となるべき子のうち国外で出生した者について，日本で出生した者と異なり，戸籍法104条の定めに従って出生の届出をすべき父母等により出生の日から 3 か月以内に日本国籍を留保する意思表示がその旨の届出によりされなければ（天災等の事由があれば上記の届出期間は伸張される。），その出生時から日本国籍を有しないものとすることを定め，その生来的な取得を認めないという区別を設けることとしたものである。また，国籍法17条 1 項及び 3 項は，同法12条により日本国籍を有しないものとされた者で20歳未満のものについて，日本に住所を有するときは，法務大臣に届け出ることによって，その届出時に日本国籍を取得することができることを定めている。

（2）日本国籍の生来的な取得につき，国籍法 2 条 1 号及び 2 号は，子の出生時において日本国籍を有する父又は母との間に法律上の親子関係があることをもって，一般的にみて我が国との密接な結び付きがあるものといえるとして，当該子に国籍を付与しようとするものと解される。しかるところ，国籍法は，上記各号の規律を前提とした上で，前記のように国外で出生して日本国籍との重国籍となるべき子に関して，例えば，その生活の基盤が永続的に外国に置かれることになるなど，必ずしも我が国との密接な結び付きがあるとはいえない場合があり得ることを踏まえ，実体を伴わない形骸化した日本国籍の発生をできる限り防止するとともに，内国秩序等の観点からの弊害が指摘されている重国籍の発生をできる限り回避することを目的として，12条において，日本国籍の生来的な取得の要件等につき，日本で出生して日本国籍との重国籍となるべき子との間に上記（1）のような区別を設けることとしたものと解され，このような同条の立法目的には合理的な根拠があるも

のということができる。

　そして，国籍法12条が，上記の立法目的に基づき，国外で出生して日本国籍との重国籍となるべき子に関して，日本で出生して日本国籍との重国籍となるべき子との間に上記（1）のような区別を設けていることについても，生来的な国籍の取得の有無は子の法的地位の安定の観点からできる限り子の出生時に確定的に決定されることが望ましいところ，出生の届出をすべき父母等による国籍留保の意思表示をもって当該子に係る我が国との密接な結び付きの徴表とみることができる上，その意思表示は原則として子の出生の日から3か月の期間内に出生の届出とともにするものとされるなど，父母等によるその意思表示の方法や期間にも配慮がされていることに加え，上記の期間内にその意思表示がされなかった場合でも，同法17条1項及び3項において，日本に住所があれば20歳に達するまで法務大臣に対する届出により日本国籍を取得することができるものとされていることをも併せ考慮すれば，上記の区別の具体的内容は，前記の立法目的との関連において不合理なものとはいえず，立法府の合理的な裁量判断の範囲を超えるものということはできない。

　したがって，国籍法12条において，出生により日本国籍との重国籍となるべき子のうち，国外で出生した者について日本で出生した者との間に設けられた上記の区別は，合理的理由のない差別には当たらないというべきである。

　なお，所論のうち，出生以外の事由による日本国籍の取得の要件等を定める他の制度との権衡について論難する点に関しては，出生による日本国籍の生来的な取得の要件等を定める国籍法12条とは制度の目的及び趣旨を異にする事柄に係るものであって，上記の判断を左右するものではない。

　3　以上によれば，国籍法12条は，憲法14条1項に違反するものではない。このように解すべきことは，当裁判所大法廷の判例（前掲最高裁昭和39年5月27日大法廷判決）の趣旨に徴して明らかというべきである。これと同

旨の原審の判断は，正当として是認することができ，論旨は採用することができない。」

（2）憲法13条違反をいう点について

「論旨は，違憲をいうが，その実質は単なる法令違反をいうもの又はその前提を欠くものであって，民訴法312条1項及び2項に規定する事由のいずれにも該当しない。」

第3　説　明

1　概　説 (注2)

（1）国籍についての概観

ア　国籍の機能

国籍とは，個人が特定の国家の構成員である資格をいう（江川英文・山田鐐一・早田芳郎『国籍法〔第三版〕』〔平成9年〕3頁，黒木忠正・細川清〔元・法務省民事局第五課長〕『外事法・国籍法』〔昭和63年〕237頁〔細川清〕等）。国籍の概念は，近代国家が誕生した18世紀末から19世紀にかけて一般化したものとされる（前掲・江川ほか3頁等）。

国籍の機能には，**国際法的機能**（外交的保護権の行使，自国民の引取義務など）(注3)と**国内法的機能**（個人の権利，義務に関する内外人の取扱いの区別，準拠法の決定のための連結点としての機能）がある。国内法的機能のうち，個人の権利に関する内外人の取扱いの区別についてみると，外国人には，憲法上，日本国民に認められる出入国，居住の権利，参政権，（特定の職務に関する）公務就任権が認められず，また，鉱業権，漁業権，無体財産権，社会保障法上の諸権利の享有を禁止又は制限されている。

他方，個人の義務としては，我が国では認められていないが，諸外国においては兵役の義務が自国民のみに対して課されている（以上につき，前掲・江川ほか10頁以下，**木棚照一**『逐条註解国籍法』〔平成15年〕13頁以下等参照）。

イ　国籍立法の理念――国籍唯一の原則

（ア）国際法上，国籍の得喪に関する立法は各国家の国内管轄事項であっ

て，条約により自ら制限を加えた場合を除き，国際法の制限を受けないとされている（**国内管轄の原則**）。そのため，各国の国籍立法は，それぞれの歴史や背景，政策等により，様々なものとなっており，このため，複数の国の国籍を有する重国籍者（国籍の積極的抵触）や，いずれの国の国籍も持たない無国籍者（国籍の消極的抵触）の問題が生じることとなる。

（イ）このため，20世紀初頭から，「**人はいずれかの国籍を有し，かつ，一個のみの国籍を有すべきである**」とする**国籍唯一の原則**が国籍立法のあるべき姿として主張され，国際法上も一般的に承認されてきた（前掲・黒木ほか252頁〔細川清〕）。我が国では，この国籍唯一の原則を重要な原則であるとみなし，国籍法の改正（大正5年，13年，昭和25年〔旧法廃止・新法制定〕，59年，平成20年の各改正）は，いずれもこの原則を前提とする形でされている。

（ウ）諸外国の国籍立法の状況(注7)については，英米やヨーロッパ諸国では重国籍に寛容な国もそれなりに多くみられる一方で，1997年のヨーロッパ国籍条約において国内法で重国籍の解消に関する規定を設けることが認められ，重国籍を許容しつつもその解消のための方策を採っている国（ドイツ，スペイン，スウェーデン，フィンランド，韓国等）や重国籍を明確に禁止する国（中国）もみられるなど，国際的にみて国籍唯一の原則は現在も一部の主要国を含む相当数の国において国籍立法の理念として維持されているものということができる。

　ウ　国籍の生来的取得と伝来的取得

　国籍の国内立法による国籍の取得については，出生によるもの（**生来的取得**）と，出生後の事由によるもの（**伝来的取得**）に分かれ，更に生来的取得については，**血統主義**と**生地主義**とに大別される。

（ア）生来的取得（出生による国籍の取得）

　　①　**血統主義**……自国民の子として出生した子に対しては，自国の領土内で出生したか否かを問わず自国の国籍を付与する主義。最近では，血統を父系に限らず，父又は母の血統であればよいとする**父母両系血**

統主義が多く採用されている（日本，ヨーロッパ大陸諸国，中国，韓国，フィリピン等）。

② **生地主義**……父母の国籍にかかわらず，自国の領土内で出生した子に自国の国籍を付与する主義（アメリカ，カナダ等南北アメリカ大陸諸国等）

(イ) 伝来的取得（出生後の事後的な国籍の取得）

婚姻等の身分行為によるもの，意思表示（届出）によるもの，国家行為（帰化）によるものがある。

エ 我が国の国籍法の構造

(ア) 生来的取得に関する規定——父母両系血統主義の採用

我が国の**国籍法は，2条1号～3号の各要件の下で出生による国籍の取得（生来的取得）を認めており**，特に同条1号は，国籍の取得における父母両系血統主義を採用した規定であるところ，同号は「出生の時に**父又は母が日本国民であるとき**」と定めるため，同号の規定による国籍の取得は，出生時に日本国民たる父又は母との間に法律上の親子関係が存在することを要件とし（したがって，嫡出子か胎児認知を受けた子に限られる。），出生後に認知により日本国民との間に法律上の親子関係が生じても，同号の適用はない。

(イ) 伝来的取得に関する規定

これに対し，**国籍法3条1項**は，父又は母が認知した子（胎児認知，生後認知を問わない。）で20歳未満のもの（日本国民であった者を除く。）は，認知をした父又は母が子の出生時及び現在においても日本国民であるとき等は，法務大臣への届出によって日本国籍を取得することができるとしており，このような伝来的取得の例として，他に国籍の簡易取得（17条）及び帰化による国籍の取得（4条～10条）も認めている（なお，本件のXらは全て日本人父及びフィリピン人母との間の嫡出子であることから国籍法2条1号が適用されることとなり，同法3条は問題とならない。）。

(2) 国籍留保制度についての**概観**

ア　国籍留保制度の概要(注8)

　国籍法12条に定める国籍留保制度は，日本国民の子であって出生によって日本国籍を取得した者であっても，外国で出生し，かつ，出生により外国の国籍を取得した者については，所定の期間内（出生後3か月以内）に国籍留保の意思表示をしない場合には，「出生の時にさかのぼつて」日本国籍を取得しないという制度である。この国籍留保制度は，**大正13年改正**によって創設され，当時は，生地主義を採用した外国での出生により重国籍となる子のみを対象としていたが，その後の改正を経て，**昭和59年改正**において，およそ外国で出生して重国籍となる子を対象とする（外国で出生した血統による重国籍者への適用の拡大）こととされたものである。

イ　国籍留保制度の制度趣旨

　昭和59年改正の際，**国籍留保制度の制度趣旨**については，立案過程及び国会審議を通じて以下のように整理されている。すなわち，外国で出生した日本国民で外国の国籍をも取得した者は，日本で出生し日本国籍だけを取得した者と比較して，出生時の生活の基盤が外国に置かれている点で**我が国と地縁的結合が薄く**，他方で，外国国籍をも取得している点でその**外国との結合関係が強い**ことから，①　日本国籍を取得しても，実効性がない形骸化したものになる可能性が相対的に高いためそのような実効性がない形骸化した日本国籍の発生をできる限り防止する（**形骸化した国籍の発生の防止**）とともに，②　弊害が大きいとされる重国籍の発生をできる限り防止し解消すること（**重国籍の発生防止・解消**）にあり，そのために，子の利益を代表すべき出生届出義務者である父母等が，日本国に対して国籍留保の意思表示をして日本国籍の取得を欲することを明示しない場合には，子について出生時に日本国籍を取得させないこととしたものである。なお，副次的な目的として，③　留保の届出がされた者は戸籍に登載されるため，戸籍に登載されない日本国民の発生を防止し，日本国民の範囲を公簿上明らかにする機能があることも期待されていた。(注9)(注10)

2 国籍法12条の憲法14条1項適合性に関する本判決の判断
(1) 憲法14条1項適合性の判断基準について
ア 憲法14条1項に関する従来の判例

憲法14条1項について,判例は,合理的理由のない差別を禁止する趣旨のものであって,各人に存する経済的,社会的その他種々の事実関係上の差異を理由としてその法的取扱いに区別を設けることは,その区別が合理性を有する限り,何ら同項に違反するものではないとしており(最大判昭和39年5月27日・民集18巻4号676頁,最大判昭和48年4月4日・刑集27巻3号265頁,最大決平成7年7月5日・民集49巻7号1789頁等),同項の「人種,信条,性別,社会的身分又は門地」という部分についても,その他の事由に基づく場合と特に区別せずに,合理的理由のある場合には区別が禁止されないものとしている。

イ 平成20年最大判が示した判断枠組み

(ア) 最高裁平成20年6月4日大法廷判決・民集62巻6号1367頁〔**平成20年最大判**〕は,国籍の得喪に関する要件を定めるに当たっては,それぞれの国の歴史的事情,伝統,政治的,社会的及び経済的環境等,種々の要因を考慮する必要があることから,相応の立法裁量を認めつつ,法による区別が合理的な理由のない差別的取扱いとなる場合,すなわち,立法府に与えられた上記のような裁量権を考慮しても,なおそのような区別をすることの立法目的に合理的な根拠が認められない場合,又はその具体的な区別と上記の立法目的との間に合理的関連性が認められない場合には,当該区別は,合理的な理由のない差別として,憲法14条1項に違反するものと判示し,**立法目的の「合理的根拠」の有無と,当該区別と立法目的の「合理的関連性」の有無に分けて検討する**という判断枠組みを採用している。(注11)

その上で,平成20年法律第88号による改正前の国籍法3条1項〔**旧3条1項**〕が,日本国民である父と日本国民でない母との間に出生した後に父から認知された子について,**父母の婚姻により嫡出子たる身分を取得した(準正**

のあった）場合に限り届出による日本国籍の取得（伝来的取得）を認めていることによって，生後認知にとどまる子と準正のあった子との間に日本国籍の取得に関する区別を生じさせていることが憲法14条1項に違反すると判示した。

（イ）しかしながら，平成20年最大判も，旧3条1項の立法目的の合理性そのものを否定するものではなく，同項の立法目的につき，（日本国民を血統上の親として出生した子であっても，日本国籍を生来的に取得しなかった場合には，その後の生活を通じて**国籍国である外国との密接な結び付きを生じさせている可能性があるから，**）「（国籍）法の基本的な原則である血統主義を基調としつつ，日本国民との法律上の親子関係の存在に加え**我が国との密接な結び付きの指標となる一定の要件**を設けて，これらを満たす場合に限り出生後における日本国籍の取得を認める」こととしたものであって，**立法目的には合理的な根拠がある**としつつ，この立法目的を達するために準正要件を課したことにつき，その後の社会環境の変化等（家族生活や親子関係に関する意識の変化等，旧3条1項と同様の規定を設けていた多くの国も，その後，生後認知のみで国籍取得を認める旨の法改正を行っていること等）によりその合理的関連性が失われたと判断したものであって，国家と個人との結び付きの程度に着目し，（子の出生地や居住地等の地縁的要素を踏まえて）国籍付与につき一定の要件を設けて異なる処遇をすることを禁ずるものではなく，かかる要件の設定の合理性を一律に否定するものではないことにも留意する必要があると考えられる。(注12)

（2）国籍法12条の立法目的の合理性

　ア　問題の所在

　国籍法12条の立法目的は，前記のとおり，形骸化した国籍の発生の防止（**立法目的1**），重国籍の発生防止・解消（**立法目的2**）にあるものと解されるところ，立法当時のみならず現時点においてなおその合理性が認められるかどうかが問題となる。

イ 立法目的1の合理性について

(ア) 最高裁平成14年11月22日第二小法廷判決・裁判集民事208号495頁〔平成14年最判〕が「(国籍)法2条1号は，……子の出生時に日本人の父又は母と法律上の親子関係があることをもって我が国と密接な関係があるとして国籍を付与しようとするものである。」と判示し，平成20年最大判が「日本国民との法律上の親子関係の存在に加え我が国との密接な結び付きの指標となる一定の要件を設け」た旧3条1項の立法目的自体には合理的な根拠があると判示しているのは，国籍取得の場面においては，国籍の実効性，すなわち我が国との密接な結び付きの指標を要求することに合理性が認められることを前提としているものと解される。しかるところ，前記のとおり，外国で出生した日本国民で外国の国籍も取得した者（重国籍者）は，日本で出生し日本国籍だけを取得した者と比較した場合，出生時の生活の基盤が外国に置かれている点で我が国と地縁的結合が薄く，他方で，外国籍をも取得している点でその外国との結合関係が強いことは否定できないところである。

(イ) また，本来，国籍とは，国家の基本的な要素の一つである国民の範囲を画するための個人と国家の紐帯であり，国際法上も，「相互的な権利及び義務とともに，結合という社会的事実，すなわち，生存，利益，感情の上の**真正な結合をその基礎とする法的きずな**（legal bond）」（真正結合理論）[注13]と解されているのであって（1955年の国際司法裁判所判決（ノッテボーム事件判決）[注14]参照），実効性を欠く国籍の発生を防止すること，すなわち，当該国と真実の結合関係のある者に対してのみ国籍を付与するという考え方は，国籍唯一の原則と相まって国籍立法における基本的な理念であると解される[注15]。したがって，我が国と真正な結合を欠き，形骸化した国籍の発生を防止することは，国際的にみても合理性を有することは否定できないものと考えられる。

また，形骸化した国籍の保持による弊害の有無についても，ノッテボーム事件判決は，単に当該者が自国国籍を有するのみでは外交的保護権を行使し

得ず，当該国と真正な結合を有するか否かが判断基準となるべき旨判示しているところ，確かに，国内立法で形骸化した国籍の発生を容認した場合には，同事件のように外交的保護権の行使の可否について紛争が生じる可能性を否定することはできないものと考えられる。

（ウ）そうすると，かかる紛争回避の観点からも，実効性のない形骸化した国籍が発生すべき場合を一定の基準で類型化した上で，かかる国籍の発生を防止することにはなお合理性があると考えられ，立法目的1については，現在もなお，その合理性を肯定することができるものと考えられる。

ウ　立法目的2の合理性について

重国籍による弊害（注6参照）の有無について検討しても，例えば，我が国と当該他国との利害対立や紛争の場面で，当該他国及び我が国の双方に対する義務の矛盾抵触が生じて問題となる場面も否定できないし(注16)，また，当該重国籍者が我が国の公権力の行使に当たる公務員に就任している場合における当該他国への忠誠義務も問題となり得るところである(注17)。以上のほか，鉱業権（鉱業法17条1項）や漁業権（外国人漁業の規制に関する法律3条1項1号）など権利者を日本国籍を有する者に限定している国内法との矛盾抵触の問題や，前記のとおり，重国籍による別個の旅券の行使による適正な出入国管理の妨げや重婚の発生などの公益上の問題など，内国秩序上の重大な問題が生ずる可能性は否定できないところである。

諸外国の立法例を見渡しても，重国籍を容認する国が増加していることは事実であるが，現在においても，国内法において重国籍の制限又は解消措置を設けることを明確に禁止する多国間条約は見当たらず，各国の国籍立法を参照しても，重国籍の発生を容認しつつも，国籍選択制度を設けるなど実効性のない国籍保持者に対しては国籍を喪失させるなどして重国籍の解消を図っている国（ドイツ，スペイン，スウェーデン，フィンランド，韓国等）や重国籍を明確に否定する国（中国）もみられるのであって，重国籍の弊害の解消等を目的とする国籍唯一の原則は国際的にみて現在もなお一部の主要国を含

む相当数の国において国籍立法の理念として維持されているものということができ，かかる原則に基づいて制定された国籍法12条の合理性が否定されるものとは考え難いものといえる。

　以上からすれば，内国秩序等の観点から弊害が指摘されている重国籍の発生を回避するという立法目的２は，諸外国の国籍立法の動向を踏まえても，現在もなお，合理的なものであると考えられる。(注18)

（３）立法目的と本件各区別との合理的関連性の有無

　ア　本件区別Ａ（出生地による区別）について

　国籍の取得要件を定めるに当たり出生地といった地縁的要素を加味することは，国籍の生来的取得についての生地主義の考え方があり，多くの国でその考え方を採用しているところであり（我が国の国籍法も限定的であるが採用している。国籍法２条３号参照），その者が通常は出生地における地域社会の構成員としてその文化に同化していくであろうことに着目し，出生地に国家と個人との結合を見い出すとするこの考え方は，合理的な立法主義の一つであるといえる。このことは，重国籍を認めているヨーロッパ国籍条約ですら，締約国が国内法により子が外国で出生した場合には親の国籍を取得させない旨の規定を設けることを許容していることなどからしても明らかであるといえる。

　そうすると，出生地という地縁的要素を「我が国との密接な結び付きの指標」とすることの合理性を否定することはできず（本件に即していえば，日本で出生した以上，出生の瞬間から日本国に生活基盤を有することとなり，また，日本の領域主権に属するものであるから，他国で出生した者と比較した場合には，一般的・類型的に日本との密接な結び付きがあるものといえる。），先に述べた立法目的との間に合理的な関連性があるということができるものと考えられる。

　イ　本件区別Ｂ（国籍留保の意思表示の有無による区別）について

　平成14年最判が説示するとおり，そもそも子の法的地位の安定という点からは，生来的な国籍の取得はできる限り子の出生時に確定的に決定されるこ

とが望ましいといえるところ，一般に親（後見人等の法定代理人を含む〔戸籍法52条4項〕。以下同じ。）は子の福祉や利益を図るべく行動すべきものであって，日本国籍の留保・不留保の判断も同様であると考えられるから，その判断を親に委ね，親によるその留保の意思表示をもって日本との密接な結び付きの徴表と捉え，日本国籍の生来的取得の有無をその意思表示の有無にかからしめるものとした国籍留保制度が合理性を欠くものとは認め難いものと考えられる。[注19]しかも，戸籍実務上，留保の届出は出生の届出と併せてできるようにされており，その手続も極めて簡明であって（出生届の中に国籍留保の記載欄があるため，出生届の提出のために市役所や在外公館に赴けば，そのまま留保の手続を了することができ〔戸籍法104条2項参照〕，更に在外公館等への郵送による出生届の取り寄せ及び提出も可能とされている〔戸籍法40条。なお，外務省ホームページ参照〕など，上記各届出による負担は軽減されている。），留保の届出に特段の支障はないところである。

昭和59年改正の際，留保適用対象国の制限を解消し，同制度の対象を拡大したことに伴い，① 留保の意思を有する親による届出の履践の確保への配慮の観点から，出生届の提出期間と併せて**留保届出期間を14日→3か月の約6倍に伸張**（戸籍法49条1項，104条1項。天災等の事由による更なる伸張あり〔同条3項〕）した上，[注20]② 国籍留保の意思表示をしなかったことにより日本国籍を失った20歳未満の子につき，日本国内に住所を有していれば届出のみで日本国籍を取得できるとする**簡易な国籍取得制度（国籍法17条）を新設し**たこと等に照らしても，本件区別Bは立法目的との関連において合理性を有するものといえる。[注21]

ウ　本件区別C（出生後に認知を受けた嫡出でない子との区別）について

本件区別CとしてXらが主張するところは，要するに，国籍法3条1項が準正嫡出子（又は生後認知を受けた嫡出でない子）の国籍取得につき地縁的結合を要件としていないこととの権衡の観点から，同法12条が「外国で出生した」ことを理由として生来的取得の制限を認めていることの合理性を論難

〔6〕 国籍法12条と憲法14条1項

するものと解される。

しかしながら，国籍法3条1項は伝来的取得の制度であり，同法12条は，前記のとおり生来的取得の制度であって，それぞれ制度趣旨及び要件を異にするものであるから，両者を単純に比較すること自体が相当であるとは考え難いものといえる。

(4) 小括

本判決は，国籍法12条の憲法14条1項適合性の判断枠組みについて従前の判例が示した判断枠組みを前提とし，国籍法の同項適合性について判示した平成14年最判及び平成20年最大判の説示を踏まえつつ，本件の事柄の性質等に即して立法目的及びこれとの関連における区別内容の合理性の判断の在り方について整理した上で，国籍法12条の立法目的と，国外で出生して重国籍となった者に日本国籍の生来的取得を認めないという区別との間に合理的関連性があるとし，同条が憲法14条1項に反しないと判断したものと考えられる。[注22]

3 国籍法12条の憲法13条適合性について

なお，論旨中，国籍法12条が憲法13条に違反するとの点については，本判決では，その実質が単なる法令違反又は違憲主張の前提を欠くものと判断されている。

これは，上記論旨が，要するに，国籍法12条は，本来，日本国民である者から日本国籍を剥奪する制度であって，国籍保持権を認める憲法13条に違反する旨をいうものと解されるところ，国籍法12条は国籍の生来的取得の制限を定めたにすぎず，また，そもそも国籍保持権なる権利が憲法13条によって保障されているとする根拠が必ずしも明らかではないことによるものと考えられる。[注23]

4 本判決の意義

本判決は，平成20年最大判による旧3条1項の違憲判断の後，国籍法12条について初めてその憲法14条1項適合性の判断を示したものであり，重要な

― 123 ―

意義を有するものと考えられる。(注24)

(注1) なお，Xらのうち1名は，第1審では主張しなかったものの，原審段階で初めて留保の届出が出生の日から3か月以内にされなかったことについて戸籍法104条3項所定の事由がある旨主張したが，時機に後れた攻撃防御方法として却下されており，この点について上告受理の申立てがされたが，不受理決定がされている。

(注2) 重国籍者の数は正確に把握されていないが，昭和59年の国籍法改正から平成19年までの間で約50万人程度とのことである（平成19年4月10日の衆議院決算行政監視委員会における法務省民事局長答弁）。

(注3) 外交的保護権とは，外国の国際法違反の行為により自国民の身体・財産が侵害された場合には，国籍国が当該外国に対して自国民に適切な救済を与えることを要求する権利をいい，その行使の要件として，当該個人が侵害を受けた時から行使時まで継続して自国の国籍を有することを要件とする（山本草二『国際法〔新版〕』〔平成15年〕654頁）。

(注4) 1930年に採択された国際連盟の「国籍法の抵触に関連するある種の問題に関する条約」の前文には，「……国際共同体のすべての構成国に人は一の国籍を有すべきであり，かつ，一の国籍のみを有すべきであることを認めさせることが，国際共同体の一般的な利益であることを確信し，したがって，この領域において人類が努力を傾けるべき理想は，あらゆる無国籍の事例および二重国籍の事例をともに消滅させることにあることを認め……」とあり，我が国の国籍法が重国籍の発生の防止又は解消のための規定を設けている理由を説明する際の根拠として用いられている（批准国は，ベルギー，ブラジル，スウェーデンのほか，イギリス，カナダなどイギリス連邦諸国の合計12か国）。

日本は同条約に署名はしたが未批准である。その理由として，我が国は，条約4条（重国籍と外交的保護との関係），10条（夫の帰化）の各規定及び13条（両親の帰化）の「その法に従って」という文言について留保しているところ（国連ホームページ），当時の旧国籍法の規定と相容れなかったものと推測される。

(注5) 国籍法の抵触に関連するある種の問題に関する条約以外に，重国籍の排

除又は解消等について触れた国際条約としては，1963年の「二重国籍のある場合における軍事的義務に関する議定書」，同年の「重国籍の場合の減少及び重国籍の場合の兵役義務に関する条約」がある。

なお，成案には至らなかったが，1954年，国連の国際法委員会の求めに応じてされたロベルト・コルトバの特別報告では，「当事国は，重国籍となる場合には，自国の領域外で出生した者に対し，自国の国籍を付与してはならない」との案も示されていた。

（注6）　重国籍の弊害として一般に指摘されているものとしては，二以上の国家に所属するため，国家が国民に対して有する対人主権が重複して及ぶこととなり，①　外交的保護権の衝突や自国国籍を有する犯罪人の引渡しの当否等をめぐる国際的摩擦【国家間の問題】，②　個人の国家に対して有する権利（出入国，居住の権利，参政権，公務就任権，各種財産権や社会保障法上の諸権利等）及び国民が自国に対して負担する義務（国家への忠誠義務，兵役義務，納税上の義務等）の矛盾・衝突【国家と個人間の問題】，③　渉外関係における私人間の権利義務の混乱（国際私法上，国籍が準拠法の基準となるため，跛行婚が生ずるなど私法関係に混乱を生じさせる。）【個人相互間の問題】が挙げられている。また，このほかにも，④　重国籍者が各国で別個の氏名により登録されることから，異なる氏名による旅券の行使等により適正な出入国管理が阻害され，重婚を防止し得ないなどの事態も生じ得ることが指摘されている（前掲・黒木ほか251頁〔細川清〕，細川清「改正国籍法の概要」法務省民事局内法務研究会編『改正国籍法・戸籍法の解説』〔昭和60年〕28～29頁等）。

（注7）　諸外国の中には，二国間条約によって重国籍の減少等に関するルールを設けた例も散見される（座談会「国籍法改正に関する中間試案をめぐって（下）」ジュリスト790号68頁〔山田鐐一発言〕）。

近時の諸外国における重国籍に関する法制度に関する文献として，例えば，岡村美保子「重国籍―我が国の法制と各国の動向」レファレンス634号56頁，大山尚「重国籍と国籍唯一の原則～欧州の対応と我が国の状況～」立法と調査295号103頁，藤原夏人「韓国の国籍法改正―限定的な重国籍の容認」外国の立法245号113頁などがある。

なお，やや古いが，法務省担当者による調査結果として，山崎芳和「諸外国

における重国籍防止制度の実情について」民事月報51巻6号（平成8年6月刊）23頁がある。

これらの文献を含めて，諸外国における重国籍に関する法制度を概観すると，おおむね以下のとおりである。

第1　制度の概観

1　諸外国の立法例を参照する限り，重国籍の発生を防止又は解消させる制度（外国国籍の放棄を義務付ける制度は除く。）としてはおおむね以下のようなものがみられる。

①　外国国籍の取得に伴う自国の国籍の当然喪失制度

②　国籍選択制度（一定の期間までにいずれの国籍を選択するか義務付ける制度）

③　国籍離脱（放棄）制度（重国籍となった場合に，国家の許可を要件とせず自己の意思で離脱することができる制度）

2　2000年（平成12年）に入ってから，重国籍禁止から（制限的に）容認に移行した国々（ドイツ，スペイン，スウェーデン，フィンランド，韓国等）もみられるところ，その背景としては，外国人労働者の受入れに伴う外国人政策の転換等もあるようである（特にドイツ）。しかしながら，これらの国々においても重国籍を無条件で認めるものではなく，前記1①〜③の制度を併用し，重国籍の弊害等に対応している国々も相当数見受けられる。このことは，重国籍を容認した1997年のヨーロッパ国籍条約においても，国内法で重国籍の解消に関する規定を設けることが認められており，また，そもそも同条約を批准しても同条約の条項について留保している国が一定数みられることからもうかがわれる。

第2　諸外国における国内法制

1　重国籍を全面的に認め，重国籍を制限しない国

→　イギリス，フランス，カナダ，イタリア，ロシアのほか，オーストラリア，ニュージーランド，ポルトガル，ギリシャなど

2　重国籍を認めるが，一定の配慮をする国

→　アメリカ

なお，同国の広報資料等によると，同国としては，外交的保護権の衝突等の

問題が生じることを理由に重国籍について必ずしも積極的ではない旨の方針を示しているようである。

3 原則として重国籍を許容しないか,又は重国籍を許容しながらもその解消のために所要の方策を講じている国

→ 日本,ドイツのほか,スイス,スウェーデン,フィンランド,スペイン,韓国,フィリピン,タイ,シンガポール,インドネシアなど

4 重国籍を認めない国

→ 中国

(注8) 国籍留保制度の沿革としては,おおむね次のとおりである。

1 大正5年改正——国籍離脱制度の創設

明治32年の旧国籍法下では,自己の志望による国籍の離脱につき,外国国籍を取得した場合を除いて国籍の離脱制度を設けていなかったため,生地主義国で出生した日本人父の嫡出子(又は日本人母の嫡出でない子)は出生によって重国籍になったまま,解消できない状態となっていた。

しかしながら,アメリカにおいては,次第に増加していた日系移民に対して排日運動の兆しが現れ,権利制限等の動きがあったことから,在米日本人保護のために日本国籍を喪失する道を選択できるようにする必要が生じた。これを踏まえて,大正5年改正では,内務大臣の許可によって国籍を離脱する制度が設けられた。

2 大正13年改正——国籍留保制度の創設及び国籍離脱制度の拡大

しかしながら,旧国籍法には17歳以上の男子で兵役義務を負う者は国籍を喪失しない旨の規定(24条)も置かれていたことから,現実にはこれらの者の国籍離脱が困難である一方で,更に排日運動が高まり(日本人の土地所有権等を否定する内容の州法の制定や日本人移民を制限する新しい移民法の制定等),在米日本人の子孫が日本国籍によって政治的に困難な立場に置かれることを防ぐため,① 国籍離脱制度の規定であった20条ノ2を国籍留保制度に改め,勅令指定国(アメリカ,ブラジルなど特定の生地主義国)で出生し,かつ,出生により当該国の国籍を取得した日本人が,国籍留保の意思表示をしない場合には出生時に遡って日本国籍を喪失することとし,また,② 20条ノ2第2項を設け,国籍留保の意思表示をした者についても当該国に住所を有するときには

内務大臣の許可を要することなく国籍を離脱できることとし，③　これらの日本国籍の喪失は17歳以上の男子で兵役義務を負う者であっても可能であるように改正された（24条1項の改正）。

　この国籍留保制度は，立案の当時参考とされた各国の国籍立法にも例がない，我が国独自の制度であった（田中康久「日本国籍法沿革史（13）」戸籍477号11頁）。

　3　昭和25年改正——生地主義国一般への拡大

　昭和25年改正では，国籍留保制度の対象が生地主義国一般に拡大された。なお，この理由としては，重国籍防止の必要があるのは特定の国における出生の場合に限られないため，生地主義を採用する外国で出生したことにより重国籍となった子一般に拡張するのが相当とされたことによる。

　4　昭和59年改正
（1）国籍留保制度の整備及び国籍取得制度の新設（法12条関係）
　ア　適用対象の拡大——生地主義国に限定せず
　国籍留保制度は，生地主義を採用する外国で出生した子に限らず，（フィリピンのような）血統主義を採用する外国で生まれ，重国籍となった子に対しても広く適用されることとなった。
　イ　届出人の範囲の拡大及び届出期間の大幅伸張
　国籍留保の届出人は従前，父又は母（嫡出でない子の場合は母）とされていたが，留保届をすべき対象者の拡大に伴い，留保の届出を容易にすべく，法定代理人も届出ができるようにされるとともに，国外での出生届及び留保届の各提出期間につき14日から3か月に伸張された（戸籍法49条，104条1項）。
　ウ　国籍取得制度の新設
　国籍留保制度の適用対象の拡大に併せて，国籍留保制度の適用を受ける者に対して簡易に国籍を取得することができるようにされた。すなわち，従前，日本国籍を失った者については，日本に住所を有する場合には簡易帰化の制度（国籍法8条3号〔昭和25年国籍法6条4号〕）を利用することができたが，国籍法12条により日本国籍を有しないものとされた者で20歳未満のものについては，当該者（15歳未満の場合は法定代理人。18条）が法務大臣に届出をするだけで日本国籍の取得が認められることとされた（17条）。

（2）国籍選択制度の新設（法14条～16条関係）

　そして，昭和59年改正では，父母両系血統主義の採用により重国籍者が増大することが見込まれるため，新たな重国籍防止の制度として国籍選択制度が導入された。国籍選択制度では，①　外国国籍を有する日本国民が，外国及び日本の国籍を有することになった時が20歳に達する以前であるときは22歳に達するまでに，外国及び日本国籍を有することとなった時が20歳に達した後であるときはその時から2年以内にいずれかの国籍を選択しなければならず（14条1項），②　法務大臣は，選択の期限内に日本国籍を選択しない者に対して国籍の選択をすべき旨を催告することができ，催告を受けた者が1か月以内に日本の国籍を選択しなければ，日本の国籍を失うものとされた（15条1項，3項）。

　なお，国籍選択の宣言により日本国籍を選択した者は，外国国籍を放棄することに努めなければならないという義務が課せられることとされた（16条1項）。

　もっとも，法務大臣が法15条に基づいて催告した例はなく，その理由として，国籍の喪失が重国籍者及びその親族関係者に重大な影響を及ぼすことを挙げている（平成21年5月12日の衆議院法務委員会における法務省民事局長答弁）。

（注9）　昭和59年改正における議論の経過としては，おおむね次のとおりである。

　1　法制審議会国籍法部会

　昭和59年改正における国籍法部会（部会長・池原季雄東京大学名誉教授）においても，国籍唯一の原則が国籍法改正に当たって準拠すべき重要な原則であることを前提としつつ，父系血統主義をやめて父母両系血統主義を採用すると重国籍の事例が増大し，重国籍から生ずる諸問題（外交的保護権の衝突など国際的摩擦の発生，重国籍者の本国法の適用に伴う婚姻の成否の判断の相違による法律関係の混乱）が懸念された。

　その結果，中間試案（昭和58年2月）においては，①　国籍選択制度の新設と国籍留保制度の併存を前提とするA案，②　国籍選択制度の新設と国籍留保制度の廃止を前提とするB案が提示された。A案が提案された理由としては，(a)　日系移民の子の日本国籍の離脱を促進し移民先国への同化の促進の

ため有効であること，(b) 戸籍に登載されない日本国民の発生を防止し日本国民の範囲を明らかにして外交的保護権等の迅速適切な行使に資すること，(c) 外国で出生し外国の国籍を取得した者は日本との実質的なつながりが薄く日本国籍の取得につき父母の意思を要件とすることが相当であること等が挙げられている。他方で，国籍留保制度の廃止をうたうB案は，(a) 重国籍の解消を目的とする国籍選択制度を設ければ，同一の目的である留保制度を併存させる必要はないこと，また，(b) 外国の法制においても留保制度と同趣旨の規定が置かれている例が少ないこと等が挙げられている（法務省民事局第五課「国籍法改正に関する中間試案の説明」ジュリスト788号30頁，細川清「国籍法改正中間試案の概要」ジュリスト788号34頁）。

結局，両案の採否については，在外公館の勤務者や海外居住者の意見を考慮して決定することとされたところ，在外日本人団体や在外公館の実務担当者の多くが国籍留保制度を支持する方向にあったことから，A案を採用することとされた（前掲・木棚368頁）。

2　国会審議

国会審議においても，政府委員及び参考人（池原部会長，星野英一東京大学教授等）から，昭和59年改正が国際的に承認された国籍唯一の原則に基づいてされたものであり，現在においても重要な意義を有することを述べた上で，国籍留保制度の存置・拡充の理由について，おおむね以下のような説明をしている。

（1）国籍留保制度は国籍選択制度の実効性を高める機能を有すること（重国籍の解消）

国籍留保届を提出しない者は出生届をも提出しないのが常態であるため，国籍留保制度を廃止すると，当局において日本国籍を有する者を把握できず（＝国籍喪失のための催告もできないことになる。他方で，きちんと留保届と出生届を提出した場合には，所在把握の結果，催告がされて国籍を失う可能性が生ずる。），国籍選択制度による重国籍の解消が画餅に帰する可能性があり，留保制度を存置することで（出生届と留保届の提出によって）重国籍者の把握が可能となり，国籍選択制度の実効性を高めることになる。

（2）国籍の実効性の確保の観点から，国籍留保制度が形骸化した日本国籍の

〔6〕 国籍法12条と憲法14条1項

発生を防止する機能を有すること

二重国籍者の中でも，外国で出生し，かつ外国国籍を取得した上で日本国籍をも併有するという者は，日本で出生し，日本国籍のみを取得する大多数の日本国籍者と比較して，① 出生時の生活の基盤が外国に置かれる点で我が国と地縁的結合が薄く，② 外国国籍をも取得している点において，日本との結び付きが薄い（外国との結合関係が強い）ところ，このような者について国籍留保の意思表示をしない者については日本国籍を付与しないこととして，形骸化した日本国籍の発生を防止することができる。

（3）海外で発生した身分関係の戸籍への反映

国籍選択制度だけでは，国籍留保の届出を行わない者については（戸籍に反映されない以上，）国籍選択期限となる22歳までの22年間，日本当局は日本国民の所在を把握できなくなることの不都合が生ずるため海外で出生した日本国民の範囲を戸籍に反映させることが期待される。

（注10） 以上に述べたことを踏まえつつ，国籍留保制度の法的性格について整理しておくと以下のとおりである。

すなわち，① 他の国籍喪失制度について定めた国籍法11条及び13条2項は単に「日本の国籍を失う」と規定し，将来に向かって国籍を喪失する旨定める一方で，国籍法12条がこれらと異なり「出生の時にさかのぼって日本の国籍を失う」と規定していること（これらの条文の各規定内容は，大正13年改正時から変更はない。），② 国籍留保制度は，先に見たとおり，大正13年に，血統主義による日本国籍の生来的な取得を制限する制度として導入され，その後，数次の改正を経たものの，その制度趣旨について特段の変更もなく，また，③ 昭和59年改正の際の国会審議において，国籍留保制度について，政府委員から，重国籍を出生の時点で解消する制度と説明されており（例えば，昭和59年4月17日開催の衆議院法務委員会における法務省民事局長の答弁として，「留保制度というのは子供の将来を考えて親が留保するかしないかを決定する……ことによって重国籍がいわば出生の時点で解消できる……」，「留保制度というのは，出生の時点で国外で生まれたということからくる日本国籍の形骸的なものを防止するということで整理ができる……」などがある。），国籍の生来的な取得を制限する制度であることが前提とされていることからすれば，国籍留保

制度は，国籍の生来的な取得を制限し，出生当初から国籍を取得しなかったこととする趣旨のものと解すべきものと考えられる。

なお，国籍留保制度の法的性格について，昭和59年改正の立案担当者等の著作としては，おおむね以下のとおりである。

① 細川清「改正国籍法の概要」（法務省民事局内法務研究会編『改正国籍法・戸籍法の解説』

国籍留保制度の趣旨として，「実効性のない日本国籍の発生を防止するためには，立法技術上は，父母が積極的行為を行わなければ子は国籍を取得しないものとする方法によらざるを得ない。」（24頁）

② 黒木忠正・細川清『外事法・国籍法』279頁（細川清）

「日本国外で出生し，かつ，出生により外国の国籍をも取得した子は，日本国内で出生した子に比して，日本との地縁的結合が薄いことを考慮して，血統主義による国籍取得を限定したものである。」

③ 土屋文昭「国籍留保制度の新展開」民事研修332号10頁

国籍留保制度の法的性格について，沿革的には，国籍離脱手続の簡易化のために設けられたものであったが，その後の改正を経て国籍離脱が容易になったことから，同制度は，国籍の抵触防止のために国籍を喪失せしめ，その国籍を取得させないこととする制度の色彩が強くなり，昭和59年改正による同制度の改正により，「実質的には，出生時において，国籍留保の意思表示をした者のみに日本国籍を取得させる制度であるということができる。換言すると，国籍留保の積極的な意思表示をしない者には，国籍を取得させないこととしているのである。……この留保制度は，出生時における国籍の取得を制限したものと位置付けることができる。」（14～16頁）

④ 江川英文・山田鐐一・早田芳郎『国籍法〔第三版〕』

「国籍留保制度は，日本国外で生まれた日本人の子が出生時に日本国籍を取得するのを制限することによって，実効性を欠く形骸化した日本国籍の発生を防止する機能を有する。」（144～145頁）

(注11)　この平成20年最大判の判断枠組みは，民法900条4号ただし書前段（嫡出でない子の相続分）の規定を憲法14条1項に違反しないものと判断した最大決平成7年7月5日・民集49巻7号1789頁の判断枠組み（「……立法理由に合

[6] 国籍法12条と憲法14条1項

理的な根拠があり，かつ，その区別が右立法理由との関連で著しく不合理なものでなく，いまだ立法府に与えられた合理的な裁量判断の限界を超えていない」ものとして「合理的理由のない差別」には当たらない場合には同項に違反しないとするもの）と軌を一にするものとされているとの解説がされている（『最高裁判所判例解説民事篇平成20年度』295頁〔森英明調査官〕）。

なお，最大決平成25年9月4日・民集67巻6号1320頁は，民法900条4号ただし書前段の規定につき，遅くとも平成13年7月当時において憲法14条1項に違反していた旨判示したが，前記平成7年最大決について判例変更したものではなく，憲法14条1項適合性の判断基準について従来の判例を変更する趣旨ではないものと考えられる（尾島明〔担当の民事上席調査官〕「嫡出でない子の法定相続分に関する最高裁大法廷決定」法律のひろば平成25年12月号37頁，『最高裁判所判例解説民事篇平成25年度』356頁〔伊藤正晴調査官〕）。

以上を踏まえつつ，改めて憲法14条1項適合性に関する判例を概観すると，判例の基本姿勢としては，当該取扱いの区別に「合理的根拠」があるかどうかについて，立法府に合理的な範囲の裁量判断が認められることを前提にして，その広狭に応じ，立法目的の合理性，目的達成のための手段・方法の合理性を具体的に検討して判断するという基本的な判断枠組みを示しつつ，当該事案に応じ，① 区別を生じさせている事柄の性質，② 区別の対象となる権利利益の性質とその重要性を総合的に考慮して判断しているものといえよう。

平成20年最大判では，具体的な審査として，日本国籍が重要な法的地位であるという区別の対象となる権利利益が重要なものであることと，嫡出子たる身分を取得するか否かが「父母の婚姻」という，子自らの意思や努力によって変えることのできない事柄であることを考慮し，「区別を生じさせることに合理的な理由があるか否かについては，慎重に検討することが必要である。」とした審査をし，上記平成25年最大決では，区別の合理性の有無を慎重に検討する姿勢を採った上で，嫡出子と嫡出でない子の区別に関わる社会状況の変化等を考慮すると，子にとっては自ら選択ないし修正する余地のない事柄を理由としてその子に不利益を及ぼすことは許されないという考えが確立しているとの点に着目し，違憲の結論を導いていることを指摘することができる（再婚禁止期間に関する最大判平成27年12月16日・民集69巻8号2427頁〔32〕の調査官解説

である加本牧子・本書（下）661～662頁参照）。

平成20年最大判の上記審査方法と，本判決における審査方法との関係については，（注22）も参照。

(注12) なお，平成20年最大判において，近藤崇晴裁判官は，平成20年最大判の多数意見からすれば，「立法政策上の判断によって準正要件に代わる他の要件を付加することは，それが憲法に適合している限り許されることは当然である。」とし，旧3条1項の改正に当たって，準正要件に代えて「出生地が本邦内であること，あるいは本邦内において一定期間居住していること」を要件とすることも選択肢となり得る旨の補足意見を述べている。今井功裁判官の補足意見も同旨であり，那須弘平裁判官及び涌井紀夫裁判官も今井裁判官の補足意見に同調されている。

ちなみに，平成20年の国籍法の改正においては，上記のような要件を設けると，届出のみで国籍取得が可能とされた準正嫡出子にも，その平仄上，同様の要件を課すべきものと考えられることから，かかる要件の設定は採用されなかったようであり（秋山実「国籍法の一部を改正する法律の概要」ジュリスト1374号5頁），生後認知を受けた子につき上記のような地縁的結合に係る要件を課すことが立法政策上の合理性の観点からおよそ否定されるものではないものと考えられる。

(注13) 国籍取得の基準と条件の決定は各国の専属的権能であるものの，自国の国籍が他国に承認されるため，殊に国籍付与に基づく外交的保護権の行使が国際的に有効なものとして他国に対抗し得るためには，常居所の設定，営業活動の中心，家族の結び付き，公職への関与など国籍国と本人との間に単なる形式・名目以上の「真正結合」が存在することを要件とする考え方をいう（前掲・山本505頁）。

(注14) ノッテボーム事件の概要は，次のとおりである。

(概要)

元はドイツ人であったが，帰化によりリヒテンシュタイン国籍を取得していたノッテボームに対して，第二次世界大戦下でドイツと交戦状態に入ったグァテマラ政府が依然としてドイツ国籍を有する敵国人とみなして，同人のグァテマラ国内財産を収用したことに対し，国籍国であるリヒテンシュタイン政府が

〔6〕 国籍法12条と憲法14条1項

グァテマラ政府に対して外交的保護権を行使し，ノッテボームの財産返還等を求めて国際司法裁判所に提訴した事案である。

リヒテンシュタインがノッテボームに自国の法律に基づき自国の国籍を付与しているため，外交的保護権を行使するに当たり，当該国籍が国際法上も真正な国籍として認められるか否かが問題となった。

(判決概要)

国際司法裁判所は，国籍の国際的効果を他国に対して有効に主張・対抗することができる（外交的保護権を行使することができる）国籍とは，「結びつきという社会的事実，つまり権利義務の相互性と結合された存在，利益，感情の真正な結合関係を基礎とする法的きずな」（いわゆる真正結合理論）をいうものと判断し，本件の事実関係（ノッテボームがグァテマラに約34年定住して事業に携わっている一方で，リヒテンシュタインとのつながりは同国に滞在する兄を訪ねて短期滞在をする程度）に照らせば，ノッテボームとリヒテンシュタインとの間には上記のような結合関係は存せず，同国の請求を受理することはできないと判断した。

なお，ノッテボーム事件の詳細については，例えば，徳川信治「114　ノッテボーム事件」田畑茂二郎ほか『判例国際法〔第2版〕』（平成18年）464頁，山崎公士「外交的保護請求における国籍—ノッテボーム事件」国際法判例百選〔第2版〕138頁，小畑郁「当事者能力と外交的保護—ノッテボーム事件—」国際法判例百選178頁等参照。

(注15)　このような真正結合理論の考え方は，重国籍を許容している1997年のヨーロッパ国籍条約（ただし，批准していない国も相当数あり，また，批准国の中にも条約の一部につき留保している国もみられる。）においても示されているところである。

すなわち，同条約は，重国籍の発生を一般に承認しながらも，国内法において例外を定めることを許容しており，①　子の国籍取得について，国内法において，子が外国で生まれた場合には親の国籍を取得させないことができる旨規定し（6条1項a），また，②　国内法において国籍喪失事由として定めてよい類型として，「外国に常居所を有する国民と締約国との間の真正な（＝英語，仏語では実効的な）結合関係の欠如」を挙げているところ（7条1項e），同

号に該当する者の例として、数世代にわたり外国に定住するような重国籍者が考えられる。なお、この「真正な結合関係」を証明する手段としては、領土内の居住のほか、旅券等の申請、国籍留保の意思表示などを挙げることができると解されている(以上につき、奥田安弘・舘田晶子「1997年のヨーロッパ国籍条約」北大法学論集50巻5号1221頁参照)。このように、一般に重国籍の発生を承認しているヨーロッパ国籍条約においても、子の重国籍状態を解消すること自体は否定しておらず、また、真正な結合関係の有無に当たって居住関係など地縁的要素を考慮することを認めているものと考えられる。

(注16) なお、日本国籍を有する両親との間にカリフォルニア州で出生した日本、アメリカの重国籍者が、第二次世界大戦中の行為についてアメリカ国内法上の反逆罪に問われた事例(Kawakita v. United States, 343 U.S.717〔1952〕)なども存する。

(注17) ただし、我が国の公職選挙法には重国籍者の立候補等を制限する規定は存しないが、外務公務員に関しては重国籍者を欠格事由とする規定(外務公務員法7条1項)がある。これは、外交官として外国に派遣された場合に、裁判権免除などの特権を受けることが理由とされている。

(注18) 後掲の横溝大・戸籍時報730号22頁は、重国籍について国際法は中立的であり、国際社会の現状として重国籍という現実が存在することを認めているにすぎず、重国籍を認めない国も少なくない、とする。

なお、国籍法12条が児童の権利に関する条約(平成6年条約第2号)第7条1及び第8条1並びに市民的及び政治的権利に関する国際規約(昭和54年条約第7号)第24条3に反するものではないとする政府の見解を示したものとして、保坂展人衆議院議員(当時)提出の「子どもの国籍取得に関する質問主意書」に対する平成10年5月15日付け政府答弁書(内閣衆質142第27号)参照。

(注19) この点について、そもそも国籍の取得の是非は子の自律的な判断に委ねられるべきものであって、国籍の得喪について親の意思によらしめる国籍留保制度に批判的な考え方もみられるが、他方で、国籍法は、子が15歳未満であれば、届出による国籍の取得、帰化の許可申請、国籍選択の宣言及び国籍離脱の届出につき全て法定代理人が行うという仕組みを採用しており(18条)、これとの平仄をどのように捉えるか、検討を要するものといえる。

なお，国籍留保制度について，親は通常，子の利益を代表するものであることや，漫然と血統のみによって日本国籍を取得するよりも，（子に日本国籍を取得させたいという）親の意思が加わることによって更に実質が伴うとして賛成論に立つ論者も見られる（二宮正人・ブラジル国弁護士，サンパウロ大学教授。ジュリスト788号55頁，山田鐐一・法学教室44号87頁）。

(注20)　Yの主張によれば，諸外国における出生の届出期間は，イギリスでは出生後43日以内，ドイツでは出生後1週間以内，フランスでは出生後3日以内，韓国では出生後1か月以内，フィリピンでは出生後30日以内とのことである。

我が国において国外出生子に係る出生及び国籍留保の各届出期間を出生から原則3か月としていることは，父母等による出生，国籍留保の各届出の便宜に配慮しつつ，生来的な国籍の取得はできる限り子の出生時に確定的に決定すべきとの要請も踏まえたものといえ，合理的なものといえると考えられる。

(注21)　本件のXらも，日本国籍は有しないものの，日本人の子として出生しているため，「日本人の配偶者等」との在留資格（出入国管理及び難民認定法第2条の2第2項及び別表第二）により一定期間，本邦に在留することができるところ（同法第2条の2第3項，同法施行規則3条及び別表第二），これらの資格を用いて本邦に滞在するなどして国籍法17条の手続により日本国籍を取得することは可能であって，Yの主張によれば，1審原告らの兄弟の中には国籍法17条の手続を利用して日本国籍を取得したものもいたとのことである（なお，上告理由書においても，1審原告のうち入国の13日後に届出をした者について日本国籍を取得したことが紹介されている。）。

なお，国籍法17条に定める住所要件の認定基準等について触れたものとして，北島孝昭「日本国籍不留保者の国籍再取得について一国籍法17条の住所要件の認定における処理基準を中心として」民事月報49巻5号31頁参照。

(注22)　平成20年最大判の事案との関係については，次のような相違がみられる。

すなわち，平成20年最大判は，旧3条1項の憲法14条1項適合性が争われた事案であるが，日本人父と外国人母との間に出生した嫡出でない子は生後認知を受けても生来的に日本国籍を取得するものではなく（最二小判平成9年10月17日・民集51巻9号3925頁参照），「父母の婚姻という，子にはどうすることも

できない父母の身分行為」によって準正嫡出子とならない限り同項の規定により事後的にも日本国籍を取得し得ないこととされ，かつ，国籍取得の手段としては法務大臣の広範な裁量に委ねられた簡易帰化（国籍法8条1号）等によらざるを得ないという極めて厳しい立場に置かれるものであったことから，学説上も違憲論や立法論としての合理性についての疑問が呈されていたものであって，かかる子を救済すべき必要性は高かったものといえる。しかるに，本件は，前記のとおり，① そもそも父母等のいずれかにより極めて簡易な手続である国籍留保の届出さえされれば子の日本国籍が留保される上，② 仮に父母等が届出を怠っても，子が日本国内に居住していれば法務大臣への届出だけで国籍を取得し得ることとされており，平成20年最大判の事案とは，事案も子に対する制度上の処遇の程度も異にするといえるものと考えられる。

なお，平成20年最大判の判断枠組みについて，（注11）のほか，千葉勝美『違憲審査—その焦点の定め方』（平成29年）101頁参照。

(注23) そもそも，所論の国籍保持権なる権利の具体的内容は判然としないところ，憲法上は，10条で国民たる要件は法律で定めるとして特段の要件を規定せず，また，22条2項で国籍離脱の自由を定めるにとどまっており，日本国籍を取得・保持する権利が保障されているか否かについて条文上これを明らかにしていない。平成20年最大判もこの点について触れていないところ，藤田宙靖裁判官は，日本人父から生後認知を受けたにすぎない嫡出でない子につき，「日本国籍を取得すること自体が憲法上直接に保障されているとは言えない」との意見を述べている。

なお，憲法学説の中には国籍法12条を合憲とするものが相当数みられ，これらは，その理由として，① 国籍唯一の原則に由来する重国籍の防止は憲法98条2項の「確立された国際法規」として憲法上も遵守されるべきものであること（樋口陽一ら著『注解法律学全集 憲法Ⅱ』〔平成9年〕116頁〔中村睦男〕，野中俊彦ら著『憲法Ⅰ〔第5版〕』〔平成24年〕470頁〔高見勝利〕，渋谷秀樹『憲法〔第2版〕』〔平成25年〕229～230頁），② 国籍留保の意思表示をしないことが国籍離脱の黙示的表示であること（佐藤幸治編『憲法Ⅱ基本的人権』〔昭和63年〕329頁〔高橋正俊〕）を挙げていることや，憲法13条の射程が国籍という国家がその裁量の下に付与する地位につき及び得ると解すべき法的根拠

〔6〕 国籍法12条と憲法14条1項

に乏しいことからしても、少なくとも国籍法12条が憲法13条に反するとの所論は、その根拠として十分ではないのではないかと考えられる。

(注24) なお、本判決後、戸籍法104条3項所定の国籍留保の届出の遅延に係る「責めに帰することができない事由」に関する判断を示した最高裁平成29年5月17日第二小法廷決定(裁判集民事256号1頁。判例時報2345号70頁、判例タイムズ1439号75頁)は、同条1項の趣旨について本判決と同旨を述べた上で、同条3項の事由の存否は、「客観的に見て国籍留保の届出をすることの障害となる事情の有無やその程度を勘案して判断するのが相当である。」と判示している。

(後注) 本判決は、民集のほか、判例時報2257号24頁、判例タイムズ1413号83頁、訟務月報61巻9号1829頁等にも掲載されている。

　本判決の評釈として知り得たものとして、安達敏男・吉川樹士・戸籍時報724号50頁、寺岡洋和「時の判例」ジュリスト1481号65頁、麻生多聞・法学セミナー60巻9号124頁、横溝大・戸籍時報730号16頁、村重慶一・戸籍時報731号71頁、長尾英彦・中京法学50巻2号133頁、近藤博徳(本件の上告代理人)・法学セミナー61巻3号15頁、嶋崎健太郎・判例評論686号(判例時報2283号)148頁、植村勝慶・速報判例解説〔17〕(法学セミナー増刊)39頁、淺野博宣・判例セレクト2015〔1〕(月刊法学教室425号別冊付録)6頁、大石和彦・平成27年度重要判例解説14頁、佐野寛・平成27年度重要判例解説294頁、浅田訓永・中部学院大学・中部学院大学短期大学部研究紀要18号63頁、小川亮・法学協会雑誌134巻9号1808頁がある。　　　　　　　　　(寺岡　洋和)

〔7〕 非上場会社において会社法785条1項に基づく株式買取請求がされ，裁判所が収益還元法を用いて株式の買取価格を決定する場合に，非流動性ディスカウント（当該会社の株式には市場性がないことを理由とする減価）を行うことの可否

（平成26年(許)第39号　同27年3月26日第一小法廷決定　破棄自判
　原々審札幌地裁　原審札幌高裁　民集69巻2号365頁）

〔決定要旨〕

非上場会社において会社法785条1項に基づく株式買取請求がされ，裁判所が収益還元法を用いて株式の買取価格を決定する場合に，非流動性ディスカウント（当該会社の株式には市場性がないことを理由とする減価）を行うことはできない。

〔参照条文〕

会社法785条1項，786条2項

〔解　説〕

第1　事案の概要

1　概　要

本件は，A社（株式会社道東セイコーフレッシュフーズ）(注1)の株主であるXが，Y社を吸収合併存続株式会社，A社を吸収合併消滅株式会社とする吸収合併に反対した上，A社に対し，Xの有する株式を公正な価格で買い取るよう請求したところ，その価格の決定につき協議が調わないため，会社法786条2項に基づき，価格の決定の申立てをした事案である。

A社は非上場会社であるところ，非上場会社において会社法785条1項に基づく株式買取請求がされ，裁判所が収益還元法（将来期待される純利益を一定の資本還元率で還元することにより株式の現在の価格を算定する方法）を用いて株式の買取価格を決定する場合に，非流動性ディスカウント（当該会社の株式には市場性がないことを理由とする減価）を行うことができるか否かが争

〔7〕非上場会社において会社法785条1項に基づく株式買取請求がされ、裁判所が収益還元法を用いて株式の買取価格を決定する場合に、非流動性ディスカウント（当該会社の株式には市場性がないことを理由とする減価）を行うことの可否

われた。

2　本件の経緯

本件の経緯は、次のとおりである。

（1）A社は、平成24年6月6日、Y社との間で、効力発生日を同年10月1日として吸収合併をする旨の合併契約を締結した。

（2）平成24年8月8日に開催されたA社の株主総会において、上記契約を承認する旨の決議がされた。

A社の株主であるXは、上記株主総会に先立ち、吸収合併に反対する旨をA社に通知した上、上記株主総会において吸収合併に反対し、同年9月12日、A社に対し、Xの有する株式を公正な価格で買い取ることを請求した。

（3）Xは、平成24年11月21日、原々審に対し、Xの有する株式の買取価格の決定の申立てをした。

（4）本件の鑑定人は、原々審において、①本件では収益還元法を用いるのが相当であるところ、A社において将来期待される純利益を予測し、その現在価値を合計すると、約3億6158万3000円となる、②非上場会社の株式は上場会社の株式のように株式市場で容易に現金化することが困難であるため、非流動性ディスカウントとして上記金額から25％の減価を行い、その結果を発行済株式の総数338万7000株で除すると、A社の株式の公正な買取価格は、1株につき80円となる、との鑑定意見を述べた。

3　原々審及び原審の判断

原々審（札幌地決平成26年6月23日・金判1466号15頁）は、鑑定人の鑑定意見に従い、Xの有する株式の買取価格を1株につき80円と定めた。

これに対してXが即時抗告をしたが、原審（札幌高決平成26年9月25日・金判1466号14頁）は、「吸収合併に反対して会社からの退出を選択した株主には、吸収合併がされなかったとした場合と経済的に同等の状況を確保すべきところ、A社の株式の換価は困難であり、このことは株式の経済的価値自

体に影響を与えているというべきであるから,株式の換価の困難性を考慮することが裁判所の合理的な裁量を超えるものということはできない」などと述べて,収益還元法を用いて株式の買取価格を決定する場合であっても非流動性ディスカウントを行うことができる旨判断し,Xの抗告を棄却した。

4　許可抗告の理由

これに対し,Xが許可抗告の申立てをし,原審が抗告を許可した。許可抗告の理由は,要するに,株式買取請求がされて裁判所が株式の買取価格を決定する場合には,非流動性ディスカウントを行うことはできないというものである。

第2　本決定

本決定は,次のとおり判示して,原決定を破棄した上,Xの有していた株式の買取価格を1株につき106円と定める旨の自判をした。

「会社法786条2項に基づき株式の価格の決定の申立てを受けた裁判所は,吸収合併等に反対する株主に対し株式買取請求権が付与された趣旨に従い,その合理的な裁量によって公正な価格を形成すべきものであるところ（最高裁平成22年(許)第30号同23年4月19日第三小法廷決定・民集65巻3号1311頁参照）,非上場会社の株式の価格の算定については,様々な評価手法が存在するが,どのような場合にどの評価手法を用いるかについては,裁判所の合理的な裁量に委ねられていると解すべきである。しかしながら,一定の評価手法を合理的であるとして,当該評価手法により株式の価格の算定を行うこととした場合において,その評価手法の内容,性格等からして,考慮することが相当でないと認められる要素を考慮して価格を決定することは許されないというべきである。

非流動性ディスカウントは,非上場会社の株式には市場性がなく,上場株式に比べて流動性が低いことを理由として減価をするものであるところ,収益還元法は,当該会社において将来期待される純利益を一定の資本還元率で還元することにより株式の現在の価格を算定するものであって,同評価手法

[7] 非上場会社において会社法785条1項に基づく株式買取請求がされ、裁判所が収益還元法を用いて株式の買取価格を決定する場合に、非流動性ディスカウント（当該会社の株式には市場性がないことを理由とする減価）を行うことの可否

には、類似会社比準法等とは異なり、市場における取引価格との比較という要素は含まれていない。吸収合併等に反対する株主に公正な価格での株式買取請求権が付与された趣旨が、吸収合併等という会社組織の基礎に本質的変更をもたらす行為を株主総会の多数決により可能とする反面、それに反対する株主に会社からの退出の機会を与えるとともに、退出を選択した株主には企業価値を適切に分配するものであることをも念頭に置くと、収益還元法によって算定された株式の価格について、同評価手法に要素として含まれていない市場における取引価格との比較により更に減価を行うことは、相当でないというべきである。

したがって、非上場会社において会社法785条1項に基づく株式買取請求がされ、裁判所が収益還元法を用いて株式の買取価格を決定する場合に、非流動性ディスカウントを行うことはできないと解するのが相当である。」

第3 説　　明

1　株式買取請求権

（1）会社法は、定款変更等（同法116条）、事業譲渡等（同法469条）及び組織再編（同法785条，797条，806条）という会社の基礎的変更に当たる行為につき、反対株主が当該会社等に対して自己の有する株式を「公正な価格」で買い取ることを請求することができる旨定める（株式買取請求権）。

このような株式買取請求権の制度は、昭和25年商法改正の際、米国法に倣って導入されたものである。最高裁は、楽天対TBS事件決定（最三小決平成23年4月19日・民集65巻3号1311頁。判時2119号18頁、判タ1352号140頁）において、会社法785条1項に基づく株式買取請求権の制度の趣旨を次のように説明している。(注2)

「反対株主に『公正な価格』での株式の買取りを請求する権利が付与された趣旨は、吸収合併等という会社組織の基礎に本質的変更をもたらす行為を株主総会の多数決により可能とする反面、それに反対する株主に会社からの退出の機会を与えるとともに、退出を選択した株主には、吸収合併

等がされなかったとした場合と経済的に同等の状況を確保し，さらに，吸収合併等によりシナジーその他の企業価値の増加が生ずる場合には，上記株主に対してもこれを適切に分配し得るものとすることにより，上記株主の利益を一定の範囲で保障することにある。」

（２）株式買取請求権の法的性質については，これを「株式の売買契約」と解するか，それとも「投資の解約を申し入れる権利」と解するか争いがあるが，後者が通説とされている。(注3)

また，最近は，株式買取請求権の行使を「（会社の）部分解散」及び「損害の塡補」と捉える見解も提唱されている。(注4)

なお，平成26年６月，会社法の一部を改正する法律が可決，成立し（平成26年法律第90号），平成27年５月１日から施行されている。株式買取請求権の制度についても若干の改正があるが（具体的には，①株式買取請求の撤回の制限の実効化，②株式買取請求に係る株式等の買取りの効力発生時の規律，③株式等に係る価格決定前の支払制度の創設等），本件の判断に直接影響するものではないように思われる。

（３）組織再編における株式買取請求権の場合，会社が買い取るべき「公正な価格」(注5)とは，単なる株式の時価等にとどまらず，①組織再編に係る株主総会決議により株式の価格が下がった場合には，当該決議がなかったならば有したであろう価格をいい，②組織再編によりシナジーその他の企業価値の増加が生ずる場合には，企業価値の増加を反映した価格をいう。(注6)もっとも，本件の場合，吸収合併によりＡ社の株式の価格が下がったというわけではなく，またシナジーその他の企業価値の増加も生じていない。

なお，「公正な価格」の判断基準日は，株式買取請求がされた日である。(注7)

2　買取価格の決定

（１）株式買取請求権が行使されたものの，株主と会社との間で協議が調わない場合には，株主又は会社は裁判所に対して買取価格の決定の申立てをすることができる（定款変更等につき会社法117条２項，事業譲渡等につき同法470

〔7〕非上場会社において会社法785条1項に基づく株式買取請求がされ,裁判所が収益還元法を用いて株式の買取価格を決定する場合に,非流動性ディスカウント(当該会社の株式には市場性がないことを理由とする減価)を行うことの可否

条2項,組織再編につき同法786条2項,798条2項,807条2項)。

楽天対TBS事件決定は,次のとおり,会社法786条2項に基づき株式の価格の決定の申立てを受けた裁判所は合理的な裁量によって公正な価格を形成すべきである旨判示している。

「裁判所による買取価格の決定は,客観的に定まっている過去のある一定時点の株価を確認するものではなく,裁判所において,上記の趣旨に従い,『公正な価格』を形成するものであり,また,会社法が価格決定の基準について格別の規定を置いていないことからすると,その決定は,裁判所の合理的な裁量に委ねられているものと解される(最高裁昭和47年(ク)第5号同48年3月1日第一小法廷決定・民集27巻2号161頁参照)。」

(2) なお,株式買取価格の決定は裁判所の裁量とされつつも,実際には,「公正な価格」の意義,範囲,計算方法等につき,これまで種々の議論がされている。これは,「『公正な価格』……の内容が抽象的であり,解釈基準を確立することが,会社及び株主の予測可能性を保護するために必要であると考えられる」(注8)ためである。

3 非上場会社の株式の評価

(1) 上場会社の株式については市場での株価というものが存在するが,非上場会社の株式についてはこのような株価は存在しない。そこで,非上場会社の株式については,一般に,次の各評価手法のいずれかが事案に応じて採られることになる。(注9)

ア インカム・アプローチ

当該会社から期待される将来の利益,キャッシュフロー等に基づいて株価を算定する方法である。具体的には,①将来収支予測に基づき算出される将来フリーキャッシュフロー(現金の流れ)を所定の割引率で割り戻す「DCF(Discounted Cash Flow)法」,②予測純利益を資本還元率により還元する「収益還元法」(本件の評価手法),③実際の配当金額又は予測配当金額を資本還元率により還元する「配当還元法」などがある。

イ　マーケット・アプローチ

　上場している同業他社や当該会社の過去の取引事例などと比較して株価を算定する方法である。具体的には，①類似する上場会社等の市場価格を元に評価する「類似会社比準法（類似上場会社法）」，②当該会社の過去の取引価格を元に評価する「類似取引法（取引事例法）」などがある。

ウ　ネットアセット・アプローチ

　貸借対照表上の純資産に着目して株価を算定する方法である。具体的には，①会計上の純資産価額で評価する「簿価純資産法」，②時価に換算して算出した純資産価額で評価する「時価純資産法」などがある。

（2）ところで，日本公認会計士協会の「企業価値評価ガイドライン」（経営研究調査会研究報告第32号。平成19年5月16日公表，平成25年7月3日改正）は，非上場会社の株式の評価につき，私人間の取引に際して行う「取引目的の評価」と，裁判所による価格決定に際して行う「裁判目的の評価」とを分けている。

　このうち後者の「裁判目的の評価」とは，「公正な価格」（会社法116条1項，469条1項，785条1項，797条1項，806条1項）など，法令の文言の法律解釈に従って行うものであり(注10)，「取引目的の評価」とは異なる視点，つまり，法の立法趣旨，少数株主保護などの視点から評価するものとされている(注11)。

4　非流動性ディスカウント

　非流動性ディスカウント（非流通性ディスカウント，市場性欠如ディスカウントとも呼ばれる。）とは，非上場会社の株式の場合には市場性がなく，上場会社の株式と比較して流動性が低いことから，その価値を上場会社よりも低く評価することをいう(注12)。本件の鑑定人は実務上「20～30％」との数値を用いているとする（本件の原々決定）。また，米国では「35～50％」とするデータ(注13)がある。

　「取引目的の評価」の場合，非流動性ディスカウントが許されることについては，特段の異論はない。

― 146 ―

〔7〕 非上場会社において会社法785条1項に基づく株式買取請求がされ，裁判所が収益還元法を用いて株式の買取価格を決定する場合に，非流動性ディスカウント（当該会社の株式には市場性がないことを理由とする減価）を行うことの可否

他方，「裁判目的の評価」の場合，特に株式買取請求権が行使された際の株式買取価格の決定の場合には，非流動性ディスカウントを行うことはできないとする説（以下「A説」という。）と，できるとする説（以下「B説」という。）とがあった。もっとも，米国の実務，日本の裁判例及び学説をみると，以下のとおりA説を採るものが多くを占めていたところである。

（1）米国の実務

米国ではデラウェア州一般会社法（Delaware General Corporation Law）が代表的な会社法とされているところ，同州の衡平法裁判所は，1992年，株式買取請求権が行使された事案において，非流動性ディスカウントを否定した。その理由は「株式買取請求においては，企業全体の価値を評価してそれを持株数に比例的に（按分比例で）分配すべきだという発想があり，株主レベルでのディスカウントをしてはいけない」というのであって，以後の裁判例でも非流動性ディスカウントをしたものはない。

また，米国の各州が会社法を制定する際の指針となる模範事業会社法（Model Business Corporation Act）では，1999年の改正により，株式買取請求権が行使された場合には非流動性ディスカウントは行わない旨の明文の規定が設けられた。

（2）日本の裁判例

本件に関する裁判例として，カネボウ株式会社（商号変更後の商号は海岸ベルマネジメント株式会社。当時は非上場会社）の営業譲渡に反対する株主が，株式買取請求権を行使した上，旧商法245条ノ3第5項（会社法470条2項に相当）に基づいて株式買取価格の決定を申し立てた事件（以下「カネボウ第1次事件」という。）がある。

同事件の鑑定人は，インカム・アプローチの1つであるDCF法を採用した上，「少数株主〔反対株主〕は株式売却を意図していないにもかかわらず譲渡を余儀なくされたのであるから，株主が進んで株式を売却する場合とは異なる」，「非流動性ディスカウントによる調整は客観的な根拠がなく，鑑定

の客観性を担保する〔ことができない〕」などとして，非流動性ディスカウントを行わなかった。

これに対して会社側は非流動性ディスカウントを行うよう主張したが，東京地裁は，鑑定人の上記判断には合理性があると判断して，会社側の主張を排斥した（東京地決平成20年3月14日・判時2001号11頁，判タ1266号120頁）。

そして，抗告審である東京高裁も，次のとおり判示して，非流動性ディスカウントは許されない旨判断した（東京高決平成22年5月24日・金判1345号12頁）。

「本件の株式買取請求権は，少数派の反対株主としては株式を手放したくないにもかかわらずそれ以上不利益を被らないため株式を手放さざるを得ない事態に追い込まれることに対する補償措置として位置付けられるものであるから，……非流動性ディスカウント（市場価格のないことを理由とした減価）を本件株式価値の評価に当たって行うことは相当でないというべきである。」

（3）学説

学説上は，従前から，裁判所が株式買取価格を決定する場合においてインカム・アプローチを採用するのであれば，将来の株式自体の売却を考慮しない以上は非流動性ディスカウントを行う必要もないなどとして，A説が唱えられていた。[注18] また，カネボウ第1次事件についても，学説の多くは，第1審及び抗告審の判断を支持していた。[注19]

他方，学説の中には，株式買取請求権が行使された場合であっても，流動性がないことが原因で価値が低いのであれば減価すべきであるなどとして，B説の立場に立つものもあった。[注20]

いずれにせよ，学説上は，A説を採るかB説を採るかは「株式買取請求権制度の趣旨から検討されるべき法的な価値判断」とされているところであった。[注21]

（4）日本公認会計士協会の「企業価値評価ガイドライン」

〔7〕非上場会社において会社法785条1項に基づく株式買取請求がされ、裁判所が収益還元法を用いて株式の買取価格を決定する場合に、非流動性ディスカウント(当該会社の株式には市場性がないことを理由とする減価)を行うことの可否

　日本公認会計士協会の前掲「企業価値評価ガイドライン」は、株式買取請求事件において裁判所との協議を要する事項として「非流動性ディスカウントを考慮すべきか」を挙げ、非流動性ディスカウントが許されるか否かが「法的見解」であることを前提に、「鑑定人は裁判所と密接に協議して、裁判所の法的見解と鑑定人の鑑定意見に齟齬が生じることのないようすべきである。」としていた。(注22)

5　本決定の見解

　前述のとおり、会社法786条2項に基づき株式の価格の決定の申立てを受けた裁判所は、吸収合併等に反対する株主に対し株式買取請求権が付与された趣旨に従い、その合理的な裁量によって公正な価格を形成すべきものである。そして、非上場会社の株式の価格の算定については様々な評価手法が存在するが、どのような場合にどの評価手法を用いるかについては、裁判所の合理的な裁量に委ねられていると解すべきである。しかしながら、一定の評価手法を合理的であるとして、当該評価手法により株式の価格の算定を行うこととした場合において、その評価手法の内容、性格等からして、考慮することが相当でないと認められる要素を考慮して価格を決定することは許されないというべきであるように思われる。

　そして、非流動性ディスカウントは、非上場会社の株式には市場性がなく、上場株式に比べて流動性が低いことを理由として減価をするものであるところ、収益還元法は、当該会社において将来期待される純利益を一定の資本還元率で還元することにより株式の現在の価格を算定するものであって、同評価手法には、類似会社比準法等とは異なり、市場における取引価格との比較という要素は含まれていない。

　加えて、前述のとおり、吸収合併等に反対する株主に公正な価格での株式買取請求権が付与された趣旨が、吸収合併等という会社組織の基礎に本質的変更をもたらす行為を株主総会の多数決により可能とする反面、それに反対する株主に会社からの退出の機会を与えるとともに、退出を選択した株主に

は「企業価値」を「適切に分配」するものである（楽天対TBS事件決定）。

そうすると，裁判所が株式買取価格を決定する場合に，収益還元法によって算定された株式の価格について，同評価手法に要素として含まれていない市場における取引価格との比較により更に減価を行うことは，相当でないというべきである。

本決定は，以上のような観点から，「非上場会社において会社法785条1項に基づく株式買取請求がされ，裁判所が収益還元法を用いて株式の買取価格を決定する場合に，非流動性ディスカウントを行うことはできない」との判断を示したものと解される。

6 本決定の射程

本決定は，裁判所が株式の買取価格を決定するに当たり，収益還元法を用いた場合について判断したものであり，他の評価手法を用いた場合については直接的には判断していない。

しかしながら，本決定は，収益還元法には市場における取引価格との比較という要素が含まれていないことをその根拠としているものである。そうすると，少なくとも，インカム・アプローチにおける他の評価手法（DCF法及び配当還元法）や，ネットアセット・アプローチにおける評価手法（簿価純資産法及び時価純資産法）においては，収益還元法による場合と同様，非流動性ディスカウントを行うことができないと解するのが相当であるように思われる。(注23)

7 本決定の意義

本件は，非上場会社において株式買取請求権が行使され，裁判所が株式買取価格を決定する場合に，非流動性ディスカウントを行うことができるか否かについて，最高裁として初めて判断を示したものであり，実務上重要な意義を有するものと思われる。(注24)

（注1） 酒類及び飲食料品の卸売，小売等を目的とする株式会社である。吸収合

〔7〕 非上場会社において会社法785条1項に基づく株式買取請求がされ、裁判所が収益還元法を用いて株式の買取価格を決定する場合に、非流動性ディスカウント（当該会社の株式には市場性がないことを理由とする減価）を行うことの可否

併前の発行済株式の総数は338万7000株であり，記録によれば，株主構成は，法人が3社，個人が9名（Xを含む。）である。

（注2） インテリジェンス事件決定（最三小決平成23年4月26日・集民236号519頁）及びテクモ事件決定（最二小決平成24年2月29日・民集66巻3号1784頁）も同旨。

（注3） 上柳克郎ほか編『新版注釈会社法（5）』284頁〔宍戸善一〕（昭61），落合誠一編『会社法コンメンタール12』98頁〔柳明昌〕（平21）。

（注4） 神田秀樹「株式買取請求権制度の構造」商事法務1879号5頁（平21）。森本滋編『会社法コンメンタール18』96頁〔柳明昌〕（平22）等にも引用されている。

（注5） 会社法785条1項，797条1項，806条1項。平成17年法律第87号による改正前の商法（旧商法）では「決議ナカリセバ其ノ有スベカリシ公正ナル価格」と規定されていた（同法408条ノ3，374条ノ3第1項，374条ノ31第3項等）。

（注6） 楽天対TBS事件決定，インテリジェンス事件決定及びテクモ事件決定の判示による。なお，一般に，上記①は「ナカリセバ価格」，上記②は「シナジー反映価格」などと呼ばれる。旧商法の下では買取価格は上記①に限られていたが（上記注5の「決議ナカリセバ……価格」との文言からの解釈），会社法で「公正な価格」と文言が改められ，上記②も含まれるようになったものと解されている。楽天対TBS事件の調査官解説である石丸将利「判解」最高裁判例解説民事篇平成23年度（上）334頁参照。

（注7） 楽天対TBS事件決定，インテリジェンス事件決定及びテクモ事件決定の判示による。

（注8） 石丸・前掲「判解」335頁。江頭憲治郎ほか編『会社法大系2』111頁〔河和哲雄＝深山徹〕（平20）も同旨。

（注9） 後述する日本公認会計士協会の「企業価値評価ガイドライン」の分類であり，学説の大多数もこれに沿う。

（注10）「企業価値評価ガイドライン」は，次のとおり説明している。
「鑑定人は，裁判所から，対象となる株式の『公正な価格』が何円であるかの意見を求められる。しかし，『公正な価格』が何を意味するかは法律問題で

あり，最終的には裁判所が判断することとなる。逆にいえば，鑑定人は，『公正な価格』に関する裁判所の解釈を前提として，その解釈に沿った具体的な金額を自らの意見として述べることになる。」（前掲「企業価値評価ガイドライン」84頁）

(注11) 山本浩二「株価算定の手法」判タ1279号19頁（平20）。学説上も，非上場会社の株式の評価には，①需要と供給の関係に基づいて決まる「交換価値」（前掲「企業価値評価ガイドライン」の「取引目的の評価」に相当）と，②買受人がいくらで買い取るのが妥当かという裁判所の判断に基づいて決まる「規範的価値」（同「裁判目的の評価」に相当）とがあり，両者を区別すべきであるなどと従前から指摘されていたところである。宍戸善一「紛争解決局面における非公開株式の評価」竹内先生還暦『現代企業法の展開』401頁（平2）。

(注12) 前掲「企業価値評価ガイドライン」52頁

(注13) 飯田秀総『株式買取請求権の構造と買取価格算定の考慮要素』111頁（平25）

(注14) 米国の上場会社の圧倒的多数はデラウェア州法人であり，また同州の衡平法裁判所（Court of Chancery）が米国内の商事紛争を扱う裁判所の筆頭格とされていて，判例の積み重ねもあることなどによる。江頭憲治郎「裁判における株価の算定」司法研修所論集122号43頁（平24），飯田・前掲『株式買取請求権の構造と買取価格算定の考慮要素』96頁等。

(注15) Hodas v. Spectrum Tech., Inc., No.11265, 1992 WL 364682 (Del. Ch. Dec. 7, 1992)

(注16) 飯田・前掲『株式買取請求権の構造と買取価格算定の考慮要素』111頁

(注17) §13.01（4）(iii)。飯田・前掲『株式買取請求権の構造と買取価格算定の考慮要素』100頁でも紹介されている。

(注18) 具体的には次のとおりである。

「〔裁判所が買取価格を判断する際に〕問題になりうるのは，非公開会社の少数株には流通性がないことを理由とするディスカウントを行うべきか否かという点である。……しかしながら，今基準としている配当還元価値は，将来の配当収益のみを考慮しており，将来の株式自体の売却を考慮していない値であるから，そこからさらに非流動性ディスカウントを行う必要はないと考

〔7〕 非上場会社において会社法785条1項に基づく株式買取請求がされ、裁判所が収益還元法を用いて株式の買取価格を決定する場合に、非流動性ディスカウント（当該会社の株式には市場性がないことを理由とする減価）を行うことの可否

える。」（宍戸・前掲「紛争解決局面における非公開株式の評価」409頁）

(注19) 例として、次のような評釈がある。なお、弥永真生「判批」ジュリ1404号73頁（平22）も、抗告審の判断を「注目に値する」と指摘する。

・「Yが非上場会社であることから、その株式の換価困難性による非流動性ディスカウントの考慮が問題となり得るが……、ここではYの事業によるキャッシュフローからの利益を考慮しているのであり、Y株式の譲渡時に問題となる同ディスカウントを認める必要はない。」（後藤元「判批」商事法務1838号16頁（平20））

・「また、本決定は、買取価格の算定に際し、……非流動性ディスカウントのいずれも認めなかった。これらの点については、いずれも妥当である。」（石綿学「判批」金判1345号1頁（平22））

・「非流動性ディスカウント……は、東京地方裁判所が示したとおり客観性の確保が難しい。」（四宮章夫監修『事業再編のための企業価値評価の実務』424頁〔中里肇ほか〕（平23））

(注20) 江頭・前掲「裁判における株価の算定」66頁。江頭憲治郎「支配権プレミアムとマイノリティ・ディスカウント」関先生古稀『変革期の企業法』141頁注（40）（平23）も同旨。なお、江頭憲治郎『株式会社法（第6版）』19頁注（8）（平27）は、「取引相場のない株式等は、簡単に譲渡できない分だけ上場会社の株式に比して経済的価値が低く、したがって、割引率として後者に関する数値を用いた場合には、算出された金額をいくらか減額することにより調整すべきである。」とする。

(注21) 中東正文「判批」金判1290号27頁（平20）。カネボウ第1次事件の第1審が「鑑定人の上記判断は……十分合理性があ〔る〕」という間接的な判断にとどめたことにつき、次のとおり批判する。

「非流動性ディスカウントを考慮するべきか否かの判断について、裁判所〔カネボウ第1次事件第1審〕は、鑑定人の判断に大きく依存している。……しかしながら、非流動性ディスカウントを考慮するか否かは、株式買取請求権制度の趣旨から検討されるべき法的な価値判断である。これを企業金融の専門家の鑑定に頼ろうとするのは、裁判所の使命を放棄するに等しい。」

(注22) 前掲「企業価値評価ガイドライン」87～89頁

(注23) 他方，マーケット・アプローチによる場合，特に類似会社比準法による場合には，市場における取引価格との比較という要素が含まれているため，非流動性ディスカウントも許されるということになりそうである。前掲「企業価値評価ガイドライン」45頁も，類似会社比準法による場合は非流動性ディスカウントを考慮するものとしている。

(注24) 本決定の評釈として，大塚和成「判批」銀行法務786号59頁，滝琢磨「判批」経理情報1415号36頁，弥永真生「判比」ジュリ1483号2頁，川島いづみ「判批」商事法務2080号23頁，奈良輝久「判批」法の支配179号128頁，滿井美江「判批」法律のひろば68巻12号66頁，柳明昌「判批」民商法雑誌151巻3号63頁，南健悟「判批」小樽商科大学商学討究66巻4号307頁，松中学「判批」判例セレクト2015［II］24頁，星明男「判批」平成27年重判（ジュリ1492号）107頁，河村尚志「判批」リマークス52号106頁，秋坂朝則「判批」新・判例解説 Watch 18号99頁，飯田秀総「判批」会社法百選〔第3版〕（別ジュリ229号）184頁，宮崎裕介「判批」金判1501号2頁，山下徹哉「判批」金法2059号42頁がある。 （廣瀬　孝）

〔8〕 西宮市営住宅条例（平成9年西宮市条例第44号）46条1項柱書き及び同項6号の規定のうち，入居者が暴力団員であることが判明した場合に市営住宅の明渡しを請求することができる旨を定める部分と憲法14条1項　その他

〔8〕　1　西宮市営住宅条例（平成9年西宮市条例第44号）46条1項柱書き及び同項6号の規定のうち，入居者が暴力団員であることが判明した場合に市営住宅の明渡しを請求することができる旨を定める部分と憲法14条1項

2　西宮市営住宅条例（平成9年西宮市条例第44号）46条1項柱書き及び同項6号の規定のうち，入居者が暴力団員であることが判明した場合に市営住宅の明渡しを請求することができる旨を定める部分と憲法22条1項

（平成25年(オ)第1655号　同27年3月27日第二小法廷判決　棄却）
（第1審神戸地裁尼崎支部　第2審大阪高裁　民集69巻2号419頁）

〔判決要旨〕

1　西宮市営住宅条例（平成9年西宮市条例第44号）46条1項柱書き及び同項6号の規定のうち，入居者が暴力団員であることが判明した場合に市営住宅の明渡しを請求することができる旨を定める部分は，憲法14条1項に違反しない。

2　西宮市営住宅条例（平成9年西宮市条例第44号）46条1項柱書き及び同項6号の規定のうち，入居者が暴力団員であることが判明した場合に市営住宅の明渡しを請求することができる旨を定める部分は，憲法22条1項に違反しない。

〔参照条文〕

（1，2につき）　西宮市営住宅条例（平成9年西宮市条例第44号）46条1項，暴力団員による不当な行為の防止等に関する法律2条6号

（1につき）　憲法14条1項

（2につき）　憲法22条1項

〔解　説〕

第1 事案の概要
1 概要

本件は，X（西宮市）が，市営住宅の入居者であるY_1並びにその同居者であるY_2及びY_3（Y_1の両親）に対し，当該市営住宅の明渡し及び明渡し済みまで月額7万7900円の割合による損害金の支払を求めるとともに，当該市営住宅の駐車場の使用者であるY_2に対し，当該駐車場の明渡し及び明渡し済みまで月額1万円の割合による損害金の支払を求める事案である。

Xは，平成19年12月，西宮市営住宅条例（平成9年西宮市条例第44号。以下「本件条例」という。）を改正して，入居者が暴力団員であることが判明した場合に市営住宅の明渡しを請求することができる旨を定めた上（以下，この規定を「本件規定」という。），平成22年10月，従前からの入居者のY_1が暴力団員であることが判明したとして，市営住宅の明渡し等を請求したものである。

Y_1らは，本件規定が憲法14条1項（法の下の平等）又は22条1項（居住の自由）に違反するとの法令違憲の主張をし，また，本件に本件規定を適用することは憲法14条1項又は22条1項に違反するとの適用違憲の主張をしている。本件の争点は，これらの主張の当否である。

2 本件条例(注1)

本件条例は，「市が建設，買取り又は借上げを行い，市民等に賃貸し，又は転貸するための次号〔本件条例2条2号〕から第7号までに規定する住宅及びその附帯施設」を「市営住宅」と定義している（本件条例2条1号）。具体的には，低額所得者に賃貸し，又は転貸するための住宅で，公営住宅法の規定による国の補助に係るものその他これに準ずる住宅（本件条例2条2号），住宅地区改良法2条6項に規定する住宅その他これに準ずる住宅（本件条例2条3号），国土交通大臣の承認を得た整備計画に基づき施行される密集住宅市街地整備促進事業又は住宅市街地総合整備事業に係る住宅（本件条例2条4号，5号），兵庫県住宅供給公社から買取りを行い，中堅所得者に賃

〔8〕西宮市営住宅条例(平成9年西宮市条例第44号)46条1項柱書き及び同項6号の規定のうち,入居者が暴力団員であることが判明した場合に市営住宅の明渡しを請求することができる旨を定める部分と憲法14条1項　その他

貸するための住宅(本件条例2条6号)及び特定優良賃貸住宅の供給の促進に関する法律18条1項の規定に基づき建設する住宅(本件条例2条7号)が「市営住宅」に含まれる。

そして,本件条例46条1項柱書は「市長は,入居者が次の各号のいずれかに該当する場合において,当該入居者に対し,当該市営住宅の明渡しを請求することができる。」と規定しているところ,Xは,平成19年12月,本件条例を改正し,同項6号として「暴力団員であることが判明したとき(同居者が該当する場合を含む。)。」との規定を設けたものである(この同項柱書及び同項6号の規定のうち,入居者が暴力団員であることが判明した場合に市営住宅の明渡しを請求することができる旨を定める部分が「本件規定」である。)。

なお,本件条例において,「暴力団員」とは,暴力団員による不当な行為の防止等に関する法律(以下「暴力団対策法」という。)2条6号に規定する暴力団員をいうと定義されている(本件条例7条5号)。

3　事実関係

本件の事実関係の概要は,次のとおりである。

(1) Xは,平成17年8月,本件条例の規定に基づき,市営住宅のうち第1審判決記載の住宅(以下「本件住宅」という。)の入居者をY_1とする旨決定した。

(2) Xは,平成19年12月,本件条例を改正し,本件条例46条1項6号を設けた。

(3) Xは,平成22年8月,Y_1に対し,Y_2及びY_3を本件住宅に同居させることを承認した。その際,Y_1及びY_2は,「名義人又は同居者が暴力団員であることが判明したときは,ただちに住宅を明け渡します。」との記載のある誓約書をXに提出した。(注2)

また,Xは,同年9月,Y_2に対し,本件住宅の同居者であることを前提に,本件住宅の駐車場(以下「本件駐車場」という。)の使用を許可した。

(4) Y_1は,平成22年10月当時,暴力団員であり,Xは同月にその事実を

知った。そこで，Xは，同月，Y_1に対し，本件規定に基づいて本件住宅の明渡しを請求するとともに，Y_2に対しても本件駐車場の明渡しを請求した。

（5）Y_1は，従前から別の建物を賃借してそこに居住しており，本件住宅には現実に居住することはなく，Y_2及びY_3のみが本件住宅に居住していた（なお，この事実をXが知っていたかどうかについては，記録上必ずしも明らかではない。）。

4　本件におけるXの請求

以上の事実関係の下で，Xは，本件において，前記1のとおり請求するものである。なお，本件の訴訟物は次のように整理されるが，いずれも本件規定の適用を前提とするものである。

（1）Y_1に対する本件住宅の明渡請求及び損害金の支払請求

Y_1に対する請求のうち，本件住宅の明渡請求は本件規定に基づくものであり，損害金の支払請求は本件条例46条5項（市営住宅の明渡し済みまでの期間につき所定の金員の支払を請求することができる旨の規定）に基づくものである。(注3)

（2）Y_2及びY_3に対する本件住宅の明渡請求及び損害金の支払請求

Y_2及びY_3に対する請求のうち，本件住宅の明渡請求は所有権に基づくものであり，損害金の支払請求は不法行為に基づくものである。(注4)

（3）Y_2に対する本件駐車場の明渡請求及び損害金の支払請求

本件条例によれば，市営住宅の入居者又は同居者のみが当該市営住宅の駐車場を使用することができ，入居者又は同居者でなくなればこれを明け渡さなければならない（本件条例56条2項1号，64条2項，西宮市営住宅条例施行規則（平成9年西宮市規則第1号）53条8号）。Y_2に対する請求のうち，本件駐車場の明渡請求は上記各条項（直接的には本件条例64条2項）に基づくものであり，損害金の支払請求は本件条例64条4項（駐車場の明渡し済みまでの期間につき所定の金員の支払を請求することができる旨の規定）に基づくものである。

[8] 西宮市営住宅条例（平成9年西宮市条例第44号）46条1項柱書き及び同項6号の規定のうち、入居者が暴力団員であることが判明した場合に市営住宅の明渡しを請求することができる旨を定める部分と憲法14条1項　その他

5　上告理由

第1審（神戸地裁尼崎支判平成25年2月8日）及び原審（大阪高判平成25年6月28日）は、Y₁らの憲法違反の主張を排斥して、Xの請求をいずれも認容すべきものとした。これに対し、Y₁らが上告した。

上告理由は、①本件規定は合理的な理由のないまま暴力団員を不利に扱うものであるから、憲法14条1項に違反する、②本件規定は必要な限度を超えて居住の自由を制限するものであるから、憲法22条1項に違反する、③Y₁は近隣住民に危険を及ぼす人物ではないし、Y₂及びY₃はそれぞれ身体に障害を有しているから、本件住宅及び本件駐車場の使用の終了に本件規定を適用することは憲法14条1項又は22条1項に違反するというものである。

第2　本判決

本判決は、法令違憲の主張については次のとおり判示し、適用違憲の主張についてもこれを排斥して、本件上告を棄却した。

「地方公共団体は、住宅が国民の健康で文化的な生活にとって不可欠な基盤であることに鑑み、低額所得者、被災者その他住宅の確保に特に配慮を要する者の居住の安定の確保が図られることを旨として、住宅の供給その他の住生活の安定の確保及び向上の促進に関する施策を策定し、実施するものであって（住生活基本法1条、6条、7条1項、14条）、地方公共団体が住宅を供給する場合において、当該住宅に入居させ又は入居を継続させる者をどのようなものとするのかについては、その性質上、地方公共団体に一定の裁量があるというべきである。

そして、暴力団員は、前記のとおり、集団的に又は常習的に暴力的不法行為等を行うことを助長するおそれがある団体の構成員と定義されているところ、このような暴力団員が市営住宅に入居し続ける場合には、当該市営住宅の他の入居者等の生活の平穏が害されるおそれを否定することはできない。他方において、暴力団員は、自らの意思により暴力団を脱退し、そうすることで暴力団員でなくなることが可能であり、また、暴力団員が市営住宅の明

渡しをせざるを得ないとしても，それは，当該市営住宅には居住することができなくなるというにすぎず，当該市営住宅以外における居住についてまで制限を受けるわけではない。

　以上の諸点を考慮すると，本件規定は暴力団員について合理的な理由のない差別をするものということはできない。したがって，本件規定は，憲法14条1項に違反しない。

　また，本件規定により制限される利益は，結局のところ，社会福祉的観点から供給される市営住宅に暴力団員が入居し又は入居し続ける利益にすぎず，上記の諸点に照らすと，本件規定による居住の制限は，公共の福祉による必要かつ合理的なものであることが明らかである。したがって，本件規定は，憲法22条1項に違反しない。」

第3　説　　明
1　公営住宅における暴力団排除
（1）公営住宅制度

　公営住宅制度は，住宅に困窮する低額所得者に対して低廉な家賃で住宅を賃貸することにより，国民生活の安定と社会福祉の増進に寄与することを目的とするものである（公営住宅法1条）。

　公営住宅法によれば，公営住宅の供給は地方公共団体が行う（同法3条）。また，この公営住宅の管理については，同法に規定（同法15条～34条）があるほかは，公営住宅の供給を行う地方公共団体（事業主体）が必要な事項を条例で定めなければならない（同法48条）。

　公営住宅の使用関係の性質については，従前，公法上の使用関係であるとする見解と私法上の賃貸借関係であるとする見解があったが，最一小判昭和59年12月13日・民集38巻12号1411頁は，公営住宅の使用関係には，公の営造物の利用関係として公法的な面もあるものの，基本的には私人間の賃貸借関係と異なるところはない旨判示している。

（2）国土交通省の全国調査

〔8〕西宮市営住宅条例（平成9年西宮市条例第44号）46条1項柱書き及び同項6号の規定のうち、入居者が暴力団員であることが判明した場合に市営住宅の明渡しを請求することができる旨を定める部分と憲法14条1項　その他

　国土交通省は、公営住宅を管理する地方公共団体を対象に全国調査を実施し、その結果を平成19年5月に発表した（平成19年5月25日付け「公営住宅における不法行為等の防止に関する調査結果について」）。

　これによると、公営住宅において過去5年程度の間に把握された不法行為等の件数は全国で合計277件あり、このうち暴力団員等（暴力団員、元暴力団員及び暴力団員と疑われる者）によるものと確認された事例は105件に上っていた（殺人事件、傷害事件等59件、不正入居・不正使用27件、恫喝・その他19件）。

　また、条例等で暴力団員の入居を制限している事業主体は46（全体の2.6％）、暴力団員の入居が判明した際に明渡請求の対象としている事業主体は35（全体の2.0％）であった。

（3）国土交通省住宅局長の通知

　国土交通省住宅局長は、上記(2)の調査結果等を踏まえた上、平成19年6月1日、「公営住宅における暴力団排除について」と題する通知（平成19年国住備第14号）(注6)を発出した。その概要は、次のとおりである。

　ア　入居決定

　暴力団員は、暴力団活動に従事することにより違法・不当な収入を得ている蓋然性が極めて高いことから、①所得を的確に把握することは困難であり、入居収入基準を満たしていると判断することはできず、また、②暴力団活動に従事し、他の入居者の生活妨害等の行為を行うおそれが高いと判断されるため、入居決定が適当な者とはいえない。したがって、入居申込者が暴力団員である場合には、入居決定しないことを原則とする。

　イ　不正入居が判明した場合の措置

　上記アに反し、暴力団員であるにもかかわらず偽って入居していることが判明した場合には、公営住宅法32条1項1号（入居者が不正の行為によって入居したときには、明渡しを請求することができる旨の規定）に該当するものとして、明渡請求を行うとともに、明渡請求後も退去しない場合には同条3項に基づく損害賠償請求を行うなど、法に基づき厳正に対処するものとする。

ウ　現に入居中の暴力団員に対する措置

　公営住宅に現に入居している者が暴力団員であることが判明した場合には，その自主的な退去の促進に努めるものとする。

（4）地方公共団体の対応

　上記（3）の通知を受けて，各地方公共団体のうち，平成20年4月1日時点で44都道府県（全体の約94％），15政令市（約88％），652市区町村（約39％）が条例制定又は改正により公営住宅からの暴力団排除を実施した。[注7]

（5）西宮市の対応

　西宮市では，平成19年12月の西宮市議会定例会において，本件条例に暴力団員の排除に係る条項（本件条例46条1項6号）を設けるなどの改正条例案が提出され[注8]，可決，成立し（本件条例46条1項6号），公布の日から施行された。

　もっとも，西宮市においては，上記条項を「市営住宅」の明渡しに関する条文のところ（本件条例46条1項）に設けた。そのため，同条項は，単に公営住宅法の適用を受ける公営住宅にとどまらず，広く「市営住宅」一般について適用されることとなった。

　また，西宮市においては，上記条例改正に際し，暴力団員の排除に係る条項の適用について特段の経過措置等を設けなかった。そのため，同条項は，現に入居している者に対しても適用されることとなった（したがって，本件のY1に対しても適用されることとなった。なお，国土交通省住宅局長の前記通知では，現に入居している者に対しては「その自主的な退去の促進に努める」とするにとどめていた。）。

　2　暴力団員の排除に関する法令等

　暴力団員の排除に関する法令等としては，公営住宅関係以外にも，次のものがある。

（1）暴力団対策法

　暴力団対策法は，平成3年に制定された法律である。これは，暴力団のうち規制の対象となるものを指定し（同法3条），その構成員である暴力団員

〔8〕西宮市営住宅条例（平成9年西宮市条例第44号）46条1項柱書き及び同項6号の規定のうち、入居者が暴力団員であることが判明した場合に市営住宅の明渡しを請求することができる旨を定める部分と憲法14条1項　その他

の暴力的要求行為を禁止するとともに（同法9条），これに違反した者に対して公安委員会が中止等を命令し（同法11条），暴力団の対立抗争時における暴力団事務所の使用制限を命令すること（同法15条）などを定めたものである。^(注9)

（2）資格要件

　暴力団対策法の施行後，各種の法令において，一定の資格，許可，承認等における欠格事由に「暴力団対策法にいう暴力団員」であることを掲げる例が相次いだ。このうち法律レベルでの規定だけでも，現在，貸金業法，割賦販売法，債権管理回収業に関する特別措置法など全部で30本以上の立法例がある。^(注10)

（3）政府指針

　平成19年6月19日，犯罪対策閣僚会議幹事会申合せとして，「企業が反社会的勢力による被害を防止するための指針」（政府指針）が取りまとめられた。この政府指針では，企業に対する指針として，反社会的勢力とは取引関係を含めて一切の関係を持たないことや，契約書及び取引約款に暴力団排除条項（暴力団員が取引の相手方となることを拒絶する旨や，取引開始後に暴力団員であることが判明した場合には契約を解除することができる旨の条項）を導入することなどが示されている。

（4）各都道府県の暴力団排除条例

　上記(3)の政府指針の後，各都道府県において，暴力団の利用や暴力団員との取引を禁止する旨の「暴力団排除条例」が制定されるようになり，平成23年10月までに全都道府県で制定，施行されている。

　暴力団排除条例の具体的な内容は都道府県によって若干違いがあるものの，おおむね，①暴力団員に対する利益供与の禁止，②商取引からの暴力団排除の推進（契約の相手方が暴力団員でないことを確認するよう努めること，暴力団排除条項の導入に努めること等），③暴力団事務所として使用されることを知って暴力団員に対して不動産を譲渡又は賃貸することの禁止，④これら

に違反した場合の措置等を設けたものとなっている。^(注11)

3 憲法上の問題の指摘

(1) このような暴力団員の排除に関する法令等のうち，特に暴力団排除条例や，公営住宅条例中の暴力団員の排除に係る条項については，単に暴力的行為等を規制するだけでなく，商取引や公営住宅からの排除という日常生活面での幅広い排除を含むものである。そのため，以下のとおり，憲法上問題があるのではないかとの指摘がされている。^(注12)

- 「『暴排条例』は，権力者が国民のあいだに線引きをおこない，特定の人びとを社会から排除しようとするものである。これは，すべての人びとがもつ法の下で平等に生きていく権利を著しく脅かすものである。」^(注13)

- 「全国都道府県で施行されているいわゆる『暴力団排除条例』については，国の基本法である憲法が保障した結社の自由や基本的人権に関わる内容を，立法府における手続を経ずに制限するものとなっているという意見がある。」^(注14)

- 「暴排条例にしても，人権上，危うい面が少なくない。暴力団に人権はない，との意見も聞かれるが，なりたくて暴力団員になっている人ばかりではない。……暴力団員の多くは，年収200万円以下の低所得者層とみられていることも見落とせない。それなのに，公営住宅から締め出し，銀行の口座も使わせず，宿泊もさせず，神社仏閣での供養や参拝もさせないというのは，いささか行き過ぎではないか。」^(注15)

- 「2011年に全国で暴力団排除条例が出揃ったことを背景として，暴力団員の生活基盤を根こそぎ奪うような事態が社会全般に浸透しつつあります。……これは，人権侵害の最たるものです。」，「暴力団員の中には貧しい人も数多くいます。その人たちは，自宅を所有することはできません。しかし現在，暴力団員がアパートや公営住宅への居住を申し込んだとしても，暴力団員であることを告げれば，拒絶されてしまう。……このように，暴力団員は，住居を確保することすら困難になっているの

〔8〕西宮市営住宅条例（平成9年西宮市条例第44号）46条1項柱書き及び同項6号の規定のうち、入居者が暴力団員であることが判明した場合に市営住宅の明渡しを請求することができる旨を定める部分と憲法14条1項　その他

(注16)
です。」

　本件条例についてみても，西宮市議会において，市議会議員から「幾ら暴力団員であっても，特段の問題行動もなく，周囲を含めて平穏に生活している場合に，暴力団員であることだけをもって立ち退き請求できるかどうかについては，……憲法で保障されている基本的人権の一つである居住の権利や結社の自由に抵触する可能性が否定できません。」との発言がみられたところである。
(注17)

　なお，特に暴力団排除条例や，公営住宅条例中の暴力団員の排除に係る条項が，いずれも「法律」ではなく「条例」によることについて，「法律」で設けようとすると内閣法制局の審査を通らないとか，憲法論議を巻き起こして国会を通過しないなどという見解も一部にある。
(注18)

（2）これに対し，暴力団員に対するこのような規制については，以下のとおり，憲法上許されるとする見解も少なくない。

・「暴力団の活動から市民生活の安全を守るためにはこういった形での区別を行うということは合理的な関連性がある，……『暴力団員』というカテゴリーを設けて一定の不利益を与えることもまた憲法上は許されるものと考えるのが筋ではないかと考えています。」
(注19)

・「暴力団員である以上不利益な取扱いをされてもやむを得ない，それが嫌ならば暴力団を辞めればいい，というのが今の社会における基本的な考え方となっているということであり，暴力団の排除が暴力団に対する不当な差別であるとの論理がまったく受け入れられるものではない……ことは明らかである。」
(注20)

・「〔暴力団であることで契約の締結を拒否することにつき〕不当な差別であれば，憲法14条違反……という主張もなりたちうる場合があります。」，「〔しかし〕暴力団は常習的に犯罪を行う集団であり，社会の脅威となる集団です。そのような集団やその構成員と取引をすることについて，事業者にしろ個人にせよ，社会のためにならない，あるいは後々ト

ラブルとなることを懸念して避けたいと思うことは当然ですし，また，取引することにより暴力団の活動を助長し，運営に資することとなる取引をしないこと自体が社会公益のためにもなることです。したがって，暴力団との取引を拒絶するという意思が認められないということは通常は考えられません。……暴力団との契約の締結の拒否は契約自由の原則に従い認められるのです。」(注21)

・「一部言われているところの憲法違反というのは，いろんな観点でおっしゃっているのかも分かりませんが，例えば暴力団員であるがゆえに身分による差別，憲法14条〔違反〕じゃないのかというような御指摘も確かにございますけれども，……暴力団員には暴力団を離脱する自由があります。それを自らの意思で暴力団を離脱しないで他人の人権，生命，命を狙う，そのような人たちが人権保障されるということはあり得ない。」(注22)

・「暴対法・暴排条例は，フロント企業あるいはその従業者等を暴力団員あるいはその密接関係者であるという属性によって差別する点で，憲法14条1項に違反するという考え方があり得る。しかし，……暴力団とは，『その団体の構成員……が集団的に又は常習的に暴力的不法行為等を行うことを助長するおそれがある団体』のことである（法2条2号）。してみれば，この定義においてすでに，暴力団は，いったん緩急あれば実力闘争方針を採り，対立団体からの攻勢にも積極的に対抗することが見込まれる。そして，フロント企業がそうした暴力団の外郭組織である以上，暴力団員あるいはその密接関係者であるという属性によって差別することに違憲性はないのである。」(注23)

・「〔区分所有マンションの管理規約における暴力団排除条項につき〕暴力団等に属することのみを理由に，経済的取引にとどまらず生活領域からも排除することが，日本国憲法（以下「憲法」という。）上禁止される不合理な差別（憲法14条1項）に該当するか否かという問題もある。」，

〔8〕西宮市営住宅条例(平成9年西宮市条例第44号)46条1項柱書き及び同項6号の規定のうち、入居者が暴力団員であることが判明した場合に市営住宅の明渡しを請求することができる旨を定める部分と憲法14条1項 その他

「〔しかし〕区分所有マンションの生活領域から暴力団等を排除する必要性は極めて高い一方で、区分所有者たる暴力団員が暴力団組織に属することは、その者自らが選択した結果であって、そのことを理由に当該暴力団員を排除することは、何ら憲法上禁止される差別には当たらないというべきである。」(注24)

4 下級審裁判例

(1) 本件と同種の事案の下級審裁判例として、広島地判平成20年10月21日及びその控訴審の広島高判平成21年5月29日がある(注25)。これは、広島市が、広島市市営住宅条例中の暴力団員の排除に係る条項及びその他の条項に基づき、市営住宅の入居者に対して当該市営住宅の明渡しを求めた事案である。入居者側は、暴力団員の排除に係る条項が憲法14条1項に違反する旨主張したが、広島高裁は、次のとおり判断して、広島市の請求を認容すべきものとしている。

「暴力団構成員という地位は、暴力団を脱退すればなくなるものであって社会的身分とはいえず、暴力団のもたらす社会的害悪を考慮すると、暴力団構成員であることに基づいて不利益に取り扱うことは許されるというべきであるから、合理的な差別であって、憲法14条に違反するとはいえない。」

この判決に対して入居者側が上告及び上告受理申立てをしたが、最高裁判所第一小法廷は、憲法判断を示すことなく、平成21年10月1日付けで上告棄却兼不受理決定をしている(注26)。

(2) なお、他に暴力団員の排除に関する法令等の憲法適合性が争われた下級審裁判例は少なくないが、いずれの裁判例においても、憲法に違反しないとの判断がされている(注27)。

5 本件規定と憲法14条1項(法の下の平等)

(1) 憲法14条1項について、最大判昭和39年5月27日・民集18巻4号676頁及び最大判昭和48年4月4日・刑集27巻3号265頁は、事柄の性質に応じた合理的な根拠に基づくものでない限り法的な差別的取扱いを禁止する趣旨

であるとの判示をしており，この判示は以後の最高裁判例でも基本的に踏襲されている。この点については，「最高裁が憲法適合性の判断基準につき，事柄の性質に応じた合理的な根拠に基づくか否かという以上に一般論を明確にしないことは，憲法14条1項違反が問題となる事案の多様性も踏まえた，優れて実務的な発想に基づくものといえよう」とも指摘されているところである。
(注28)

なお，憲法14条1項後段は「人種，信条，性別，社会的身分又は門地により，政治的，経済的又は社会的関係において，差別されない。」と定めるが，上記各判例は，この同項後段の列挙事由は例示的なものにすぎないとしている（したがって，前掲・広島高判平成21年5月29日が，暴力団員という地位は「社会的身分」とはいえないことをも根拠に合憲性の判断をしている点は，やや疑問が残る。）。

（2）これを本件規定についてみると，地方公共団体は，住宅が国民の健康で文化的な生活にとって不可欠な基盤であることに鑑み，低額所得者，被災者その他住宅の確保に特に配慮を要する者の居住の安定の確保が図られることを旨として，住宅の供給その他の住生活の安定の確保及び向上の促進に関する施策を策定し，実施するものである（住生活基本法1条，6条，7条1項，14条）。そうすると，地方公共団体が住宅を供給する場合において，当該住宅に入居させ又は入居を継続させる者をどのようなものとするのかについては，その性質上，地方公共団体に一定の裁量があるというべきである。

そして，暴力団員は，前記のとおり，集団的に又は常習的に暴力的不法行為等を行うことを助長するおそれがある団体の構成員と定義されているところ，このような暴力団員が市営住宅に入居し続ける場合には，当該市営住宅の他の入居者等の生活の平穏が害されるおそれを否定することはできない。
(注29)

他方において，暴力団員は，自らの意思により暴力団を脱退し，そうすることで暴力団員でなくなることが可能である。また，暴力団員が市営住宅の明渡しをせざるを得ないとしても，それは，当該市営住宅には居住すること

ができなくなるというにすぎず，当該市営住宅以外における居住についてまで制限を受けるわけではない。

本判決は，以上の諸点を考慮して，本件規定は暴力団員について合理的な理由のない差別をするものということはできないとし，本件規定は憲法14条1項に違反しないとの判断をしたものである。

6 本件規定と憲法22条1項（居住の自由）

（1）憲法22条1項は，居住・移転の自由について規定する。この居住・移転の自由は，資本主義経済を成り立たせる不可欠の要素として職業選択の自由と結び付く経済的自由の性格を持つとともに，自己の好むところに居住し移転するという点で人身の自由という側面を持ち，自由な居住・移転は他人との意思・情報の伝達や集会等への参加を目的とする場合もあって，精神的自由や幸福追求権とも関連するものである。(注30)

（2）居住の自由に関する判例として，いわゆる成田新法事件判決（最大判平成4年7月1日・民集46巻5号437頁）(注31)がある。これは，規制区域内に所在する建築物等で，多数の暴力主義的破壊活動者の集合の用に供され又は供されるおそれがある場合，運輸大臣はその使用禁止を命ずることができるとの法令の規定（新東京国際空港の安全確保に関する緊急措置法3条1項1号）につき，その憲法適合性が争われたものである。同判決は，①保護される利益を航空機の航行の安全の確保や乗客等の生命，身体の安全の確保等とし，②制限される利益を暴力主義的破壊活動者の集合の用に供する利益として，①と②を比較した上，これによってもたらされる居住の制限は「公共の福祉による必要かつ合理的なもの」であるとして，上記規定は憲法22条1項に違反しないものと判断した。

この成田新法事件判決は，「居住の自由を制限する規定の合憲性について正面から判断した初めての最高裁判決」であり，「利益較量論を合憲性の審査基準として採用」したものとされている。(注32)

（3）これを本件規定についてみると，本件規定により制限される利益は，

結局のところ，社会福祉的観点から供給される市営住宅に暴力団員が入居し又は入居し続ける利益にすぎないのであって，憲法14条1項のところで検討した諸点に照らすと，本件規定による居住の制限は，公共の福祉による必要かつ合理的なものであることが明らかといえる。

本判決は，このようなことから，本件規定は憲法22条1項に違反しないと判断したものである。

7 適用違憲（参考）

本判決は，Y_1らの適用違憲の主張に対しても判断している。この点については判示事項とはされていないが，参考までに説明を加える。

（1）法令違憲とは，法令そのものを違憲とすることをいう。これに対し，適用違憲とは，一般に，法令自体は合憲でも，それが当該事件の当事者に適用される限度において違憲であることをいう。(注33)

この適用違憲には，①法令の合憲限定解釈が不可能である場合，すなわち合憲的に適用できる部分と違憲的に適用される可能性のある部分とが不可分の関係にある場合に，違憲的適用の場合をも含むような解釈に基づいて法令を当該事件に適用するのを違憲とする類型，②法令の合憲限定解釈が可能であるにもかかわらず，法令の執行者が合憲的適用の場合に限定する解釈を行わず，違憲的に適用した，その適用行為を違憲とする類型，③法令そのものは合憲でも，その執行者が人権を侵害するような形で解釈適用した場合に，その解釈適用行為を違憲とする類型があるとされている。(注34)

もっとも，実務上，適用違憲を認めた先例は乏しく，最高裁において明示的に適用違憲であるとした先例は見当たらないのであって(注35)，原審又は原々審が適用違憲を認めた例においても，最高裁では適用違憲が否定されている。(注36)結局，最高裁の先例においては，適用違憲の可能性を示唆したものがあるというのにとどまる。(注37)

（2）本件におけるY_1らの適用違憲の主張は，要するに，Y_1は近隣住民に危険を及ぼす人物ではないし，Y_2及びY_3はそれぞれ身体に障害を有してい

〔8〕西宮市営住宅条例（平成9年西宮市条例第44号）46条1項柱書き及び同項6号の規定のうち、入居者が暴力団員であることが判明した場合に市営住宅の明渡しを請求することができる旨を定める部分と憲法14条1項　その他

るから，本件住宅及び本件駐車場の使用の終了に本件規定を適用することは憲法14条1項又は22条1項に違反するというものである。

しかしながら，本件において，Y_1は他に住宅を賃借して居住しているのであり，しかも，Y_1及びY_2は，「名義人又は同居者が暴力団員であることが判明したときは，ただちに住宅を明け渡します。」との記載のある誓約書を提出していたというのである。本判決は，このような事情を考慮して，Y_1ら主張の上記各事情については判断するまでもなく，適用違憲の主張を排斥したものである。

（3）なお，本判決の説示からすると，「他に住宅を賃借して居住している」などの特殊事情がなければ，事案によっては，適用違憲となる余地があるように思われなくもない。

しかしながら，前述のとおり，公営住宅の使用関係は「基本的には私人間の賃貸借関係と異なるところはない」（前掲・最一小判昭和59年12月13日）のであって，民法1条3項の権利濫用規定の適用もあり得るところである。そうすると，本件規定の適用が入居者にとって著しく酷となるような事案においては，そもそも明渡請求が権利の濫用に該当して許されないなどと判断されることになるのであって，適用違憲となる余地はなくなるか，あるとしても極めて限定されるのではないかと思われる。[注38]

8　本件規定と信頼関係破壊の法理（残された問題）

Y_1らは，原審において，信頼関係破壊の法理が本件規定による明渡請求の場面にも適用されることを前提に，「本件においては信頼関係を破壊しない特段の事情がある」と主張していた。そして，原審も，「信頼関係を破壊しない特段の事情があるということはできない」と判断したものの，一般論として，信頼関係破壊の法理が本件規定による明渡請求の場面にも適用され得ること自体は否定していない。[注39]

しかしながら，そもそも，信頼関係破壊の法理は，賃貸借契約において賃借権の無断譲渡・転貸や無断増改築，賃料不払等の債務不履行があった場合

に，なお解除権を制限する法理として，判例上形成されてきたものである。他方，本件規定は，このような行為をもって明渡事由とするものではなく，「暴力団員であることが判明した場合」には明渡しを求めることができるというものであり，いわば入居資格の喪失による明渡請求である。そうすると，本件規定による明渡請求の場面においては，信頼関係破壊の法理を適用すること自体，相当ではないようにも思われる。

判例上も，公営住宅の明渡請求に信頼関係破壊の法理の適用があるとしたものがあるが（前掲・最一小判昭和59年12月13日），これも無断増改築を理由とする明渡請求の事案であって，あらゆる明渡請求において信頼関係破壊の法理の適用があると判示したものではない(注40)。かえって，下級審裁判例の中には，高額所得者に対する公営住宅の明渡請求(注41)につき，信頼関係破壊の法理の適用がない旨判示したものもある(注42)。

もっとも，Y_1らは上告審ではこの点についての主張をしておらず（上告受理申立ての理由とされていない。），本判決でも触れられていない。今後に残された問題となろう。

9　本判決の意義

本判決は，公営住宅等に関する条例のうち，暴力団員の排除に係る条項の憲法適合性について，最高裁として初めての判断を示したものであり，実務上重要な意義を有することから，紹介する次第である(注43)。

(注1)　本件条例及び西宮市営住宅条例施行規則のうち関連する部分は，以下のとおりである。

〇西宮市営住宅条例（平成9年西宮市条例第44号）
（用語の定義）
　第2条　この条例において，次の各号に掲げる用語の意義は，それぞれ当該各号に定めるところによる。

〔8〕西宮市営住宅条例(平成9年西宮市条例第44号)46条1項柱書き及び同項6号の規定のうち,入居者が暴力団員であることが判明した場合に市営住宅の明渡しを請求することができる旨を定める部分と憲法14条1項　その他

(1) 市営住宅　市が建設,買取り又は借上げを行い,市民等に賃貸し,又は転貸するための次号から第7号までに規定する住宅及びその附帯施設をいう。

(2) 普通市営住宅　低額所得者に賃貸し,又は転貸するための住宅で,公営住宅法(昭和26年法律第193号。以下「法」という。)の規定による国の補助に係るものその他これに準ずる住宅をいう。

(3) 改良住宅　住宅地区改良法(昭和35年法律第84号。以下「改良法」という。)第2条第6項に規定する住宅その他これに準ずる住宅をいう。

(4) コミュニティ住宅　国土交通大臣の承認を得た整備計画に基づき施行される密集住宅市街地整備促進事業(以下「密集住宅市街地整備促進事業」という。)に係る住宅をいう。

(5) 従前居住者用住宅　国土交通大臣の承認を得た整備計画に基づき施行される住宅市街地総合整備事業(以下「住宅市街地総合整備事業」という。)に係る住宅をいう。

(6) 特別賃貸住宅　兵庫県住宅供給公社から買取りを行い,中堅所得者に賃貸するための住宅をいう。

(7) 特定公共賃貸住宅　特定優良賃貸住宅の供給の促進に関する法律(平成5年法律第52号。以下「特優賃法」という。)第18条第1項の規定に基づき建設する住宅をいう。

(8) 共同施設　法第2条第9号に規定する共同施設,改良法第2条第7項に規定する地区施設その他の市営住宅の入居者の共同の福祉のために必要な施設をいう。

(9) 店舗等　改良法第2条第1項に規定する住宅地区改良事業,密集住宅市街地整備促進事業その他これらに準ずる事業に係る店舗及び作業場をいう。

(10) 収入　公営住宅法施行令(昭和26年政令第240号。以下「政令」という。)第1条第3号に規定する収入をいう。

(11) 市営住宅建替事業　市が施行する法第2条第15号に規定する公営住宅建替事業をいう。

（普通市営住宅の入居者資格）

第7条　普通市営住宅に入居することができる者は，次の各号（老人，身体障害者その他の特に居住の安定を図る必要がある者として規則で定める者（以下「老人等」という。）にあっては第1号及び第3号から第6号まで，被災市街地復興特別措置法（平成7年法律第14号）第21条に規定する被災者等（以下「被災者等」という。）にあっては第3号）に掲げる条件を備える者とする。

（1）現に市内に住所又は勤務場所を有する者であること。

（2）現に同居し，又は同居しようとする親族（婚姻の届出をしないが事実上婚姻関係と同様の事情にある者その他婚姻の予約者を含む。第5号及び第18条において同じ。）があること。

（3）現に住宅に困窮していることが明らかな者であること。

（4）その者の収入が，次のア，イ又はウに掲げる場合に応じ，それぞれア，イ又はウに定める金額を超えないこと。

　ア　入居者が身体障害者である場合その他の特に居住の安定を図る必要があるものとして規則で定める場合　214,000円

　イ　市営住宅が，法第8条第1項若しくは第3項若しくは激甚災害に対処するための特別の財政援助等に関する法律（昭和37年法律第150号）第22条第1項の規定による国の補助に係るもの又は法第8条第1項各号のいずれかに該当する場合において市長が災害により滅失した住宅に居住していた低額所得者に転貸するため借り上げるものである場合　214,000円（当該災害発生の日から3年を経過した後は，158,000円）

　ウ　ア及びイに掲げる場合以外の場合　158,000円

（5）その者及び現に同居し，又は同居しようとする親族が暴力団員による不当な行為の防止等に関する法律（平成3年法律第77号）第2条第6号に規定する暴力団員（以下「暴力団員」という。）でないこと。

（6）前各号に掲げるもののほか，規則で定める条件

（住宅の明渡し請求）

第46条　市長は，入居者が次の各号のいずれかに該当する場合において，当該

[8] 西宮市営住宅条例（平成9年西宮市条例第44号）46条1項柱書き及び同項6号の規定のうち，入居者が暴力団員であることが判明した場合に市営住宅の明渡しを請求することができる旨を定める部分と憲法14条1項　その他

入居者に対し，当該市営住宅の明渡しを請求することができる。

（1）不正の行為により入居したとき。

（2）家賃又は割増賃料を3月以上滞納したとき。

（3）当該市営住宅，共同施設又は物置を故意に毀〔き〕損したとき。

（4）第18条第1項，第30条又は第31条第1項の規定に違反したとき。

（5）市営住宅の借上げの期間が満了するとき。

（6）暴力団員であることが判明したとき（同居者が該当する場合を含む。）。

（7）住宅を取得したとき（入居者の配偶者が取得したときを含む。）。

2　市長は，第19条第1項に規定する当該入居者と同居していた者が同項の規定に違反したときは，当該同居していた者に対し，当該市営住宅の明渡しを請求することができる。

3　前2項の規定により市営住宅の明渡しの請求を受けた者は，速やかに当該市営住宅を明け渡さなければならない。

4　市長は，普通市営住宅の入居者が第1項第1号の規定に該当することにより同項の請求を行ったときは，当該請求を受けた者に対して，入居した日から請求の日までの期間については，近傍同種の住宅の家賃の額とそれまでに支払いを受けた家賃の額との差額に年5分の割合による支払期日後の利息を付した額の金銭を徴収することができる。

5　市長は，第1項又は第2項の規定による明渡しの請求（第1項第5号の事由による明渡しの請求を除く。）を行ったときは，当該請求を受けた者に対し，請求の日の翌日から当該市営住宅の明渡しを行う日までの期間については，毎月，普通市営住宅にあっては近傍同種の住宅の家賃の額の2倍に相当する額以下で，その他の市営住宅にあっては当該市営住宅の家賃の額（改良住宅及び第9条第2項の規則で定めるコミュニティ住宅にあっては，第21条第4項の規定により定めた入居者の収入区分に応じた家賃における最高額（以下この項において「家賃最高額」という。）をいい，第32条第1項第3号に規定するコミュニティ住宅及び従前居住者用住宅にあっては，家賃最高額及び第35条第2項第2号に該当する場合の割増賃料の合計額をいう。）の2倍に相当する額以下でそれぞれ規則で定める額の金銭を徴収することができる。

6　市長は，市営住宅が第1項第5号の事由に該当することにより同項の規定による明渡しの請求を行う場合には，当該請求を行う日の6月前までに，当該入居者にその旨を通知しなければならない。

7　市長は，市営住宅の借上げに係る契約が終了する場合には，当該市営住宅の賃貸人に代わって，入居者に借地借家法（平成3年法律第90号）第34条第1項の通知をすることができる。

（使用者の資格）

第56条　集会所を使用することができる者は，次に掲げる者とする。

（1）市営住宅入居者及び同居者並びに当該市営住宅の周辺住民

（2）その他市長が適当と認める者

2　駐車場を使用することができる者は，次に掲げる条件を備える者とする。

（1）市営住宅の入居者又は同居者であること。

（2）入居者又は同居者が自ら所有し，かつ使用する自動車（市長が別に定める駐車場にあっては，入居者又は同居者が使用する自動車）を駐車させるため駐車場を必要としていること。

（3）駐車場の使用料を支払うことができること。

（4）第46条第1項第1号，第3号，第4号及び第6号に掲げるいずれの場合にも該当しないこと。

（5）家賃及び割増賃料の滞納がないこと。

3　店舗等の使用者は，次に掲げる条件を備えるときは，前項の規定にかかわらず，市営住宅の入居者又は同居者の使用を妨げない限りにおいて，駐車場を使用することができる。

（1）自ら所有し，かつ使用する自動車（市長が別に定める駐車場にあっては，店舗等の使用者が使用する自動車）を駐車させるため駐車場を必要としていること。

（2）駐車場の使用料を支払うことができること。

（3）使用する店舗等について，第64条第2項に規定する規則で定める事由に該当しないこと。

（4）店舗等の使用料の滞納がないこと。

〔8〕 西宮市営住宅条例(平成9年西宮市条例第44号)46条1項柱書き及び同項6号の規定のうち、入居者が暴力団員であることが判明した場合に市営住宅の明渡しを請求することができる旨を定める部分と憲法14条1項 その他

4 物置を使用することができる者は、物置が附設された住宅の入居者とする。

5 店舗等を使用することができる者は、改良法第2条第1項に規定する住宅地区改良事業、第2条第4号に規定する密集住宅市街地整備促進事業その他これらに準ずる事業の施行に伴い、営業する場所を失うことにより、営業を継続することができなくなった者で、当該営業の継続を希望しているものとする。ただし、当該店舗等を使用することができる者が使用せず、又は使用しなくなった場合においては、市長が定めるところにより他の者に使用させることができる。

(使用許可の取消し等)
第64条 市長は、集会所の使用者が他人に迷惑を及ぼすときその他の規則で定める事由に該当するときは、集会所の使用許可を取り消し、又は退去を命ずることができる。

2 市長は、駐車場等の使用者が使用料を滞納するときその他の規則で定める事由に該当するときは、駐車場等の使用許可を取り消し、又はその明渡しを請求することができる。

3 前項の規定により駐車場等の明渡しの請求を受けた者は、速やかに当該駐車場等を明け渡さなければならない。

4 市長は、第2項の規定により駐車場等の明渡しを請求した場合においては、当該請求を受けた者に対して、請求の日の翌日から当該駐車場等の明渡しを行うまでの期間については、毎月、その使用料の額の2倍に相当する額以下で規則で定める金銭を徴収することができる。

○西宮市営住宅条例施行規則(平成9年西宮市規則第1号)
(共同施設等の使用許可の取消等事由)
第53条 条例第64条第2項に規定する規則で定める事項は、次のとおりとする。
 (1)ないし(7) 〔略〕

（8）使用許可の条件に違反し，又はこれに基づく指示に従わないとき。
　　（9）及び(10)〔略〕

(注2)　ただし，本件におけるXの明渡請求は，この誓約書を直接の根拠とするものではなく，飽くまでも本件規定等を根拠とするものである。

(注3)　なお，原判決には「賃貸借契約」を「解除」したことによる請求である旨の記載もあるが，後述するとおり，市営住宅の使用関係は純然たる「賃貸借契約」ではない。本件の明渡通知書の記載にも照らすと，本件住宅の明渡請求が本件規定に基づくものであり，損害金の支払請求が本件条例46条5項に基づくものであることは明らかである。

(注4)　なお，本件住宅の入居者は Y_1 であって，Y_2 及び Y_3 は単なる同居者にすぎない。そして，一般に，賃借人の同居者については，原則として独立の占有はなく，そのため明渡請求の被告適格もなく，また不法占有者としての損害賠償義務も負わないと解されている（大判昭和10年6月10日・民集14巻1077頁，最二小判昭和28年4月24日・民集7巻4号414頁，最一小判昭和35年4月7日・民集14巻5号751頁）。そうすると，Y_2 及び Y_3 に対しては，そもそも明渡請求及び損害金の支払請求を行うことができないようにみえなくもない。

　　しかしながら，他方で，同居者であっても特段の事情のある場合には独立の占有を有するものとされている。下級審の裁判例でも，賃借人たる夫が服役した後も妻子が引き続き居住している事案（大阪高判昭和32年3月26日・下民集8巻3号600頁）や，賃借人たる夫が多く外泊して建物に常住せず，賃貸人もこれを知って当該建物での妻の営業開始に同意を与えていた事案（東京高判昭和44年10月16日（判時575号37頁））において，いずれも同居者（妻や子）に独立の占有を認めている。

　　本件についてみると，Y_1 自身は現実には本件住宅に居住せず，Y_2 及び Y_3 のみが居住しているというのである。そして，Y_2 及び Y_3 の側も，第1審及び原審において，独立の占有がないなどという主張を一切していない。以上のような事情から，本件の第1審及び原審は，Y_2 及び Y_3 に独立の占有があることを前提に審理を進めていたものと解される。なお，この点は上告及び上告受理申立ての理由ともされていない。

〔8〕西宮市営住宅条例（平成9年西宮市条例第44号）46条1項柱書き及び同項6号の規定のうち，入居者が暴力団員であることが判明した場合に市営住宅の明渡しを請求することができる旨を定める部分と憲法14条1項　その他

(注5)　Y_1らは，原審までは，Y_1は暴力団員ではないなどとも主張していたが，この主張も排斥されている。

(注6)　この通知に合わせて，国土交通省住宅局住宅総合整備課は，同日，「条例上公営住宅における暴力団員の排除に係る措置を明確化する場合の考え方について」と題する事務連絡を発出し，具体的な暴力団排除条項の例を紹介している。

(注7)　平成20年7月2日付け国土交通省住宅局住宅総合整備課「『公営住宅等における暴力団排除』の実施状況について」

(注8)　市議会での審議の際，西宮市役所都市局長から以下の答弁がされていた（平成19年12月12日西宮市議会定例会議事録〔http://momo2.nishi.or.jp/proceedings/〕より抜粋）。

　「本年4月，東京都町田市の都営住宅におきまして，暴力団員によります立てこもり発砲事件が発生したことを受けまして，国土交通省は警察庁と協議を行い，各自治体に対しまして，本年6月1日付国土交通省住宅局長通知がございました。この内容は，公営住宅の入居者及び周辺住民の生活の安全と平穏を確保するため，公営住宅におけます暴力団員排除の基本方針等が示されたものでございます。この通知を受けまして，本市も，条例におきまして公営住宅における暴力団員の排除に係る規定を設けるものでございます。」

(注9)　以上の規制は，いずれも指定された暴力団（指定暴力団）の構成員である暴力団員に対するものである。指定暴力団ではない暴力団の構成員である暴力団員に対しては，このような規制はなく，単に，「事業者は，……暴力団員に不当な利益を得させることがないよう努めなければならない」（暴力団対策法32条の2）などという規定があるにとどまる。

　これに対し，本件条例にいう「暴力団員」は，指定暴力団の構成員である暴力団員に限らず，指定されていない暴力団の構成員である暴力団員も対象に含めている。

(注10)　法律レベルとしては，当職が確認することができただけでも，平成26年末時点で次の35本の法律に規定がある（あいうえお順）。

・インターネット異性紹介事業を利用して児童を誘引する行為の規制等に関する法律

- 貸金業法
- 割賦販売法
- 関税法
- 競争の導入による公共サービスの改革に関する法律
- 金融商品取引法
- 警備業法
- 建設労働者の雇用の改善等に関する法律
- 公益社団法人及び公益財団法人の認定等に関する法律
- 高齢者の居住の安定確保に関する法律
- 港湾運送事業法
- 港湾労働法
- 債権管理回収業に関する特別措置法
- 裁判外紛争解決手続の利用の促進に関する法律
- 資金決済に関する法律
- 資産の流動化に関する法律
- 社債，株式等の振替に関する法律
- 酒税法
- 障害者の雇用の促進等に関する法律
- 使用済自動車の再資源化等に関する法律
- 消費者契約法
- 職業安定法
- 信託業法
- 水産業協同組合法
- 船員職業安定法
- 宅地建物取引業法
- 探偵業の業務の適正化に関する法律
- 著作権等管理事業法
- 投資信託及び投資法人に関する法律
- 特定非営利活動促進法
- 廃棄物の処理及び清掃に関する法律

〔8〕 西宮市営住宅条例（平成9年西宮市条例第44号）46条1項柱書き及び同項6号の規定のうち，入居者が暴力団員であることが判明した場合に市営住宅の明渡しを請求することができる旨を定める部分と憲法14条1項　その他

- 不動産特定共同事業法
- 保険業法
- 民間資金等の活用による公共施設等の整備等の促進に関する法律
- 民間の能力を活用した国管理空港等の運営等に関する法律

(注11)　そのため，暴力団排除条例は，それまでの「警察対暴力団」という構図を「社会対暴力団」という構図に変えたものなどと説明されている。

　なお，以上につき，大井哲也ほか編著『暴力団排除条例ガイドブック』273頁（平23），大田晃央「『東京都暴力団排除条例』の概要」ひろば65巻2号13頁（平24），後藤啓二『企業・自治体・警察関係者のための暴力団排除条例入門』42頁（平24），虎門中央法律事務所『暴力団排除条例で変わる市民生活』2頁（平24），犬塚浩ほか『暴力団排除条例と実務対応』4頁（平26），植松祐二＝薄井琢磨「契約実務の到達点と残された問題点」NBL1037号18頁（平26）。

(注12)　他に，憲法上の問題を指摘するものではないが，公営住宅条例中の暴力団員の排除に係る条項の根拠である「所得の捕捉が十分にできない」，「周辺住民の平穏と安全が脅かされる」ことにつき，説得力に欠けるなどとの疑問を示すものもある（北村喜宣「超えられない一線－公営住宅における暴力団排除」自治実務セミナー47巻10号27頁（平20））。

(注13)　青木理ほか「『暴力団排除条例』の廃止を求め，『暴対法改定』に反対する表現者の共同声明」辻井喬ほか『あえて暴力団排除に反対する』102頁（平24）

(注14)　又市征治参議院議員の平成24年5月18日付け質問主意書（第180回国会質問第116号）

(注15)　三木賢治「警察が，暴排条例の全都道府県制定を進めた理由」都市問題103巻10号50頁（平24）

(注16)　古賀康紀「『オウム新法』より苛烈な『暴力団排除条例』は合憲か？」週刊新潮平成26年3月27日号145頁

(注17)　平成22年12月13日西宮市議会定例会議事録〔http://momo2.nishi.or.jp/proceedings/〕

(注18)　宮崎学編著『メルトダウンする憲法・進行する排除社会』28頁〔青木理〕（平24），小林道雄「警察はなぜ暴力団排除条例を必要とするのか」都市問

題103巻10号67頁（平24），匿名「反社会的勢力に対する権利制限の根源とは」商事法務2012号74頁（平25）。

（注19）　橋本基弘「暴力団と人権」警察政策13巻14頁（平23）

（注20）　松坂規生「暴力団排除活動の動向」ひろば65巻2号11頁（平24）

（注21）　後藤・前掲『企業・自治体・警察関係者のための暴力団排除条例入門』107頁

（注22）　平成24年6月19日参議院内閣委員会における疋田淳参考人の発言

（注23）　安念潤司「暴対法・暴排条例によるフロント企業の規制は違憲か？」危機管理研究会編『実戦！社会vs暴力団～暴対法20年の軌跡』493頁（平25）

（注24）　犬塚ほか・前掲『暴力団排除条例と実務対応』276頁

（注25）　いずれも公刊物未登載だが，鶴巻暁「判批」東京弁護士会民事介入暴力対策特別委員会編『別冊金融・商事判例　反社会的勢力を巡る判例の分析と展開』28頁（平26）等で比較的詳細に紹介されている。

（注26）　当該入居者は市営住宅内で傷害事件や暴行事件を起こしていたものであり，広島市は，暴力団員の排除に係る条項だけでなく，「住宅の管理上必要があると認めたとき」等の条項にも基づいて明渡しを請求していたのであって，暴力団員の排除に係る条項の憲法適合性の有無にかかわらず，広島市の明渡請求は認められるべきものであった。第一小法廷が憲法判断を示すことなく上告棄却決定をしたのは，このような事案の特殊性によるものと思われる。

（注27）　暴力団対策法につき，福岡地判平成7年3月28日（判タ894号92頁），那覇地判平成7年5月17日（判タ883号124頁），京都地判平成7年9月29日（判タ900号182頁）。裁判所が暴力団事務所の使用を禁止することにつき，那覇地決平成3年1月23日（判時1395号130頁），神戸地決平成6年11月28日（判時1545号75頁）。金融機関の普通預金規定における暴力団排除条項につき，大阪高判平成25年7月2日・高裁刑集66巻3号8頁。

（注28）　伊藤正晴「時の判例」ジュリ1460号90頁（平25）

（注29）　本文前記1（2）の国土交通省の全国調査からも明らかといえよう。

（注30）　芦部信喜（高橋和之補訂）『憲法（第5版）』222頁（平23），野中俊彦ほか『憲法Ⅰ（第5版）』458頁（平24），千葉勝美「判解」最高裁判例解説民事篇平成4年度245頁。

〔8〕 西宮市営住宅条例（平成9年西宮市条例第44号）46条1項柱書き及び同項6号の規定のうち，入居者が暴力団員であることが判明した場合に市営住宅の明渡しを請求することができる旨を定める部分と憲法14条1項　その他

(注31)　成田新法事件判決以前の判例としては次のものがあるが，いずれも結論のみを判示したものにすぎない。

・最大判昭和29年10月13日・民集8巻10号1846頁

　民法597条3項（返還の時期等を定めない使用貸借の貸主はいつでも返還を請求することができるとの規定）の合憲性につき，「貸主は何時でも返還を請求することができるという趣旨を定めたのは，使用貸借が本来無償であることに基づくのであって，このため借主が賃貸借におけるような保護を受けないからといって，憲法22条同25条又は同29条のいずれにも反するものではない。」と判示し，これを合憲とした。

・最大決昭和31年10月31日・民集10巻10号1355頁

　「調停に代わる裁判の結果，居住・移転の自由が奪われた」旨の主張に対し，「憲法11条，13条，22条……の法条は，個人の自由や権利が他人の正当な権利のために制限を受けることを排除する趣旨を含むものではない」と判示し，調停に代わる裁判を容認した原判決に憲法違反はないとした。

・最三小判昭和39年12月8日・集民76号399頁

　建物収去土地明渡しを求める権利ある者が，その義務ある者に対して裁判上その義務の履行を求めることは，憲法22条に違反するものではない旨，結論のみを簡潔に判示した。

(注32)　千葉・前掲「判解」245頁

(注33)　芦部・前掲『憲法（第5版）』376頁等。これに対し，高橋和之教授は，「法令違憲／適用違憲」ではなく「文面上違憲／適用上違憲」という米国の判例における表現を用いた上，「適用上違憲」の場合には，「法律」そのものを評価するのではなく，法律により規制されようとしている「行為」が憲法上保護された行為かどうかを判断するものであるなどと説明する（高橋和之『憲法判断の方法』4頁，21頁（平7））。

(注34)　芦部・前掲『憲法（第5版）』376頁の分類であり，野中俊彦ほか『憲法Ⅱ（第5版）』317頁（平24），岩﨑邦生「判解」最高裁判例解説刑事篇平成24年度520頁（後述する堀越事件判決の調査官解説）もこれに沿う。なお，戸松秀典『憲法訴訟（第2版）』347頁（平20）は，本文上記③の類型は適用違憲ではなく「処分違憲」であるとする。また，駒村圭吾「憲法判断の方法」法セミ

673号61頁（平23）は，本文上記②の類型は適用違憲ではなく「処分違法」であり，本文上記③の類型も適用違憲ではなく「処分違憲」であるとする。

おって，本件についてこれをみると，本件規定は入居者が「暴力団員であることが判明したとき」に明渡しを求めることができるというものであり，その要件自体に解釈の幅があるわけでもなく，合憲限定解釈は困難ともいえる。したがって，本件におけるY₁らの適用違憲の主張は，本文上記①の類型に該当するのではないかと思われる。

(注35)　芦部・前掲『憲法（第5版）』378頁は，第三者所有物没収事件判決（最大判昭和37年11月28日・刑集16巻11号1593頁）を適用違憲の例とするが，異論もある上，判決文において明示的に適用違憲であるとされているわけでもない。

(注36)　猿払事件第1審判決（旭川地判昭和43年3月25日）及び控訴審判決（札幌高判昭和44年6月24日）は適用違憲を認めたが，上告審判決（最大判昭和49年11月6日）はこれを否定している。

また，堀越事件控訴審判決（東京高判平成22年3月29日）は適用違憲を認めたが，上告審判決（最二小判平成24年12月7日・刑集66巻12号1337頁）は，被告人の行為が国家公務員法上の罰則規定の構成要件に該当しないと解すべき以上，適用違憲の判断は「相当ではない」と判示している。なお，同判決には，表現の自由の規制立法における適用違憲につき，千葉勝美裁判官の補足意見が付されている。

(注37)　第三次家永教科書訴訟判決（最三小判平成9年8月29日・民集51巻7号2921頁）は，「教科書の検定が，教育に対する不当な介入を意図する目的の下に，検定制度の目的，趣旨を逸脱して行われるようなことがあれば，適用上の違憲の問題も生じ得る」として，適用違憲の可能性を示唆しつつも，当該事案においてはそのような運用がされたとは認められないとして，適用違憲の主張を退けている。

他に，個別意見において適用違憲の可能性を示唆したものとして，全農林事件判決（最大判昭和48年4月25日・刑集27巻4号547頁）における田中二郎，大隅健一郎，関根小郷，小川信雄及び坂本吉勝各裁判官の意見，大分県屋外広告物条例事件判決（最三小判昭和62年3月3日・刑集41巻2号15頁）における伊藤正己裁判官の補足意見，サラリーマン税金訴訟判決（最大判昭和60年3月

〔8〕西宮市営住宅条例（平成9年西宮市条例第44号）46条1項柱書き及び同項6号の規定のうち、入居者が暴力団員であることが判明した場合に市営住宅の明渡しを請求することができる旨を定める部分と憲法14条1項　その他

27日・民集39巻2号247頁）における同裁判官の補足意見及び島谷六郎裁判官の補足意見がある。

（注38）　改良住宅の明渡請求に関する最三小判平成24年12月25日（判時2188号18頁）も、結論としては権利の濫用に当たらない旨判断するものの、改良住宅の明渡しについての権利濫用規定の適用自体を否定しているわけではない。

（注39）　住本靖ほか『逐条解説公営住宅法〔改訂版〕』147頁（平24）も参照。

（注40）　清永利亮「判解」最高裁判例解説民事篇昭和59年度512頁、森田宏樹「判批」法協104巻1号221頁、滝澤孝臣「判解」最高裁判例解説民事篇平成2年度351頁も同旨。判決文も、「公営住宅の使用者が法の定める公営住宅の明渡請求事由に該当する行為をした場合」として、使用者の行為があることを前提としている。

（注41）　高額所得者に対する公営住宅の明渡請求の制度は、入居者の義務違反等ではなく、単に高額の収入を得ているという要件（資格要件）のみをもって明渡請求を認めるものであって、本件のような暴力団員の排除に係る条項に基づく明渡請求に類似しているといえる。

（注42）　東京高判昭和62年8月31日（判タ657号217頁）。具体的には次のとおり判示している。

「本件は被告の賃料不払、無断転貸等の義務違反に基づく明渡請求ではないから、かかる義務違反がいまだ信頼関係を破壊するに至らないものであるかどうかという意味合いにおける信頼関係の法理（これが本来の用語法である）は、その適用の余地がないことはもちろんである」

（注43）　本判決の評釈として、斎藤一久「判批」法セミ727号116頁、江原勲＝榎本洋一「判批」判例地方自治397号4頁、田中壮太「判批」NBL 1060号69頁、橋本勇「判批」自治実務セミナー54巻11号68頁、山本龍彦「判批」判例セレクト2015[I] 8頁、比山節男「判批」判例地方自治404号67頁、門田孝「判批」新・判例解説Watch 18号11頁、大沢秀介「判批」平成27年重判（ジュリ1492号）20頁、仲野武志「判批」平成27年重判（ジュリ1492号）36頁、佐々木雅寿「判批」判評689号2頁、矢田尚子「判批」判例地方自治407号81頁、内藤陽「判批」北大法学論集67巻5号298頁、岡野誠樹「判批」法学協会雑誌134巻7号1251頁がある。

（廣瀬　孝）

〔9〕 責任を弁識する能力のない未成年者が，サッカーボールを蹴って他人に損害を加えた場合において，その親権者が民法714条1項の監督義務者としての義務を怠らなかったとされた事例

(平成24年(受)第1948号　同27年4月9日第一小法廷判決　破棄自判)
(第1審大阪地裁　第2審大阪高裁　民集69巻3号455頁)

〔判決要旨〕

責任を弁識する能力のない未成年者の蹴ったサッカーボールが校庭から道路に転がり出て，これを避けようとした自動二輪車の運転者が転倒して負傷し，その後死亡した場合において，次の(1)～(3)など判示の事情の下では，当該未成年者の親権者は，民法714条1項の監督義務者としての義務を怠らなかったというべきである。

(1) 上記未成年者は，放課後，児童らのために開放されていた小学校の校庭において，使用可能な状態で設置されていたサッカーゴールに向けてフリーキックの練習をしていたのであり，殊更に道路に向けてボールを蹴ったなどの事情もうかがわれない。

(2) 上記サッカーゴールに向けてボールを蹴ったとしても，ボールが道路上に出ることが常態であったものとはみられない。

(3) 上記未成年者の親権者である父母は，危険な行為に及ばないよう日頃から通常のしつけをしており，上記未成年者の本件における行為について具体的に予見可能であったなどの特別の事情があったこともうかがわれない。

〔参照条文〕

民法709条，712条，714条

〔解　説〕

第1　事案の概要

　1　事案の要旨

〔9〕責任を弁識する能力のない未成年者が，サッカーボールを蹴って他人に損害を加えた場合において，その親権者が民法714条1項の監督義務者としての義務を怠らなかったとされた事例

本件は，自動二輪車を運転して小学校の校庭横の道路を進行していたB（当時85歳）が，その校庭から転がり出てきたサッカーボールを避けようとして転倒して負傷し，その後死亡したことにつき，同人の権利義務を承継した(注1)Xらが，上記サッカーボールを蹴ったA（当時11歳）の父母であるYらに対し，民法709条又は714条1項に基づく損害賠償を請求する事案である。

責任を弁識する能力のない未成年者がサッカーボールを蹴って他人に損害を加えた場合において，その親権者が民法714条1項の監督義務者としての義務を怠らなかったかどうかが問題となった。

2　本件の事実関係の概要等
（1）A（平成4年3月生まれ）は，平成16年2月当時，愛媛県所在のD小学校（以下「本件小学校」という。）に通学していた児童である。
（2）本件小学校は，放課後，児童らに対して校庭（以下「本件校庭」という。）を開放していた。本件校庭の南端近くには，ゴールネットが張られたサッカーゴール（以下「本件ゴール」という。）が設置されていた。本件ゴールの後方約10mの場所には門扉の高さ約1.3mの門（以下「南門」という。）があり，その左右には本件校庭の南端に沿って高さ約1.2mのネットフェンスが設置されていた。また，本件校庭の南側には幅約1.8mの側溝を隔てて道路（以下「本件道路」という。）があり，南門と本件道路との間には橋が架けられていた。本件小学校の周辺には田畑も存在し，本件道路の交通量は少なかった。
（3）Aは，平成16年2月25日の放課後，本件校庭において，友人らと共にサッカーボールを用いてフリーキックの練習をしていた。Aが，同日午後5時16分頃，本件ゴールに向かってボールを蹴ったところ，そのボールは，本件校庭から南門の門扉の上を越えて橋の上を転がり，本件道路上に出た。折から自動二輪車を運転して本件道路を西方向に進行してきたB（大正7年3月生まれ）は，そのボールを避けようとして転倒した（以下，この事故を「本件事故」という。）。

（4）Bは，本件事故により左脛骨及び左腓骨骨折等の傷害を負い，入院中の平成17年7月10日，誤嚥性肺炎により死亡した。

（5）Aは，本件事故当時，満11歳11箇月の男子児童であり，責任を弁識する能力がなかった。Yらは，Aの親権者であり，危険な行為に及ばないよう日頃からAに通常のしつけを施してきた。

3　1審及び原審の判断

（1）1審（大阪地裁平成23年6月27日判決・平成19年（ワ）第1804号，判時2123号61頁）は，Aの親権者であるYらは，民法714条1項により賠償責任を負うというべきであるとして，Xらの損害賠償請求を合計1499万円余り及び遅延損害金の連帯支払を求める限度で認容した。(注2)

1審判決は，Aの行為等について論じた後，Aは，本件事故当時，責任能力がなかったといえるとして，「本件事故によりBに生じた損害については，Aは民法712条により賠償責任を負わず，親権者としてAを監督すべき義務を負っていたYらが，民法714条1項により賠償責任を負うというべきである。」とした。このように1審判決は，Yらの監督義務の内容等については，特に説示をしていない。

（2）これに対し，Yらが控訴し，Xらも附帯控訴した。原審（大阪高裁平成24年6月7日判決・平成23年（ネ）第2294号，同第2907号，判時2158号51頁）は，上記事実関係の下において，本件ゴールに向けてサッカーボールを蹴ることはその後方にある本件道路に向けて蹴ることになり，蹴り方次第ではボールが本件道路に飛び出す危険性があるから，Yらにはこのような場所では周囲に危険が及ぶような行為をしないよう指導する義務，すなわちそもそも本件ゴールに向けてサッカーボールを蹴らないよう指導する監督義務があり，Yらはこれを怠ったなどとして，Xらの民法714条1項に基づく損害賠償請求を合計1184万円余り及び遅延損害金の連帯支払を求める限度で一部認容した。(注3)(注4)

（3）なお，本件では，Xらは，Yらに対し，上記のほか，選択的に，民法

〔9〕責任を弁識する能力のない未成年者が，サッカーボールを蹴って他人に損害を加えた場合において，その親権者が民法714条1項の監督義務者としての義務を怠らなかったとされた事例

709条に基づく損害賠償をも請求していたが，Yらの過失については，同様に監督義務違反を主張するものであった。原審は，上記のとおり，Xらの民法714条1項に基づく損害賠償請求を一部認容したため，Xらの民法709条に基づく損害賠償請求については，特に判断を示していない。

また，Xらは，1審段階では，Aに対しても，不法行為（民法709条）に基づく損害賠償請求をしていたが，1審裁判所は，Aは責任能力がないとして同請求を棄却した。1審が棄却したXらのAに対する請求部分は，控訴されずに確定しており，Aに責任能力がないことについては，当事者間で争いがなくなった。(注5)(注6)

第2　上告受理申立て理由と本判決

1　上告受理申立て理由

Yらの上告受理申立て理由（ただし，排除部分を除く。）は，原審の判断は，子どもの監督義務を負う親に対して，子どもをして遊戯行為を中止させるか，そうでなければ，無条件に監督責任を負うことを迫ったものであり，このような解釈が民法714条の解釈として誤りであることは明白であるから，原審の判断には，法令解釈の誤りがあるなどとするものである。(注7)

2　本判決

本判決は，原審の判断には判決に影響を及ぼすことが明らかな法令の違反があるとして，原判決を破棄した上，自判した。本判決は，**判示事項**記載の論点については，次のとおり判断した。

「前記事実関係によれば，満11歳の男子児童であるAが本件ゴールに向けてサッカーボールを蹴ったことは，ボールが本件道路に転がり出る可能性があり，本件道路を通行する第三者との関係では危険性を有する行為であったということができるものではあるが，Aは，友人らと共に，放課後，児童らのために開放されていた本件校庭において，使用可能な状態で設置されていた本件ゴールに向けてフリーキックの練習をしていたのであり，このようなAの行為自体は，本件ゴールの後方に本件道路があることを考慮に入れ

ても，本件校庭の日常的な使用方法として通常の行為である。また，本件ゴールにはゴールネットが張られ，その後方約10ｍの場所には本件校庭の南端に沿って南門及びネットフェンスが設置され，これらと本件道路との間には幅約1.8ｍの側溝があったのであり，本件ゴールに向けてボールを蹴ったとしても，ボールが本件道路上に出ることが常態であったものとはみられない。本件事故は，Ａが本件ゴールに向けてサッカーボールを蹴ったところ，ボールが南門の門扉の上を越えて南門の前に架けられた橋の上を転がり，本件道路上に出たことにより，折から同所を進行していたＢがこれを避けようとして生じたものであって，Ａが，殊更に本件道路に向けてボールを蹴ったなどの事情もうかがわれない。」，「責任能力のない未成年者の親権者は，その直接的な監視下にない子の行動について，人身に危険が及ばないよう注意して行動するよう日頃から指導監督する義務があると解されるが，本件ゴールに向けたフリーキックの練習は，上記各事実に照らすと，通常は人身に危険が及ぶような行為であるとはいえない。また，親権者の直接的な監視下にない子の行動についての日頃の指導監督は，ある程度一般的なものとならざるを得ないから，通常は人身に危険が及ぶものとはみられない行為によってたまたま人身に損害を生じさせた場合は，当該行為について具体的に予見可能であるなど特別の事情が認められない限り，子に対する監督義務を尽くしていなかったとすべきではない。」，「Ａの父母であるＹらは，危険な行為に及ばないよう日頃からＡに通常のしつけをしていたというのであり，Ａの本件における行為について具体的に予見可能であったなどの特別の事情があったこともうかがわれない。」として，「本件の事実関係に照らせば，Ｙらは，民法714条１項の監督義務者としての義務を怠らなかったというべきである。」とした。

そして，Ｘらの民法714条１項に基づく損害賠償請求は理由がなく，Ｘらの民法709条に基づく損害賠償請求も理由がないこととなるとして，原判決中Ｙらの敗訴部分をいずれも破棄し，１審判決中Ｙらの敗訴部分をいずれ

〔9〕責任を弁識する能力のない未成年者が，サッカーボールを蹴って他人に損害を加えた場合において，その親権者が民法714条1項の監督義務者としての義務を怠らなかったとされた事例

も取り消した上，上記取消部分に関するXらの請求をいずれも棄却し，かつ，上記破棄部分に関する承継前被上告人C（注1参照）の請求に係る附帯控訴を棄却した。

第3　説　明

1　問題の所在

責任を弁識する能力のない未成年者が他人に損害を加えた場合において，法定の監督義務者である親権者が監督義務を怠らなかったとして民法714条1項ただし書前段により免責されるのはどのようなときであるのかが問題となる。本件においても，Aの親権者であるYらが監督義務を怠らなかったか否かが問題となった。

なお，責任を問われている者が，同項にいう「責任無能力者を監督する法定の義務を負う者」に当たるか否かが問題となる事案もあるが，本件においては，Aの親権者であるYらについて上記の該当性は争われていない(注8)。

2　民法714条1項の監督義務者の責任

(1)　学説

民法714条については，家族共同体における家長の責任という団体主義的な責任を近代法の個人主義的な責任の形態に修正したものであるとされている。

学説上，通説的な理解によれば，同条は，監督義務者が自ら加害行為をしたものではないが，監督義務違反による不法行為をした点に着目して，監督義務者の自己責任を基礎とした規定であるとされる。また，監督義務違反の内容については，当該違法行為がされることの予防についての過失ではなく，責任無能力者の行為についての一般的な監督行為を怠ることを意味するなどとされ，このような広範囲に及ぶ監督義務の内容と，監督義務者がその義務を怠らなかったこと（民法714条1項ただし書前段）等の免責事由の立証責任が監督義務者の負担とされていることにより，監督義務者の責任は相当に加重されたものであると考えられている(注9)(注10)。

（2）裁判実務

実務上も，監督義務の内容は，被監督者の生活全般に及ぶ一般的な監督義務であるものとして審理されるのが通常のようであり，このように広範囲に及ぶ監督義務を怠らなかったとの免責事由の立証に成功することは極めて困難であるとされる。(注11)

最高裁においても，従前，民法714条1項ただし書による免責を明示的に認めた判例は存しない。なお，親権者の責任を否定した過去の最高裁判例として，次のものがある。

ア　最三小判昭和37年2月27日民集16巻2号407頁（判時293号14頁）

責任能力のない未成年者の親権者について，民法714条1項の監督義務者としての責任が否定された最高裁判例である。同判決は，児童らが鬼ごっこをしていた際に，加害児童が，被害児童に背負われて逃げようとし，誤って被害児童を転倒させ，傷害を負わせたという事案において，責任能力のない児童が「『鬼ごっこ』なる一般に容認される遊戯中」前記の「事情の下に他人に加えた傷害行為は，特段の事情の認められない限り，該行為の違法性を阻却すべき事由あるものと解するのが相当である」旨判断した。

加害児童の行為は違法性を欠くとして親権者の責任を否定したものであり，親権者における監督義務の内容やその履行の有無についての判断はされていない。(注12)

イ　最二小判昭和43年2月9日裁判集民事90号255頁（判時510号38頁）

親権者の免責が認められた最高裁判例として挙げられることがある。同判決は，児童らがインディアンごっこをしていた際に放たれた手製の矢が被害児童に当たったという事案において，児童らの外出に際して弓矢を現認し，その使用を禁じてその旨を約束させた被害児童の親権者について，児童らの年齢等（未就学，小学2年）をも併せ考えれば，被害児童の親権者は監督責任を果たしたものと解してよく，更に進んで弓矢を取り上げることまでしなかったからといって監督責任上の過失あるものとすることはできない旨判断

〔9〕責任を弁識する能力のない未成年者が、サッカーボールを蹴って他人に損害を加えた場合において、その親権者が民法714条1項の監督義務者としての義務を怠らなかったとされた事例

した。

監督義務違反の有無の検討に当たって、未成年者の年齢や親権者による対応を考慮した点で参考になるものであるが、当該事案は、民法722条2項の過失相殺における被害児童の親権者の監督義務違反につき、これを否定したものである。(注13)

(3) 監督義務の内容及び履行の有無の検討

上記のとおり、監督義務者の監督義務が被監督者の生活全般に及ぶものであるとしても、その内容及び履行の有無をどのように検討すべきなのかが問題となる。

この点に関し、責任能力のない未成年者の行為により火災が発生した場合における監督義務者の損害賠償責任と失火の責任に関する法律にいう重大な過失の有無について判断した最三小判平成7年1月24日民集49巻1号25頁（判時1519号87頁）は、いわゆる単純はめこみ説を採用し、責任を弁識する能力のない未成年者の行為により火災が発生した場合においては、民法714条1項に基づき、未成年者の監督義務者が火災による損害を賠償すべき義務を負うが、監督義務者に未成年者の監督について重大な過失がなかったときは、これを免れるものと解するのが相当というべきであるとし、加えて、「未成年者の行為の態様のごときは、これを監督義務者の責任の有無の判断に際して斟酌することは格別として、これについて未成年者自身に重大な過失に相当するものがあるかどうかを考慮するのは相当でない」などとした。

このように、同最判（平成7年）は、責任無能力者の行為の態様は、監督義務者による監督義務の履行の有無の判断に際して十分に考慮されるべき事柄である旨判示しており、(注14)監督義務の内容及び監督義務の履行の有無に関しては、責任無能力者の行為の態様等の事情から具体的に検討すべきことが示唆されているものといえる。

そして、下級審裁判例においても、当事者から監督義務を怠らなかった旨の主張がされている場合には、事案に応じた検討がされているものと考えら

れる。上記の最判（平成7年）の差戻審である東京高判平成8年4月30日（判時1599号82頁）においても，責任能力のない未成年者の行為の態様や，客観的な状況（未成年者は，一見して他人の所有であり，誰でも出入りすることが許されているようなものでないことが明らかな本件建物に侵入した上，付近に段ボール箱，雑誌，新聞紙など燃えやすい物が置かれていた場所において，段ボール箱の上に置いた盆のような物の上やプラスチック製の洗顔器の中で，ブックマッチを一本ずつ切り離すことなく，一個ごとに火を点けたり，新聞紙をちぎって投げ入れるなど極めて危険な態様の火遊びをした結果，火災が発生したこと），監督義務者である親権者の対応（親権者は，未成年者が，仮にも他人所有の建物に無断で侵入したり，その建物の中で危険な火遊びをするなどという，未成年者の年齢の児童でも行ってはならないことであると容易に理解できるような，違法でしかも危険性が高い行動に出ることのないよう適切な指導，注意を行うべきであるが，当該親権者は，日頃から未成年者の行動について十分な注意を払い，行動を把握し，その内容に応じた適切な指導，監督をしていたものとは認められないこと）等の諸事情について具体的に検討し，当該親権者は，未成年者の監督について重大な過失がなかったとはいえないと判断している。

（4）従前の判例に対する指摘

また，従前から，大審院判例においては，被監督者の性質（粗暴であること等）や，事故直前の行動（バットを持って遊戯に参加したこと，又は戦争ごっこに参加したこと）等から「加害行為のおそれが感知される場合に適切な監督をしなかったこと」が問題とされていたとの指摘がされている。[注15]

参考となる大審院判例として，次のようなものがある。

ア　大判昭和14年3月22日法律新聞4402号3頁

同大判（昭和14年）は，児童がバットで加害行為に及んだという事案であるが，当該児童は「性質粗暴にして本件事故以前にも他の児童を殴打する等の所為ありたる事実を認定し得ざるに非ず」，当該児童が「本件のごとくバットをもって被上告人の顔面に負傷せしむる程度に強打したる事跡とを参酌

[9] 責任を弁識する能力のない未成年者が,サッカーボールを蹴って他人に損害を加えた場合において,その親権者が民法714条1項の監督義務者としての義務を怠らなかったとされた事例

して」,「被上告人を負傷せしめたる当時バットを携えて他の児童等と遊戯せる場所に加わるに当たりては適当の監視その他相当の注意をなすを要せしものなるにかかわらずかかる注意を払えたる証左なき」(ただし,現代仮名遣い等としている。以下同)などとして,親権者の監督義務者としての責任があるものと判断している。

イ　大判昭和16年9月4日法律新聞4728号7頁

同大判(昭和16年)は,児童が戦争ごっこの際に加害行為に及んだという事案であるが,当該児童が戦争遊戯をするに当たり,親権者において「追従監督するの義務はこれなしとするも」,「元来戦争遊戯は性質上勇壮活発なるものなればその当然の結果としてややもすれば粗暴に陥りやすく遊戯者の間に身体の危険を生ぜしむるおそれなしとせざるものなるところ」,「本件事故発生当時(中略)は年齢11年7月に満たざる年少者にしてその不法行為上の責任を弁識すべき能力を具えずしかも同人は性質やや粗暴の傾ある者なるをもって(中略)これに適当なる何らかの方法により同人を監督すべき義務あるもの」などと判断している。

ウ　そして,上記の指摘を下に,監督義務の内容等においては,具体的な危険が感知される場合についての監督者の対応の仕方も問題となり得るなど(注16)とされる。加害行為が具体的に予見可能であるなど特別の事情が認められる場合においては,これに対応する監督義務の内容及びその履行の有無についても検討する必要があるものと考えられる。

(5) 検討

以上のとおり,従前の判例についての指摘等をも念頭に検討するのであれば,監督義務の内容及びその履行の有無については,事案に応じて具体的に検討すべきものであり,また,(a)責任無能力者の生活全般についてその身上を監護し教育すべき義務としての一般的な監督義務の観点と,(b)当該事故の態様・性質等に即したものとして,危険発生の予見可能性がある状況下で権利侵害の結果を回避するために必要とされる行為をすべき義務としての

具体的な監督義務の観点の双方から検討するのが相当と考えられる。

そして、これを訴訟における当事者の主張立証の在り方として検討するのであれば、監督義務者においては、（a）の一般的な監督義務及び（b）の具体的な監督義務の双方の観点から具体的に検討される内容の監督義務について、これを履行したことを主張立証する必要があるものと考えられる。

すなわち、訴訟上、被告である監督義務者である親権者は、（b）の具体的な監督義務がどのようなときに発生するか、その場合の監督義務はどのような内容か、それに対して実際に監督義務者がした履行はどのようなものであったかに関して、免責の抗弁の内容として主張することになり、例えば、具体的な監督義務の内容を特定するため、責任無能力者の行為態様のほか、客観的な状況等の前提となる事実関係について主張し、当該前提となる事実関係の下における具体的に必要な監督義務を履行したことを主張することが考えられる。他方、原告においては、具体的な監督義務の内容が被告の主張するものにとどまらないことの前提となる事実関係等について主張することが考えられる。

また、被告である親権者は、（a）の責任無能力者の行為についての一般的な監督義務についても履行しなければならないから、加えて、責任無能力者の行動に対する一般的な監督義務を尽くしたことの主張立証をする必要があるものと考えられる。

3　本件の検討

（1）以上を前提として本件を検討した場合、前記のとおり、原判決は、「校庭で遊ぶ以上どのような遊び方をしてもよいというものではないから、この点を理解させていなかった点で」、Yらが「監督義務を尽くさなかったものと評価されるのはやむを得ないところである」旨説示するが、このように、監督義務の内容について、責任無能力者の生活全般に及ぶものであるとし、本件ゴールに向かってボールを蹴らないよう指導等しない限り監督義務を怠らなかったとはいえないなどとすると、親権者が負担すべき監督義務の

〔9〕責任を弁識する能力のない未成年者が、サッカーボールを蹴って他人に損害を加えた場合において、その親権者が民法714条1項の監督義務者としての義務を怠らなかったとされた事例

内容としていかにも厳し過ぎるものといえる。

　そして、前記のとおり、監督義務者の監督義務の内容及びその履行の有無については、（a）責任無能力者の生活全般についてその身上を監護し教育すべき義務としての一般的な監督義務の観点と、（b）当該事故の態様・性質等に即したものとして、危険発生の予見可能性がある状況下で権利侵害の結果を回避するために必要とされる行為をすべき義務としての具体的な監督義務の観点の双方から、事案に応じて具体的に検討するのが相当と考えられる。

（2）本判決は、以上を前提に、本件における未成年者の行為態様、客観的な状況、監督義務者の対応等の諸事情を検討し、「Aは、放課後、児童らのために開放されていた本件校庭において、使用可能な状態で設置されていた本件ゴールに向けてフリーキックの練習をしていた」（**判決要旨（1）**）というのであり、「本件ゴールに向けてボールを蹴ったとしても、ボールが本件道路上に出ることが常態であったものとはみられない」（**判決要旨（2）**）のであって、Aの行為が通常は人身に危険が及ぶものとはみられないものであったこと、また、親権者の直接的な監視下にない子の行動についての日頃の指導監督は、ある程度一般的なものとならざるを得ないから、通常は人身に危険が及ぶものとはみられない行為によってたまたま人身に損害を生じさせた場合は、当該行為について具体的に予見可能であるなど特別の事情が認められない限り、子に対する監督義務を尽くしていなかったとすべきではないところ、親権者であるYらは、Aに「危険な行為に及ばないよう日頃から通常のしつけをしており」、損害を発生させるに至った「Aの本件における行為について具体的に予見可能であったなどの特別の事情があったこともうかがわれない」（**判決要旨（3）**）ことから、このような事情の下においては、Yらは、監督義務者としての義務を怠らなかったというべきであるとしたものである。本判決は、本件の事案に即した監督義務の内容及びその履行の有無について具体的に検討した上、このような判断をしたものであると考えられる。

4 その他の問題

本件の1審, 原審では, 被監督者である未成年者Aに責任能力がないことは争いのないものとなっていたが, 未成年者Aの過失（注意義務違反）の有無について審理判断している。1審では, 未成年者Aも被告とされていたことから, 不法行為の成否について審理されたものと考えられるが, 未成年者Aに責任能力がないことにつき当事者間に争いのない原審においても, 同様の検討がされたものである。

この点につき, 民法714条1項の監督義務者の責任の要件に関して, 責任能力のない加害行為者の故意・過失を必要とするか否かについては, 同項に基づく責任を問うためには, 前提として加害者の行為が過失あるものと評価されるものでなければならないとする必要説と, 重要なのは監督義務者の過失であり, 責任無能力者の行為が故意・過失ありと評価されるかどうかは重要ではないなどとする不要説などがある。また, 前記の最判（平成7年）においては, 民法714条1項の「規定の趣旨は, 責任を弁識する能力のない未成年者の行為については過失に相当するものの有無を考慮することができず, そのため不法行為の責任を負う者がなければ被害者の救済に欠けるところから, その監督義務者に損害の賠償を義務づけるとともに, 監督義務者に過失がなかったときはその責任を免れさせることとしたものである」と説示されており, 一つの参考になるものと考えられる。今後の民法714条1項の監督義務者の責任に係る訴訟の審理においては, この点についても留意を要するものと考えられる。

5 本判決の意義等

本判決は, 民法714条1項の監督義務者の責任に関して, 同項ただし書前段による免責を最高裁として初めて明示的に認めた判決である。事例判例ではあるが, 同条1項に係る監督義務者の監督義務の内容及びその履行の有無に関し, 責任無能力者の行為態様や, 客観的状況, 監督義務者の対応等の諸事情を考慮して具体的に判断したものとして実務上重要な意義を有するもの

〔9〕責任を弁識する能力のない未成年者が，サッカーボールを蹴って他人に損害を加えた場合において，その親権者が民法714条1項の監督義務者としての義務を怠らなかったとされた事例

と考えられる。(注18)

(注1) Bの相続人は，妻であるC（承継前被上告人）及び子であるXらである。C（承継前被上告人）は，1審段階において，Xらとともに原告となり，Yらに対して本件訴訟を提起し，原審段階においても，被控訴人兼附帯控訴人となったが，本件の上告審係属中に訴訟承継が生じ，Xらの一部がその訴訟承継人となった。

(注2) 1審判決は，Yらの民法714条1項に基づく責任や，本件事故とBの死亡との間の相当因果関係を認め，本件の請求を，承継前被上告人C（注1参照）について552万円余り及び遅延損害金の，Xらについて各236万円余り及び遅延損害金の各連帯支払を求める限度で一部認容した。

(注3) 原判決は，Yらの民法714条1項に基づく責任や，本件事故とBの死亡との間の相当因果関係を認めるなどした上で，損害につき，素因減額及び過失相殺65％等を行った。そして，Yらの各控訴及び承継前被上告人Cの附帯控訴に基づいて，1審判決を変更し，本件の請求を，合計1184万円余り（Cについて557万円余り，Xらについて各156万円余り）及び遅延損害金の各連帯支払を求める限度で一部認容した。

(注4) 原判決は，Aの行為の違法性等についても論じており，「本件では，校庭と公道（本件道路）の近接状況，ゴールの位置，フェンスや門扉の高さ，本件道路の通行の状況などを総合すると，Aは，校庭からボールが飛び出す危険のある場所で，逸れれば校庭外に飛び出す方向へ，逸れるおそれがある態様でボールを蹴ってはならない注意義務を負っていたというべきである。注意義務の有無・内容は，具体的な状況の下で，予想される危険性との関係において個別的具体的に決定されるものであるから，ボールを蹴る者が競技上の定位置からゴールに向かってボールを蹴ったからといって，違法性が阻却されたり，過失が否定されるものではない。」，「また，本件校庭と本件道路の位置関係からすると，サッカーボールが飛び出すことや，Bの自動二輪車の進行の妨げとなり転倒事故が生じ得ることも，予見可能であったというべきである。」などとした。

また，原判決は，Yらが監督義務者としての義務を怠らなかったか否かにつ

いては,「子供が遊ぶ場合でも,周囲に危険を及ぼさないよう注意して遊ぶよう指導する義務があったものであり,校庭で遊ぶ以上どのような遊び方をしてもよいというものではないから,この点を理解させていなかった点で」,Yらが「監督義務を尽くさなかったものと評価されるのはやむを得ないところである。」などと判断した。

(注5) 本件では,Aに責任能力がないことについて,当事者間で争いがないことから,責任能力のある未成年者の不法行為と監督義務者の不法行為責任に関する判例(最高裁判所昭和47年(オ)第1067号同49年3月22日第二小法廷判決・民集28巻2号347頁参照)とは事案を異にするものである。

(注6) 本件では,Xらは,本件小学校の設置者である地方公共団体に対する国家賠償請求はしていない。上記地方公共団体は,本件において,Yらの補助参加人であったが,特に有意な主張をしていたものではない。

(注7) Yらは,上告受理申立て理由として,他に,判例違背や,違法性に関する法令解釈の誤り,過失に関する法令解釈の誤り,因果関係に関する判例違背及び法令解釈の誤り等を主張したが,いずれも排除された。

(注8) 法定の監督義務者(民法714条1項)について,責任無能力者である未成年者においては,親権者(民法820条),親権代行者(民法833条,867条),未成年後見人(民法857条)等がこれに該当するとされる(遠藤浩編『基本法コンメンタール債権各論Ⅱ 事務管理・不当利得・不法行為・製造物責任法』(日本評論社,第4版新条文対照補訂版,平成17年)70頁)。

なお,認知症の者を含む精神障害者の不法行為に関して,その親族が同条所定の法定の監督義務者又はこれに準ずべき者に当たるか等が争われた判例として,最高裁判所平成26年(受)第1434号,第1435号同28年3月1日第三小法廷判決・民集70巻3号681頁,最高裁判所昭和56年(オ)第1154号同58年2月24日第一小法廷判決・集民138号217頁がある。

(注9) 監督義務者の責任等については,我妻榮『事務管理・不当利得・不法行為』新法学全集13巻(日本評論社,昭和16年)155~157頁,松坂佐一「責任無能力者を監督する者の責任」『我妻先生還暦記念 損害賠償責任の研究 上』(有斐閣,昭和32年)160~161頁,加藤一郎『不法行為』法律学全集22-Ⅱ巻(有斐閣,増補版,昭和49年)158~160頁,163~164頁,四宮和夫『事務管

〔9〕 責任を弁識する能力のない未成年者が，サッカーボールを蹴って他人に損害を加えた場合において，その親権者が民法714条1項の監督義務者としての義務を怠らなかったとされた事例

理・不当利得・不法行為（下）』現代法律学全集10巻（青林書院，昭和60年）670～671頁，平井宜雄『債権各論Ⅱ不法行為』（弘文堂，平成4年）217～219頁，幾代通＝徳本伸一『不法行為法』（有斐閣，平成5年）191～192頁，加藤雅信『新民法大系Ⅴ　事務管理・不当利得・不法行為〔第2版〕』（有斐閣，平成17年）328～329頁，窪田充見『不法行為法』（有斐閣，平成19年）176～177頁，潮見佳男『不法行為法Ⅰ〔第2版〕』（信山社，平成21年）407～410頁，吉村良一『不法行為法〔第4版〕』（有斐閣，平成22年）192～193頁，加藤一郎編『注釈民法(19)債権(10)』（有斐閣，昭和40年）254～256頁，遠藤編・前掲（注8）69～70頁等参照。なお，免責事由の立証責任が監督義務者の負担とされていることから，監督義務者の責任は「中間責任」であるとされるが，免責の立証が困難であることから，「結果においてこの責任は，無過失責任であるといってよい」などとする見解も見られる（松坂・161頁）。

(注10)　監督義務者の責任に関する学説の状況等については，林誠司「監督者責任の再構成（一）」北大法学論集55巻6号63～105頁に詳しい。これによれば，監督者責任の帰責根拠を危険責任や保証責任に求める見解は，「一般的監督の義務と具体的加害行為の防止に関連付けられた監督義務の階層構造を認め，後者の義務違反がないとしても前者の義務違反がある限り監督義務者は責任を負うとする（四宮，平井）。」（同104頁）などと整理する。

(注11)　監督義務者の責任に関する裁判例の状況等については，林・前掲（注10）105頁以下参照。また，責任無能力者である未成年者による加害行為に関する裁判例等は，林誠司「監督者責任の再構成（三），（四）」北大法学論集56巻3号195～234頁，同4号97～134頁参照。

　なお，林・前掲（注10）105～106頁は，裁判例を分析する視点の一つとして，上記の監督義務の階層構造における二種の監督義務，すなわち「①被監督者がある程度特定化された状況下で，損害発生の危険を持つ，ある程度特定化された行為をすることを予見し，且つその危険を防止するように監督すべき義務（具体的加害行為に関連付けられた監督義務（中略））と，②被監督者の生活全般にわたって監護し，危険をもたらさないような行動をするように教育（しつけ）をする義務（一般的監督義務乃至教育義務（中略））」を挙げている。

　そして，林・56巻4号126～128頁は，責任無能力者の加害行為に関する裁判

例（失火に関するものを除く。）を分析すると，大部分は結論として親の責任を肯定しており，「子の加害行為の予見可能性を直接に基礎づけ得る事情，子の従前の『特定化された行為』の認定なくして広く親の監督義務違反が認められ，責任が肯定」されているなどとする。

(注12) なお，同最判（昭和37年）の事案においては，被害児童は，当該「鬼ごっこ」の遊戯に関与していた者であった。同最判は，この点にも言及しており，調査官解説によれば，最高裁は，加害児童は純然たる路傍の第三者に傷害を与えたのではなく，被害児童は多少なりとも「鬼ごっこ」遊戯に関与して加害児童の依頼を承諾の上加害児童を背負うとし，それによって受けた傷害である点を違法性判断の材料としたという原判決の趣旨とするところを説明したものであるなどとされている（坂井芳雄「最高裁判所判例解説昭和37年度民事篇」71～72頁）。

(注13) なお，同最判（昭和43年）の事案は，より具体的には，加害児童外が手製の弓（古竹を割り，紐を張って作製した長さ約50cmのもの）と矢（よもぎの枯茎の先端を削って作製した長さ約50cmのもので先端が削られているもの）を携えて，被害児童外の児童らと屋外においてインディアンごっこ（遊戯）をし，加害児童がほぼ4m手前から被害児童に向かって弓に矢をつがえて放ったところ，1本の矢があやまって被害児童の左眼に当たり，失明するに至ったというものである。同最判は，加害児童の行為の違法性については，その行為態様，特に重大な結果を発生するおそれがあることなどからみて社会的に是認されるものとはいえないなどとして違法性を認めている。

(注14) 高林龍「最高裁判所判例解説平成7年度民事篇（上）」30～31頁参照

(注15) 四宮・前掲（注9）675頁，加藤編・前掲（注9）259頁参照

(注16) 四宮・前掲（注9）675頁参照

(注17) 潮見・前掲（注9）55～56頁参照

(注18) 本判決の評釈として，柴田彬史・法学協会雑誌134巻1号107頁，久保野恵美子・法学教室420号52頁，ジュリスト1492号81頁，窪田充見・論究ジュリスト16号8頁，加藤雅信・民事判例XI・2015年前期91頁，松尾弘・法学セミナー733号94頁，吉村良一・私法判例リマークス53号50頁，前田陽一・民事判例XII・2015年後期102頁，法律時報89巻11号84頁，奥野久雄・中京ロイヤー

〔9〕責任を弁識する能力のない未成年者が、サッカーボールを蹴って他人に損害を加えた場合において、その親権者が民法714条1項の監督義務者としての義務を怠らなかったとされた事例

24号41頁、円谷峻・法の支配181号129頁、久須本かおり・愛知大学法学部法経論集204号129頁、山本周平・判例セレクト2015〔Ⅰ〕19頁、大澤逸平・判例時報2286号148頁、城内明・法律時報89巻2号124頁、前田太朗・新・判例解説Watch 17号103頁、柴田龍・立正大学法制研究所研究年報21号61頁、小谷昌子・帝京法学30巻1号155頁、石原達也・法学新報（中央大）122巻11・12号349頁、三木千穂・明治学院大学法科大学院ローレビュー25号137頁、明石真昭・九州国際大学法学論集23巻1-3号403頁、星野豊・月刊高校教育48巻8号76頁、大塚正之・家庭の法と裁判4号133頁、小國隆輔・判例地方自治395号90頁、山口崇・交通事故判例速報50巻5号1頁、田中壯太・NBL 1052号81頁、松本光一郎・会報（東京公証人会）平成27年6月号12頁、安達敏男＝吉川樹士・戸籍時報726号70頁、樽井利幸・市民と法98号87頁、菊池絵理・法律のひろば68巻7号57頁などがある。

（菊池　絵理）

〔10〕 音楽著作権の管理事業者が放送への利用の許諾につき使用料の徴収方法を定めるなどの行為が，独占禁止法2条5項にいう「排除」の要件である他の事業者の参入を著しく困難にする効果を有するとされた事例

（平成26年（行ヒ）第75号　同27年4月28日第三小法廷判決　棄却
　第1審東京高裁　民集69巻3号518頁）

〔判決要旨〕

音楽著作権の管理事業を行う既存の事業者が，その管理する音楽著作物の放送への利用の包括的な許諾につき，ほとんど全ての放送事業者との間で年度ごとの放送事業収入に所定の率を乗じて得られる金額又は所定の金額による使用料の徴収方法を定める利用許諾契約を締結しこれに基づくその徴収をする行為は，次の(1)～(3)など判示の事情の下では，音楽著作物の放送への利用の許諾に係る市場において，独占禁止法2条5項にいう「他の事業者の事業活動を排除」する行為の要件である他の事業者の参入を著しく困難にする効果を有する。

(1)　上記の市場においては，放送事業者にとって，上記管理事業の許可制から登録制への移行後も大部分の音楽著作権につき管理の委託を受けている当該既存の事業者との間で，包括的な許諾による利用許諾契約を締結しないことがおよそ想定し難い状況にあった。

(2)　上記の徴収方法は，当該既存の事業者の管理する音楽著作物の利用割合が使用料の金額の算定に反映されないものであるため，放送事業者が他の事業者に使用料を支払うとその負担すべき使用料の総額が増加するものであった。

(3)　当該既存の事業者による上記行為の継続期間は，7年余に及ぶものであった。

〔参照条文〕

〔10〕音楽著作権の管理事業者が放送への利用の許諾につき使用料の徴収方法を定めるなどの行為が，独占禁止法2条5項にいう「排除」の要件である他の事業者の参入を著しく困難にする効果を有するとされた事例

私的独占の禁止及び公正取引の確保に関する法律（独占禁止法）2条5項，3条，著作権等管理事業法2条，3条

〔解　説〕
第1　事案の概要
1　本件の概略

本件は，音楽著作物の著作権（以下「**音楽著作権**」という。）を有する者から委託を受けて音楽著作物の利用許諾等の音楽著作権の管理を行う事業者（以下，その管理を内容とする事業を「**音楽著作権管理事業**」といい，これを行う事業者を「**管理事業者**」という。）である一般社団法人日本音楽著作権協会(注1)（JASRAC）が，音楽著作物の放送への利用の許諾につき，その使用料（以下「**放送使用料**」という。）の徴収方法を定めて利用者らとの契約を締結しこれに基づくその徴収をする行為について，当該行為が上記の利用許諾に係る他の管理事業者の事業活動を排除するものとして「私的独占の禁止及び公正取引の確保に関する法律」（独占禁止法）2条5項所定のいわゆる排除型私的独占に該当し同法3条に違反することを理由として，平成21年2月27日付けで排除措置命令（以下「**本件排除措置命令**」という。）がされたところ，これを不服とする審判の請求を経て，公正取引委員会により，JASRACの当該行為は同項所定の排除型私的独占に該当しないとして平成24年6月12日付けで本件排除措置命令を取り消す旨の審決（以下「**本件審決**」という。）がされたため，他の管理事業者である株式会社イーライセンス（以下「**X**」という。）(注2)が，公正取引委員会を相手に，本件審決の取消し等を求めた事案である。(注3)
JASRACは，行政事件訴訟法22条1項に基づく参加人として，本件訴訟に参加した。

2　事実関係の概要
（1）JASRACによる音楽著作権管理事業の実施

JASRACは，昭和14年に設立され，「著作権に関する仲介業務に関する法律」（平成12年法律第131号による廃止前のもの）2条に基づく内務大臣の許可

を受けて，日本における唯一の管理事業者として音楽著作権管理事業を営ん
できたところ，平成13年10月に著作権等管理事業法が施行されて以降は，同
法3条に基づく文化庁長官の登録を受けたものとみなされ（同法附則3条1
項），管理委託契約約款及び使用料規程を文化庁長官に届け出て音楽著作権
管理事業を継続している。

　音楽著作権管理事業は，管理事業者が，著作者や音楽著作権を有する音楽
出版社等（以下「**著作者等**」という。）との間で管理委託契約（著作権等管理事
業法2条1項）を締結して音楽著作権の管理の委託を受けるとともに，その
管理に係る音楽著作物（以下「**管理楽曲**」という。）につきその利用を希望す
る者との間で利用許諾契約を締結してその利用を許諾し，利用許諾契約に定
められた使用料を徴収して著作者等に分配することを内容として行われるも
のである（同条2項参照）。そして，音楽著作権管理事業に係る市場は管理委
託に関するものと利用許諾に関するものとに大別されるところ，後者の市場
における上記のような管理楽曲の利用には，放送事業者による管理楽曲の放
送（放送のための複製等を含む。）への利用が含まれる（以下，このような利用
を「**放送利用**」という。また，音楽著作権管理事業に係る後者の市場のうち，放送
事業者による管理楽曲の放送利用に係る利用許諾に関するものを「**本件市場**」とい
う。）。

（2）放送利用に係る使用料の徴収方法

　放送事業者によるテレビやラジオの放送では膨大な数の楽曲が日常的に利
用されることから，放送事業者とJASRACとの間では，JASRACの管理楽
曲の全てについてその利用を包括的に許諾する利用許諾契約が締結されてい
る。このような包括的な許諾（以下「**包括許諾**」という。）による利用許諾契
約において定められる放送使用料の徴収方法としては，一般に，1曲1回ご
との料金として定められる金額（以下「**単位使用料**」という。）に管理楽曲の
利用数を乗じて得られる金額による放送使用料の徴収（以下「**個別徴収**」と
いう。）と，単位使用料の定めによることなく包括的に定められる金額（例え

〔10〕音楽著作権の管理事業者が放送への利用の許諾につき使用料の徴収方法を定めるなどの行為が、独占禁止法2条5項にいう「排除」の要件である他の事業者の参入を著しく困難にする効果を有するとされた事例

ば年間の定額又は定率による金額など）による放送使用料の徴収（以下「**包括徴収**」という。）がある。
(注7)

　JASRACの使用料規程（平成19年7月6日届出のもの）においては、放送使用料の徴収方法につき、年間の包括許諾による利用許諾契約が締結される場合とそれ以外の場合とに分けて定められており、前者の場合には包括徴収によることとされ、後者の場合には個別徴収によることとされていた。そして、上記の使用料規程において定められている包括徴収の具体的内容は、①日本放送協会及び地上波放送を行う一般の放送事業者については、当該年度の前年度における放送事業収入に所定の率(注8)を乗じて得られる金額を当該年度の放送使用料とし、②衛星放送を行う一般の放送事業者については、当該年度の前年度における衛星放送の当該チャンネルの放送事業収入（その算定ができない場合は、その全てのチャンネルの放送事業収入）に所定の率を乗じて得られる金額（これが所定の金額を下回るときは、その所定の金額）を当該年度の放送使用料とするというものであった（以下、上記①及び②のような年度ごとの放送事業収入に所定の率を乗じて得られる金額又は所定の金額による放送使用料の徴収を「**本件包括徴収**」という。）。これに対し、上記の使用料規程において定められている個別徴収の具体的内容は、1曲1回ごとの単位使用料を6万4000円（全国放送における利用時間5分ごとの金額）とするというものであり、放送事業者における年間の管理楽曲の利用数を上記の単位使用料に乗ずるとその年間の放送使用料の総額が本件包括徴収による場合に比して著しく多額になる。そこで、ほとんど全ての放送事業者は、JASRACとの間で本件包括徴収による利用許諾契約を締結している（以下、JASRACがほとんど全ての放送事業者との間で本件包括徴収による利用許諾契約を締結しこれに基づく放送使用料の徴収をする行為を「**本件行為**」という。）。
(注9)

（3）音楽著作権管理事業の自由化

　平成13年10月の著作権等管理事業法の施行による音楽著作権管理事業の許可制から登録制への移行（自由化）に伴い、Xを含む4社が同法3条に基づ

く文化庁長官の登録を受けて管理事業者となり，インタラクティブ配信やコンパクトディスク，ビデオグラム等の録音への利用につき音楽著作権管理事業を開始したが(注10)，上記の自由化後も，JASRACが大部分の音楽著作権について管理の委託を受けている状況は継続している。また，本件市場において放送使用料の収入を得て事業を行っていた管理事業者は，Xが後記(4)のとおり平成18年10月に本件市場に参入するまでは，JASRACのみであった。

(4) Xの本件市場への参入

Xは，平成14年4月からインタラクティブ配信等への利用につき音楽著作権管理事業を営んでいたところ，日本放送協会(NHK)や社団法人日本民間放送連盟(民放連)との間で，Xの管理楽曲の放送利用についてその許諾方法を包括許諾とし放送使用料の徴収方法を個別徴収とする旨をそれぞれ合意し，平成18年10月1日から放送利用に係る利用許諾の業務を開始した。その開始に先立ち，Xは，同年9月末頃，音楽コンテンツの制作等に伴い音楽著作権を保有しているA株式会社及びその子会社(以下「A社グループ」という。)との間で音楽著作権の管理委託契約を締結した。

しかし，上記管理委託契約によりXが管理の委託を受けた60曲の楽曲の中には放送利用の需要が見込まれる著名な歌手の楽曲も含まれていたにもかかわらず，首都圏のFMラジオ局を含む相当数の放送事業者がXの管理楽曲の利用を回避し又は回避しようとするなど，上記の委託に係る楽曲の放送利用の利用実績が上がらなかったため，A社グループは，平成18年12月，Xとの上記管理委託契約を解約した。

その後，Xの管理楽曲の数は，平成19年3月末時点の184曲から平成20年3月末時点の1566曲へと増加したものの(注11)，Xがその管理楽曲の放送利用をした放送事業者から徴収した放送使用料の額は，平成18年において6万6567円，平成19年において7万5640円にとどまっていた。

(5) 公正取引委員会による排除措置命令と審決

公正取引委員会は，平成21年2月27日，JASRACの本件行為につき，本

[10] 音楽著作権の管理事業者が放送への利用の許諾につき使用料の徴収方法を定めるなどの行為が、独占禁止法2条5項にいう「排除」の要件である他の事業者の参入を著しく困難にする効果を有するとされた事例

件市場における他の管理事業者の事業活動を排除するものとして独占禁止法2条5項所定の排除型私的独占に該当し同法3条に違反するとして、JASRACに対し、同法7条1項に基づき本件排除措置命令をした。(注12)本件排除措置命令は、放送事業者から徴収する放送使用料の算定において、放送番組に利用した音楽著作物の総数に占めるJASRACの管理楽曲の割合（以下「放送利用割合」という。）が当該放送使用料に反映されない方法を採用することにより、当該放送事業者が他の管理事業者にも放送使用料を支払う場合にはその負担に係る放送使用料の総額がその分だけ増加することとなるようにしている行為を取りやめるべきことなどをJASRACに対し命じたものである。

本件排除措置命令を不服としてJASRACが独占禁止法49条6項（平成25年法律第100号による改正〔以下「**平成25年改正**」という。〕前のもの）に基づき審判を請求したところ、公正取引委員会は、平成24年6月12日、JASRACの本件行為につき、本件市場における他の管理事業者の事業活動を排除する効果（以下「**排除効果**」という。）を有するものではなく、同法2条5項所定の排除型私的独占に該当するとはいえないとして、同法66条3項（平成25年改正前のもの）に基づき、本件排除措置命令を取り消す旨の本件審決をした。(注13)

3 原審の判断

原審（東京高判平成25.11.1判例時報2206号37頁）は、要旨、次のとおり判示して、JASRACの本件行為は排除効果を有するものであるとして、これと異なる判断をした本件審決を取り消した。

（1）JASRACの本件行為が本件市場における排除効果を有するか否かは、本件市場の構造、本件市場におけるJASRAC及びXの地位、音楽著作物の特性、著作者等から音楽著作権の管理の委託を受けることを競う管理委託の市場との関連性等の諸事情を総合的に考慮して判断すべきである。

（2）JASRACがほとんど全ての放送事業者との間で締結している利用許諾契約における包括徴収は、放送事業収入に一定率を乗ずる等の方法で放送

使用料の額を算定するものであり，その管理楽曲の利用割合（放送利用割合）によって変動することなく一定額に定まっている。この結果，放送事業者は，JASRACの管理楽曲を利用する場合には，その利用数がいかに増加しようとも，上記の放送使用料に追加してこれを支払う必要はないのに対し，それ以外の管理事業者の管理楽曲を利用する場合には，当該管理事業者との利用許諾契約に従って別途放送使用料の支払を余儀なくされるのであり，放送事業者において，経費削減の観点からこのような放送使用料の支払を控えようとすることは，ごく自然な経営行動である。そして，JASRACは，本件市場におけるほぼ唯一の管理事業者であり，大部分の音楽著作権について放送利用に係る管理を行っていることから，放送事業者としては楽曲を放送に利用するためにJASRACと利用許諾契約を締結しないという選択肢はあり得ない状況であったのに対し，Xは，本件市場に新規に参入している管理事業者であり，放送利用に係る管理を委託された音楽著作権の数は極めて少ない。そうすると，JASRACの本件行為は，放送事業者をして，放送使用料の追加負担を避けるために，他の管理事業者の管理楽曲の利用を回避する対応を採らせる蓋然性が高く，他の管理事業者の管理楽曲の利用を抑制する効果を有しているといえる。

　楽曲の選定については様々な要因があり，例えば，歌手や演奏者の人気度，視聴者の嗜好等により影響を受けたり，番組の性格により影響を受けたりする面があることは否定できないが，そのような特別な場合を除けば，番組の目的，内容，視聴者の嗜好等を勘案するとしても，選定の対象とされる楽曲の中に放送使用料の追加負担の不要な楽曲があれば，経済負担を考慮して追加負担の不要な楽曲が選択されることは，経済合理性に適った自然な行動といえる。

　また，首都圏のFMラジオ局を含む少なくない数の放送事業者がXの管理楽曲の利用を回避し又は回避しようとしたこと，放送事業者がそのような対応を採ったのはXへの放送使用料の支払が追加負担となることが大きな

[10] 音楽著作権の管理事業者が放送への利用の許諾につき使用料の徴収方法を定めるなどの行為が，独占禁止法2条5項にいう「排除」の要件である他の事業者の参入を著しく困難にする効果を有するとされた事例

要因であったことが認められ，Ａ社グループがＸとの管理委託契約を解約したのも上記の回避が大きな要因であったことが認められる。確かに，Ｘの管理楽曲数は増加しているものの，Ｘが放送事業者から徴収した放送使用料の金額は極めて低額であり，この事態が容易に解消するとは認められない。

（3）以上の事実を総合すれば，ＪＡＳＲＡＣの本件行為は，本件市場におけるＸの新規参入を著しく困難にしたと認められ，本件市場における他の管理事業者の事業活動を排除する効果（排除効果）を有する行為である。

第2 上告受理申立て理由と本判決

1 上告受理申立て理由

原判決に対し，公正取引委員会が上告受理申立てをし，最高裁第三小法廷はその上告を受理した。行政事件訴訟法22条1項に基づく参加人であるＪＡＳＲＡＣも，上告及び上告受理申立てをしたが，上告事件については，上告棄却決定により，上告受理申立て事件については，公正取引委員会の上記申立てに後れてされた二重上告受理申立てであることを理由とする上告不受理決定により，それぞれ終了した。

なお，本件の上告受理申立て理由のうち，独占禁止法2条5項の解釈適用の誤りをいう点以外は，上告受理決定において排除されている。上告受理決定において排除されず本判決において採り上げられた論旨は，本件行為の排除効果の有無に関する原審の判断の誤りをいうものである。

2 本判決

本判決は，ＪＡＳＲＡＣの本件行為が排除効果を有するものであるとした原審の判断を是認し，上告を棄却した。本判決のうち**判決要旨**に係る部分の判示は，次のとおりである。

（1）本件行為が独占禁止法2条5項にいう「他の事業者の事業活動を排除」する行為に該当するか否かは，本件行為につき，自らの市場支配力の形成，維持ないし強化という観点からみて正常な競争手段の範囲を逸脱するような人為性を有するものであり，他の管理事業者の本件市場への参入を著し

く困難にするなどの効果を有するものといえるか否かによって決すべきものである（最高裁平成21年(行ヒ)第348号同22年12月17日第二小法廷判決・民集64巻8号2067頁参照）。そして，本件行為が上記の効果を有するものといえるか否かについては，本件市場を含む音楽著作権管理事業に係る市場の状況，参加人（執筆者注；JASRACのこと。以下同じ）及び他の管理事業者の上記市場における地位及び競争条件の差異，放送利用における音楽著作物の特性，本件行為の態様や継続期間等の諸要素を総合的に考慮して判断されるべきものと解される。

（2）ア　前記の事実関係等（執筆者注；前記第1の2参照）によれば，参加人は，著作権等管理事業法の施行による音楽著作権管理事業の許可制から登録制への移行の時点で既にその管理委託及び利用許諾の各市場において事実上の独占状態にあったものである。そして，音楽著作権の管理においては，一般に管理楽曲に係る利用許諾や不正利用の監視，使用料の徴収や分配等を行うために多額の費用を要することなどから，他の管理事業者による上記各市場への参入は相応の困難を伴うものであり，上記の許可制から登録制への移行後も，参加人が大部分の音楽著作権につき管理の委託を受けている状況は継続していたものである。このことに加え，放送利用においては膨大な数の楽曲が日常的に利用されるものであることから，本件市場では，放送事業者にとって，上記のように大部分の音楽著作権につき管理の委託を受けている参加人との間で包括許諾による利用許諾契約を締結することなく他の管理事業者との間でのみ利用許諾契約を締結することはおよそ想定し難い状況にあったものといえる。

また，本件市場に新規に参入する他の管理事業者は自らの管理楽曲の個性を活かして供給の差別化を図るなどの方法によって既存の管理事業者と競争することとなるところ，放送事業者による放送番組に利用する楽曲の選択においては，当該放送番組の目的や内容等の諸条件との関係で特定の楽曲の利用が必要とされる例外的な場合を除き，上記の諸条件を勘案して当該放送番

[10] 音楽著作権の管理事業者が放送への利用の許諾につき使用料の徴収方法を定めるなどの行為が、独占禁止法2条5項にいう「排除」の要件である他の事業者の参入を著しく困難にする効果を有するとされた事例

組に適する複数の楽曲の中から選択されるのが通常であるということができ、このような意味において、楽曲は放送利用において基本的に代替的な性格を有するものといえる。

　イ　前記2（2）（執筆者注；前記第1の2（2）参照）のとおり、本件行為は、参加人がほとんど全ての放送事業者との間で年度ごとの放送事業収入に所定の率を乗じて得られる金額又は所定の金額を放送使用料とする本件包括徴収による利用許諾契約を締結しこれに基づく放送使用料の徴収をするというものであるところ、このような内容の利用許諾契約が締結されることにより、放送使用料の金額の算定に管理楽曲の放送利用割合が反映される余地はなくなるため、放送事業者において、他の管理事業者の管理楽曲を有料で利用する場合には、本件包括徴収による利用許諾契約に基づき参加人に対して支払う放送使用料とは別に追加の放送使用料の負担が生ずることとなり、利用した楽曲全体につき支払うべき放送使用料の総額が増加することとなる。

　そうすると、上記アのとおり、放送事業者にとって参加人との間で包括許諾による利用許諾契約を締結しないことがおよそ想定し難いことに加え、楽曲が放送利用において基本的に代替的な性格を有するものであることにも照らせば、放送事業者としては、当該放送番組に適する複数の楽曲の中に参加人の管理楽曲が含まれていれば、経済合理性の観点から上記のような放送使用料の追加負担が生じない参加人の管理楽曲を選択することとなるものということができ、これにより放送事業者による他の管理事業者の管理楽曲の利用は抑制されるものということができる。そして、参加人は、上記のとおりほとんど全ての放送事業者との間で本件包括徴収による利用許諾契約を締結しているのであるから、本件行為により他の管理事業者の管理楽曲の利用が抑制される範囲はほとんど全ての放送事業者に及ぶこととなり、その継続期間も、著作権等管理事業法の施行から本件排除措置命令がされるまで7年余に及んでいる。このように本件行為が他の管理事業者の管理楽曲の利用を抑制するものであることは、前記2（4）（執筆者注；前記第1の2（4）参照）の

とおり，相当数の放送事業者において被上告人（執筆者注；Xのこと。以下同じ）の管理楽曲の利用を回避し又は回避しようとする行動が見られ，被上告人が放送事業者から徴収した放送使用料の金額も僅少なものにとどまっていることなどからもうかがわれるものということができる。

（3）以上によれば，参加人の本件行為は，本件市場において，音楽著作権管理事業の許可制から登録制への移行後も大部分の音楽著作権につき管理の委託を受けている参加人との間で包括許諾による利用許諾契約を締結しないことが放送事業者にとっておよそ想定し難い状況の下で，参加人の管理楽曲の利用許諾に係る放送使用料についてその金額の算定に放送利用割合が反映されない徴収方法を採ることにより，放送事業者が他の管理事業者に放送使用料を支払うとその負担すべき放送使用料の総額が増加するため，楽曲の放送利用における基本的に代替的な性格もあいまって，放送事業者による他の管理事業者の管理楽曲の利用を抑制するものであり，その抑制の範囲がほとんど全ての放送事業者に及び，その継続期間も相当の長期間にわたるものであることなどに照らせば，他の管理事業者の本件市場への参入を著しく困難にする効果を有するものというべきである。

第3　説　　明

1　本件の争点について

独占禁止法3条は，一定の取引分野における競争の実質的制限という効果をもたらす行為の禁止として，不当な取引制限及び私的独占の禁止を定めている。不当な取引制限がその行為者の事業活動の相互拘束又は共同遂行によって上記の効果をもたらすものである（同法2条6項）のに対し，私的独占は，他の事業者の事業活動を排除し，又は支配することによって，上記の効果をもたらすものである（同条5項）。私的独占のうち前者を「排除型私的独占」[注17]と呼んでいる。

排除型私的独占の要件は，独占禁止法2条5項に定められているとおり，事業者が単独に又は他の事業者と結合するなどして，①他の事業者の事業活

〔10〕 音楽著作権の管理事業者が放送への利用の許諾につき使用料の徴収方法を定めるなどの行為が，独占禁止法2条5項にいう「排除」の要件である他の事業者の参入を著しく困難にする効果を有するとされた事例

動を排除すること（以下，単に「排除」という。）により，②公共の利益に反して，③一定の取引分野における競争を実質的に制限することである。

上記①の排除該当性の判断については，最二小判平成22.12.17民集64巻8号2067頁（以下「**NTT事件判決**」という。）において，当該行為が自らの市場支配力の形成，維持ないし強化という観点からみて正常な競争手段の範囲を逸脱するような人為性を有するものであり，競争者の市場への参入を著しく困難にするなどの効果（排除効果）を持つものといえるか否かによって決すべきものとされている（この判示部分は，本判決においても引用されている。）。

本件審決は，以上のような排除型私的独占の要件を踏まえ，本件行為が排除型私的独占に当たる違法な行為であるか否かを判断するための争点を，次の（a）～（d）のとおりに整理した。

（a） 本件行為は，排除効果を有するか
（b） 本件行為は，自らの市場支配力の形成，維持ないし強化という観点からみて正常な競争手段の範囲を逸脱するような人為性を有するか
（c） 本件行為は，一定の取引分野における競争を実質的に制限するものであるか
（d） 本件行為は，公共の利益に反するものであるか

本件審決は，上記（a）の争点について，本件行為は排除効果を有するものとはいえないとして，本件排除措置命令を取り消しており，上記（b）以下の争点については判断していない。また，原判決は，本件審決の上記（a）に関する判断の適否について検討の上，その判断は誤りであるとして本件審決を取り消しており，本件審決が判断していない上記（b）以下の争点については判断を示していない。

本判決は，前記第2の2のとおり，上記（a）に関する原審の判断を是認したものであるが，後述のとおり，上記（b）の争点（人為性の有無）について

も法廷意見の中で付言している。以下，これらの点について順次解説する。

2 本件行為の排除効果について

(1) 排除効果とは

　独占禁止法2条5項に定める排除とは，他の事業者の事業活動に何らかの形で不当な制約を加えてその事業活動の継続や参入を著しく困難にさせる行為であると解されており，事業者のある行為がこれに当たるというためには，他の事業者を事業活動の継続の断念や参入の回避へ誘導する効果があれば足り，事業活動の全面的な撤退や参入の阻止までは要しないとされている。(注18) そもそも排除型私的独占は，市場における他の事業者による競争的抑制を緩和させることによって市場支配力（競争水準から乖離した価格・数量その他の取引条件を自己の利益になる形で設定することができる力）を形成・維持・強化する点に特色を有するものであり，競争的抑制を加えている（加えようとしている）他の事業者を市場から駆逐したり市場への参入を断念させるまでに至らなくても，他の事業者による競争的抑制が緩和されたといえる状態に至れば足りるものと解される。(注19) このように，排除効果は，排除型私的独占の要件である排除の本質を言い表したものにほかならないものといえよう。

(2) 排除効果の有無を判断するための考慮要素

　ア　本判決は，排除効果の有無の判断に関する一般的な基準を定立することなく，本件の事案に即した考慮要素を示すにとどめている。すなわち，(a)本件市場を含む音楽著作権管理事業に係る市場の状況，(b)JASRAC及び他の管理事業者の上記市場における地位及び競争条件の差異，(c)放送利用における音楽著作物の特性，(d)本件行為の態様や継続期間等の諸要素を総合的に考慮して判断すべきものとしている。(注20)

　本判決に示された上記(a)～(d)の考慮要素は，公正取引委員会が排除型私的独占に関する独占禁止法の解釈適用の指針として作成したガイドライン「排除型私的独占に係る独占禁止法上の指針」(注21)（以下，単に「**ガイドライン**」と

〔10〕音楽著作権の管理事業者が放送への利用の許諾につき使用料の徴収方法を定めるなどの行為が，独占禁止法2条5項にいう「排除」の要件である他の事業者の参入を著しく困難にする効果を有するとされた事例

いう。）に示されている「排他的取引」に係る考慮要素（①商品に係る市場全体の状況〔市場集中度，商品の特性，規模の経済，商品差別化の程度，流通経路，市場の動向，参入の困難性等〕，②行為者及び競争者の市場における地位〔行為者の商品のシェア，ブランド力，供給余力，事業規模等〕，③排他的取引を行っている期間，排他的取引の相手方の数・シェア等，④行為の態様〔取引の条件・内容，行為者の意図・目的等〕）とも符合するものである。本判決における上記（a）～（d）の各考慮要素とガイドラインにおける上記①～④の各考慮要素を対比すると，（a）及び（c）が①に，（b）が②に，（d）が③及び④におおむね対応するものということができる。このような考慮要素の符合は，本判決が，本件行為の利用抑制効果の点に着目して，本件行為をガイドラインにいう排他的取引と同種のものと捉えていることによるものといえよう。すなわち，本件行為についてその有無が問題とされている利用抑制効果は，JASRACと放送事業者との間で締結される利用許諾契約において，放送利用割合が反映されない本件包括徴収を採用することにより，放送事業者に対し他の管理事業者の管理楽曲の利用を控えさせる効果が生ずるというものであって，仮にこのような利用抑制効果の存在が認められるとすれば，JASRACが利用許諾契約において放送事業者に対し他の管理事業者の管理楽曲の利用を制限するような条件を付しているのと，実質的に同様の効果が存することとなるものと解される。

イ　本件事案に即した考慮要素の提示

本判決に示された本件行為の排除効果の有無に関する考慮要素は，ガイドラインに示された排他的取引における考慮要素そのままではなく，本件事案に即したものとして示されている。

まず，本判決は，上記（a）の考慮要素（本件市場を含む音楽著作権管理事業に係る市場の状況）を挙げているが，これは，音楽著作物の利用許諾に関する市場が管理委託の市場と密接な関係を有することを前提としているものと考えられる。すなわち，管理事業者は著作者等から管理を委託されるという

形で仕入れた商品（楽曲）について利用者に対する利用許諾という形で供給するため，管理委託の市場においてより多くの音楽著作権につき管理の委託を受けることができれば，利用者に対して供給し得る楽曲の数が増加しその内容も多様なものとなる（すなわち供給能力が高まる）という関係にある。また，逆に，管理事業者が利用許諾の市場において利用者を囲い込むほど，著作者等にはその管理事業者に管理を委託するインセンティブがより強く働くため，管理委託の市場においても有利となる。このように，両市場は，いわゆる二面市場の構造(注22)を有することから，本件市場における排除効果の有無を判断するためには，管理委託と利用許諾の両市場（本件市場は後者に当たる。）から成る音楽著作権管理事業に係る市場全体の状況を見なければならないことになる。このことは，上記（a）の考慮要素についてのみならず，上記（b）の考慮要素（JASRAC及び他の管理事業者の上記市場における地位及び競争条件の差異）についても同様であって，ここにいう「上記市場」は，上記（a）にいう「本件市場を含む音楽著作権管理事業に係る市場」を指すものと解される。

　次に，本判決は，上記（c）の考慮要素（放送利用における音楽著作物の特性）を挙げている。これは，放送事業者が放送使用料の追加負担を避けるため他の管理事業者の管理楽曲の利用を控えるという利用抑制効果が本件行為により生ずるか否かを判断するに当たって，考慮されるべき重要な要素の一つであると解される。一般的には，著作物は個性を有するため代替性が低いものとされているが，その代替性の有無や程度は，需要者が著作物のどのような点に着目して利用するのかによっても異なるものといえ，一律に論じることはできない。本件のような放送利用については，後述するように，放送事業者が楽曲を利用する際に楽曲のどのような点に着目するのかが問題となる。(注23)

　（3）排除効果の有無に関する本判決の判断について
　　ア　本判決は，上記（2）に掲げた考慮要素のうち，まず上記（a）～（c）の

〔10〕音楽著作権の管理事業者が放送への利用の許諾につき使用料の徴収方法を定めるなどの行為が，独占禁止法2条5項にいう「排除」の要件である他の事業者の参入を著しく困難にする効果を有するとされた事例

考慮要素（（a）本件市場を含む音楽著作権管理事業に係る市場の状況，（b）JASRAC及び他の管理事業者の上記市場における地位及び競争条件の差異，（c）放送利用における音楽著作物の特性）に基づいて，次のとおり検討している。

まず，本判決は，著作権等管理事業法の施行による音楽著作権管理事業の自由化（許可制から登録制への移行）の時点で既に，管理委託及び利用許諾の各市場においてJASRACが事実上の独占状態にあったことを挙げた上，上記の自由化後も，JASRACが大部分の音楽著作権について管理の委託を受けている状況は継続したとしている。(注24)このように，JASRACが管理委託の市場において自由化後も継続して事実上の独占状態にあったことは，利用許諾の市場においても，利用者への供給能力という点で質量ともに圧倒していたことを意味する。さらに，放送利用においては，膨大な数の楽曲が日常的に利用されるので，放送事業者が楽曲の利用についてJASRACに対し逐一許諾を求めることは現実的ではなく，利用許諾契約を締結する際には許諾方法として包括許諾を選択することとなる。そうすると，上記のようなJASRACの圧倒的な供給能力がある以上，放送事業者がJASRACとの間で包括許諾による利用許諾契約を締結しないことは，およそ想定し難い状況にあったといえる。

もっとも，以上のように本件市場においてJASRACが圧倒的に優位な地位にあるとしても，他の管理事業者が本件市場に新規に参入する余地が全くないわけではない。本判決がいうように，「本件市場に新規に参入する他の管理事業者は自らの管理楽曲の個性を活かして供給の差別化を図るなどの方法によって既存の管理事業者と競争する」ことができるからである。すなわち，楽曲はそれぞれ個性を有するものであるから，他の管理事業者は，利用者の好みそうな楽曲を取り揃えることによって，自らの管理楽曲の利用の促進を図ることも可能であるといえる。

他方，放送利用における利用者（放送事業者）は，放送番組の目的や内容，視聴者の嗜好等の諸条件を勘案して適切な楽曲を選択するものといえるか

ら，上記のような諸条件に照らして適切と思われる楽曲が複数存在するならば，その複数の候補の中から適宜選択すれば足りる。そして，通常は候補となる楽曲も複数存在するであろうから，放送利用においては，このような複数候補からの選択が通常であるといえる。本判決が，「当該放送番組の目的や内容等の諸条件との関係で特定の楽曲の利用が必要とされる例外的な場合を除き，上記の諸条件を勘案して当該放送番組に適する複数の楽曲の中から選択されるのが通常である」としているのは，このような趣旨によるものと解される。要するに，放送利用における音楽著作物の特性は，楽曲の個性によって差別化され得るものであるとともに，基本的に代替性を有するものといえるのであり，このような楽曲の放送利用における性格が，後記イのとおり本件行為の利用抑制効果の有無の判断にも影響するものと考えられる。[注25]

イ　本件行為の利用抑制効果の有無

本判決は，上記アの事情を踏まえた上で，さらに，次のように本件行為の態様を考慮して，本件行為の利用抑制効果を肯定している。

すなわち，本件行為は，JASRACが「ほとんど全ての放送事業者との間で年度ごとの放送事業収入に所定の率を乗じて得られる金額又は所定の金額を放送使用料とする本件包括徴収による利用許諾契約を締結しこれに基づく放送使用料の徴収をする」というものである。本件包括徴収は，放送利用割合を問わず，つまり放送事業者によるJASRACの管理楽曲の利用が多くても少なくても一定の（所定の率又は所定の金額による）放送使用料を徴収するというものであるから，膨大な数の楽曲を日常的に利用する放送事業者は，JASRACの管理楽曲について放送使用料の増加を気にせず利用したいだけ利用できるという「使い放題のメリット」を享受することができる。このような徴収方法は，当初はJASRACと放送事業者の双方にメリットをもたらすものとして導入されたのであろうが，著作権等管理事業法の施行により新規の管理事業者の参入が可能になって以降は，本件包括徴収において放送使用料の金額の算定に管理楽曲の放送利用割合が反映される余地がないため

〔10〕音楽著作権の管理事業者が放送への利用の許諾につき使用料の徴収方法を定めるなどの行為が，独占禁止法2条5項にいう「排除」の要件である他の事業者の参入を著しく困難にする効果を有するとされた事例

に，放送事業者にとっては，他の管理事業者の管理楽曲を有料で利用すると，JASRACに対して包括的に支払う放送使用料とは別に，追加の放送使用料の負担を生じさせるものとなったといえる。

ここに，上記アで述べたような「放送事業者にとってJASRACとの間で包括許諾による利用許諾契約を締結しないことがおよそ想定し難いこと」や，「楽曲が放送利用において基本的に代替的な性格を有するものであること」などの事情を併せて考慮すると，放送事業者において，当該放送番組に適する複数の楽曲の中にJASRACの管理楽曲と他の管理事業者の管理楽曲の双方が含まれている場合に，経済合理性の観点から，放送使用料の追加負担が生ずる他の管理事業者の管理楽曲を利用せず，JASRACの管理楽曲を選択することは，当然の成り行きであるということができる。

本判決は，本件行為により，このような放送使用料の追加負担を避けようとする放送事業者において他の管理事業者の管理楽曲の利用を抑制するおそれが生じているとして，このことをもって，本件行為の利用抑制効果が生じているとしたものと解される。

ウ　利用抑制効果の程度

以上のように本件行為の利用抑制効果が存するとして，その程度が他の管理事業者の本件市場への参入を「著しく困難にする」ものといえるかに関し，本判決は，本件行為による利用抑制の範囲とその継続期間についても検討している。すなわち，JASRACは「ほとんど全ての放送事業者との間で本件包括徴収による利用許諾契約を締結しているのであるから，本件行為により他の管理事業者の管理楽曲の利用が抑制される範囲はほとんど全ての放送事業者に及ぶこととなり，その継続期間も，著作権等管理事業法の施行から本件排除措置命令がされるまで7年余に及んでいる」というものである。このように利用抑制の範囲がほとんど全ての放送事業者に及び，その継続期間が長期にわたることは，他の管理事業者にとって，本件市場において他に代わり得る取引先（放送事業者）を確保することが困難であることを意味す

るものであって，本件行為の利用抑制効果の程度が著しいものであることを基礎付ける事情であると考えられる。

（4）小括

ア　本判決は，以上の各点に関する検討に基づいて，本件行為の排除効果の有無につき次のように判断した。すなわち，JASRACの本件行為は，本件市場において，音楽著作権管理事業の自由化後も大部分の音楽著作権につき管理委託を受けているJASRACとの間で包括許諾による利用許諾契約を締結しないことが放送事業者にとっておよそ想定し難い状況の下で，その管理楽曲に係る放送使用料の金額の算定に放送利用割合が反映されない徴収方法を採ることにより，放送事業者が他の管理事業者に放送使用料を支払うとその負担すべき放送使用料の総額が増加するため，楽曲の放送利用における基本的に代替的な性格もあいまって，放送事業者による他の管理事業者の管理楽曲の利用を抑制するものであり，その抑制の範囲がほとんど全ての放送事業者に及び，その継続期間も相当の長期間にわたるものであることなどに照らせば，他の管理事業者の本件市場への参入を著しく困難にする効果（排除効果）を有するものというべきである，と判断したものである。

イ　本判決の判示からも明らかなように，本判決は，一般的な包括徴収（単位使用料の定めによることなく包括的に定められる金額による放送使用料の徴収）について判断したものではなく，JASRACが放送事業者との間の利用許諾契約において採用していた具体的な包括徴収の在り方，すなわち，年度ごとの放送事業収入に所定の率を乗じて得られる金額又は所定の金額による徴収である本件包括徴収を採用することにより，放送使用料の金額の算定に管理楽曲の放送利用割合が反映されないこととなっていた点を採り上げて判断したものと解される。そして，このような本件包括徴収を内容とする本件行為の排除効果の有無について，本判決は，①JASRACが，音楽著作権管理事業の自由化の時点でその市場における事実上の独占状態にあり，その後も大部分の音楽著作権につき管理の委託を受けていたために，管理委託の市

〔10〕音楽著作権の管理事業者が放送への利用の許諾につき使用料の徴収方法を定めるなどの行為が，独占禁止法2条5項にいう「排除」の要件である他の事業者の参入を著しく困難にする効果を有するとされた事例

場と二面市場の関係にある利用許諾の市場においても圧倒的に優位な地位にあったこと，②楽曲の放送利用における基本的に代替的な性格から，本件市場に新規に参入する他の管理事業者が自らの管理楽曲の個性を活かして行う競争にも一定の限界があることに着目し，これらを踏まえて③本件行為の態様等につき考慮した結果，本件行為は，放送事業者が他の管理事業者の管理楽曲を利用した場合に放送使用料の追加負担をもたらすことにより放送事業者による他の管理事業者の管理楽曲の利用を抑制する効果（利用抑制効果）を生じさせるものであるとし，さらに，④その効果の及ぶ範囲や程度に照らして，他の管理事業者の本件市場への参入を著しく困難にする効果（排除効果）を有するものであるとしたものと解される。(注26)

ウ　なお，本判決は，Xの管理楽曲が放送事業者から実際にどの程度利用されていたか（又はその利用が回避されていたか）という点に関しては，「本件行為が他の管理事業者の管理楽曲の利用を抑制するものであることは，前記2（4）（執筆者注；前記第1の2（4）参照）のとおり，相当数の放送事業者において被上告人の管理楽曲の利用を回避し又は回避しようとする行動が見られ，被上告人が放送事業者から徴収した放送使用料の金額も僅少なものにとどまっていることなどからもうかがわれるものということができる」としている。このような放送事業者における現実の利用回避行動の出現や，Xが徴収した放送使用料の金額が僅少であることなどの事情は，本件行為の利用抑制効果が具体的な経済活動の場面で顕在化していたことを示し，その効果の存在を実証的に裏付けるという意味において，本件行為の排除効果の存在を基礎付ける事情の一つとなり得るものといえるが，このような現実の利用回避行動等が立証できなければ利用抑制効果の存在が認められないわけではなく，あくまでも実証的な観点から補強するものとして位置付けられるにとどまるものと解される。(注27)

3　本件行為の人為性について

（1）本判決は，本件行為が排除効果を有するとの結論を示した後の「なお

書き」で，論旨外の点についても若干の言及をしている。これは，本件審決を取り消す原判決が確定することにより，公正取引委員会において本件の審判請求に対する審決をやり直すこととなる（独占禁止法82条2項〔平成25年改正前〕）ため，本件審決が取り消された後の審判（以下「**取消し後の審判**」という。）において審理の対象となる事項を示したものと解される。

本判決は，「なお書き」において，独占禁止法2条5項の排除に該当するためのもう一つの要件である人為性の有無に関し，JASRACの本件行為は別異に解すべき特段の事情のない限り人為性を有するものと解するのが相当であるとした。これはすなわち，人為性の有無に関し，取消し後の審判では特段の事情の有無について審理すれば足りることを示唆するものと解される。先に述べたように，本件審決及び原判決では排除効果以外の要件については判断されていない（前記1参照）が，それにもかかわらず，本判決が，人為性の有無について，傍論とはいえ上記のような判断を示したのは，①人為性が排除効果と密接な関係を持つ要件であり，排除効果と人為性とが一体的に判断される場合も少なくないこと，②本件行為の人為性の有無についても，その判断の基礎となる事情は原審が確定した事実関係等において既に顕れており，取消し後の審判における更なる審理を経ずに法的判断を示すことが可能であったことなどの理由によるものと考えられる。

以下，この「人為性」について若干の解説を加える。

（2）人為性の概念について

ア 一般に，事業者のある行為が独占禁止法2条5項の排除に当たるためには，その行為が排除効果を有するものであることに加え，人為性を有するものであることが必要であると解されている（これが学説上も通説とされている。）。すなわち，競争活動とは，複数の事業者が取引先の獲得を目指して，相互に他の事業者を排斥しようとする行動であるところ，良質で廉価な商品や役務を提供するという事業活動それ自体が他の事業者を排斥する側面を有しているため，排除効果を有する行為の全てを独占禁止法2条5項の排除に

[10] 音楽著作権の管理事業者が放送への利用の許諾につき使用料の徴収方法を定めるなどの行為が、独占禁止法2条5項にいう「排除」の要件である他の事業者の参入を著しく困難にする効果を有するとされた事例

該当するものとすると、正常な競争活動と評価されるべき企業の事業活動のほとんどが同項の排除に該当することとなってしまう。そこで、同項の排除に該当する行為を、人為性を有するものに限定すべきであると解されているのである。
(注28)

イ そもそも独占禁止法における私的独占の概念は、アメリカ法における独占の概念(monopolization)に由来するものであるところ、ここで禁止されているのは市場支配の状態(monopoly)ではなく市場を支配する行為(monopolize)であることから、当初は、主観的要件としての意図又は目的(intent or purpose)が必要であると解されていた。ところが、このように意識的に独占を企図し不正の利益を得ようとする行為を規制することとした結果、資本主義の発達に伴う経済力の集中が生み出す独占を許すこととなってしまい、このような経済力の集中を排して競争を復活させるために、方針転換を迫られることとなった。その結果、私的独占の成立に意図や目的等の主観的要件は不要とされることとなったのであるが、禁止の対象があくまでも人(事業者ないし事業者団体)の行為である以上、結果としての独占状態の発生のみをもって規制するわけにはいかず、行為の作為性を表すものとしてdeliberately(辞書によれば、「故意に」、「わざと」など意識性を示す言葉である。)という概念が用いられるようになった。
(注29)

このように意図や目的等の主観的要件に代わるものとして導入された要件は、当初は、市場構造が反競争的になったことそれ自体を好ましくないものとする考え方が有力であった時代の下で、「押し付けられた独占」(すなわち、独占状態が獲得された〔achieve〕ものではなく与えられた〔be thrust upon〕ものであること)を違法としないことを意味するものであったとされている。しかし、このような「押し付けられた独占」の除外というだけでは競争活動を萎縮させかねないことから、現在は、「何らかの形で競争過程への悪影響を持つ行為であることを要する」という解釈が支配的見解となっている。
(注30)

ウ そして、上記のようなアメリカ法の考え方を採り入れた日本の独占禁

止法の解釈においても，排除型私的独占の成立に意図や目的等の主観的要件は不要とされ，その代わりに，同法2条5項の排除の要件として人為性を要するものとされている。すなわち，排除型私的独占において「排除」という抑圧的な行為による独占が禁止の対象とされていることについて，その対象が狭くなりすぎないために，明白な抑圧的行為（排除の意図や目的等の主観的要件）までは要しないものとする一方で，何らかの限定を付さないと正常な競争活動に当たる行為までが同項の排除に該当してしまうこととなることから，このような正常な行為が同項の排除に該当しないようにするものとして，人為性という概念が必要となるものと解される。NTT事件判決及び本判決が，独占禁止法2条5項の排除に該当するといえるためには「自らの市場支配力の形成，維持ないし強化という観点からみて正常な競争手段の範囲を逸脱するような人為性」を有するものであることを要するとしているのも，上記のような人為性の概念に関する通説的な理解に基づくものと解されよう。(注31)(注32)

(3) 人為性を有する行為についての類型的考察

ア　上記のような人為性の概念については，近年，その内容を解明し独占禁止法2条5項の排除の意義を具体的に明らかなものにしようとする試みがみられるところである。(注33)そのような試みの一つとして，行為の類型化及び各類型に即した考察の観点から，人為性を有する行為を①市場支配力を形成・維持・強化する以外に自己の利益とはならない行為，②競争者の取引機会を減少させ，その事業活動に係る費用を引き上げ，商品の入手を困難にするなど何らかの作為性を有する方法により，競争者の競争条件を不利なものとし又はその競争能力を低下させる行為に分類するというアプローチがある。(注34)上記①の行為の例としては，不当廉売（商品を供給しなければ発生しない費用を回収できないような対価を設定する行為は，その商品の供給が増大するほど損失を拡大させるものであり，市場支配力を形成・維持・強化する以外に自己の利益とはならない行為である。），単独かつ一方的な取引拒絶（独占目的を除けば経済的

[10] 音楽著作権の管理事業者が放送への利用の許諾につき使用料の徴収方法を定めるなどの行為が，独占禁止法2条5項にいう「排除」の要件である他の事業者の参入を著しく困難にする効果を有するとされた事例

に不合理である場合）などが挙げられ，上記②の行為の例としては，抱き合わせ（主たる商品の供給に併せて従たる商品を購入させる行為は，従たる商品の市場における競争者の取引機会を減少させる行為である。），排他条件付取引（取引の相手方に対し，自己の競争者との取引を禁止し又は制限することにより，競争者の取引機会を減少させる行為である。），共同の取引拒絶，直接的妨害などが挙げられる。

本件行為は，競争者の取引機会を減少させる側面を有する行為であるので，以下においては，上記②の行為について更に検討する。

イ　抱き合わせや排他条件付取引について

まず，本件行為について検討する前に，上記②の典型例である抱き合わせや排他条件付取引などの行為について検討する。これらの行為は，その相手方の取引の自由を制約することにより競争者の取引機会を減少させるものとして，作為性を有する行為であるといえる。もっとも，市場に対する影響力の小さな事業者が行う場合や，拘束される相手方が少数であったり，拘束期間が短期間である場合などには，競争者の取引機会への影響も限定的であり，未だ正常な競争手段の範囲を越えていないと評価される可能性がある。これに対して，市場に対する影響力の大きい事業者は，他の事業者の取引機会を不当に減少させないように配慮すべきものといえるから，これに反するような態様（多数の相手方を拘束したり，拘束期間を長期にわたるものとするなど）で相手方の自由を制約する取引を行う場合には，もはや正常な競争手段の範囲を逸脱したものとして人為性が認められることとなろう。そうすると，抱き合わせや排他条件付取引などの行為についての人為性の有無は，商品に係る市場全体の状況，行為者及び競争者の市場における地位，当該行為の態様，当該行為の期間及び相手方の数など（すなわち，排除効果の有無の判断に関するのと同様の考慮要素）を総合的に考慮して判断すべきこととなるものと考えられる。そうすると，抱き合わせや排他条件付取引などの行為について，排除効果が認められるのに人為性が認められないという結果となるこ

とは通常は考え難く，法的概念としては排除効果と人為性を別個の要件として観念し得るものの，その具体的な当てはめの場面においては，排除効果の有無とは別に人為性の有無を判断する実益はほとんどないこととなり，特段の事情のない限り，これらの要件の該当性については一体的に判断するのが相当であると考えられる。

（4）人為性の有無に関する本判決の判断について

ア 以上に対し，本件行為については，抱き合わせや排他条件付取引などの行為と異なり，排除効果の有無の判断と人為性のそれとの関係について，別途の考慮を加える必要があるものと考えられる。

本判決は，本件行為の人為性の有無の判断において考慮すべき事情として，（a）大部分の音楽著作権につき管理の委託を受けているJASRACとの間で包括許諾による利用許諾契約を締結しないことが放送事業者にとっておよそ想定し難い状況の下で，（b）使用料規程において，放送事業者のJASRACとの利用許諾契約の締結において個別徴収が選択される場合にはその年間の放送使用料の総額が包括徴収による場合に比して著しく多額となるような高額の単位使用料を定め，これによりほとんど全ての放送事業者が包括徴収による利用許諾契約の締結を余儀なくされて徴収方法の選択を事実上制限される状況を生じさせるとともに，（c）包括徴収の内容につき，放送使用料の金額の算定に管理楽曲の放送利用割合が反映されない本件包括徴収とするものと定めることによって，（d）放送使用料の追加負担によって放送事業者による他の管理事業者の管理楽曲の利用を相当の長期間にわたり継続的に抑制した，という各事情を挙げている。これらの事情は，本件行為の排除効果の有無の判断において考慮すべきものとされた事情（前記2（4）参照）と多くの点において共通するものであるが，上記（b）のとおり，JASRACの使用料規程において個別徴収につき高額の単位使用料が定められているという事情についても考慮すべきものとされている点で，排除効果の有無とはその判断の基礎となる事情を若干異にするものといえる。排除効果の有無に

[10] 音楽著作権の管理事業者が放送への利用の許諾につき使用料の徴収方法を定めるなどの行為が，独占禁止法2条5項にいう「排除」の要件である他の事業者の参入を著しく困難にする効果を有するとされた事例

おいては，本件行為が「ほとんど全ての放送事業者との間で」本件包括徴収による利用許諾契約を締結するものであることを前提として，その行為が他の管理事業者の事業活動との関係でいかなる効果を有するものであるかが判断の対象とされていたのに対し，人為性の有無においては，JASRACの本件行為が正常な競争手段の範囲を逸脱するものであるか否かが判断の対象とされており，その中には，JASRACがほとんど全ての放送事業者との間で本件包括徴収による利用許諾契約を締結していること自体の評価も含まれているものと解される。

このように本判決が本件行為の人為性の有無の判断につき排除効果とは異なる事情をも考慮に加えるべきものとしているのは，本件行為が，排他条件付取引と異なり，本来的に作為性を有する行為とはいえないことによるものと考えられる。すなわち，本件行為は，JASRACが「ほとんど全ての放送事業者との間で本件包括徴収による利用許諾契約を締結しこれに基づく放送使用料の徴収をする行為」であって，それ自体をみれば，利用許諾契約の締結及び放送使用料の徴収という通常の経済活動にすぎない。このような本件行為が独占禁止法2条5項の排除の要件である人為性を有する行為と評価されるためには，その行為の在り様について更に踏み込んだ検討が必要となるものと考えられる。

この点に関する本判決の判示をみると，「放送使用料及びその徴収方法の定めの内容並びにこれらによって上記の選択の制限や利用の抑制が惹起される仕組みの在り方等に照らせば，参加人の本件行為は，別異に解すべき特段の事情のない限り，自らの市場支配力の形成，維持ないし強化という観点からみて正常な競争手段の範囲を逸脱するような人為性を有するものと解するのが相当である」とされている。本判決の上記判示は，JASRACがその使用料規程において個別徴収につき高額の単位使用料を定めたことにより，放送事業者がJASRACとの間で包括徴収による利用許諾契約を締結することを余儀なくされ，徴収方法の選択を事実上制限されていた（選択の制限を惹

起する仕組みが形成されていた）という点を踏まえた上で，このような選択の制限と，包括徴収の方法としてその放送使用料の金額の算定に放送利用割合が反映されない本件包括徴収を定めたこととが相まって，放送事業者が他の管理事業者の管理楽曲の利用を抑制することとなるよう誘導されていた（利用の抑制を惹起する仕組みが形成されていた）とし，これらの事情の考慮によって，本件行為は正常な競争手段の範囲を逸脱するような人為性を有するとしたものと解される。(注35)つまり，本件行為は，上記の事情の下では，排他条件付取引と同様に，利用許諾契約の相手方（放送事業者）の取引の自由を制約するという側面を有し，その制約を通じて競争者（他の管理事業者）の取引機会を不当に減少させていると評価することができるものであり，本判決はこのような理由から本件行為の人為性を肯定したものと解されよう。

　なお，本判決にいう「選択の制限や利用の抑制が惹起される仕組み」とは，あくまでも外形的，客観的にみてそのような仕組みが形成されていることをいうものであって，JASRACがそのような選択の制限や利用の抑制を意図していたかといった主観面を問うものではないと解される。

　イ　特段の事情について

　本判決は，「なお書き」における人為性の有無の判断について，「別異に解すべき特段の事情のない限り，……人為性を有するものと解する」という留保を付している。これは，取消し後の審判において，当事者に人為性の有無につき反論する機会を確保させるという配慮に基づくものと解される。すなわち，排除効果と人為性とは，上記のように密接な関わりを有し判断の基礎となる事情にも共通する点が多いとはいうものの，それぞれに独立した要件であることも否定できない。また，上記アのとおり，本件行為の人為性の有無の判断については，抱き合わせや排他条件付取引などの場合とは異なり，排除効果の有無の判断とは若干異なる観点からの事情の考慮も加える必要があるところ，公正取引委員会の審判ではこのような観点からの判断を経ていない。そこで，本判決は，「審級の利益」にも配慮して，当事者に対し，取

〔10〕音楽著作権の管理事業者が放送への利用の許諾につき使用料の徴収方法を定めるなどの行為が，独占禁止法2条5項にいう「排除」の要件である他の事業者の参入を著しく困難にする効果を有するとされた事例

消し後の審判において反論する機会を与えようとしたものと解される。(注36)

4 本判決後の経緯について

本判決を受けて，公正取引委員会は，平成27年6月12日，本件に関する審判手続を再開した。一方，JASRACは，同年5月8日の記者会見において，NHK及び民放連との間で包括徴収の在り方を見直すための協議に入る旨公表し，同年9月には，Xを含む管理事業者及びNHK・民放連との間で，放送事業者から全ての利用楽曲のデータを各管理事業者に提供し，各管理事業者はそのデータの中から自らの管理楽曲を特定し，これに基づいて管理事業者ごとの放送利用割合を算出して放送使用料の金額を算定する旨の合意が成立した。そして，JASRACは，平成28年9月9日，本件の審判請求を取り下げ，本件排除措置命令が確定した。(注37)

5 本判決の意義

本判決は，事例判断であるが，排除型私的独占の要件該当性について判断された数少ない例の一つとして，排除型私的独占の規制をめぐる公正取引委員会の実務やその行政処分を対象とする訴訟等に影響を及ぼすものということができ，また，本件排除措置命令，本件審決及び原判決の判断が分かれ，それぞれの判断が報道等により社会的にも注目された事件であることから，独占禁止法の解釈適用上においても，実務上においても，重要な意義を有するものと考えられる。(注38)

(注1)　「一般社団法人及び一般財団法人に関する法律」が平成20年12月に施行される前は，社団法人であった。なお，「JASRAC」の通称は，Japanese Society for Rights of Authors, Composers and Publishersの各語の頭文字によるものである。

(注2)　X（株式会社イーライセンス）は，本判決後である平成28年2月1日，管理事業者である株式会社ジャパン・ライツ・クリアランスと合併し，その商号を株式会社NexToneに変更した。

(注3)　Xは，本件訴訟において本件排除措置命令の主文の執行も求めていたが，原審は，公正取引委員会がなすべき執行行為の意義及び内容が明らかでないとして，この訴えを却下した。この点については，Xによる不服申立てがされておらず，上告審における審判の対象とされていない。

(注4)　著作権等管理事業法の制定は，当時の規制緩和政策の一環として行われたものである。平成12年1月に公表された著作権審議会「権利の集中管理小委員会」の専門部会の最終報告書によれば，著作者が著作権の管理の方法や管理団体を自ら選択できるようにする必要があるとの観点から新規参入を認めるべきものとされており，これを踏まえて著作権等管理事業法が制定されたものと解される（紋谷暢男編・JASRAC概論62～63頁，郷治友孝・コピライト2001年1月号30頁，尾崎史郎・ジュリスト1195号81頁，紋谷暢男・知財管理51巻3号417頁，著作権法令研究会・逐条解説著作権等管理事業法27～34頁）。また，国会審議の際に作成された資料によると，その当時における電子情報処理技術の発達（特に著作物の利用に係るネットワーク技術の進展）に伴い，新たな著作権ビジネスの展開の可能性があることが特に意識されていたようである（清野正哉・解説著作権等管理事業法12～14頁）。

　ところで，著作権には，複製権（著作権法21条），演奏権（同法22条）等の支分権があり，また，音楽著作物の利用形態には，放送利用のほか，録音，インタラクティブ配信，業務用通信カラオケなどに係る利用がある。JASRACは，著作権等管理事業法の施行に先立ち，約款を変更して，上記のような支分権又は利用形態による区分（利用区分）に応じて管理委託の対象となる範囲を委託者において選択できることとした。これにより，委託者は，例えば映画への録音についてはJASRAC以外の管理事業者に管理を委託し，その他の利用区分についてはJASRACに管理を委託するなどの選択をすることが可能となった（安藤和宏・知的財産法政策学研究39号182頁，田中寿・国際商事法務40巻6号885頁，著作権法令研究会・前掲204～207頁）。そこで，著作権等管理事業法の施行後における競争の在り方についても，このような利用区分ごとの競争が想定されていたようである。なお，本件で問題とされている放送利用については，国会審議における文化庁次長の答弁（国会会議録・衆ー文教委員会ー4号，平成12年11月17日）で，集中的な管理が適するという考え方も示されて

〔10〕音楽著作権の管理事業者が放送への利用の許諾につき使用料の徴収方法を定めるなどの行為が，独占禁止法2条5項にいう「排除」の要件である他の事業者の参入を著しく困難にする効果を有するとされた事例

いた。

(注5) JASRACが音楽著作権の管理の委託を受ける方法としては，著作者等との間で著作権信託契約約款に基づく信託契約を締結して著作権の信託を受けるという一任型の管理が採用されている（紋谷編〔注4〕64頁）。すなわち，著作権等管理事業法2条1項1号は，同項所定の「管理委託契約」の一つとして，「委託者が受託者に著作権又は著作隣接権（中略）を移転し，著作物等の利用の許諾その他の当該著作権等の管理を行わせることを目的とする信託契約」を定めているところ，JASRACが著作者等との間で締結している信託契約は，同号に該当すると解される。この信託契約では，委託者（著作者等）の有していた著作権は受託者（JASRAC）に信託的に移転し，JASRACは，自ら著作権者としてその著作物に関する利用許諾や使用料の徴収等を行うとともに，著作物の利用者から徴収した使用料を委託者に分配することとされている（紋谷編〔注4〕108～109頁）。

(注6) 本判決は，「放送事業者」の定義につき，「平成22年法律第65号による改正前の放送法2条3号の2に規定する放送事業者及び平成22年法律第65号による廃止前の電気通信役務利用放送法2条3項に規定する電気通信役務利用放送事業者のうち平成23年総務省令第62号による廃止前の電気通信役務利用放送法施行規則2条1号に規定する衛星役務利用放送を行う者をいう。」としている（なお，平成22年法律第65号は，放送法及び電気通信役務利用放送法を含むいわゆる放送関連4法を「放送法」として統合したものである〔鈴木秀美＝山田健太編・放送制度概論54～57頁〕。）。本判決における「放送事業者」の上記定義は，本件排除措置命令における定義にならったものであり，電気通信役務利用放送法施行規則（平成23年総務省令第62号による廃止前のもの）2条2号にいう有線役務利用放送（公衆によって直接受信されることを目的とする有線電気通信の送信であって，その全部又は一部を電気通信事業を営む者が提供する電気通信役務を利用して行うもの）を行う者は，本判決の「放送事業者」に含まれない。

(注7) 利用許諾契約の締結において放送利用の許諾方法につき包括許諾とする選択をしたからといって，放送使用料の徴収方法につき必然的に包括徴収を選択することとなるわけではない。利用許諾については包括的に行い，放送使用

料の徴収については個別に徴収することも可能である。放送使用料の徴収方法について包括徴収を選択することのメリットとしては，（a）管理事業者及び放送事業者が曲別に利用数を集計して放送使用料を算定する手間を省くことができること，（b）放送事業者が膨大な数の楽曲について放送使用料の増加を気にせず好きなだけ利用することができること（使い放題のメリット），（c）楽曲の放送利用が促進され，著作者等にとっても楽曲のプロモーション効果が期待できることなどが挙げられている。

　もっとも，これらのうち上記（a）については，包括徴収の下においても，著作者等に放送使用料を分配するために曲別の利用状況を把握する必要があることから，従来より，サンプリング調査による楽曲利用報告（対象期間内に利用された楽曲に関し，放送日，楽曲名，著作者名，演奏時間等を報告書に記載して提出するもの）が実施されており，さらに，平成15年10月からは，放送事業者が楽曲利用報告を電子的な形で報告できるシステム（J－BASS）が採用されていた。このような中で，利用状況の把握の精度を高めるため，対象期間を限定せず全ての利用楽曲について報告する全曲報告の実施も進められ，平成24年には全193社227局のうち112社120局から全曲報告を受けるに至っていた（安藤〔注4〕189～190頁）。

（注8）　原審の認定によると，本件排除措置命令の当時，所定の率は1.5％とされていた。

（注9）　「本件行為」の定義について，本件審決は，「ほとんど全ての放送事業者との間で放送使用料の徴収方法を包括徴収とする利用許諾契約を締結し，この契約に基づき，放送使用料を徴収している行為」としている。もっとも，ここにいう「包括徴収」は，一般的な意味での包括徴収（単位使用料の定めによることなく，定額又は定率によるなどして包括的に定められる額により放送使用料を徴収すること〔本判決では，このような意味で「包括徴収」の語を用いている。〕）ではなく，本件審決の表現によれば「楽曲の利用の有無や回数にかかわらず定額又は定率によって算出される包括的な使用料を徴収すること」を意味するものであって，本件排除措置命令における「本件包括徴収」の概念（放送利用割合を反映させない包括徴収）を包摂するものとなっている。本判決は，JASRACの使用料規程に定められているような年度ごとの放送事業収入

[10] 音楽著作権の管理事業者が放送への利用の許諾につき使用料の徴収方法を定めるなどの行為が，独占禁止法2条5項にいう「排除」の要件である他の事業者の参入を著しく困難にする効果を有するとされた事例

に所定の率を乗じて得られる金額又は所定の金額による放送使用料の徴収を「本件包括徴収」とした上で，「ほとんど全ての放送事業者との間で本件包括徴収による利用許諾契約を締結しこれに基づく放送使用料の徴収をする行為」を「本件行為」としているが，これらの概念は，本件審決における「包括徴収」及び「本件行為」と実質的に異なるものではないと解される。

(注10) 音楽著作権管理事業の自由化後，利用許諾の市場における新規参入は，録音・録画権，インタラクティブ配信等に集中しており，演奏権（カラオケ・レストラン等）のように利用者の数が膨大であるのに売上規模が比較的小さい分野については参入がほとんど見られない（安藤〔注4〕183頁）。本件で問題とされている放送利用は，利用者の数が少なく売上規模が大きいため，管理事業者にとっては魅力的な市場であるといえよう。

(注11) 公正取引委員会の審決の取消しを求める訴訟における判断基準時は，原処分時（排除措置命令時）と解されている（白石忠志・NBL1015号17頁）ため，本件訴訟において審決取消事由の有無の判断の基礎として考慮されるべき事情は，本件排除措置命令時（平成21年2月27日）までのものに限られる。なお，原審の認定によれば，上記基準時後のXの管理楽曲数は，平成21年3月末時点で2723曲，平成22年3月末時点で3242曲，同年9月末時点で3600曲強であり，上記基準時後にXが徴収した放送使用料の額は，同月末時点で20〜30万円程度である。

(注12) 排除措置命令は名宛人への送達により効力を生ずる（独占禁止法49条2項〔平成25年改正前のもの〕）が，JASRACは，保証金1億円の供託を条件に本件排除措置命令が確定するまでその執行を免除する旨の高裁決定（同法70条の6〔上記改正前のもの〕）を得て，上記保証金を供託した。

なお，本件排除措置命令の時点では，排除型私的独占に対する課徴金納付命令制度（独占禁止法7条の2第4項）の導入に係る平成21年法律第51号（平成22年1月1日施行）がまだ施行されていなかったため，本件ではJASRACに対する課徴金納付命令はされていない。本文第3の4のとおり，本判決後，JASRACが本件の審判請求を取り下げたことにより本件排除措置命令が確定したところ，この確定によりJASRACに課徴金が課されることになるかについて，白石忠志教授は，公正取引委員会が認定した違反行為は上記施行日前で

ある平成21年2月27日までのものであることや，上記施行日後におけるJASRACの行為は，公正取引委員会が自ら本件排除措置命令を取り消す本件審決をし，その審決の効力が本判決時まで継続していたという状況下で行われたものであることなどから，公正取引委員会が課徴金納付命令事件の立件を義務付けられているとは解し難いとしている（白石忠志・ジュリスト1502号7頁）。

(注13) 本件審決は，本件行為によりJASRAC以外の管理事業者への放送使用料の支払が放送事業者にとって追加負担となることは本件市場への参入の消極的要因となるものの，放送事業者は番組の目的，内容，視聴者の嗜好等を勘案して適切な楽曲を選択するものであって，楽曲の個性や放送使用料の負担をどの程度考慮するかは放送事業者や番組の内容により大きく異なるとした上で，①本件において放送事業者が一般的にXの管理楽曲の利用を回避したことを認めることはできず，放送事業者が上記の利用について慎重な態度を採ったことが認められるにとどまることや，②放送利用に係るXの管理楽曲数はA社グループとの管理委託契約の解約後も増えていることなどの事情を総合すると，本件行為が排除効果を有するとまで断ずることはなお困難であるとして，本件排除措置命令を取り消した。

(注14) 行政事件訴訟法22条1項に基づく参加には必要的共同訴訟に係る規定が準用されており（同条4項），1人の訴訟行為は全員の利益においてのみその効力を生ずる（民事訴訟法40条1項）ため，公正取引委員会がした上告受理申立てにより参加人であるJASRACとの関係でも移審の効果が生じ（最三小判昭和38.3.12民集17巻2号310頁，最二小判昭和58.4.1民集37巻3号201頁参照），公正取引委員会の上記申立てに後れてされたJASRACによる上告受理申立ては，二重上告受理申立てとして不適法なものとなる（最二小判昭和60.4.12集民144号461頁参照）。

(注15) JASRACが提出した上告受理申立て理由書は，公正取引委員会の上告受理申立てに係る申立て理由の提出期間内に提出されており，適法な申立て理由の追加として取り扱われている。

(注16) 本件の上告受理申立て理由においては，①本件審決の名宛人でないXは本件審決の取消しを求める訴えの原告適格を有しないこと，②公正取引委員

〔10〕 音楽著作権の管理事業者が放送への利用の許諾につき使用料の徴収方法を定めるなどの行為が、独占禁止法2条5項にいう「排除」の要件である他の事業者の参入を著しく困難にする効果を有するとされた事例

会の認定した事実に関する原審の判断は実質的証拠法則に違反することも主張されていたが、これらの論旨は、いずれも上告受理決定において排除された。平成25年改正により独占禁止法上の審判制度が廃止され、公正取引委員会の審判を経ずに排除措置命令等の取消しを求める訴訟が東京地裁に提起されることとなり（上記改正後の85条1号）、審判制度を前提とする実質的証拠法則（上記改正前の80条）も廃止された（ただし、改正法の施行日である平成27年4月1日において既に手続が開始されている事件については、改正前の規定が適用される。本件も改正前の規定が適用される事件である。）。このような制度改正がされたことを踏まえ、本件の上告受理決定においては上記①及び②の論旨が排除されたものであろう（なお、実質的証拠法則違反に関する上記②の論旨のみならず、原告適格に関する上記①の論旨についても、上記改正前の排除措置命令及び審判の制度が前提となるものであることから排除されたものと考えられる。）。

（注17） 独占禁止法が制定された昭和22年から平成24年までの65年間に、公正取引委員会によって私的独占に該当するとされたケースは、20件弱ほどしかない。そのうち最高裁で判断が示されたものは、NTT事件判決と本判決のみである。私的独占に該当する行為（特に排除型私的独占）は、独占禁止法2条9項に定める不公正な取引方法にも該当することが多く、私的独占に該当し得るケースについても不公正な取引方法としての規制がされることが多かったとされている（金井貴嗣ほか・独占禁止法〔第4版〕148～149頁）。

　もっとも、平成8年以降は、私的独占の規制事例がほぼ年1件の頻度で見られるようになり、さらに、平成21年法律第51号による独占禁止法の改正により、排除型私的独占に対しても課徴金が課されることとなった（同法7条の2第4項）。このような中、公正取引委員会は、平成21年10月にガイドライン（「排除型私的独占に係る独占禁止法上の指針」）を作成し、排除型私的独占の要件該当性の判断に関する指針を示している。

（注18） 正田彬・全訂独占禁止法〔Ⅰ〕172頁、金井ほか（注17）154～155頁、田中誠二ほか・コンメンタール独占禁止法93頁、根岸哲＝舟田正之・独占禁止法概説〔第4版〕78頁、鈴木孝之「私的独占の行為概念と構成要件の解釈」国際化時代の独占禁止法の課題399頁

なお，本判決における「参入を著しく困難にするなどの効果」との表現は，NTT事件判決にならったものと解される。この点に関し，「著しく」は不要であるとする見解もある（村上政博・国際商事法務42巻1号69頁）が，本判決はこのような見解を採用するものではない。
(注19)　根岸哲編・注釈独占禁止法66～68頁（川濵昇執筆部分）
(注20)　本判決に示された考慮要素は，本件の事案に即したものであるため，NTT事件判決に示された考慮要素と全て一致するものではない。しかし，結果的に，NTT事件判決に示された考慮要素（代替する接続先の確保の難易，サービスの特性，行為の態様，行為者及び競争者の市場における地位及び競争条件の差異，行為の継続期間等）と対比すると，多くの部分において重なり合っており，これは，NTT事件判決が当該行為の「単独かつ一方的な取引拒絶ないし廉売としての側面」に着目して判断していることと関係するものと考えられる。すなわち，本文（第3の2(2)ア）に示されているように，本件行為の排除効果に関する考慮要素は公正取引委員会のガイドラインに示された排他的取引に関する考慮要素とほぼ重なるものであるところ，上記ガイドラインによれば，排他的取引と供給拒絶とは，その考慮要素において共通する部分が多いものとされているのである。
(注21)　公正取引委員会のガイドラインは，排除型私的独占となり得る行為類型の例示として，「商品を供給しなければ発生しない費用を下回る対価設定」，「排他的取引」，「抱き合わせ」，「供給拒絶・差別的取扱い」を挙げた上で，それぞれの行為類型ごとにどのような要素を考慮して排除該当性を判断すべきかを示している。これらの考慮要素は，それぞれの行為類型に係る排除該当性（特に排除効果の有無）の判断における経済的経験則の集積を表すものとして妥当なものであり，本件行為の排除効果の有無を検討する上でも参考になるものと考えられる。
(注22)　「二面市場の構造」(two-sided market) とは，二つの市場における需要と供給が相互に依存する関係にあることをいう。二面市場において，複数の異なる顧客グループの結節点に位置する事業者（いわゆるプラットフォーム事業者）には，一方の顧客グループとの取引の増加が他方の顧客グループとの取引を増加させるという間接的なネットワーク効果があるといわれている（上杉

〔10〕音楽著作権の管理事業者が放送への利用の許諾につき使用料の徴収方法を定めるなどの行為が，独占禁止法2条5項にいう「排除」の要件である他の事業者の参入を著しく困難にする効果を有するとされた事例

秋則・独禁法による独占行為規制の理論と実務266頁，青柳由香・ジュリスト1449号107頁，林秀弥・Law and Technology 69号31頁）。

(注23) 本件審決は，「放送事業者が音楽著作物を放送番組において利用する際には，放送使用料の負担の有無及び多寡は考慮すべき要素の一つであり，番組の目的，内容，視聴者の嗜好等を勘案して適切な楽曲を選択するものと認められる。また，楽曲の個性や放送使用料の負担をどの程度考慮するかは，放送事業者や番組の内容により大きく異なると認められる」としていた。

(注24) 本判決は，音楽著作権管理事業の自由化後もJASRACの独占状態が継続した要因として，「音楽著作権の管理においては，一般に管理楽曲に係る利用許諾や不正利用の監視，使用料の徴収や分配等を行うために多額の費用を要すること」を挙げている。このように，生産量の高低に左右されず一定の支払が必要な費用（固定費用）の要素が大きい場合には，規模の経済（生産量の拡大に伴って平均費用が低下する現象）が存在し，新規事業者の小規模な生産による参入を困難なものとする要因となる。

　なお，長岡貞男教授は，経済学の立場から，音楽著作権管理事業の自由化後も既存企業（JASRAC）による独占状態が継続した要因について分析し，①上記のような規模の経済のほか，②市場における取引機会の大半がJASRACによってカバーされていること，③JASRACにおいて競争的・効率的に行動する仕組みが機能していること（供給価格を低くし，かつ供給量を大きくする仕組みを意味する。JASRACにおいては，著作者等の加入を制限しないオープン・メンバーシップが採用され，かつ使用料も低い水準に抑えられているため，低価格で大量の供給ができる仕組みが機能している。）を独占状態の継続の要因として指摘している（一般財団法人比較法研究センター・諸外国の著作権の集中管理と競争政策に関する調査研究報告書〔平成24年3月〕5～17頁）。

(注25) 放送利用における「特定の楽曲の利用が必要とされる例外的な場合」としては，例えば，CDの売上げや視聴者のリクエスト等に基づき楽曲の順位を発表するいわゆるカウントダウン番組において当該順位の楽曲を放送する場合や，歌手がゲストとして出演する番組において当該歌手の新曲を紹介する場合などが挙げられよう。

(注26) 本件行為の排除効果については，これを肯定する見解がほとんどである

（根岸哲・NBL991号61頁，村上政博・独占禁止法〔第5版〕371頁，川濵昇・法学教室402号70頁，泉水文雄・公正取引760号17頁，安藤〔注4〕220頁，稗貫俊文・平成24年重要判例解説243頁，土田和博・新判例解説Watch12号225頁，上杉〔注22〕271～280頁，田中裕明・神戸学院法学39巻3・4号238頁，青柳〔注22〕107頁等）。これに対し，排除効果を否定する見解は，ごく少数にとどまっている（田中寿・国際商事法務42巻2号204頁，植村幸也・NBL981号9～11頁等）。

(注27)　本件審決は，Xの管理楽曲（A社グループの楽曲）の放送事業者による具体的な利用状況や，本件市場への参入に際してのXの準備状況等についても詳細に認定しているが，本判決は，これらの点についてほとんど採り上げていない。本文で説明したとおり，本件行為の排除効果の有無については，市場の状況，行為者及び競争者の市場における地位等の判示の事情を考慮することによって判断されるべきものであり，現実に放送事業者による利用回避行動がみられたことは，あくまでも実証的な観点から補強するものとして位置付けられるにすぎないことに鑑みると，このような補強的な事情につきどこまで詳細に認定する必要があったのかという観点から，本件の審判手続における審理の在り方についても検証する余地があるように思われる。なお，平成25年改正により独占禁止法上の審判制度が廃止された（注16参照）ため，改正後の規定が適用される事件については排除措置命令等に対する取消訴訟が東京地方裁判所に提起されることとなる（同法85条1号）が，取消訴訟における審理の在り方を考える上でも，本判決の判示は示唆に富むものといえよう。

(注28)　田中ほか（注18）94頁，厚谷襄児ほか・条解独占禁止法41～42頁，金井ほか（注17）157～158頁。これに対し，独占禁止法2条5項の排除の要件として人為性は不要であるとする見解もある（村上〔注18〕68頁）が，良質で廉価な商品を販売するというような明らかに違法となる余地のない行為まで同項の排除に当たるものとすることには疑問があり，本判決が上記のような見解を採用するものでないことは明らかである。

(注29)　今村成和・独占禁止法〔新版〕54～56頁，同・私的独占禁止法の研究33～37，47頁。なお，日本の独占禁止法における私的独占の規定は，その母法であるアメリカの反トラスト法（シャーマン法2条）にほぼ対応しているが，同

〔10〕 音楽著作権の管理事業者が放送への利用の許諾につき使用料の徴収方法を定めるなどの行為が、独占禁止法2条5項にいう「排除」の要件である他の事業者の参入を著しく困難にする効果を有するとされた事例

条では独占の手段について特に限定していないのに対し、日本の独占禁止法2条5項では排除又は支配によって独占することを禁止の対象としている点で異なっている（今村成和ほか・注解経済法〔上巻〕42頁）。

(注30) 川濱昇「独占禁止法2条5項（私的独占）の再検討」京都大学法学部創立百周年記念論文集第3巻332～333頁

(注31) 白石忠志教授は、NTT事件判決における「正常な競争手段の範囲を逸脱するような人為性」は、正常な競争活動の結果競争者が駆逐される場合は排除に当たらないことを裏から表現したものであるとしている（白石忠志・独禁法講義〔第7版〕130頁）が、そのような理解は正鵠を得たものといえよう（金井ほか〔注17〕158頁も同旨）。

(注32) 本文のとおり、排除の意図や目的は独占禁止法2条5項の排除に該当するための要件とはされていないが、当該事案における具体的な事実関係から排除の意図や目的が認定できる場合には、これをもって排除該当性（排除効果及び人為性の存在）を認める事情の一つとして考慮することができるものと考えられる（公正取引委員会のガイドラインも、「行為者が他の事業者の事業活動を排除する意図を有していることは、排除行為に該当するための不可欠の要件ではない。しかし、主観的要素としての排除する意図は、問題となる行為が排除行為であることを推認させる重要な事実となり得る。」としている。）。

(注33) 従来、人為性の概念が最も機能してきたといえるのは、廉売行為についてである。すなわち、商品の価格を設定する行為は、能率競争（良質で廉価な商品を提供して顧客を獲得する競争）の中核をなすものであり、それ故に正常な競争活動とそうでないものとの識別（人為性の有無）が問題とされるものである。もっとも、廉売行為については、その判断を簡明なものとするため、一定の費用基準を満たす場合には人為性があるものとするというアプローチが既に採用されている（例えば、公正取引委員会のガイドラインでは、「ある商品について、その商品を供給しなければ発生しない費用を下回る対価を設定する行為は、排除行為に該当し得る」とされている。）。このため、廉売行為について人為性の有無を判断するために人為性の概念の具体的内容を明らかにする必要性は、必ずしも高くなかった。

一方、抱き合わせや排他条件付取引など、不公正な取引方法にも該当し得る

行為は，従来から独占禁止法2条5項の排除に該当する行為の典型とされており（金井ほか〔注17〕159頁，金井貴嗣・独占禁止法34〜35頁，川濵〔注30〕353頁），これらの行為との関係でも，人為性の概念の具体的内容を明らかにする必要性は必ずしも高くなかった。

しかし，私的独占の規制事例が従来に比べて増加してきた近年の状況下において，廉売や抱き合わせ等以外の行為（本件はこれに当たる。）についても私的独占の規制が及ぶ可能性が高まったことに伴い，そのような行為について人為性の有無を判断するために，人為性の概念を具体的に明らかなものとする必要性が高まってきたということができよう。

(注34) 根岸編（注19）40〜41頁（川濵昇執筆部分）

(注35) 日本の独占禁止法の解釈と直接に関係するものではないが，放送使用料の徴収方法に関する放送事業者の選択の制限という点に関して，アメリカ法においても議論されているので，簡単に触れておきたい（詳しくは，比較法研究センター〔注24〕34〜86頁参照）。

米国には，音楽著作権管理団体としてASCAP（American Society of Composers, Authors and Publishers）及びBMI（Broadcast Music, Inc.）が存在するところ，これらの団体に対する司法省トラスト局の提訴に基づく1941年の同意判決において，包括許諾以外の使用許諾の方法として，プログラム許諾（当該団体の管理楽曲を利用した番組について，その番組数や使用量等に応じた放送使用料を支払うというもの）の提示が義務付けられている。ところが，ASCAPは，プログラム許諾における放送使用料を包括許諾における使用料よりかなり高く設定し，又は，プログラム許諾を選択した場合に高額の事務手数料を徴収するなどして，利用者が実際にはプログラム許諾を選択することができないようにしていた。そのため，2001年の第2次修正同意判決では，ASCAPに課されている「真の選択（genuine choice）」の提供義務に関して，プログラム許諾の放送使用料の総額につき包括許諾の放送使用料と同程度になるようにすることが定められた。

これらは，日本とは異なる米国の制度における適用例であり，上記のような議論を直接に日本の独占禁止法の規定の解釈に持ち込むことはできないが，放送使用料の徴収方法について，音楽著作権管理団体が放送事業者による真の選

〔10〕音楽著作権の管理事業者が放送への利用の許諾につき使用料の徴収方法を定めるなどの行為が、独占禁止法2条5項にいう「排除」の要件である他の事業者の参入を著しく困難にする効果を有するとされた事例

択を妨げるような行為をすることが、正常な競争活動と評価できないものであることを示唆するものということができ、本判決の判示と、その根底において共通する面を有しているものといえよう。

(注36)　本件行為については、本判決で採り上げられた論点のほかにも、①放送利用割合を正確に反映する包括徴収の実施は技術的に困難であるか(又はそのための経済的負担が過大であるといえるか)、②音楽著作権の集中的な管理という社会公共目的に照らして本件行為は非難に値すべきものといえるかなどについても論点とされていた。これらの論点は、いわゆる正当事由(正当化理由)に関するものであるところ、正当事由についてはそもそも独占禁止法2条5項のどの要件に関するものかというところから議論されており、「一定の取引分野における競争を実質的に制限する」という要件に関するものとする見解が主流であるとされている(白石忠志・独占禁止法〔第2版〕92頁)。本判決は、「本件審決の取消し後の審判においては、……上記特段の事情の有無を検討の上、……本件行為が同項にいう『一定の取引分野における競争を実質的に制限する』ものに該当するか否かなど、同項の他の要件の該当性が審理の対象になるものと解される」とするだけで、上記のような正当事由の同項の要件における位置付けについては特に触れておらず、少なくとも、「一定の取引分野における競争を実質的に制限する」という要件に関するものと位置付ける上記の見解を直ちに否定するものとは解し難い。なお、正当事由につき人為性の要件に関するものと位置付ける見方もあるかもしれないが、上記のとおり本判決が人為性の有無について「特段の事情のない限り」という留保を付したのが「審級の利益」に配慮したものと解されることを考慮すると、このような見方が的を射たものとはいい難いであろう。

(注37)　上杉秋則・NBL1051号34頁、舟田正之・民商法雑誌151巻3号326頁、白石(注12)6頁

(注38)　本判決の評釈としては、川島富士雄・ジュリスト1492号240頁、林秀弥・ジュリスト1485号112頁、同(注22)31頁、長澤哲也・ジュリスト1483号6頁、舟田(注37)309頁、滝澤紗矢子・判例時報2283号153頁(判例評論686号7頁)、同・法学教室421号50頁、武田邦宣・法学教室437号8頁、中川寛子・NBL1071号90頁、上杉(注37)27頁、村上政博・NBL1068号15頁、同・

国際商事法務43巻 6 号795頁,同・国際商事法務43巻 7 号977頁,根岸哲・公正取引777号67頁,金井貴嗣・新判例解説 Watch 18号259頁,清水知恵子・ジュリスト1483号83頁などがある。　　　　　　　　　　　（清水　知恵子）

〔11〕 労働基準法114条の付加金の請求の価額は，同条所定の未払金の請求に係る訴訟の目的の価額に算入されるか

(平成26年(許)第36号　同27年5月19日第三小法廷決定　破棄自判)
(原々審大阪地裁　原審大阪高裁　民集69巻4号635頁)

〔決定要旨〕

労働基準法114条の付加金の請求については，同条所定の未払金の請求に係る訴訟において同請求とともにされるときは，民訴法9条2項にいう訴訟の附帯の目的である損害賠償又は違約金の請求に含まれるものとして，その価額は当該訴訟の目的の価額に算入されない。

〔参照条文〕

民事訴訟費用等に関する法律3条1項，4条1項，別表第1第5項，民訴法9条2項，労働基準法114条

〔解　説〕

第1　事案の概要

1　本件の概要

本件は，労働基準法114条の付加金の請求に係る申立ての手数料を納付したXが，付加金の請求の価額は，附帯請求の請求の価額を訴訟の目的の価額に算入しない旨を定める民訴法9条2項により，訴訟の目的の価額に算入しないものとすべきであるから，この手数料は過大に納められたものであるとして，民事訴訟費用等に関する法律（以下「民訴費用法」という。）9条1項に基づき，その還付の申立てをした事案である。

2　事実関係等の概要

Xは，使用者を相手に雇用契約上の地位の確認等を求める本案訴訟を提起したが，その後，同訴訟の第1審係属中に労働基準法26条の休業手当の請求及びこれに係る同法114条の付加金の請求（以下「本件付加金請求」という。）を追加する訴えの変更をし，この際に，本件付加金請求に係る請求の変更の

手数料として4万8000円を納付した。(注1) Xは，本案訴訟の判決確定後に，その第1審が係属していた裁判所に対して，上記の手数料4万8000円に係る還付の申立てをした。

3　原々審及び原審の判断

原々審は，要旨，次のとおり判示して，Xの申立てを却下すべきものとし，Xが即時抗告したところ，原審も，原々審の決定理由を引用してXの抗告を棄却した。(注2)

民訴法及び民訴費用法にいう「訴訟の目的の価額」は，訴えで主張する利益によって算定するとされているところ（民訴法8条1項，民訴費用法4条1項），訴えで主張する利益とは，その訴訟物についての訴えを提起した原告が全部勝訴の判決を受け，その内容が実現された場合にもたらされる経済的利益のことをいうと解される。Xは，本案訴訟の第1審において付加金の請求もしているところ，Xがこの請求について勝訴すればその請求額と同一額の利益を得ることになるのであるから，訴えで主張する利益は上記の額となる。そして，上記付加金請求と利益が共通する他の請求はないから，その全額を訴訟の目的の価額に算入し，他の請求の価額と合算して，訴訟の目的の価額を算定するのが相当である（民訴法9条1項）。

ところで，民訴法9条2項は，果実，損害賠償，違約金又は費用（以下「果実等」という。）の請求が訴訟の附帯の目的であるときは，その価額は，訴訟の目的の価額に算入しないと定めているところ，その趣旨は，果実等は訴訟中も発生し，履行に至るまでの分を請求することが多いことから，訴額算定の煩雑さを回避するためであり，したがって，同項にいう「損害賠償」及び「違約金」は遅延損害金の性質を有するものをいうと解される。

労働基準法114条に基づく付加金は，同法により使用者に課せられた義務の違背に対して裁判所により命ぜられる制裁であり，労働者の請求により裁判所がその支払を命ずることによって初めて発生するものであること，支払の遅滞が生じていたとしても，既に支払を完了し使用者の義務違反の状況が

〔11〕 労働基準法114条の付加金の請求の価額は，同条所定の未払金の請求に係る訴訟の目的の価額に算入されるか

消滅した後には，労働者は同条による付加金請求の申立てをすることができないことなどからすると，たまたま上記制裁を労働者の利益に帰せしめようとするにすぎず，本来損害の補塡としての性質を持つものではない。

また，付加金は，判決において所定の未払金を上限とする一定額の支払を命ぜられるものであるから，付加金の価額を不算入とすることは，訴額算定の煩雑さを回避するという民訴法9条2項の趣旨に合致するものともいえない。

したがって，付加金は，民訴法9条2項の損害賠償又は違約金に当たるとは解されず，また，果実及び費用に当たらないことは明らかであるから，民訴法9条2項の果実等のいずれにも当たらない。

第2 本決定

原決定に対し，Xが特別抗告をするとともに抗告許可の申立てをしたところ，抗告が許可された。最高裁第三小法廷は，特別抗告を棄却するとともに，許可抗告について，次のとおり判示し，労働基準法26条の休業手当の請求とともにされた本件付加金請求の価額は本案訴訟の目的の価額に算入されないものというべきであり，本件付加金請求に係る請求の変更の手数料として納付された4万8000円は過大に納められたものであるといえるから，これをXに還付すべきこととなるとして，原決定を破棄し，原々決定を取り消して，Xに対し，4万8000円を還付する旨の決定をした。

「訴訟の目的の価額は管轄の決定や訴えの提起等の手数料に係る算定の基準とされているところ，民訴法9条2項……の規定が，金銭債権の元本に対する遅延損害金などのように訴えの提起の際に訴訟の目的の価額を算定することが困難な場合のみならず，それ以外の場合を含めて果実等の請求をその適用の対象として掲げ，これらの請求が訴訟の附帯の目的であるときはその価額を訴訟の目的の価額に算入しないものとしているのは，このような訴訟の附帯の目的である果実等の請求については，その当否の審理判断がその請求権の発生の基礎となる主たる請求の当否の審理判断を前提に同一の手続に

おいてこれに付随して行われることなどに鑑み，その価額を別個に訴訟の目的の価額に算入することなく，主たる請求の価額のみを管轄の決定や訴えの提起等の手数料に係る算定の基準とすれば足りるとし，これらの基準を簡明なものとする趣旨によるものと解される。

しかるところ，労働基準法114条は，労働者に対する休業手当等の支払を義務付ける同法26条など同法114条に掲げる同法の各規定に違反してその義務を履行しない使用者に対し，裁判所が，労働者の請求により，上記各規定により使用者が支払わなければならない休業手当等の金額についての未払金に加え，これと同一額の付加金の労働者への支払を命ずることができる旨を定めている。その趣旨は，労働者の保護の観点から，上記の休業手当等の支払義務を履行しない使用者に対し一種の制裁として経済的な不利益を課すこととし，その支払義務の履行を促すことにより上記各規定の実効性を高めようとするものと解されるところ，このことに加え，上記のとおり使用者から労働者に対し付加金を直接支払うよう命ずべきものとされていることからすれば，同法114条の付加金については，使用者による上記の休業手当等の支払義務の不履行によって労働者に生ずる損害の塡補という趣旨も併せ有するものということができる。そして，上記の付加金に係る同条の規定の内容によれば，同条所定の未払金の請求に係る訴訟において同請求とともにされる付加金の請求につき，その付加金の支払を命ずることの当否の審理判断は同条所定の未払金の存否の審理判断を前提に同一の手続においてこれに付随して行われるものであるといえるから，上記のような付加金の制度の趣旨も踏まえると，上記の付加金の請求についてはその価額を訴訟の目的の価額に算入しないものとすることが前記の民訴法9条2項の趣旨に合致するものということができる。

以上に鑑みると，労働基準法114条の付加金の請求については，同条所定の未払金の請求に係る訴訟において同請求とともにされるときは，民訴法9条2項にいう訴訟の附帯の目的である損害賠償又は違約金の請求に含まれる

〔11〕 労働基準法114条の付加金の請求の価額は，同条所定の未払金の請求に係る訴訟の目的の価額に算入されるか

ものとして，その価額は当該訴訟の目的の価額に算入されないものと解するのが相当である。」

第3 説　　明

1　問題の所在

訴えの提起等裁判所に対して一定の申立てをする場合には，手数料を納めなければならないものとされ，訴えの提起や控訴，上告の提起等の手数料は，訴訟の目的の価額に応じて定まるものとされている（民訴費用法3条，別表第1）。そして，この「訴訟の目的の価額」とは，訴えで主張する利益によって算定するものと定められている（民訴費用法4条1項，民訴法8条1項）。

労働基準法114条に基づく付加金については，その支払が命ぜられることによって労働者に経済的利益がもたらされるものであるから，民訴法8条1項の「訴えで主張する利益」に該当することになる。

したがって，付加金の請求の価額を訴訟の目的の価額に算入すべきかどうかの判断に当たっては，付加金について民訴法9条2項の適用があるかどうかの検討が必要となる。

2　付加金について

付加金の制度について定める労働基準法114条は，同条に掲げる同法の各規定（本件においては，労働者に対する休業手当の支払を義務付ける同法26条の規定）に違反してその義務を履行しない使用者に対し，裁判所が，労働者の請求により，同法114条に掲げる各規定により使用者が支払わなければならない金額についての未払金に加え，これと同一額の付加金の労働者への支払を命ずることができる旨を定めるものであり，アメリカ公正労働基準法の定める二倍賠償制度の趣旨を導入したものであるとされている(注3)。この制度は，上記のとおり，使用者に対し労働基準法の定める一定の手当等の支払を促すものであって，労働基準法の実効性を確保し，ひいては労働者の保護に資するものであると解される。

そして，この付加金の性質について，学説においては，①使用者に対する罰則と同様の一種の公法的な制裁であると解する見解（公法的制裁説），②一種の民事的制裁であると解する見解（民事的制裁説），③労働者の被った損害についての法定の賠償金又は損害賠償の予定であると解する見解（損害賠償説），④公法的制裁としての性質と損害賠償的な性質を併有するものであると解する見解（併有説）などがみられ，学説上は，①の見解が多数であるとされる。(注4)他方，裁判例としては，最高裁昭和51年7月9日第二小法廷判決・集民118号249頁が，付加金に対して発生する遅延損害金の利率は民事法定利率によるべきものであると判断するに当たり，「労働基準法114条の附加金の支払義務は，労働契約に基づき発生するものではなく，同法により使用者に課せられた義務の違背に対する制裁として裁判所により命じられることによって発生する義務である」として，一種の制裁としての性質を有する旨の説示をしているものの，この裁判例も，付加金が損害賠償的な性質を有することを否定する旨を述べたものとまでは解されず，また，これ以外に付加金の法的性質を明示した最高裁判所の裁判例は見当たらないといった状況であった。(注5)

3　本決定の内容

（1）本決定は，まず，民訴法9条2項の規定の趣旨につき，訴訟の附帯の目的である果実，損害賠償，違約金又は費用の請求の当否の審理判断については，その請求権の発生の基礎となる主たる請求の当否の審理判断を前提に同一の手続においてこれに付随して行われることなどに鑑み，その価額を訴訟の目的の価額に算入しないものとして，管轄の決定や訴えの提起等の手数料に係る算定の基準を簡明なものとするというものであると判示した。

同項の趣旨については，従来，同項掲記の請求に係る請求の価額には，例えば元本の完済の時を終期として請求される利息や遅延損害金の請求に係る請求の価額のように，その算定が困難なものがあることから，訴額算定の煩雑さを避けるために，同項掲記の請求に係る請求の価額を不算入とするもの

〔11〕 労働基準法114条の付加金の請求の価額は,同条所定の未払金の請求に係る訴訟の目的の価額に算入されるか

であるといった説明がされてきた。(注6)しかしながら,同項は,上記のように請求の価額の算定が困難な場合に限らず,同項掲記の請求につき訴訟の附帯の目的であるときは一律にその価額を訴訟の目的の価額から除外する旨を定めているのであり,このことからすると,同項の趣旨を,請求の価額の算定が困難な場合の訴額算定の煩雑さを避けることであるといった限定的なものであると解するのは相当ではないというべきである。むしろ,同項は,これらの請求が訴訟の附帯の目的であることから訴訟の目的の価額に算入しないものとする趣旨の規定であると解するのが,その規定の内容に沿うものと考えられるところである。本決定は,このような点を考慮して,同項の趣旨について前記のように判示したものと思われる。

(2) また,本決定は,労働基準法114条の付加金について,休業手当等同条に掲げる同法の各規定により使用者が支払わなければならない金額の支払義務を履行しない使用者に対して,労働者の保護の観点から,一種の制裁として経済的な不利益を課すこととし,上記の支払義務の履行を促すことによりこれらの各規定の実効性を高めようとする趣旨によるものであることに加え,付加金が使用者から労働者に対して直接支払うよう命ずべきものとされていることからして,使用者による休業手当等の支払義務の不履行によって労働者に生ずる損害の填補という趣旨も併せ有するものということができる旨判示した。

労働基準法114条の付加金の性質については,従来,前記2のような議論がされてきたものであるが,付加金とは,使用者に労働基準法上の一定の義務違反があった場合に,裁判所の命令によって使用者に対し労働者への支払が命ぜられるものであり,本来の未払金とは別に支払われ,その金額は支払遅延の期間の長短を問わず未払金の額と同一の額と定められているというものであるところ,これらの点のうち,付加金が本来の未払金とは別に支払われ,その金額が支払遅延の期間の長短と関係なく定められていることなどからすると,制裁としての側面を有するものと考えられる一方,労働者に対す

— 251 —

る支払が命ぜられることからすると，法定の損害賠償としての側面を有するものと考えられるのであって，これらによれば，付加金の性質として，制裁という性質のみを有するものであって損害賠償的な性質を有しないと解することも，また，損害賠償としての性質のみを有するものであって制裁としての性質を有しないと解することも，いずれも，一面的な捉え方であって相当ではないと解される。(注7)本決定は，このような考慮の下，前記のとおり判示したものと思われる。

(3) その上で，本決定は，付加金が，民訴法9条2項の趣旨について本決定が前記のとおり説示したところに当てはまるかどうかについて検討し，上記のような付加金の制度の趣旨に加え，付加金の支払を命ずることの当否の審理判断は労働基準法114条所定の未払金の存否の審理判断を前提に同一の手続においてこれに付随して行われるものといえることから，同条所定の未払金の請求に係る訴訟において同請求とともにされる付加金の請求について，その価額を訴訟の目的の価額に算入しないものとすることが民訴法9条2項の趣旨に合致するものということができるとし，上記の付加金は同項にいう訴訟の附帯の目的である損害賠償又は違約金の請求に含まれるものとして，その請求の価額は訴訟の目的の価額に算入されないとの結論を導いたものである。

(4) 本決定は，上記のとおり，関係規定の趣旨を踏まえた解釈により，その結論を導いたものであるが，実質論としても，仮に，付加金の請求の価額を訴訟の目的の価額に算入すべきものと解した場合には，付加金の支払を求める労働者に付加金の請求に係る訴えの提起等の手数料の納付を求めることになり，勝訴すれば訴訟費用は相手方の負担となることから一時的なものにとどまるとしても労働者の負担が生ずることになるところ，そういった事態は，当事者間の衡平や制度の実効性等の観点からしても制度の在り方として望ましいものとはいえないと解されるのであり，このような観点からも，本決定の結論は，労働基準法114条所定の未払金の支払を確保して同条所定の

〔11〕労働基準法114条の付加金の請求の価額は，同条所定の未払金の請求に係る訴訟の目的の価額に算入されるか

同法の各規定の実効性を高め，労働者の保護に資するものとするという付加金の制度趣旨に沿うものであると解されよう。

ところで，付加金の請求の価額を訴訟の目的の価額に算入するかどうかについては，従前，裁判所によりその取扱いが事実上分かれていたところであったが(注8)，本決定において，付加金の請求の価額は訴訟の目的の価額に算入されない旨の判断が示されたことから，従前は訴訟の目的の価額の算定に当たって付加金の請求の価額を算入する取扱いをしていた裁判所においても，今後は，これを算入しない取扱いが採られることとなり，各裁判所において統一的な取扱いが行われるようになるものと思われる。

4 本決定の意義

本決定は，関係規定の文言解釈からは必ずしも明らかでなかった論点につき，付加金について定める労働基準法114条や，附帯請求の請求の価額を訴訟の目的の価額に算入しない旨を定める民訴法9条2項などの規定の趣旨を踏まえ，労働基準法114条所定の未払金の請求に係る訴訟において同請求とともにされる付加金の請求は，民訴法9条2項の損害賠償又は違約金の請求に含まれるものとしてその価額は訴訟の目的の価額に算入されないとの判断を示したものであり，実務上取扱いが分かれていた点につき最高裁判所として初めての判断を示したものでもあることから，理論上も実務上も重要な意義を有すると思われる(注9)。

（注1）本案訴訟の第1審は，Xの訴えの一部を却下し，その余の訴えに係る請求の一部を認容し，付加金請求を含むその余の部分を棄却したことから，X及び使用者がいずれも控訴した。控訴審において，Xは，付加金請求の一部を減縮するとともに一部を拡張するなどしたところ（Xは，付加金の請求に係る部分も含め，減縮及び拡張後の請求の価額に応じた控訴提起の手数料又は請求の変更の手数料を納付した。），控訴審は，第1審判決と同旨の判断をし，付加金請求についても棄却すべきものとした。Xは上告受理申立てをしたが，最高裁

第三小法廷は，不受理の決定をし，本案訴訟は確定した。なお，Ｘは，上告受理申立ての際，付加金の請求の価額を訴訟の目的の価額に算入しないで計算した上告受理申立ての手数料を納付した。
(注２)　Ｘは，本件申立てと同一の申立書により，控訴審において納付した付加金請求に係る手数料の還付の申立てもしたが，本件の原々審は，当該申立てについては，その手数料が納められた本案訴訟の控訴審裁判所に対してすべきであるとしてこれを却下した。Ｘは，上記申立てについては即時抗告の範囲から除外し，本案訴訟の控訴審裁判所に対し，改めて上記申立てをしたところ，同裁判所（本件の原審とは異なる裁判体）は，上記申立てを認容して手数料を還付する旨の決定をした。
(注３)　荒木尚志・労働法（第２版）65～66頁，青木宗也＝片岡曻編・注解法律学全集労働基準法Ⅱ395～396頁（石橋洋），厚生労働省労働基準局編・労働基準法（平成22年版）（下）1032頁
(注４)　青木＝片岡編（注３）396～398頁
(注５)　なお，最高裁昭和35年３月11日第二小法廷判決・民集14巻３号403頁は，付加金は裁判所がその支払を命ずることによって初めて発生するものであって，裁判所が付加金の支払を命ずる前に使用者の義務違反が解消された場合には裁判所は付加金の支払を命ずることはできない旨判示するが，この判示の基礎となる考え方につき，同最判の判例解説（昭和35年度最高裁判所判例解説民事篇72頁（白石健三））が，「附加金は基準法によって使用者に課せられた義務の違背に対する制裁であって，たまたま，その制裁を，労働者の利益に帰せしめようとするに過ぎず，本来損害の補塡としての性質をもつものでない，との見地に立つものである」と解説しているところ，原決定は，この解説を根拠に，同最判が本文掲記の①の見解（公法的制裁説）に立つものであると解している。

　しかし，上記最判自体は，上記判示の理由付けについて特に述べていない上，上記判示は，付加金が損害賠償としての性質を有するものと解することと必ずしも矛盾するものではないと解するのが相当である。例えば，末弘厳太郎・労働基準法解説（６）（法律時報20巻８号58頁）は，本文掲記の④の見解（併有説）を前提とした上で裁判所が命ずることによって初めて付加金が発生

〔11〕 労働基準法114条の付加金の請求の価額は、同条所定の未払金の請求に係る訴訟の目的の価額に算入されるか

するものとし、逆に、本文掲記の①の見解（公法的制裁説）を採りつつ、付加金の発生時点は使用者の違反時であり、裁判所の命令時に違反が解消されていても裁判所は付加金の支払を命ずることができるとの見解も存在する（松岡三郎・条解労働基準法（下）（新版）1186〜1187頁）。

　以上によれば、付加金は裁判所がその支払を命じた時点で初めて発生するものであって、裁判所が付加金の支払を命ずる前に使用者の義務違反が解消された場合には裁判所は付加金の支払を命ずることはできないという上記最判の判示が、本文掲記の①の見解（公法的制裁説）を採ることと直ちに結び付くものとはいえず、裁判例が、同見解を採って付加金の損害賠償としての性質を否定する立場に立っているものということはできないものと解される。

（注6）　秋山幹男ほか・コンメンタール民事訴訟法Ⅰ（第2版追補版）169頁など

（注7）　三輪和雄・附加金（裁判実務大系5労働訴訟法）91〜92頁は、「附加金には……制裁としての側面と損害賠償的な側面との二面性があることを完全には否定し切れないのであり、結局この問題についての学説の対立は、帰するところ附加金の有する右の二面性のどちらの側面を強調するかの差異にすぎないともいえよう」としている。

（注8）　労働審判制度創設10周年記念シンポジウムにおける藤田進太郎弁護士の報告（季刊労働法248号72頁）によれば、平成26年に全国の弁護士会に対して行われたアンケート調査の結果として、6つの弁護士会から、労働審判手続の申立ての際に付加金の部分についても訴額に算入する取扱いがされている旨の回答があったとされている。

（注9）　本判決の評釈としては、齋藤哲・ジュリスト1492号121頁などがある。

（須賀　康太郎）

〔12〕 異議をとどめないで指名債権譲渡の承諾をした債務者が，譲渡人に対抗することができた事由をもって譲受人に対抗することができる場合

(平成26年(受)第1817号　同27年6月1日第二小法廷判決　破棄差戻し
第1審名古屋地裁　第2審名古屋高裁　民集69巻4号672頁)

〔判決要旨〕

債務者が異議をとどめないで指名債権譲渡の承諾をした場合において，譲渡人に対抗することができた事由の存在を譲受人が知らなかったとしても，このことについて譲受人に過失があるときには，債務者は，当該事由をもって譲受人に対抗することができる。

〔参照条文〕

民法468条1項

〔解　説〕

第1　事案の概要

1　事案の概要

本件は，Xが，貸金業者A（タイヘイ株式会社）との間で金銭消費貸借取引をし，AがXに対する貸金残債権を貸金業者Y（株式会社ユニマットライフ。平成15年1月1日にCFJ合同会社に吸収合併された。以下，合併の前後を問わず，単に「Y」という。）に譲渡した後はYとの間で金銭消費貸借取引をしていたところ，Xの弁済金のうち利息制限法（平成18年法律第115号による改正前のもの。以下同じ。）1条1項所定の制限を超えて利息として支払った部分（以下「制限超過部分」という。）を元本に充当すると過払金が発生しているとして，Yに対し，不当利得返還請求権に基づき，過払金の返還及び法定利息の支払を求める事案である。

後述するとおり，Xは，債権譲渡の譲渡人Aに対抗することができた事由があったものの，債権譲渡の際に異議をとどめない承諾をしていた。本件

[12] 異議をとどめないで指名債権譲渡の承諾をした債務者が，譲渡人に対抗することができた事由をもって譲受人に対抗することができる場合

の争点は，このような承諾をしたＸが上記事由をもって譲受人Ｙに対抗することができるか否かであり，より具体的には，民法468条１項により保護されるべき譲受人の主観的要件が争われたものである。(注1)

２　事実関係

本件の事実関係の概要等は，次のとおりである。

（１）貸金業法（平成18年法律第115号２条による改正前のもの。同改正前の法律の題名は「貸金業の規制等に関する法律」。以下「旧貸金業法」という。）43条１項は，債務者が貸金業者に利息として支払ったものが利息制限法１条１項所定の制限を超えていたとしても，①任意の支払であり，②弁済金の受領時に旧貸金業法18条１項所定の事項を記載した書面（以下「18条書面」という。）が交付されているなどの要件を満たしていれば，有効な利息の債務の弁済とみなすものとしていた。

（２）Ａは，平成14年２月28日，Ｙに対し，Ｘとの取引（以下「本件取引」という。）の貸金残債権の譲渡（以下「本件債権譲渡」という。）をした。本件債権譲渡に係る契約書には，本件取引に旧貸金業法43条１項の適用があることを前提に，上記貸金残債権はいかなる「抗弁」にも服することはない旨記載されていた。

（３）本件取引に旧貸金業法43条１項の適用があるとした場合，平成14年２月28日における貸金残債権の元本の額は「46万2921円」となっていた。

他方，本件取引に同項の適用がないとした場合，Ｘの支払った制限超過部分は元本に充当され，その結果，同日における貸金残債権の元本の額は「33万9579円」に減少していた（以下，本件取引に旧貸金業法43条１項の適用がなく，制限超過部分の充当により元本が減少していたことを「本件事由」という。）。

（４）Ａ及びＹは，平成14年３月18日頃，Ｘに対し，貸金残債権の元本の額が「46万2921円」である旨表示して，本件債権譲渡の通知をした。

Ｘは，同月21日頃，Ｙに対し，異議をとどめないで本件債権譲渡の承諾をした。(注2)

（5）Xは，引き続き，Yとの間で金銭消費貸借取引をした。

3　原審の判断

原審（名古屋高判平成26年6月13日・金判1473号21頁）は，弁論の全趣旨によれば本件取引には旧貸金業法43条1項の適用がない（したがって，本件事由が存在する）ところ，Yは本件事由の存在を知らず，このことに重大な過失があったともいえないから，Xは本件事由をもってYに対抗することはできないとした。

第2　本判決

本判決は，次のとおり判示して，原判決中X敗訴部分を破棄し，同部分を原審に差し戻した。

「民法468条1項前段は，債務者が異議をとどめないで指名債権譲渡の承諾をしたときは，譲渡人に対抗することができた事由があっても，これをもって譲受人に対抗することができないとするところ，その趣旨は，譲受人の利益を保護し，一般債権取引の安全を保障することにある（最高裁昭和42年（オ）第186号同年10月27日第二小法廷判決・民集21巻8号2161頁参照）。そうすると，譲受人において上記事由の存在を知らなかったとしても，このことに過失がある場合には，譲受人の利益を保護しなければならない必要性は低いというべきである。実質的にみても，同項前段は，債務者の単なる承諾のみによって，譲渡人に対抗することができた事由をもって譲受人に対抗することができなくなるという重大な効果を生じさせるものであり，譲受人が通常の注意を払えば上記事由の存在を知り得たという場合にまで上記効果を生じさせるというのは，両当事者間の均衡を欠くものといわざるを得ない。

したがって，債務者が異議をとどめないで指名債権譲渡の承諾をした場合において，譲渡人に対抗することができた事由の存在を譲受人が知らなかったとしても，このことについて譲受人に過失があるときには，債務者は，当該事由をもって譲受人に対抗することができると解するのが相当である。」

第3　説　　明

〔12〕異議をとどめないで指名債権譲渡の承諾をした債務者が，譲渡人に対抗することができた事由をもって譲受人に対抗することができる場合

1　民法468条1項前段
（1）規定の趣旨
　民法468条1項前段は，債務者が異議をとどめないで指名債権譲渡の承諾をしたときは，譲渡人に対抗することができた事由があっても，これをもって譲受人に対抗することができないとする。
　この規定は，ボワソナードが当時のフランスの少数説に沿って作成した草案に由来するものである。もっとも，ボワソナード草案では承諾に公正証書又は確定日付のある証書を要求することによって，承諾自体に重みを与え，軽々な承諾によって債務者の負担が増加しないよう，保護のバランスを取っていたものであって，それに対して現行法では民法467条1項が承諾の方式を緩和した結果，保護のバランスが崩れて譲受人に過度に有利になっていると指摘されている。
　民法468条1項前段の規定の趣旨について，最二小判昭和42年10月27日・民集21巻8号2161頁は，「民法468条1項本文が指名債権の譲渡につき債務者の異議をとどめない承諾に抗弁喪失の効果をみとめているのは，債権譲受人の利益を保護し一般債権取引の安全を保障するため法律が附与した法律上の効果」と判示している。
　なお，この民法468条1項の規定は，債務者の保護の観点から妥当ではないなどとして，今般の債権法改正の際に削除する方向で議論が進められている。

（2）譲受人の主観的要件
　大判昭和9年7月11日・民集13巻1516頁は，民法468条1項により保護される譲受人は「善意者ニ限ルヘキ」として，悪意の譲受人は保護されない旨判示しており，この判断は，前掲・最二小判昭和42年10月27日及び最二小判昭和52年4月8日・集民120号421頁でも踏襲されている。
　しかしながら，これらの判例は，過失又は重過失ある譲受人が保護されるか否かについては何も判断しておらず，この点は判例上残された問題とされ

ていた。[注6]

(3) 学説

学説上は，次の3説が唱えられていた。

ア 善意説

民法468条1項により保護される譲受人は善意であれば足りるとする説である（過失があっても保護される。）。具体的には，次のとおりである。

・「468条は，そもそも譲受人の態様から譲受人保護を導くものではなく，債務者の行為の評価に力点が置かれているのであるから，譲受人の要件としては善意のみを要求すればよい」[注7]

・「債権譲渡の自由の拡大・保障という現代的要請のために，譲渡人（ママ）の保護に重きを置くべきものと解すべきである。しかし，対抗しうべき事由につき悪意の譲受人までをも保護すべき理由はないから，善意の譲受人に限るという要件を付加すべきである。」[注8]

イ 善意無重過失説

民法468条1項により保護される譲受人は，善意無重過失であることを要するとする説である（軽過失であれば保護される。）。具体的には，次のとおりである。

・「異議を留めない承諾によって作り出された外観は，全く一方的に債務者によるものであり，譲受人の保護に，彼の無軽過失まで要求することは妥当でない。悪意に準ずる重過失者のみを保護の範囲から除外すればよい。」[注9]

・「承諾による抗弁喪失効の基礎は禁反言にあると考える私見からは，『善意・無重過失』の譲受人が保護されると考えたい。」[注10]

・「債権譲渡が例外的な法現象でないこと，債権譲渡の譲受人が債務者の異議を留めない承諾に瑕疵のない債権としての信頼を置くのは通常のことであって，譲受人が債務者の有しているかもしれない多様な抗弁事由について調査する注意義務を負っている……と解するのは無理があることなどから，無過失は必要でない，と解すべきものと思う。ただし，悪意に準じる

重過失は保護の対象から除外してよい，と解する。」（注11）

ウ　善意無過失説

民法468条1項により保護される譲受人は，善意無過失であることを要するとする説である（軽過失であっても保護されない。）。具体的には，次のとおりである。

・「譲受人の善意・無過失を要すると解すべきである。けだし，表見的なものへの信頼を保護する制度（公信の原則の適用）として当然だからである。」（注12）

・「債務者がうっかり承諾してしまった場合に（純粋な観念の通知），譲受人側に普通の注意をすれば債権消滅の事実が分かったはずだという事情（＝過失）があっても，債務者の非を責めて抗弁を喪失させることは，バランスを欠くのは明らかである。……取引社会で行われる異議をとどめない承諾は，そのほとんどがうっかりした観念の通知と解されるから，無過失を要求する扱いの方が適切なのである。」（注13）

・「指名債権が転々流通するのであれば，無過失の要求は流通を阻害するおそれがある（手形・小切手の場合は悪意者のみを排除している。）。しかし，指名債権譲渡はそのような機能を果たしていないという認識を前提とすると，単なる承諾を行ったにすぎない債務者を保護する観点から，無過失を要求すべきであると思う。」（注14）

・「承諾行為により作出された基礎の上に成り立つ信頼を主張しうるためには，譲受人は善意無過失でなければならないと解すべきだということになる。」（注15）

・「指名債権の流通保護の要請は手形等ほどには大きくないこと，指名債権譲渡の対抗要件としては通知の方が一般的に用いられるが，通知の場合には債務者は抗弁事由を保持する（468条2項）のであり，債権譲渡の自由といってもその程度であること，承諾という対抗要件が用いられるときは譲受人にもそれなりの注意を求めてよいこと，債務者の異議をとどめない承

諾による抗弁切断という極めて特殊な効果を積極的に広げるまでもないことから，善意無過失説をとりたい。」(注16)
・「債務者のした承諾に比して，不利益が大きいことから（たとえば，二重弁済），譲受人には善意無過失を求めるべきであろう。譲渡は，債務者との無関係に行われており，過大な不利益を与えるべきではないからである。」(注17)

（4）下級審の裁判例

　過失又は重過失ある譲受人が民法468条1項前段により保護されるか否かにつき，これを正面から判断した裁判例はあまりみられない。もっとも，本件と同一機会ないし同種の債権譲渡がされている不当利得返還請求訴訟（被告はいずれもCFJ合同会社）においては，近年，この点を判断したものがままみられるようになっていた。

　例えば，東京高判平成25年7月23日・消費者法ニュース102号287頁は，「民法468条1項本文が指名債権の譲渡につき債務者の異議をとどめない承諾に抗弁喪失の効果を認めているのは，債権譲受人の利益を保護し一般債権取引の安全を保障するため法律が付与した法律上の効果と解するのが相当である……から，債権譲受人が，抗弁事実を知っていたか，これを知らないことにつき過失がある場合には，このような保護を与える必要がないというべきである。」と判示して，善意無過失説を採用した。

　また，東京高判平成26年6月11日・公刊物未登載（平成26年（ネ）第1448号）も，「異議なき承諾に抗弁切断効（民法468条1項）が認められるのは，債権譲渡の安全を保護すべき異議なき承諾に公信力を与えた点にあり，抗弁の存在を知っていた又は知らないことにつき過失のある譲受人はかかる保護を与えるに値しないから，悪意又は有過失の譲受人については上記抗弁切断効による保護を受けないと解するべきである。」と判示して（第1審判決の引用），善意無過失説を採用した。

　他方，本件の原審のように，善意無重過失説を採用したものと思われる裁判例もいくつかみられたが（大阪高判平成26年8月21日・公刊物未登載（平成

[12] 異議をとどめないで指名債権譲渡の承諾をした債務者が、譲渡人に対抗することができた事由をもって譲受人に対抗することができる場合

26年(ネ)第1117号)、東京高判平成25年8月28日・消費者法ニュース98号264頁)、これらはいずれも譲受人の重過失を認めた事案であって、軽過失ある譲受人が保護されるかについて積極的に判断したものではなかった。

（5）本判決の判断

前記のとおり、民法468条1項前段の趣旨は、譲受人の利益を保護し、一般債権取引の安全を保障することにあるものとされている（前掲・最二小判昭和42年10月27日）。そうすると、譲受人において譲渡人に対抗することができた事由の存在を知らなかったとしても、このことに過失がある場合には、譲受人の利益を保護しなければならない必要性は低いというべきである。実質的にみても、同項前段は、債務者の単なる承諾のみによって、上記事由をもって譲受人に対抗することができなくなるという重大な効果を生じさせるものであり、譲受人が通常の注意を払えば上記事由の存在を知り得たという場合にまで上記効果を生じさせるというのは、両当事者間の均衡を欠くものといわざるを得ない。

本判決は、このようなことから、前記のとおり判示し、もって善意無過失説を採用したものである。

なお、第二小法廷には、本件とほぼ同種の事案において、本件の原審とは逆に債務者側の請求を認容すべきものとした事件が係属していたが（平成26年(受)第2344号)、第二小法廷は、同事件についても弁論を開いた上、本件と同日付けで譲受人側の上告を棄却する旨の判決をしている（判決文は最高裁HPで公開されている。)。

2 本件への当てはめ（参考）

参考までに、本件への当てはめについても説明を加える。

本判決によれば、Xは、本件取引では18条書面の交付が全くなく、このことはYにおいて知り得たものである旨主張していたとのことである。そうすると、原審としては、本件取引における18条書面の交付の有無や、仮に交付がなかった場合にこれをYにおいて知り得たか否かなどについて審理判

断をすべきことになるところ，原審は，これらの点について審理判断しなかったものである。

なお，原審は，最二小判平成18年1月13日・民集60巻1号1頁を引用した上，「〔同判決〕により厳格な判断が示されるよりも前の本件債権譲渡当時，同判決よりも緩やかな解釈を採る裁判例や学説も相当程度存在したことは，顕著な事実である」とも判示している。しかし，前述のとおり，旧貸金業法43条1項が適用されるための要件としては，①支払の任意性，②18条書面の交付などがある。そして，前掲・最二小判平成18年1月13日は，債務者が利息制限法1条1項所定の制限を超える約定利息の支払を遅滞したときには当然に期限の利益を喪失する旨の特約の下で制限超過部分を支払った場合，その支払は原則として旧貸金業法43条1項にいう任意性の要件を欠くことなどを判示したものであって，基本的に上記①の要件について判示したものにすぎず（他に，18条書面の記載について判示する部分はある。），そもそも18条書面の交付がなかった旨主張されている本件とは場面を異にするものといわざるを得ない。

本判決は，このような観点から，原判決中X敗訴部分を破棄したものと解される。

3　本判決の意義

本件は，民法468条1項前段により保護される譲受人の主観的要件について，最高裁として判断を示したものであり，理論上及び実務上重要な意義を有することから，紹介する次第である。[注18]

(注1)　本件と似たような事案として，「制限超過部分を元本に充当すると，貸金残債権の債権譲渡がされた時点で既に過払金が発生していた場合，過払金返還債務も譲受人に承継されるか」が争われたものがあった。これについては，最二小判平成24年6月29日・集民241号1頁が事案に照らして否定しており，事実上，解決済みである。

〔12〕異議をとどめないで指名債権譲渡の承諾をした債務者が，譲渡人に対抗することができた事由をもって譲受人に対抗することができる場合

(注2) 実情としては，A及びYがXに通知した通知書の末尾に「上記記載内容の債権譲渡について，異議なく承諾いたしました。その証として下記に署名・押印いたします。」との記載があり，Xはこれに署名・押印をしてYに返信したというもののようである。

(注3) 池田真朗『債権譲渡の研究〔増補2版〕』370頁（平16）

(注4) 池田・前掲420頁

(注5) 第189回通常国会に提出された「民法の一部を改正する法律案」（議案番号63）は，民法468条1項を次のとおり改めることとしている。
「債務者は，対抗要件具備時までに譲渡人に対して生じた事由をもって譲受人に対抗することができる。」

(注6) 奥田昌道『債権総論〔増補版〕』445頁（平4），林良平ほか『債権総論〔第3版〕』507頁〔高木多喜男〕（平8），淡路剛久『債権総論』464頁（平14），潮見佳男『債権総論Ⅱ〔第3版〕』643頁（平17），加藤雅信『新民法大系Ⅲ債権総論』316頁（平17），近江幸治『民法講義Ⅳ（債権総論）〔第3版補訂〕』269頁（平21），小野秀誠『債権総論』397頁（平25）。野山宏「判解」最高裁判例解説民事篇平成9年度（下）1361頁（注6）も参照。

(注7) 池田・前掲421頁。なお，同444頁注8も参照。

(注8) 平井宜雄『債権総論〔第2版〕』143頁（平6）

(注9) 林ほか・前掲507頁〔高木〕

(注10) 加藤・前掲316頁

(注11) 淡路・前掲464頁

(注12) 我妻栄『新訂債権総論（民法講義Ⅳ）』538頁（昭39）。川井健『民法概論3債権総論〔第2版補訂版〕』264頁（平21）も同旨。なお，奥田・前掲455頁は，「善意者保護の一般論からは無過失が要求されるべき」としつつも，「本問題に関しては，債務者が喪失する抗弁事由の内容に応じ，何についての善意であり，無過失であるのかを勘案して決せられるべきものではなかろうか」とする。

(注13) 近江・前掲270頁

(注14) 内田貴『民法Ⅲ（債権総論・担保物権）〔第3版〕』236頁（平17）

(注15) 潮見・前掲643頁

(注16) 中田裕康『債権総論〔第3版〕』541頁（平25）

(注17) 小野・前掲397頁

(注18) 本判決の評釈等として，小野傑「判批」金法2021号4頁，河津博史「判批」銀行法務788号64頁，判例紹介プロジェクト「判批」NBL 1058号64頁，本村健ほか「判批」商事法務2079号79頁，中川敏宏「判批」法セミ731号112頁，山岡航「判批」同志社法学67巻7号131頁，櫻井博子「判批」法学会雑誌〔首都大学東京〕56巻2号429頁，角紀代恵「判批」判例セレクト2015[I]16頁，山下純司「判批」平成27年重判（ジュリ1492号）77頁，藤井徳展「判批」判時2290号209頁，江森史麻子「判批」駒澤法曹12号155頁，北居功「判批」金融判例研究26号（金法2049号）22頁，池田真朗「判批」リマークス53号14頁，石田剛「判批」民商法雑誌152巻4・5号54頁，大木満「判批」法律科学研究所年報〔明治学院大学〕32号263頁，武川幸嗣「判批」現代消費者法33号71頁，田口文夫「判批」専修ロージャーナル12号277頁，今尾真「判批」法律科学研究所年報〔明治学院大学〕33号117頁がある。

(後注) 脱稿後，「民法の一部を改正する法律」が成立し，平成29年法律第44号として公布された。以下，同法律による改正前と改正後の民法468条の条文を参考までに掲記する。

○改正前

（指名債権の譲渡における債務者の抗弁）

第四百六十八条　債務者が異議をとどめないで前条の承諾をしたときは，譲渡人に対抗することができた事由があっても，これをもって譲受人に対抗することができない。この場合において，債務者がその債務を消滅させるために譲渡人に払い渡したものがあるときはこれを取り戻し，譲渡人に対して負担した債務があるときはこれを成立しないものとみなすことができる。

2　譲渡人が譲渡の通知をしたにとどまるときは，債務者は，その通知を受けるまでに譲渡人に対して生じた事由をもって譲受人に対抗することができる。

○改正後

（債権の譲渡における債務者の抗弁）

〔12〕 異議をとどめないで指名債権譲渡の承諾をした債務者が，譲渡人に対抗することができた事由をもって譲受人に対抗することができる場合

第四百六十八条　債務者は，対抗要件具備時までに譲渡人に対して生じた事由をもって譲受人に対抗することができる。

2　第四百六十六条第四項の場合における前項の規定の適用については，同項中「対抗要件具備時」とあるのは，「第四百六十六条第四項の相当の期間を経過した時」とし，第四百六十六条の三の場合における同項の規定の適用については，同項中「対抗要件具備時」とあるのは，「第四百六十六条の三の規定により同条の譲受人から供託の請求を受けた時」とする。

(廣瀬　孝)

〔13〕 1　物の発明についての特許に係る特許請求の範囲にその物の製造方法が記載されているいわゆるプロダクト・バイ・プロセス・クレームにおける特許発明の技術的範囲の確定
　　　 2　物の発明についての特許に係る特許請求の範囲にその物の製造方法が記載されているいわゆるプロダクト・バイ・プロセス・クレームと明確性要件

（平成24年(受)第1204号　同27年6月5日第二小法廷判決　破棄差戻し
　第1審東京地裁　第2審知財高裁　民集69巻4号700頁）

〔判決要旨〕
　1　物の発明についての特許に係る特許請求の範囲にその物の製造方法が記載されているいわゆるプロダクト・バイ・プロセス・クレームの場合であっても，その特許発明の技術的範囲は，当該製造方法により製造された物と構造，特性等が同一である物として確定される。
　2　物の発明についての特許に係る特許請求の範囲にその物の製造方法が記載されているいわゆるプロダクト・バイ・プロセス・クレームの場合において，当該特許請求の範囲の記載が特許法36条6項2号にいう「発明が明確であること」という要件に適合するといえるのは，出願時において当該物をその構造又は特性により直接特定することが不可能であるか，又はおよそ実際的でないという事情が存在するときに限られる。
（1，2につき補足意見及び意見がある。）

〔参照条文〕
　（1につき）　特許法70条1項
　（2につき）　特許法36条6項2号

〔13〕物の発明についての特許に係る…プロダクト・バイ・プロセス・クレームにおける特許発明の技術的範囲の確定　その他
〔14〕物の発明についての特許に係る…プロダクト・バイ・プロセス・クレームにおける発明の要旨の認定

〔14〕 物の発明についての特許に係る特許請求の範囲にその物の製造方法が記載されているいわゆるプロダクト・バイ・プロセス・クレームにおける発明の要旨の認定

（平成24年（受）第2658号　同27年6月5日第二小法廷判決　破棄差戻し
第1審東京地裁　第2審知財高裁　民集69巻4号904頁）

〔判決要旨〕

物の発明についての特許に係る特許請求の範囲にその物の製造方法が記載されているいわゆるプロダクト・バイ・プロセス・クレームの場合であっても，その発明の要旨は，当該製造方法により製造された物と構造，特性等が同一である物として認定される。
（補足意見及び意見がある。）

〔参照条文〕

特許法29条1項，2項，36条6項2号

〔解　説〕

〔解説の便宜上，（受）第1204号事件（解説番号【13】）を①事件，（受）第2658号事件（解説番号【14】）を②事件という。〕

第1　事案の概要

1　事案の要旨

本件は，特許が物の発明についてされている場合において，特許請求の範囲にその物の製造方法の記載があるいわゆるプロダクト・バイ・プロセス・クレーム（以下「PBPクレーム」ともいう。）に係る特許権を有するXが，①事件及び②事件における各Yの販売等に係る医薬品はXの特許権を侵害しているとして，各事件のYに対し，当該医薬品の販売等の差止め及びその廃棄を求める事案である(注1)。①事件では，「特許発明の技術的範囲の確定」において，②事件では，新規性・進歩性等の「特許要件の審理の前提となる発明の要旨の認定」において，いずれもPBPクレームの解釈の在り方等が問

題となった。

2 本件の事実関係の概要等

(1) Xは，発明の名称を「プラバスタチンラクトン及びエピプラバスタチンを実質的に含まないプラバスタチンナトリウム，並びにそれを含む組成物」とする特許（特許第3737801号。請求項の数は9である。以下「本件特許」という。）に係る特許権を有している。

(2) 本件特許に係る特許請求の範囲の請求項1（以下「本件特許請求の範囲」という。）の記載は，次のとおりである（以下，本件特許請求の範囲に係る発明を「本件発明」という。）。

「次の段階：

a）プラバスタチンの濃縮有機溶液を形成し，

b）そのアンモニウム塩としてプラバスタチンを沈殿し，

c）再結晶化によって当該アンモニウム塩を精製し，

d）当該アンモニウム塩をプラバスタチンナトリウムに置き換え，そして

e）プラバスタチンナトリウム単離すること，

を含んで成る方法によって製造される，プラバスタチンラクトンの混入量が0.5重量％未満であり，エピプラバの混入量が0.2重量％未満であるプラバスタチンナトリウム。」

（なお，Xは，本件特許請求の範囲について，上記各混入量等につき訂正請求をしている。(注2)）

(3) 各事件のYが販売等する製品（以下「Y製品」という。）は，上記各物質の混入量が上記各重量％未満であるプラバスタチンナトリウムを含有している。また，①事件のY製品の製造方法は，少なくとも上記「a）プラバスタチンの濃縮有機溶液を形成し」の段階を含むものではない。

3 1審及び原審の判断

(1) ①事件の1審（東京地裁平成22年3月31日判決・平成19年（ワ）第35324号，LLI／DB判例秘書）は，PBPクレームについて，特許発明の技術的範囲は，

〔13〕 物の発明についての特許に係る…プロダクト・バイ・プロセス・クレームにおける特許発明の技術的範囲の確定 その他
〔14〕 物の発明についての特許に係る…プロダクト・バイ・プロセス・クレームにおける発明の要旨の認定

原則として，当該物を物の構成を記載して特定することが困難であり，製造方法によって特定せざるを得ないなどの特段の事情がある場合でない限り，当該製造方法によって製造された物に限られると解すべきであるなどとし，Y製品は，本件特許の製造方法を充足しないなどとしてXの請求を棄却した。

また，②事件の1審（東京地裁平成23年7月28日判決・平成20年（ワ）第16895号，判例時報2175号68頁）は，本件特許には無効理由があるなどとして，Xの請求を棄却した。

（2）原審（①事件：知財高裁〔大合議〕平成24年1月27日判決・平成22年（ネ）第10043号，判例タイムズ1397号199頁，判例時報2144号51頁，②事件：知財高裁平成24年8月9日判決・平成23年（ネ）第10057号，判例時報2175号59頁）は，PBPクレームにおける「当該発明の技術的範囲」及び「当該発明の要旨」は，いずれも当該物を「物の構造又は特性により直接的に特定することが出願時において不可能又は困難であるとの事情」が存在するときでない限り「特許請求の範囲に記載された製造方法により製造される物に限定」して解釈されるべきであるとした。そして，本件発明には上記の事情が存在するとはいえないから，「本件発明の技術的範囲」又は「本件発明の要旨」は，当該製造方法により製造された物に限定して解釈されるべきであるとした。

その上で，①事件では，Y製品の製造方法は，少なくとも本件特許請求の範囲に記載されているa）の段階を含むものではないから，Y製品は本件発明の技術的範囲に属しないとして，Xの請求を棄却すべきものとした。また，②事件では，本件発明は，当業者が容易に想到し得たものであるから，本件発明に係る特許は特許無効審判により無効にされるべきものであるなどとして，Xの請求を棄却すべきものとした。

第2　上告受理申立て理由と本判決

1　上告受理申立て理由

両事件の各原判決に対し，Xから上告受理申立てがされた。

Xの上告受理申立て理由は，概ね，PBPクレームについて，その「特許発明の技術的範囲の確定」及び「発明の要旨の認定」における解釈の在り方を争い，原判決には，法令解釈の誤り（特許法70条，104条の3）及び判例違反があるなどとするものである。[注3]

2　本件各判決

　本件①事件判決及び本件②事件判決は，いずれも，原判決を破棄し，事件を原審に差し戻した。

（1）本件①事件判決

　ア　本件①事件判決は，**判示事項記載1の論点**（PBPクレームにおける特許発明の技術的範囲の確定）について，次のとおり判断した。

　「願書に添付した特許請求の範囲の記載は，これに基づいて，特許発明の技術的範囲が定められ（特許法70条1項），かつ，同法29条等所定の特許の要件について審査する前提となる特許出願に係る発明の要旨が認定される（最高裁昭和62年（行ツ）第3号平成3年3月8日第二小法廷判決・民集第45巻3号123頁参照）という役割を有しているものである。そして，特許は，物の発明，方法の発明又は物を生産する方法の発明についてされるところ，特許が物の発明についてされている場合には，その特許権の効力は，当該物と構造，特性等が同一である物であれば，その製造方法にかかわらず及ぶこととなる。

　したがって，物の発明についての特許に係る特許請求の範囲にその物の製造方法が記載されている場合であっても，その特許発明の技術的範囲は，当該製造方法により製造された物と構造，特性等が同一である物として確定されるものと解するのが相当である。」

　イ　次に，**判示事項記載2の論点**（PBPクレームと明確性要件）について，同要件（特許法36条6項2号）は，特許制度の目的（同法1条参照）を踏まえたものと解することができるなどとした上で，次のとおり判断した。

　「この観点からみると，物の発明についての特許に係る特許請求の範囲にその物の製造方法が記載されているあらゆる場合に，その特許権の効力が当

〔13〕 物の発明についての特許に係る…プロダクト・バイ・プロセス・クレームにおける特許発明の技術的範囲の確定 その他
〔14〕 物の発明についての特許に係る…プロダクト・バイ・プロセス・クレームにおける発明の要旨の認定

該製造方法により製造された物と構造,特性等が同一である物に及ぶものとして特許発明の技術的範囲を確定するとするならば,これにより,第三者の利益が不当に害されることが生じかねず,問題がある。すなわち,物の発明についての特許に係る特許請求の範囲において,その製造方法が記載されていると,一般的には,当該製造方法が当該物のどのような構造若しくは特性を表しているのか,又は物の発明であってもその特許発明の技術的範囲を当該製造方法により製造された物に限定しているのかが不明であり,特許請求の範囲等の記載を読む者において,当該発明の内容を明確に理解することができず,権利者がどの範囲において独占権を有するのかについて予測可能性を奪うことになり,適当ではない。

他方,物の発明についての特許に係る特許請求の範囲においては,通常,当該物についてその構造又は特性を明記して直接特定することになるが,その具体的内容,性質等によっては,出願時において当該物の構造又は特性を解析することが技術的に不可能であったり,特許出願の性質上,迅速性等を必要とすることに鑑みて,特定する作業を行うことに著しく過大な経済的支出や時間を要するなど,出願人にこのような特定を要求することがおよそ実際的でない場合もあり得るところである。そうすると,物の発明についての特許に係る特許請求の範囲にその物の製造方法を記載することを一切認めないとすべきではなく,上記のような事情がある場合には,当該製造方法により製造された物と構造,特性等が同一である物として特許発明の技術的範囲を確定しても,第三者の利益を不当に害することがないというべきである。

以上によれば,物の発明についての特許に係る特許請求の範囲にその物の製造方法が記載されている場合において,当該特許請求の範囲の記載が特許法36条6項2号にいう『発明が明確であること』という要件に適合するといえるのは,出願時において当該物をその構造又は特性により直接特定することが不可能であるか,又はおよそ実際的でないという事情が存在するときに限られると解するのが相当である。」

ウ　そして，本件について検討し，原審の判断には，判決に影響を及ぼすことが明らかな法令の違反があるとして原判決を破棄し，本件発明の技術的範囲の確定を行い，更に本件特許請求の範囲の記載が明確性要件（特許法36条6項2号）に適合し認められるものであるか否か等について審理を尽くさせるため，本件を原審に差し戻した。

（2）本件②事件判決

ア　本件②事件判決は，**判示事項**記載の論点（PBPクレームにおける発明の要旨の認定）について，次のとおり，「特許発明の技術的範囲の確定」と同様に認定されるとした。

「物の発明についての特許に係る特許請求の範囲にその物の製造方法が記載されている場合であっても，その発明の要旨は，当該製造方法により製造された物と構造，特性等が同一である物として認定されるものと解するのが相当である。」

イ　また，PBPクレームと明確性要件について，本件①事件判決と同様の判断をした。

ウ　そして，本件について検討し，原審の判断には，判決に影響を及ぼすことが明らかな法令の違反があるとして原判決を破棄し，本件発明の要旨の認定を行い，更に本件特許請求の範囲の記載が明確性要件（特許法36条6項2号）に適合し認められるものであるか否か等について審理を尽くさせるため，本件を原審に差し戻した。

第3　説　　明

1　プロダクト・バイ・プロセス・クレーム（PBPクレーム）

いわゆるプロダクト・バイ・プロセス・クレーム（PBPクレーム）とは，物の発明についての特許に係る「特許請求の範囲」にその物の製造方法が記載されているものをいう。物の発明についての特許に係る「特許請求の範囲」においては，通常，当該物は，その構造又は特性により直接特定されるが，出願時における解析技術の発達が十分でないなどの理由で，当該物を構

〔13〕 物の発明についての特許に係る…プロダクト・バイ・プロセス・クレームにおける特許発明の技術的範囲の確定　その他
〔14〕 物の発明についての特許に係る…プロダクト・バイ・プロセス・クレームにおける発明の要旨の認定

造又は特性により直接特定することが不可能・困難な場合などがあり，このような新規で有用な物についても物の発明として保護する必要があることから，当該物をその製造方法により特定するPBPクレームを認める意義があるとされる。

　PBPクレームは，特許庁の実務においても，従前，認められ，特許庁の平成27年9月改訂前の特許・実用新案審査基準（第Ⅰ部第1章2．2．2．4(2)参照）においても，発明の対象物の構成を「製造方法と無関係に，物性等により直接的に特定することが，不可能，困難，あるいは何らかの意味で不適切（例えば，不可能でも困難でもないものの，理解しにくくなる度合が大きい場合などが考えられる。）であるとき」は，製造方法により物自体を特定することができるとしていた。このように，特許庁の実務では，当該物をその構造，特性等により直接特定することが「不可能・困難」な場合だけでなく，何らかの理由により「不適切」な場合，すなわち，発明の対象物の構成を理解しやすくするためなどの場合であっても，製造方法による特定を認めるものとしてきた。また，出願人が「特許請求の範囲」に発明の対象物の製造方法を記載している場合には，特段の審査をせずに上記の「不可能・困難・不適切」な場合に該当するものとしてきたことから，その該当性や記載要件との関係等については特に問題とされることなく，緩やかにこれを認める運用が行われてきた。

　なお，平成6年法律第116号による特許法改正は，特許請求の範囲に「発明を特定するために必要と認める事項のすべて」を記載することとして（特許法36条5項），技術の多様性に柔軟に対応した特許請求の範囲の記載とすることを可能とする一方，改正前は「構成に欠くことができない事項のみ」を記載させることにより担保していた特許請求の範囲の機能（すなわち，特許権の権利範囲が特許請求の範囲によって確定されるという機能）については，「特許を受けようとする発明が明確であること」（特許法36条6項2号）を求めることなどにより，これを担保することとしたなどとされる[注4]。上記法改正

により，PBPクレームは従来よりも認められやすくなったとされるが，特許請求の範囲の上記機能の観点からすると，どのような場合であれば，明確性要件に適合するといえるのかという問題は存するものと考えられる。

2 PBPクレームの解釈

PBPクレームは，「物の発明」についての特許に係るものであるが，「特許請求の範囲」にその物の「製造方法が記載」されていることから，従前から，「特許請求の範囲」の解釈を行う場面，すなわち，「特許発明の技術的範囲の確定」を行う場面，及び，特許要件の審理の前提となる「発明の要旨の認定」を行う場面において，PBPクレームをどのように解釈すべきかが争われ，実務上の運用においても，全体として統一されている状況にはなかった。そして，平成16年法律第120号による特許法改正により特許法104条の3のいわゆる無効の抗弁が導入され，制度上，同一の侵害訴訟手続において，上記の両場面における審理がされることとなったことから，両場面における解釈基準を統一すべきか否かを含めてPBPクレームの解釈の在り方が問題とされてきた。

PBPクレームの解釈の在り方について，学説及び実務上の運用の状況は，次のとおりである。

（1）学説

ア PBPクレームの解釈の在り方

a 物同一説(注6)

PBPクレームが「物の発明」についての特許に係るものであることを重視し，「特許請求の範囲」に記載された製造方法にかかわらず，当該製造方法により製造された物と同一の物として解釈すべきであるとする見解である。新規で有用な物を「物の発明」として保護するために認められてきたというPBPクレームの存在意義を論拠とし，PBPクレームにおける製造方法の記載部分は，当該発明の対象物を「特定」する記載であるとする（製造方法の記載部分に特許性が認められる場合には，物を生産する方法の発明についての

〔13〕 物の発明についての特許に係る…プロダクト・バイ・プロセス・クレームにおける特許発明の技術的範囲の確定 その他
〔14〕 物の発明についての特許に係る…プロダクト・バイ・プロセス・クレームにおける発明の要旨の認定

特許として保護すれば足りるなどとする。)。なお,例外的に「特許発明の技術的範囲の確定」の場面において,出願経過禁反言等のクレームの限定解釈の手法により,製法限定的に解釈することを認める見解が多い。

物同一説に対しては,発明者が開示した発明の内容を超えて保護を与えることになり,妥当でないとか,発明の対象物と被告の製品との「同一性」の判断が困難であるなどの指摘がある。^(注7)

b 製法限定説^(注8)

PBPクレームの「特許請求の範囲」に「製造方法が記載」されていることを重視し,「特許請求の範囲」に記載された製造方法により製造された物に限定して解釈すべきであるとする見解である。特許法70条1項が「特許発明の技術的範囲」は,特許請求の範囲の記載に基づいて定めなければならないとしていることや,特許請求の範囲の公示機能,特許請求の範囲に対する第三者の信頼の保護・法的安定性の要請を論拠とし,PBPクレームにおける製造方法の記載部分は,当該発明の対象物を「限定」する記載であるとする。なお,例外的な場合には,物同一説と同様に解釈することを認める見解も多い。

製法限定説に対しては,このように解釈すると,特許が付与された発明であるはずの「物」が保護されず,審査の対象にならなかった「製造方法」が保護されることになり,妥当でないとか,発明者が有用な新規物質を発明しても,製造方法としての保護しか受けられないため,開発意欲を消失させる結果となり,発明を保護奨励するという特許法の目的に反するなどの指摘がある。

イ 統一的解釈基準の当否

PBPクレームについて,「特許発明の技術的範囲の確定」の場面と「発明の要旨の認定」の場面において,統一的な解釈基準によるべきとする見解(統一基準説)と,異なる解釈基準によることを認め,前者では製法限定説により,後者では物同一説により解釈すべきとする見解(二重基準説)^(注9)がある。

（2）実務上の運用

　従前，PBPクレームについては，特許庁の審査，審判手続や，裁判所の審決取消訴訟において，「発明の要旨の認定」をする場面では，物同一説により解釈し，他方，裁判所の侵害訴訟において，「特許発明の技術的範囲の確定」をする場面では，原則的に物同一説を採用したとしても，個別事案ごとに，出願経過禁反言等の解釈上の工夫等により，殆ど例外なく製法限定的に解釈してきたとされる。そのため，実務上，前者の場面と後者の場面においては，PBPクレームの解釈基準が実質的に乖離する状況にあったといえる。

　ア　特許庁の実務

　特許庁の審査実務では，従前から物同一説を採用してきており，平成27年9月改訂前の特許・実用新案審査基準によれば，請求項の記載が製造方法によって生産物を特定しようとする表現を含む場合には，同審査基準第Ⅱ部第2章1.5.1（2）に従って異なる意味内容と解すべき場合を除き，その記載は最終的に得られた生産物自体を意味しているものと解するとする。そして，そのような場合において，当該生産物と引用発明の対応する物との厳密な一致点及び相違点の対比を行わずに，審査官が，両者が同じ物であるとの一応の合理的な疑いを抱いた場合には，その他の部分に相違がない限り，新規性が欠如する旨の拒絶理由を通知し，審査官が，両者が類似の物であり本願発明の進歩性が否定されるとの一応の合理的な疑いを抱いた場合には，進歩性が欠如する旨の拒絶理由を通知するとする（同審査基準第Ⅱ部第2章1.5.2（3），1.5.5（4），2.7参照）。

　特許庁における上記の運用は，知財高裁大合議が①事件の原判決において「発明の要旨の認定」の場面においても原則として製法限定説によるべきことの説示をし，知財高裁が②事件の原判決において同旨の解釈基準を示した後も，変更されておらず，審査手続においては，最終的に得られた生産物自体として「発明の要旨の認定」が行われてきた。

〔13〕 物の発明についての特許に係る…プロダクト・バイ・プロセス・クレームにおける特許発明の技術的範囲の確定 その他
〔14〕 物の発明についての特許に係る…プロダクト・バイ・プロセス・クレームにおける発明の要旨の認定

イ 最高裁判例及び下級審裁判例

最高裁の判決は、いずれも平成16年改正により特許法104条の3の無効の抗弁が導入される以前のものであり、同一の侵害訴訟の手続において、「特許発明の技術的範囲」と「発明の要旨」の両方の解釈がされることのなかった時期のものである。最高裁の以下の判決は、いずれも物同一説を採用するものと解されるが、その後も、侵害訴訟における下級審裁判例では、実質的には製法限定的な解釈を行い、侵害を否定するものが殆どである。

a 審決取消訴訟（発明の要旨の認定）

（a）最高裁平成9年9月9日第三小法廷判決・同年(行ツ)第120号・転写印刷シート事件Ⅰ、最高裁平成9年9月9日第三小法廷判決・同年(行ツ)第121号・転写印刷シート事件Ⅱ(注10)

上記各最高裁判決は、いずれも、物同一説による判断をした原判決（東京高裁平成9年2月13日判決・平成7年(行ケ)第194号、東京高裁平成9年2月13日判決・平成7年(行ケ)第195号）に対し、特許請求の範囲の記載とは異なるように発明の要旨を認定し、旧特許法36条5項2号の解釈適用を誤った違法があるなどとした論旨について、原審の認定判断は正当として是認することができるなどとした。

（b）下級審裁判例

下級審裁判例は、物同一説によるものが殆どである。(注11)

b 侵害訴訟（特許発明の技術的範囲の確定）

（a）最高裁平成10年11月10日第三小法廷判決・同年(オ)第1579号・衿腰に切替えのある衿事件(注12)

上記最高裁判決は、製法限定的に解釈した原判決（広島高裁松江支部平成10年4月24日判決・平成8年(ネ)第16号）に対し、「物の発明における特許請求の範囲に当該物の形状を特定するための作図法が記載されている場合には、右作図法により得られる形状と同一の形状を具備することが特許発明の技術的範囲に属するための要件となるのであり、右作図法に基づいて製造されて

いることが要件となるものではない」とし，上記事件においては，被上告人の製造販売する製品が上記作図法により得られる形状と同一の形状を有することにつき主張立証がないから，特許権の侵害を否定した原審の判断は結論において是認することができるとした。

(b) 下級審裁判例

下級審裁判例は，物同一説によるもの（ただし，多くの裁判例では，例外的に，審査経過等を参酌することにより，特許発明の技術的範囲が，特許請求の範囲に記載された製造方法により製造された物に限定されるとの解釈をする。）(注13)，製法限定説によるもの（ただし，発明の対象である物を構造，特性等により特定することができないなどの特段の事情がある場合を除き製法限定的に解釈されるとする。）(注14)があるが，殆どの事案において製法限定的な解釈がされ，侵害が否定されている。

3　海外の実情

PBPクレームについては，海外においても同様の問題がある。米国では，製造方法による発明の対象物の特定を緩やかに認め，物同一説による審査を行う一方，侵害訴訟では，製法限定説によるものとされている。また，欧州，例えばドイツでは，製造方法による当該物の特定を限定的にのみ認め，審査及び侵害訴訟のいずれにおいても物同一説によるものとされている。

(1) 米国(注15)

米国の審査においては，PBPクレーム自体が不明確であるとはされず，新規性・非自明性は，最終的に製造される製品が先行技術に開示されているか否かの点で審査される（米国特許審査手続要領MPEP2113参照）。当該審査基準は，後記のAbott Labs. v. Sandoz, Inc., 566 F.3d 1282 (Fed. Cir. 2009) 事件の全員法廷（en banc）による判決後も変更されていない。他方，侵害訴訟においては，従前，プロセスの記載部分がクレームを限定する要素となると捉えるか否かにつき，連邦巡回区控訴裁判所では，これを否定するScripps Clinic & Research Foundation v. Genentech, Inc., 927 F.2d

〔13〕物の発明についての特許に係る…プロダクト・バイ・プロセス・クレームにおける特許発明の技術的範囲の確定 その他
〔14〕物の発明についての特許に係る…プロダクト・バイ・プロセス・クレームにおける発明の要旨の認定

1565 (Fed. Cir.1991) 事件判決と，肯定する Atlantic Thermoplastics Co. v. Faytex Corp., 970 F.2d 834 (Fed. Cir.1992) 事件判決があったが，Abott 事件の全員法廷判決は，製法限定説を採用し，PBP クレームの権利範囲については，クレーム記載の製造方法で製造された物に限定されるとの判断をしている。(注16)

（2）欧州(注17)

欧州の審査においては，構造的な特徴によっても物理的な特性によっても製品を記載することが不可能な場合に PBP クレームの記載が認められるとし，この場合，物自体が特許性を具備する必要があるなどとされる。また，ドイツでは，審査においては，PBP クレームは，対象物について他に特定手段がなく，その生産方法の記述から当該物が十分に特定される場合に，例外的に物質特許のクレームとして認められるとし，侵害訴訟においては，その権利範囲は，他の方法で製造された同一の製品にまで及ぶとされる。PBP クレームを限定的な場合にのみ認めることにより，第三者の不利益に配慮する一方，付与された特許については，物同一説で解釈し，特許権者の利益をも考慮しているとされる。

4 「特許請求の範囲」の公示機能と第三者の信頼の保護の観点

「特許請求の範囲」は，特許発明の技術的範囲を確定し（特許法70条1項），権利範囲を示すという公示機能を有する。発明は，無体の技術的思想である上，言語で表現されるため，本来的に明確でなく，明細書の記載だけであると，特許権の及ぶ範囲が不明確であることなどから，特許発明の概念を明確にし，権利の及ぶ範囲を明確にするために「特許請求の範囲」の記載が義務付けられているとされる（同法36条2項）。(注18)また，「特許請求の範囲」の記載においては，特許を受けようとする発明が明確であることが求められるが（同条6項2号，明確性要件），これは，「特許請求の範囲」の記載が不明確であると，権利の及ぶ範囲も不明確となり，法的安定性を害するためであるなどとされる。そして，明確性要件が，権利者の発明の保護と，第三者による

その利用を図ることを通じて、発明を奨励し、もって産業の発達に寄与するという同法の目的（同法1条）を踏まえたものと解されることからすると、PBPクレームについても、このような「特許請求の範囲」の公示機能及び第三者の信頼の保護の観点から、明確性要件との適合性について検討する必要があるものと考えられる。

5　①事件及び②事件の各原判決

①事件の原審である知財高裁大合議及び②事件の原審である知財高裁は、上記のような問題状況を踏まえ、緩やかにPBPクレームを認める従前の特許庁の運用を前提とした上で、「特許発明の技術的範囲の確定」の場面及び「発明の要旨の認定」の場面の双方において統一的な解釈基準を採用することとし、前記のとおり、原則的には製法限定説により解釈し、例外的に当該物を「物の構造又は特性により直接的に特定することが出願時において不可能又は困難であるとの事情」が存在するのであれば（真正PBPクレーム）、物同一説により解釈すべきものとする判断をした。

上記の知財高裁の示した解釈基準に対しては、上記の基準によれば、結局、上記の「不可能又は困難であるとの事情」が存在しない場合（不真正PBPクレーム）は物の生産方法の発明と変わらないことになるが、物の生産方法の発明と等価な物の発明としてのPBPクレームの登録を広く許容することになる点で違和感があるとか[注19]、上記の基準によれば、製造方法に新規性、進歩性が認められれば、物自体に新規性がなくても特許性が認められることになるが、本来、そのような発明は、方法の特許として保護されるべきであるなどの指摘がある。また、上記の事情についても、判断する主体やその判断基準等が明らかでないとか、我が国や欧米の審査実務と乖離することとなり、国際調和の観点からも問題があるなどの指摘がされてきた[注20]。

6　本件各判決の立場

（1）本件①事件判決の**判決要旨1**及び本件②事件判決の**判決要旨**について

以上のような問題状況、学説・実務上の運用の状況、海外の実情、原審の

〔13〕物の発明についての特許に係る…プロダクト・バイ・プロセス・クレームにおける特許発明の技術的範囲の確定　その他
〔14〕物の発明についての特許に係る…プロダクト・バイ・プロセス・クレームにおける発明の要旨の認定

判断に対する議論等を踏まえ，第二小法廷多数意見は，①事件及び②事件について，平成16年法改正により特許法104条の3の無効の抗弁が導入され，制度上，同一の侵害訴訟の手続において，「特許発明の技術的範囲の確定」及び「発明の要旨の認定」の審理がされるようになり，両場面における解釈，処理の基本的な枠組みが異なることは不合理であることから，PBPクレームの解釈においても，統一的な解釈基準を採用するのが相当であるとの見解に立ったものと考えられる。

そして，特許が物の発明についてされている場合には，その特許権の効力は，当該物と構造，特性等が同一である物であれば，その製造方法にかかわらず及ぶこととなることから，本件①事件判決の**判決要旨1**及び本件②事件判決の**判決要旨**各記載のとおり，PBPクレームの場合であっても，上記と同様に，その「特許発明の技術的範囲の確定」（①事件）又は「発明の要旨の認定」（②事件）においては，製造方法にかかわらず，「特許請求の範囲」に記載された製造方法により製造された物と構造，特性等が同一である物として解釈されるものと判示し，物同一説を採用することを明らかにした。

この見解は，物の発明について，出願時において解析技術の発達が十分でないなどの理由で，当該物を構造，特性等により直接特定することが不可能な場合等があるが，そのような新規で有用な物についても物の発明として保護する必要があることから，当該物をその製造方法により特定することを認めるというPBPクレームの本来的な存在意義に鑑み，物の発明についてされている特許として，その「特許発明の技術的範囲」及び「発明の要旨」を解釈し，保護すべきことを判断したものと考えられる。

（2）本件①事件判決の**判決要旨2**について

ア　次に，本判決において，第二小法廷は，本件①事件判決の**判決要旨2**記載のとおり，PBPクレームが，特許法36条6項2号にいう明確性要件に適合するといえるのは，出願時において当該物をその構造又は特性により直接特定することが不可能であるか，又はおよそ実際的でないという事情が存

在するときに限られると解するのが相当であると判断した。

　イ　物の発明についての特許に係る「特許請求の範囲」にその製造方法が記載されているあらゆる場合に，物同一説により，その製造方法にかかわらず，当該製造方法により製造された物と構造，特性等が同一である物に「特許発明の技術的範囲」又は「発明の要旨」が及ぶものとすると，前記のような特許庁における審査の状況が前提である場合には，「特許請求の範囲」の公示機能や第三者の信頼の保護の観点からは問題があるものと考えられる。

　すなわち，物の発明についての特許に係る「特許請求の範囲」にその製造方法が記載されている場合，当該製造方法自体は，その記載から明らかであるとしても，一般的には，当該製造方法の記載が，当該物のどのような構造若しくは特性を表しているのか，又は物の発明であってもその「特許発明の技術的範囲」若しくは「発明の要旨」を当該製造方法により製造された物に限定しているのかが不明であると考えられる（例えば「特許請求の範囲」に「製造方法Pにより製造される物質甲」という記載がある場合，製造方法Pの記載が，物質甲のどのような構造，特性等を表しているのか解釈していく必要があり，仮に，発明の詳細な説明等から，製造方法Pの記載が，物質甲におけるある性質Aを表しているものと解され得るとしても，性質Aのうちのどのような範囲のものが当該「特許発明の技術的範囲」又は「発明の要旨」として認められるのか，また，記載された製造方法Pにより製造された物に限定されるのか等について解釈の問題が生じるものと考えられる。上記の侵害訴訟における物同一説に基づく主張立証活動に一般的に困難が伴うのも，同様の理由によるものと考えられる。）。そして，このような場合に，物同一説により当該製造方法により製造された物と構造，特性等が同一である物に広く権利範囲等が及ぶものとすると，「特許請求の範囲」等の記載を読む者においては，当該発明の内容を明確に理解することができず，権利者がどの範囲において独占権を有するのかについて予測可能性が奪われることになり，第三者の利益を不当に害する可能性があるものと考えられる。

〔13〕 物の発明についての特許に係る…プロダクト・バイ・プロセス・クレームにおける特許発明の技術的範囲の確定 その他
〔14〕 物の発明についての特許に係る…プロダクト・バイ・プロセス・クレームにおける発明の要旨の認定

　したがって，上記の問題状況からすると，PBPクレームについては，基本的には例外的なものに限って認められるものとし，これを認めるべき事情があるか否かは，厳格に考える必要があるものといえる。

　そして，物の発明については，当該物の構造又は特性によりこれを直接特定するのが原則であろうが，出願時において当該物の構造又は特性を解析することが技術的に不可能である場合や，特許出願が，その性質上，迅速性等を要することから，特定する作業を行うことに著しく過大な経済的支出や時間を要するなど，出願人にこのような特定を要求することがおよそ実際的でない場合などもあり得ること，また，上記のような限定的な場合であれば，物の発明についての特許に係る「特許請求の範囲」にその製造方法を記載することを認めても，第三者の利益を不当に害することはないであろうものと考えられることからすると，PBPクレームは，このような場合であれば明確性要件に適合すると解することができるものと考えられる。

　本判決において，第二小法廷は，上記のような「特許請求の範囲」の公示機能や第三者の信頼の保護の観点からの検討を踏まえ，PBPクレームが明確性要件（特許法36条6項2号）に適合するといえるのは，そのような「不可能・非実際的事情」が存在するときに限られると判断したものと考えられる。

　なお，過去の最高裁判例は，上記の「不可能・非実際的事情」が存在するのかどうか不明なPBPクレームについて，物同一説を採用し判断したものと解される。しかし，いずれの事案においても，特許要件を満たすことを当然の前提として，各事案のPBPクレームを物同一説に従って解釈したものと解され，また，いずれの判例も，特許法104条の3の無効の抗弁が導入される以前のものであり，PBPクレームについて統一的解釈基準を採用することの当否や，統一する場合における解釈の在り方や明確性要件との関係について論じられていなかった時期のものであることからすると，本判決の判断がこれらの判例と抵触するものではないものと考えられる。

（3）破棄差戻し

本件各判決において，第二小法廷は，上記のとおり，PBPクレームについて新たな判断枠組みを示したことから，①事件及び②事件のいずれの原判決をも破棄し，本件特許請求の範囲の解釈及び明確性要件との適合性等について更に審理を尽くさせるため，事件を原審に差し戻した。

（4）個別意見

第二小法廷は，①事件及び②事件のいずれにおいても，破棄差戻しの結論自体については裁判官全員の意見が一致しているが，本件①事件判決及び本件②事件判決には，千葉裁判官の補足意見と，山本裁判官の意見が付されている。本件では多数意見の部分が判例であり，千葉裁判官の補足意見は，多数意見の内容を敷衍しこれを説明するものである。これに対し，山本裁判官の意見（PBPクレームを緩やかに認め，物同一説により解釈する現在の特許庁の実務を認めた上で，侵害訴訟においては，裁判所が個別的に限定解釈するのが相当であるものとする意見と解される。）は，破棄差戻しの結論に至る理由付けが多数意見とは異なるものである。

7　今後の問題[注21]

（1）PBPクレーム該当性

「特許請求の範囲」の記載には多様なものがあり，「特許請求の範囲」におけるある具体的な記載が，当該物の構造もしくは特性を表現しているのか，又は，当該物の製造方法を表現し，PBPクレームに当たるといえるのかについては，一見して明らかでないものがある。そのため，ある「特許請求の範囲」の記載が，PBPクレームに該当するのか否かについては，慎重に検討を要するものと考えられる。

そして，物の発明は，技術的思想が物として体現されている発明であり，方法の発明は，時間的な流れに従って生じる複数の現象，行為等の組合せによって技術的思想が実現されている発明であって（なお，物の生産方法の発明は，方法の発明の一類型である。），通説は，技術的思想の実現に伴い，時間的

〔13〕物の発明についての特許に係る…プロダクト・バイ・プロセス・クレームにおける特許発明の技術的範囲の確定　その他

〔14〕物の発明についての特許に係る…プロダクト・バイ・プロセス・クレームにおける発明の要旨の認定

な要素を含むか否かにより両者を区別しているとされることからすると，PBPクレーム該当性を検討する際においても，上記の要素の有無を検討していくことになるものと考えられる。(注22)(注23)

（2）不可能・非実際的事情

本件各判決において，PBPクレームが明確性要件に適合する場合として掲げる「不可能であるか，又はおよそ実際的でないという事情が存在するとき」については，これがどのような場合に認められるのかが問題となる。

この点については，本件各判決の多数意見及び補足意見も言及しているが，「不可能」とは，出願時に，当業者において，発明の対象となる物をその構造又は特性を解析し特定することが，主に技術的な観点から不可能な場合をいい，「およそ実際的でない」とは，出願時に，当業者において，特定する作業を行うことが採算的に実際的でない時間や費用が掛かり，特定作業を要求することが，技術の急速な進展と国際規模での競争の激しい特許取得の場面においては余りにも酷であるとされる場合などが想定される。

上記の事情については，今後の裁判例の集積によりその内容や方向性が明確にされていくことになるであろうが，明確性要件が，権利範囲を公示することを担保するための要件であることからすると，判断の主体は，当該出願人ではなく，当業者となるものと解される。また，上記の事情の内容については，構造又は特性を解析することの技術的困難性や，構造又は特性による特定作業を行うことがおよそ実際的でないのかどうかを，技術分野や発明における技術思想の内容，解析技術の水準や，構造又は特性により特定するために想定される作業内容等，諸事情を考慮した上で，判断していくことになるのではないかと考えられる。(注24)

（3）特許実務と従前のPBPクレームの扱い

ア　本件①事件判決及び本件②事件判決後の審査手続においては，PBPクレームの出願である場合には，明確性要件の審査として不可能・非実際的事情の有無について審査することになるものと考えられる。この場合，明確

性要件に適合するためには，不可能・非実際的事情が存在する場合であることが必要となることから，その主張立証責任は，出願人側にあるものと解され，審査手続においては，上記の事情についての出願人の見解が示されるような運用がされていくことが望ましいものと考えられる。[注25]

イ　PBPクレームにおける不可能・非実際的事情の存否については，これが存在しない場合には，明確性要件の欠如の拒絶理由又は無効理由があることとなる。この場合，審査段階であれば，出願人において，上記の事情が存在することについて意見や資料を提出する機会があることが望ましいと思われる。また，拒絶査定等を受けることを回避するために，製造方法の記載を，発明の対象物をその構造又は特性等により特定する記載に補正したり，当該発明が製造方法自体に意義があるのであれば，物の生産方法の発明又は方法の発明についての特許としても出願したり，補正していくことなどがあるのではないかと思われる。

ウ　また，既に登録されているPBPクレームについては，今後，無効審判請求や侵害訴訟の無効の抗弁において，不可能・非実際的事情の存否による明確性要件に適合するか否かが争われる可能性がある。この場合，上記の事情が存在することについては，権利者において主張立証していく必要があるものと考えられるが，そのような無効理由が内在する可能性を回避するために，権利者においては，特許無効審判における訂正の請求（特許法134条の2）や訂正審判の請求（同法126条）等を活用することが考えられる。そして，その場合，製造方法の記載について，明細書における発明の詳細な説明の記載にも留意しながら，発明の対象物をその構造又は特性等により特定する記載に訂正することや，当該発明が製造方法自体に意義があるのであれば，補正の場合と同様に，物の生産方法の発明又は方法の発明として訂正していくことなども考えられる。[注26]

8　本件各判決の意義

本件各判決は，PBPクレームの本来的な存在意義に鑑み，これを物の発

〔13〕 物の発明についての特許に係る…プロダクト・バイ・プロセス・クレームにおける特許発明の技術的範囲の確定　その他
〔14〕 物の発明についての特許に係る…プロダクト・バイ・プロセス・クレームにおける発明の要旨の認定

明についての特許として保護を図るべきとの立場から，「特許発明の技術的範囲」及び「発明の要旨」を物同一説により解釈すべきものとし，他方，「特許請求の範囲」の公示機能や第三者の信頼の保護の観点からは，PBPクレームが基本的には例外的な場合にのみ認められるべきとの立場から，不可能・非実際的事情が存在する場合にのみ明確性要件に適合するとして，PBPクレームについての判断の枠組み（解釈基準及び明確性要件との関係）を最高裁として初めて判断したものである。本件各判決は，理論上，また，特許庁の審査・審判の実務，裁判所の特許訴訟の実務，出願人や特許権者，利用する第三者等の特許実務上重要な意義を有するものと考えられる。(注27)(注28)

(注1)　①事件も②事件も，Xは同一の会社であり，同一の特許権に基づく請求である。

(注2)　本件特許については，特許庁に特許無効審判事件（無効2008－800055号）が係属したため，Xは，平成20年7月，本件特許請求の範囲について次のとおりの内容の訂正を請求した。すなわち，①「ｅ）プラバスタチンナトリウム単離すること」を「ｅ）プラバスタチンナトリウムを単離すること」に，②「プラバスタチンラクトンの混入量が0.5重量％未満」を「プラバスタチンラクトンの混入量が0.2重量％未満」に，③「エピプラバの混入量が0.2重量％未満」を「エピプラバの混入量が0.1重量％未満」にそれぞれ訂正するというものである。

特許庁は，上記の特許無効審判事件につき，平成21年8月，上記訂正を認め，上記特許無効審判の請求が成り立たない旨の審決をしたところ，同審決の取消しを求める訴訟が別途係属した（知財高裁平成21年(行ケ)第10284号）。知財高裁は，平成24年1月27日，同事件について，上記審決を維持し，審決取消請求を棄却する判断をした。これに対し，上告兼上告受理申立事件が係属したが（最高裁平成24年(行ツ)第146号，同年(行ヒ)第167号），最高裁は，平成27年7月8日，上告棄却兼不受理決定をしている。

(注3)　論旨は，最高裁昭和56年6月30日第三小法廷判決・昭和54年(オ)第336号，民集35巻4号848頁違反をいう。同判決は，実用新案法における考案の技

術的範囲に属するか否かの判断に当たり，製造方法の相違を考慮の中に入れることはできないとした判例である。

(注4) 特許庁総務部総務課工業所有権制度改正審議室編「平成6年改正 工業所有権法の解説」99～111頁参照

(注5) 中山信弘「特許法」〔第3版〕178～179頁参照

(注6) 愛知靖之「プロダクト・バイ・プロセス・クレームの解釈（プラバスタチンナトリウム事件知財高裁大合議判決）」新・判例解説watch 12号233頁以下，鈴木將文「プロダクト・バイ・プロセス・クレームの解釈」L&T 57号54頁以下，三枝英二「日米の判決例から見たプロダクト・バイ・プロセス クレームの特許性及び技術的範囲」村林傘寿記念『知的財産権侵害訴訟の今日的課題』78頁以下，浅見節子「機能的クレーム，プロダクト・バイ・プロセス・クレームの解釈の主要諸外国との比較」知的財産研究所『特許クレーム解釈に関する調査研究（Ⅱ）報告書』76頁以下等，嶋末和秀「プロダクト・バイ・プロセス・クレームの解釈について」牧野利秋ほか編『知的財産法の理論と実務 第1巻〔特許法［Ⅰ］〕』138頁以下，吉田広志「プロダクト・バイ・プロセス・クレイムの特許適格性と技術的範囲(2)」知的財産法政策学研究13号131頁以下等参照。なお，物同一説に対する指摘については，（注8）の文献等も参照。

(注7) 発明の対象物と被告の製品との同一性の判断基準については，構造上の同一性を求める見解，作用効果が同程度であることを求める見解等があり得る。侵害訴訟においては，「特許請求の範囲」に記載された製造方法により特定される当該物の構造，特性等を明らかにした上で，被告の製品がこれと同一の構造，特性等を有することを主張立証すべきものと考えられるところ，当該主張立証活動においては，「特許請求の範囲」に記載された製造方法が，当該物におけるどのような構造，特性等を意味しているのか解釈しなければならない点において，一般的に困難を伴うものと考えられる。

(注8) 飯村敏明「機能的クレーム及びプロダクト・バイ・プロセス・クレームの解釈に関する国内下級審判決の動向」知的財産研究所『特許クレーム解釈に関する調査研究（Ⅱ）報告書』47頁以下等，北原潤一「プロダクト・バイ・プロセス・クレームの権利範囲の解釈について」知財研フォーラム87号57頁以下

〔13〕 物の発明についての特許に係る…プロダクト・バイ・プロセス・クレームにおける特許発明の技術的範囲の確定　その他
〔14〕 物の発明についての特許に係る…プロダクト・バイ・プロセス・クレームにおける発明の要旨の認定

等参照。なお，製法限定説に対する指摘については，（注6）の文献等も参照。

（注9）　大渕哲也「クレーム解釈と明細書等」パテント67巻14号152頁以下，牧野利秋「知財高裁判決の論点－クレーム解釈の異同について－」特許ニュース13689号1頁以下，設樂隆一「プロダクト・バイ・プロセス・クレームの要旨認定とクレーム解釈についての考査」牧野傘寿記念『知的財産権　法理と提言』279頁以下等参照

（注10）　なお，岡田吉美，道祖土新吾「プロダクト・バイ・プロセス　クレームの解釈につき判断した知的財産高等裁判所特別部（大合議）判決」特許研究54号38頁以下，特許庁「特許庁公報審決取消訴訟判決集（70）」92頁以下，109頁以下，115頁以下等に紹介されている。

（注11）　東京高判平成14年6月11日判例時報1805号124頁光ディスク用ポリカーボネート成形材料事件，知財高判平成18年6月26日平成17年（行ケ）第10781号プラバスタチン精製方法事件，知財高判平成18年12月7日平成17年（行ケ）第10775号スピーカ用振動板の製造方法事件等

（注12）　なお，釜田佳孝「作図法が記載されている物の発明の技術的範囲」小野喜寿記念『知的財産法最高裁判例評釈大系Ⅰ』600頁以下，染野義信，染野啓子編著「判例工業所有権法（第二期版）」15巻2293の345頁以下等に紹介されている。

（注13）　東京高判平成9年7月17日判例時報1628号101頁インターフェロン事件，東京高判平成14年9月26日判例時報1806号135頁止め具及び紐止め装置事件控訴審，知財高判平成21年3月11日平成19年（ネ）第10025号印鑑基材事件等

（注14）　知財高判平成19年4月25日平成18年（ネ）第10081号多層生理用品事件，広島高裁松江支判平成10年4月24日平成8年（ネ）第16号衿腰に切替えのある衿事件，東京地判平成14年1月28日判例時報1784号133頁止め具及び紐止め装置事件等

（注15）　板井典子「プロダクト・バイ・プロセス・クレームの権利範囲の解釈についての考察」知財管理60巻12号1933頁以下，高岡亮一「アメリカ特許法実務ハンドブック」〔第4版〕84頁，164頁，224頁，阿部・井窪・片山法律事務所編「米国特許訴訟Q&A 150問」324～325頁等参照

（注16）　Abott事件判決（2009）の多数意見は8名，反対意見は3名，回避が

1名であった。同判決は、その後、米国連邦最高裁において、サーシオレイライが退けられて確定している。
(注17) 滝井朋子「Product-by-Processクレーム特許の技術的範囲」牧野退官記念『知的財産法と現代社会』483頁以下、佐藤安紘「プロダクト・バイ・プロセス・クレームの解釈」東京大学法科大学院ローレビュー3巻73頁以下等参照
(注18) 中山・前掲（注5）177〜178頁
(注19) 高林龍「プロダクト・バイ・プロセス・クレームの技術的範囲と発明の要旨」牧野傘寿記念『知的財産権　法理と提言』302頁以下等。なお、高林・同310〜312頁は、不真正PBPクレームについて明確性要件の観点からの検討を提唱する。
(注20) 愛知・前掲（注6）235〜236頁、鈴木・前掲（注6）62〜63頁等参照
(注21) 特許庁は、本件各判決の後、PBPクレームに関する審査・審判実務を検討し、平成27年7月6日付け「プロダクト・バイ・プロセス・クレームに関する当面の審査・審判の取扱い等について」、同年11月25日付け「プロダクト・バイ・プロセス・クレームに関する『不可能・非実際的事情』の主張・立証の参考例」、平成28年1月27日付け「プロダクト・バイ・プロセス・クレームに該当しない例の追加」、同年3月30日付け「プロダクト・バイ・プロセス・クレームの明確性に係る審査ハンドブック関連箇所の改訂の背景及び要点」等を公表し、同日改訂による「特許・実用新案審査ハンドブック」（同年9月28日付けで2205項に追加）を公表した。

そして、平成28年9月28日付けで「プロダクト・バイ・プロセス・クレームに関する審査の取扱いについて」を公表し、本件各判決の判示内容を踏まえた審査の概要を示している。これによると「物の発明についての請求項にその物の製造方法が記載されている場合は、審査官が『不可能・非実際的事情』があると判断できるときを除き、当該物の発明は不明確であるという拒絶理由を通知します。」とし、出願人が、当該拒絶理由を解消するためにとりうる対応として、ア　当該請求項の削除、イ　当該請求項に係る発明を、物を生産する方法の発明とする補正、ウ　当該請求項に係る発明を、製造方法を含まない物の発明とする補正、エ　不可能・非実際的事情についての意見書等による主張・

〔13〕物の発明についての特許に係る…プロダクト・バイ・プロセス・クレームにおける特許発明の技術的範囲の確定　その他
〔14〕物の発明についての特許に係る…プロダクト・バイ・プロセス・クレームにおける発明の要旨の認定

立証，オ　当該請求項は，「その物の製造方法が記載されている場合」に該当しない旨の反論を挙げている。

(注22)　中山信弘＝小泉直樹編「新・注解　特許法（上巻）」（第2版）34頁

(注23)　なお，「製造方法Qにより『得られた』物質乙」と「製造方法Qにより『得られうる』物質乙」のように，表現の相違のみをもって，PBPクレーム該当性の有無が判断されることにはならないものと考えられる。

(注24)　なお，特許庁の従前の審査実務において言及されていた「不適切」な場合に該当するような事情のうち，単に発明の構成を理解しやすくするために製造方法を記載することまで認めることは，前記の問題状況からすると，およそ実際的でない場合には当たらないものと考えられる。

(注25)　なお，①事件の原判決（知財高裁大合議）が示した判断基準については，南条雅裕「プロダクト・バイ・プロセス・クレーム大合議判決の判断枠組みの，審査における要旨認定への適合性についての一検討」パテント66巻3号134頁以下等において，上記基準を特許庁の審査手続において導入する場合における運用の在り方等について検討がされていた。

(注26)　査定後の特許については，カテゴリーを超えた訂正を認めることに関する議論を踏まえた上で，少なくとも，PBPクレームについてはこれを認めるのが相当と思われる。

(注27)　①事件及び②事件は，知財高裁に差し戻された後，請求の放棄により終了している。

(注28)　本件各判決の評釈として，高林龍・判例時報2293号169頁，吉田広志・ジュリスト1492号263頁，鈴木將文・民商法雑誌152巻1号41頁，田村善之・知的財産法政策学研究48号289頁，飯村敏明・特許研究60号2頁，設樂隆一・パテント69巻2号93頁，岩瀬吉和・民事判例XI（2015年前期）124頁，佐竹勝一・AIPPI 60巻12号1046頁，岩坪哲・ジュリスト1485号18頁，南条雅裕・ジュリスト1485号26頁，前田健・AIPPI 60巻8号706頁，生田哲郎，佐野辰巳・発明112巻9号40頁，松本司，白波瀬文吾・知財ぷりずむ13巻156号29頁，大野聖二・知財ぷりずむ15巻178号20頁，潮海久雄・IPマネジメントレビュー18号36頁，岡田吉美・特許研究60号43頁，医薬・バイオテクノロジー委員会・知財管理65巻10号1393頁，上野剛史，奥村洋一，奥山尚一，城山康文，中山一郎，

松田一弘・AIPPI 60巻10号866頁, 中川淨宗・発明112巻12号44頁, 井関涼子・L&T 70号1頁, 小島立・L&T 70号11頁, 平井佑希, 西脇怜史・L&T 70号19頁, 吉田和彦・法の支配180号131頁, 柴大介・パテント69巻2号61頁, 徳川和久・Business law journal 9巻3号120頁, 堀城之・パテント69巻3号121頁, 三村淳一・日本大学知財ジャーナル9号89頁, 時岡恭平・パテント69巻7号39頁, 角渕由英・パテント69巻9号71頁, 中山一郎・パテント69巻10号10頁, 井上裕史・パテント69巻10号38頁, 一色昭則・パテント69巻10号50頁, 花田健史・パテント70巻5号21頁, 菊池絵理・L&T 69号91頁, 菊池絵理・年報知的財産法2015-2016年1頁などがある。　　　　　　　　（菊池　絵理）

〔15〕 労働者災害補償保険法による療養補償給付を受ける労働者につき，使用者が労働基準法81条所定の打切補償の支払をすることにより，解雇制限の除外事由を定める同法19条1項ただし書の適用を受けることの可否

(平成25年(受)第2430号　同27年6月8日第二小法廷判決　破棄差戻し)
(第1審東京地裁　第2審東京高裁　民集69巻4号1047頁)

〔判決要旨〕

労働者災害補償保険法12条の8第1項1号の療養補償給付を受ける労働者が，療養開始後3年を経過しても疾病等が治らない場合には，使用者は，当該労働者につき，労働基準法81条の規定による打切補償の支払をすることにより，解雇制限の除外事由を定める同法19条1項ただし書の適用を受けることができる。

〔参照条文〕

労働者災害補償保険法12条の8第1項1号，2項，労働基準法19条1項，75条，81条

〔解　説〕

第1　事案の概要

1　本件の概要

本件は，業務上の疾病により休業し，労働者災害補償保険法（以下「労災保険法」という。）に基づく療養補償給付等の支給を受けているXが，Yから打切補償として平均賃金の1200日分相当額の支払を受けた上で解雇されたことにつき，この解雇は労働基準法19条1項本文に違反し無効であるなどと主張して，労働契約上の地位の確認等を求めた事案である。

労働基準法19条1項本文は，業務上の負傷又は疾病による療養のために休業中の労働者については，その休業期間及びその後30日間は解雇してはならない旨を定めるが，その例外として，同項ただし書は，使用者が同法81条の

規定によって打切補償を支払う場合はこの限りでないと定める。そして，この打切補償について規定する同条は，業務上の負傷又は疾病に対して使用者が行う療養補償について定める同法75条の規定によって補償を受ける労働者が，療養開始後3年を経過しても負傷又は疾病が治らない場合においては，使用者は平均賃金の1200日分の打切補償を行い，その後は，同法の規定による補償を行わなくてもよい旨を定めている。

これらの規定によれば，使用者が，自ら，労働基準法75条の規定に基づく療養補償を行っている場合には，同法81条の要件を満たす労働者に対し打切補償を行って同法19条1項ただし書の適用を受け，当該労働者を解雇することができることになる。これに対して，労災保険法に基づく保険給付（以下「労災保険給付」という。）を受けている労働者に対して，使用者が打切補償を行うことにより，労働基準法19条1項ただし書が適用されて同項本文の定める解雇制限が解除されるかどうかが，本件における争点であった。

2　事実関係等の概要

（1）学校法人であるYは，Yに勤務する勤務員が業務上の事由等により疾病にり患した場合などの災害補償に関して，勤務員災害補償規程（以下「本件規程」という。）を定めている。

本件規程には，Yにおいて，①専任の勤務員が業務災害等により欠勤し，3年を経過しても就業できない場合は，勤続年数に応じた所定の期間を休職とする旨の規定（13条。上記の期間は，勤続年数が満10年以上20年未満の者については同条2号により2年間と定められている。），②専任の勤務員が休職期間を満了してもなお休職事由が消滅しないときは，解職とする旨の規定（14条3号），③労災保険法に基づく休業補償等を受けている者のうちYから法定外補償金の支払を受けている者が上記②の規定等に該当して解職となるときは，労働基準法81条の規定を適用し，平均賃金の1200日分相当額を打切補償金として支払う旨の規定（9条）がある。

（2）Xは，平成9年4月1日にYとの間で労働契約を締結して，Yの運

〔15〕労働者災害補償保険法による療養補償給付を受ける労働者につき，使用者が労働基準法81条所定の打切補償の支払をすることにより，解雇制限の除外事由を定める同法19条1項ただし書の適用を受けることの可否

営する大学の事務職員として勤務していたが，平成14年3月頃から肩凝り等の症状を訴えるようになり，平成15年3月13日に頸肩腕症候群（以下「本件疾病」という。）にり患しているとの診断を受けた。Xは，同年4月以降，本件疾病を理由として欠勤を繰り返すようになり，平成18年1月17日から長期にわたり欠勤した。

所轄の労働基準監督署長は，平成19年11月6日，平成15年3月20日の時点で本件疾病が業務上の疾病に当たる旨の認定をし，Xに対し，療養補償給付及び休業補償給付を支給する旨の決定をした。これを受けて，Yは，同年6月3日以降のXの欠勤につき，本件規程13条所定の業務災害による欠勤に当たるものと認定した。

Yは，平成21年1月17日，Xの平成18年1月17日以降の欠勤について，本件規程13条所定の欠勤期間の3年が経過したが，本件疾病の症状にほとんど変化がなく，就労できない状態が続いていたことから，同条2号に基づき，Xを平成21年1月17日から2年間の休職とした。

平成23年1月17日に上記の休職期間が経過したが，Xは，Yからの復職の求めに応じず，Yに対し職場復帰の訓練を要求した。これを受けて，Yは，Xが職場復帰をすることができないことは明らかであるとして，同年10月24日，本件規程9条所定の打切補償金として平均賃金の1200日分相当額である1629万円余を支払った上で，同月31日付けでXを解雇する旨の意思表示（以下「本件解雇」という。）をした。

（3）Yは，Xを相手に，本件解雇は有効であるとして，地位不存在確認を求める訴え（本訴）を提起した。これに対して，Xは，地位確認や不当解雇等を理由とする損害賠償などを求めて反訴を提起したところ，Yは上記本訴を取り下げ，Xはこれに同意したため，反訴のみが審理の対象となった。

3　第1審及び原審の判断

第1審は，労災保険給付を受けている労働者は，労働基準法81条の打切補償の対象ではなく，Xに対してされた平均賃金の1200日分相当額の支払につ

いては，同法19条1項ただし書の適用はなく，本件解雇は同項本文に違反して無効であるとして，地位確認請求を認容し，損害賠償等の請求については棄却した。

これに対して，Yが控訴したところ（したがって，原審以降の審理の対象は，地位確認請求のみである。），原審は，次のような点を指摘して，第1審と同様に，Xに対して平均賃金の1200日分相当額を支払ってされた本件解雇は，労働基準法19条1項本文に違反して無効であるとして，地位確認請求を認容すべきものとした。

労働基準法81条は，同法「第75条の規定によって補償を受ける労働者」が療養開始後3年を経過しても負傷又は疾病が治らない場合において，打切補償を支払うことができる旨を定めており，労災保険給付を受けている労働者については何ら触れていない。また，同法84条1項も，労災保険法に基づいて災害補償に相当する給付がされるべきものである場合には，使用者はこの災害補償をする義務を免れるものとしているにとどまり，この場合に，使用者が災害補償を行ったものとみなすなどといった規定をしているわけではない。これらによれば，労働基準法の文言上，労災保険給付を受けている労働者が同法81条所定の「第75条の規定によって補償を受ける労働者」に該当するものと解するのは困難である。

労働基準法19条1項ただし書の打切補償の支払による同項本文の解雇制限の解除の趣旨は，療養が長期化した場合の使用者の災害補償の負担の軽減にあると解されることからすれば，使用者が自ら災害補償を行っている場合には，同項ただし書の適用により解雇制限の解除がされるのに対し，労災保険給付を受けている労働者については，同項ただし書の適用による解雇制限の解除がされないという差異が生ずるとしても，合理的なものである。

療養開始後3年を経過しても負傷又は疾病が治らない労働者について，労災保険法19条の規定による傷病補償年金の支給がされている場合には，打切補償を支払ったものとみなされて解雇が可能となるのに対し，療養補償給付

〔15〕労働者災害補償保険法による療養補償給付を受ける労働者につき，使用者が労働基準法81条所定の打切補償の支払をすることにより，解雇制限の除外事由を定める同法19条1項ただし書の適用を受けることの可否

等がされているにとどまる場合は，解雇をすることができないこととなるが，このような差異が生ずるのは，傷病補償年金の対象となるような重篤な症状を有する場合においては，復職の可能性が低いものとして雇用関係を解消することを認めるのに対し，症状がそこまで重くない場合には，復職の可能性を維持して労働者を保護しようとする趣旨によるもので，合理的な差異であるというべきである。

第2　本判決

原判決に対し，Yが上告及び上告受理申立てをしたところ，最高裁第二小法廷は，上告事件について上告棄却決定をするとともに上告受理申立て事件について上告を受理し，次のとおり判示して，使用者は，労災保険給付を受けている労働者に対し労働基準法81条の規定による打切補償を支払って同法19条1項ただし書の適用を受けることができるとし，Xに対して平均賃金の1200日分相当額を支払ったYがした本件解雇は，同項本文に違反するものではないとして，原判決を破棄した上で，本件解雇の有効性に関する労働契約法16条該当性の有無等について更に審理を尽くさせる必要があるとして，本件を原審に差し戻した。

「労災保険法は，業務上の疾病などの業務災害に対し迅速かつ公正な保護をするための労働者災害補償保険制度（以下「労災保険制度」という。）の創設等を目的として制定され，業務上の疾病などに対する使用者の補償義務を定める労働基準法と同日に公布，施行されている。業務災害に対する補償及び労災保険制度については，労働基準法第8章が使用者の災害補償義務を規定する一方，労災保険法12条の8第1項が同法に基づく保険給付を規定しており，これらの関係につき，同条2項が，療養補償給付を始めとする同条1項1号から5号までに定める各保険給付は労働基準法75条から77条まで，79条及び80条において使用者が災害補償を行うべきものとされている事由が生じた場合に行われるものである旨を規定し，同法84条1項が，労災保険法に基づいて上記各保険給付が行われるべき場合には使用者はその給付の範囲内

において災害補償の義務を免れる旨を規定するなどしている。また，労災保険法12条の8第1項1号から5号までに定める上記各保険給付の内容は，労働基準法75条から77条まで，79条及び80条の各規定に定められた使用者による災害補償の内容にそれぞれ対応するものとなっている。

　上記のような労災保険法の制定の目的並びに業務災害に対する補償に係る労働基準法及び労災保険法の規定の内容等に鑑みると，業務災害に関する労災保険制度は，労働基準法により使用者が負う災害補償義務の存在を前提として，その補償負担の緩和を図りつつ被災した労働者の迅速かつ公正な保護を確保するため，使用者による災害補償に代わる保険給付を行う制度であるということができ，このような労災保険法に基づく保険給付の実質は，使用者の労働基準法上の災害補償義務を政府が保険給付の形式で行うものであると解するのが相当である（最高裁昭和50年(オ)第621号同52年10月25日第三小法廷判決・民集31巻6号836頁参照）。このように，労災保険法12条の8第1項1号から5号までに定める各保険給付は，これらに対応する労働基準法上の災害補償に代わるものということができる。」

　「労働基準法81条の定める打切補償の制度は，使用者において，相当額の補償を行うことにより，以後の災害補償を打ち切ることができるものとするとともに，同法19条1項ただし書においてこれを同項本文の解雇制限の除外事由とし，当該労働者の療養が長期間に及ぶことにより生ずる負担を免れることができるものとする制度であるといえるところ，上記……のような労災保険法に基づく保険給付の実質及び労働基準法上の災害補償との関係等によれば，同法において使用者の義務とされている災害補償は，これに代わるものとしての労災保険法に基づく保険給付が行われている場合にはそれによって実質的に行われているものといえるので，使用者自らの負担により災害補償が行われている場合とこれに代わるものとしての同法に基づく保険給付が行われている場合とで，同項ただし書の適用の有無につき取扱いを異にすべきものとはいい難い。また，後者の場合には打切補償として相当額の支払が

〔15〕労働者災害補償保険法による療養補償給付を受ける労働者につき、使用者が労働基準法81条所定の打切補償の支払をすることにより、解雇制限の除外事由を定める同法19条1項ただし書の適用を受けることの可否

されても傷害又は疾病が治るまでの間は労災保険法に基づき必要な療養補償給付がされることなども勘案すれば、これらの場合につき同項ただし書の適用の有無につき異なる取扱いがされなければ労働者の利益につきその保護を欠くことになるものともいい難い。

そうすると、労災保険法12条の8第1項1号の療養補償給付を受ける労働者は、解雇制限に関する労働基準法19条1項の適用に関しては、同項ただし書が打切補償の根拠規定として掲げる同法81条にいう同法75条の規定によって補償を受ける労働者に含まれるものとみるのが相当である。」

「したがって、労災保険法12条の8第1項1号の療養補償給付を受ける労働者が、療養開始後3年を経過しても疾病等が治らない場合には、労働基準法75条による療養補償を受ける労働者が上記の状況にある場合と同様に、使用者は、当該労働者につき、同法81条の規定による打切補償の支払をすることにより、解雇制限の除外事由を定める同法19条1項ただし書の適用を受けることができるものと解するのが相当である。」

第3 説 明

1 労働基準法上の災害補償と労災保険給付に関する法律の定め等

(1) 本件について説明する前提として、労働基準法が定める災害補償の制度や労災保険法が定める労災保険給付の制度等について概観する。

労働基準法は、昭和22年に公布、施行されたものであり、第8章において、業務上の疾病などの業務災害に対して使用者が各種の補償義務を負うことを定めている。なお、制定以来、本件に関連する同法19条、75条、81条の規定の内容については、実質的な変動はない。

また、労災保険法は、業務災害に対し迅速かつ公正な保護をするための労災保険制度の創設等を目的として、労働基準法と同日に公布、施行された法律であり、第3章第2節において、業務災害に関する保険給付について定めている。

これらの関係についてみると、業務災害に関する保険給付（労災保険法12

条の8第1項)の支給要件を定める同条2項は,その給付は,労働基準法の規定に基づき使用者が災害補償を行うべきものとされている事由が生じた場合に行われるものである旨を規定し,他方,同法84条1項は,労災保険給付と労働基準法上の災害補償との関係につき,労災保険法に基づいて各保険給付が行われるべき場合には,使用者はその給付の範囲内において災害補償の義務を免れる旨を規定するなどしている。また,同法12条の8第1項1号から5号までに定められた業務災害に関する労災保険給付の内容は,労働基準法75条から77条まで,79条及び80条の各規定に定められた使用者による災害補償の内容にそれぞれ対応するものとなっている。

このように,業務災害に関する補償については,労働基準法において使用者がその義務を負うこととされているが,この義務に基づく補償に相当する給付を行う保険制度として労災保険制度が設けられており,労災保険給付が行われれば,使用者は,その義務を免れるという制度となっている。

そして,これらの制度が適用される範囲についてみると,労災保険法の施行当初は,適用事業の範囲が制限的に定められていたことなどから,その適用範囲は必ずしも広くなく,使用者による災害補償が行われるべきものとされる場合も少なくなかったが,現在では,適用事業の制限がなくなるなどして,使用者が業務災害について補償義務を負う場合のうち,ほぼ全ての場合につき労災保険給付が行われるようになっており,使用者が自ら災害補償を行うことはほとんどなくなるに至っている。

(2) 労働基準法19条1項本文の解雇制限を解除する効果を有する労災保険法の制度について

ア 前記のとおり,労働基準法においては打切補償の制度が定められ(同法81条),同法75条の規定によって療養補償を受ける労働者が,療養開始後3年を経過しても負傷又は疾病が治らない場合において,使用者が平均賃金の1200日分の補償を行った場合は,使用者はその後同法の規定による補償を行わなくてもよくなるほか,同法19条1項ただし書により,同項本文の解雇

[15] 労働者災害補償保険法による療養補償給付を受ける労働者につき，使用者が労働基準法81条所定の打切補償の支払をすることにより，解雇制限の除外事由を定める同法19条1項ただし書の適用を受けることの可否

制限が解除されることになる。労災保険給付に関しては，このような制度はなく，ただ，労災保険法19条が，療養の開始後3年を経過した日において傷病補償年金（同法12条の8第3項）を受けている場合又はその後の日において傷病補償年金を受けることとなった場合には，労働基準法19条1項の適用については，使用者が同法81条の規定により打切補償を支払ったものとみなす旨を定めている。傷病補償年金の制度は，業務上の負傷又は疾病による療養開始後1年6か月を経過した時点又はその後の時点で，当該負傷又は疾病が治っていないこと，及び当該負傷又は疾病による障害の程度が労災保険法施行規則別表第3に定める障害等級（具体的には同規則別表第1に定める障害等級第1級～第3級に相当するもの）に該当しているという要件を満たす場合に，その状態が継続する期間，年金が支給されるというものである（労災保険法12条の8第3項）。したがって，この制度の下では，療養が長期間にわたり，かつ，相当重度の障害等級に該当する場合に限って，傷病補償年金が支給され，労働基準法19条1項本文の解雇制限が解除されることとなる旨を定める明文の規定の適用対象となるものとされた。この傷病補償年金は，労災保険法制定当時の打切補償費の制度が，累次の法改正を経て，現在の制度となったものであり，以下，この制度の沿革について概観する。

イ 労働基準法及び労災保険法の制定時（昭和22年）

制定当時の労災保険法（昭和35年法律第29号による改正前のもの）12条1項6号は，同法に基づく補償の範囲の1つとして「打切補償費（平均賃金の1200日分）」を掲げていた。この打切補償費の支給要件等について同法は特に定めていないが，同条2項は，「前項の規定による災害補償の事由は，労働基準法第75条ないし第81条に定める災害補償の事由とする。」としており，打切補償費の支払われる要件は，労働基準法81条の打切補償の要件と同一であったと解される。もっとも，打切補償費を支給するかどうかは，都道府県労働基準局長の自由裁量とされていた[注2]。そして，労災保険法（上記改正前のもの）に基づく打切補償費が支払われた場合には，労働基準法19条1項本文

― 303 ―

の解雇制限は解除されていたようであるが(注3)，このことを直接定めた明文の規定は見当たらない。(注4)

　ウ　昭和35年法律第29号による労災保険法の改正

　昭和35年法律第29号による労災保険法の改正により，打切補償費の制度が廃止されるとともに，長期傷病者補償（昭和40年法律第130号による改正前の労災保険法12条の3）の制度が設けられた。これは，業務上の傷病で療養開始後3年を経過しても治癒しないものに対して給付を行うことができるとするものであり，治癒しない場合には終身にわたって給付がされ得ることとなった。(注5)これと同時に，①労働基準法84条1項の適用について，長期傷病者補償は同法81条の打切補償に相当する給付であり，かつ，その価額は，同条の規定による災害補償の価額に等しいものとみなす旨の規定（上記改正前の労災保険法19条の3第1項）及び②労働者が長期傷病者補償を受けることとなった場合には，労働基準法19条1項の適用について，使用者が同法81条の打切補償を支払ったものとみなす旨の規定（上記改正前の労災保険法19条の3第2項）が新設された。

　上記①の規定は，当時（昭和40年法律第130号による改正前）の労働基準法84条1項が，労災保険から「労働基準法の災害補償に相当する給付」を受けるべき場合には，「その価額の限度」において，使用者は補償の責を免れる旨規定していたところ，長期傷病者補償の給付内容は労働基準法上の打切補償と一致しないものであるが，長期傷病者補償が，従来の打切補償費に代わるものであり，かつ，これに比してより確実かつ一層高度の補償であることから，長期傷病者補償が行われることとなった場合には，当然の事理として，同法上の使用者の補償責任を免除するものとして設けられたものであるとされ，また，上記②の規定は，長期傷病者補償が行われることとなった場合には，使用者が自ら同法の打切補償を行ったのと同様の効果を生ずるものである以上，同法19条1項本文の解雇制限の規定の適用においても，打切補償が支払われたものとして，解雇制限が解除されるべきことは当然である

〔15〕労働者災害補償保険法による療養補償給付を受ける労働者につき，使用者が労働基準法81条所定の打切補償の支払をすることにより，解雇制限の除外事由を定める同法19条1項ただし書の適用を受けることの可否

が，念のためその旨規定されたものとされている。^(注6)

エ　昭和51年法律第32号による労災保険法の改正

長期傷病者補償の制度は，その後，昭和40年法律第130号による労災保険法の改正により長期傷病補償給付の制度に引き継がれたが^(注7)，この制度は，昭和51年法律第32号による労災保険法の改正により廃止され，前記の傷病補償年金の制度が導入された。

そして，前記のとおり，傷病補償年金を受けることとなった場合には，労働基準法19条1項の適用については，使用者が同法81条の打切補償を支払ったものとみなす旨の規定が設けられたところ（労災保険法19条），それまでの長期傷病者補償又は長期傷病補償給付の制度の下においては，治癒しないまま療養が長期間にわたったときは原則として長期傷病者補償又は長期傷病補償給付が行われて解雇制限が解除されることとなっていたのに対し^(注8)，上記改正後は，療養が長期間にわたっても，相当重度の障害等級に該当する場合でなければ，傷病補償年金が支給されず，したがって，労働基準法19条1項本文の解雇制限が解除されることとなる旨を定める労災保険法の明文の規定が適用されることにもならなくなった。^(注9)

2　本判決の判断

（1）本判決は，労災保険法の制定の目的並びに業務災害に対する補償に係る労働基準法及び労災保険法の規定の内容等に鑑みると，労災保険法に基づく保険給付の実質は，使用者の労働基準法上の災害補償義務を政府が保険給付の形式で行うものと解するのが相当であり，労災保険給付と労働基準法上の災害補償義務との間のこのような関係によれば，同法19条1項ただし書の適用の有無について両者の間で取扱いを異にすべきものとはいい難く，この取扱いを異にしなければ労働者の利益の保護を欠くものともいえないから，労災保険法12条の8第1項1号の療養補償給付を受ける労働者は，解雇制限に関する労働基準法19条1項の適用に関しては，同法81条にいう同法75条の規定によって補償を受ける労働者に含まれるものとみるのが相当であると判

示した。

（2）前記1（1）のとおり，労災保険法は，業務災害に対し迅速かつ公正な保護をするための労災保険制度の創設等を目的とするものとして，業務災害に対する使用者の補償義務を定める労働基準法と同時に制定された法律であり，また，労働基準法により使用者が負う災害補償義務に相当する給付が労災保険によってされるものとされ，労災保険給付がされた場合には使用者はその災害補償義務を免れるものとされている。これらによれば，業務災害に関する労災保険給付は，労働基準法上定められた業務災害に対する使用者による災害補償に代わるものとしての保険給付を行う制度であるということができる。言い換えれば，労災保険給付の実質は，使用者の労働基準法上の災害補償義務を政府が保険給付の形式で行うものと解するのが相当である。これは，最高裁昭和52年10月25日第三小法廷判決・民集31巻6号836頁等の最高裁判決が示してきたものと同一の理解であると思われる。(注10)(注11) そして，このような理解は，使用者が災害補償義務を負うほとんど全ての場合において労災保険給付が行われる現在の制度の実態により合致したものとなっているように思われる。

このような理解を前提とすると，労働基準法上の災害補償が行われた場合に同法19条1項本文の解雇制限の解除を認める明文の規定があるのに対し，これに相当する労災保険給付がされた場合に，これを認める明文の規定がないことから直ちに，同法19条1項本文の解雇制限の解除を認めるかどうかについて同法上の災害補償がされた場合と異なる取扱いをすべきものと解するのは相当ではなく，(注12) これについて同一の取扱いをした場合に労働者の保護に欠ける結果を招くなどといった，異なる取扱いをすべき事情がないのであれば，同法上の災害補償が行われている場合と労災保険給付が行われている場合とで同一の取扱いをすることが，上記のような同法上の災害補償と労災保険給付との関係に関する法の趣旨に沿うものであると解される。

そして，労災保険により療養補償給付を受ける労働者が，療養開始後3年

［15］労働者災害補償保険法による療養補償給付を受ける労働者につき，使用者が労働基準法81条所定の打切補償の支払をすることにより，解雇制限の除外事由を定める同法19条1項ただし書の適用を受けることの可否

を経過しても治癒しない場合に，打切補償の支払を受ける事を前提に，労働基準法19条1項本文の解雇制限が解除され，解雇されたとしても，引き続き必要な療養補償給付がされることなども勘案すれば，上記のような事情があるともいえず，同法上の災害補償が行われている場合と労災保険給付が行われている各場合とで取扱いを異にすべきものとはいい難い。

　本判決は，このような検討を経た上で，前記のとおり判示したものと思われる。(注13)(注14)

　（3）本判決は，上記(1)のとおり判断した上で，Yは，療養補償給付を受けているXが療養開始後3年を経過しても本件疾病が治らないことから，平均賃金1200日分の支払をしたものであり，労働基準法19条1項ただし書の適用により同項本文の解雇制限の適用はなく，本件解雇は同項に違反するものではないとした。その上で，本判決は，本件解雇の有効性に関する労働契約法16条該当性の有無等について更に審理を尽くさせるため，本件を原審に差し戻した。

　打切補償を支払ったことの効果は，労働基準法19条1項本文の解雇制限が解除されるということにとどまり，打切補償を支払ってされた本件解雇についても，解雇の有効性の判断に関する一般的な法理である労働契約法16条により無効とされるものでないかどうかの審理判断が必要となるものと考えられる。本件においては，この点も争点とされていたが，本件解雇が労働基準法19条1項本文に反し無効であると判断した第1審及び原審においては，この争点についての審理，判断はされていなかった。そのため，本判決は，この争点等についての審理を尽くさせるため，本件を原審に差し戻したものと解される。本件のような場合に，労働契約法16条の定める解雇権濫用法理の適用に当たって，どのような事情がどの程度考慮されるべきかという点については，本判決は特段述べていない。(注15)

3　本判決の位置付け

　（1）本件において争点とされた点については，従来，最高裁判例及び下級

審判例はいずれも見当たらず,また,本件の提起より前にこの論点について論じたものは,それほど多くなかった(注16)。そして,本件の提起後において,本件の第1審判決及び原判決に対する判例評釈を中心に,学説においては,労働基準法上の災害補償と労災保険給付の同質性や業務災害による休業が長期にわたることにより使用者が受ける負担が過重であることを主張するなどして,労働基準法19条1項本文の解雇制限の解除が認められるべきであるとする立場と,同法及び労災保険法の文理や業務災害に遭った労働者の職場復帰の機会を保護すべきことを主張して,解雇制限の解除を認めるべきではないとする立場の双方が存在する状況であった。

(2) 本判決は,このような中で,前記のとおり,労働基準法19条1項本文の解雇制限の解除を認める立場をとったものであるが,従来裁判例もなく,肯定否定の両説があった論点につき最高裁判所が初めて判断を示したものであり,理論上も実務上も重要な意義を有すると思われる(注17)(注18)。

- (注1) 本判決が,2(6)において,Xに対する法定外補償金の支払の事実を摘示したのは,Yにおいて打切補償を行うための本件規程9条の要件が満たされていることを示す趣旨であったものと考えられる。
- (注2) 労働省労働基準局労災補償課編著・改正労災保険法精義(昭和23年)105頁。なお,旧労災保険法施行規則(昭和22年労働省令第1号。昭和24年労働省令第7号による改正前のもの)23条は,「打切補償費は,都道府県労働基準局長が必要と認めるときに,これを支給する。」と定めていた。
- (注3) 石井照久ほか・註解労働基準法Ⅰ(昭和39年)270頁,労働省労働基準局編・労働基準法(労働法コンメンタール3)上(昭和33年)197頁
- (注4) (注3)に挙げた文献にも,そのように解すべき根拠についての説明はない。なお,衆議院社会労働委員会における労働省労働基準監督局労災補償部長の答弁には,労災保険法(昭和35年法律第29号による改正前のもの)に基づく打切補償費の支払により,法律上,労働基準法に基づく打切補償が支払われた場合と同じ効果が生じ,その根拠は同法84条である旨のものがある(第34回

〔15〕労働者災害補償保険法による療養補償給付を受ける労働者につき，使用者が労働基準法81条所定の打切補償の支払をすることにより，解雇制限の除外事由を定める同法19条1項ただし書の適用を受けることの可否

国会衆議院社会労働委員会会議録第20号〔昭和35年3月22日〕22頁，同第21号〔同月25日〕13頁）。

(注5) 長期傷病者補償を行うかどうかは，所轄労働基準監督署長の裁量によるものとされているが，通達により，療養開始後3年を経過した時点で，療養継続の必要性が認められるもののうち，休業を全く必要としない場合やその後6か月以内に治癒すると認められる場合を除いては長期傷病者補償が支給されるものとされていた（労働省職業訓練部編著・改訂版労働者災害補償保険法〔労働法コンメンタール5〕〔昭和35年〕162～163頁，増田雅一・新・労災保険論〔昭和54年〕35～36頁）。

(注6) 職業訓練部（注5）228頁

(注7) 長期傷病補償給付は，「政府が必要と認める場合に」行うものと定められていたが（昭和51年法律第32号による改正前の労災保険法12条の8第3項），通達によって，療養開始後3年を経過しても治癒しない場合であって，その後少なくとも6か月以上にわたって労働不能の状態が継続すると認められる場合は，長期傷病補償給付が支給されるものとされており（労働省労災補償部編著・改訂版労働者災害補償保険法〔労働法コンメンタール5〕〔昭和41年〕177頁），その支給対象は，長期傷病者補償の場合と同様であった（増田〔注5〕36頁）。

(注8) (注5)，(注7)参照

(注9) 昭和51年法律第32号による労災保険法の改正と労働基準法19条1項本文の解雇制限の解除との関係について，厚生労働省労働基準局労災補償部労災管理課編・7訂新版労働者災害補償保険法（労働法コンメンタール5）（平成20年）においては，「昭和51年の改正では，長期傷病補償給付のうち療養の実施を内容とする部分は療養補償給付に一本化され，年金部分が現行の傷病補償年金となったのであるが，労基法の解雇制限との関係は従来のまま引き継ぐとの考え方に立って本条の整理が行われ，現行の規定となったものである。」（同書454頁）とされているにとどまり，傷病補償年金の対象とならない者に対する解雇制限の解除の可否については明らかにされていない。なお，上記改正の立案担当者によるものである増田（注5）43頁も，「療養開始後3年を経過した時点で，使用者が労働基準法による打切補償相当額の支払を行った場合であっ

ても，傷病補償年金が支給されない限り解雇できないか否かの問題がある。」としつつ，「業務上の傷病についての解雇制限の解除の趣旨が将来にわたり職場復帰を妨げるような重篤かつ永続的な傷病にかかった者について雇用関係の継続を行わなくてもよいとすることにある以上，傷病の重篤性という点では否定的に解すべきであるが，永続性の面では問題なしとしない。」とするにとどまっている。

(注10) 第1審判決は，労災保険と労働基準法上の災害補償との関係について，最高裁昭和49年3月28日第一小法廷判決・裁判集民事111号475頁が，労働基準法上の災害補償制度と労災保険制度が使用者の補償責任の法理を共通の基盤として並行して機能する独立の制度である旨判示したことを指摘するが，このように制度としての独立性があることと，本判決が説示するように労災保険法に基づく保険給付の実質が，使用者の労働基準法上の災害補償義務のいわば肩代わりであり，したがって，同法上の災害補償義務が履行された場合の効果と労災保険給付がされた場合の効果を同一に取り扱うべきであると解することとの間に，矛盾抵触があるものとはいえないであろう（昭和52年度最高裁判所判例解説民事篇301頁参照）。

(注11) 労災保険法の累次の改正により，労災保険制度については，労働者以外の者についての特別加入制度が設けられたほか，労働基準法上の災害補償にはない年金給付が行われるようになるなど給付の多様化がみられ，また，特別支給金などの労働福祉事業も拡充されてきており，その費用についても，労災保険法制定当初は全て保険料で賄われていたものが，その後費用の一部が国庫負担とされるに至るなどの変化がみられる（東京大学労働法研究会・注釈労働基準法下巻（平成15年）849～852頁）。このような制度の変化を捉えて，労災保険の性質については社会保険化したなどといわれることもあるものの，本文に掲げた事情に鑑みれば，現在でも，少なくとも業務災害の補償に関しては，労災保険給付の実質は，使用者の労働基準法上の災害補償義務を政府が保険給付の形式で行うものという本文掲記の解釈を採るのが相当であると考えられる。

(注12) 本文（第3の1(2)イ）記載のとおり，制定時の労災保険法により打切補償費が支給された場合に労働基準法19条1項本文の解雇制限の解除が認められるとの解釈には，明文の根拠があるものとはいえず，従来から，明文の根拠

〔15〕労働者災害補償保険法による療養補償給付を受ける労働者につき，使用者が労働基準法81条所定の打切補償の支払をすることにより，解雇制限の除外事由を定める同法19条1項ただし書の適用を受けることの可否

がない限り解雇制限の解除を認めない旨の厳密な文理解釈が行われてきたものとはいい難いように思われるのであり，労災保険給付を受けている者について打切補償を支払っても解雇制限を解除することができない旨の主張をするに当たって，労働基準法等に明文の根拠がないことを論拠とすることは必ずしも説得的なものとはいえない。

（注13）　労災保険給付を受ける労働者が労働基準法81条にいう同法75条の規定によって補償を受ける労働者に含まれるとの結論を導くに当たり，同法上の災害補償と労災保険給付との調整規定である同法84条1項の規定の存在はその論拠となり得るものではあるが（〔注4〕参照），同項は，同法に規定する災害補償の事由について，労災保険法等に基づいて労働基準法の災害補償に相当する給付が行われるべきものである場合には，使用者は，「補償の責を免れる。」と規定するにとどまっていることからすると，この規定のみから同法19条1項本文の定める解雇制限の解除という労働者にとって重大な効果を及ぼすことになる上記の結論を導くことはやや困難であるように思われる。本判決は，このような観点から，労災保険法の目的や制定経過，同項の規定を含めた労働基準法と労災保険法の規定の関係等を併せ考慮して，上記の結論を導いたものと思われる。

（注14）　第1審判決及び原判決は，労災保険給付を受けている労働者につき打切補償を支払って労働基準法19条1項本文の解雇制限を解除することはできない旨の結論を導くに当たり，同法等の文理のほか，①打切補償の支払による解雇制限解除の趣旨が，療養が長期にわたる場合の使用者の災害補償負担の軽減にあることからすると，使用者が災害補償を行っている場合と労災保険給付が行われている場合とで差異が生じても合理的なものであるといえることや，②労災保険法19条が傷病補償年金が支払われている場合に限って解雇制限の解除を認める規定となっているのは，特に重篤な症状があり職場復帰の可能性が少ない場合に傷病補償年金を支給するとともに解雇制限の解除を認めるものと解され合理的であること等を根拠としていた。しかし，上記①については，使用者が災害補償義務を免れることは，解雇制限が解除されて解雇をしたことによる効果ではなく（労働基準法83条1項），打切補償を支払うこと自体による効果と解されるのであり，上記のような解釈は正確な理解に基づくものとはいえな

いし，労災保険給付が支給されている場合であっても，療養が長期間にわたれば，労務の提供のないまま雇用関係の継続を余儀なくされる使用者の負担は看過できるものではないといえ，このような負担の軽減を図ることが打切補償の支払による解雇制限の解除の効果であると考えられることからすると，上記の点が原判決の結論を導く根拠になるとはいえないように思われる。また，上記②については，本判決の立場からは，労災保険法19条は，その文言どおり，傷病補償年金が支給される場合には打切補償が支払われたものとみなされ，労働基準法19条1項ただし書の適用に当たり使用者が打切補償を行う必要がない旨を定めた規定と解されるのであり，原判決のいうような趣旨のものとしか解し得ないものではないから，この点をもって原判決のような解釈を採るのが相当であることの根拠となるとはいえないことになる。

(注15) この点，東京高裁平成22年9月16日判決・判タ1347号153頁（アールインベストメントアンドデザイン事件）は，労働基準法上の災害補償を行っている使用者が，打切補償を支払った上で行った解雇の有効性が争われた事例において，打切補償の要件を満たした場合には，打切補償制度の濫用ともいうべき特段の事情が認められない限りは，解雇は合理的理由があり社会通念上も相当と認められることになるというべきであるとしているが，業務上の傷病により療養中の労働者につき打切補償の要件が満たされるに至った経緯等には多種多様なものがあると考えられることからすれば，このような解雇の有効性の判断については，打切補償を支払った上でされた解雇であることを加味しつつ，事案ごとに，業務上の傷病の発生の経緯，その性質や態様，療養中の状況等といった各種の事情を総合的に考慮して判断するのが相当ではないかと考えられる。

(注16) 例えば，西村健一郎・窪田隼人教授還暦記念論文集・労働災害補償法論（昭和60年）223頁，井上浩・最新労災保険法（第2版）（平成11年）203頁が，労災保険給付を受けている労働者に対して打切補償を行っても，労働基準法19条1項本文の解雇制限の解除の効果は生じないとの見解を採っており，奈良武・労働判例304号14頁が，解雇制限の解除の効果が生ずるとの見解を採っていた。

(注17) なお，本判決は，労災保険法12条の8第1項1号の療養補償給付を受け

〔15〕労働者災害補償保険法による療養補償給付を受ける労働者につき，使用者が労働基準法81条所定の打切補償の支払をすることにより，解雇制限の除外事由を定める同法19条1項ただし書の適用を受けることの可否

る労働者について，解雇制限に関する労働基準法19条1項の適用に関しては，同法81条にいう同法75条の規定によって補償を受ける労働者に含まれると判断したものであり，本件の論点となった場面以外の場面における，労災保険法にいう労働者と労働基準法にいう労働者との関係について述べたものではないことは明らかである。本判決は，労災保険法の定める業務災害に関する保険給付が，労働基準法の定める使用者の災害補償義務に代わるものであるといえることから上記の結論を導いているものであり，労災保険法の定めるこれと異なる制度の適用について，上記のような考え方が直ちに当てはまるものではないと考えられる。

(注18) 本判決の評釈としては，夏井高人・判例地方自治395号86頁，水町勇一郎・ジュリスト1483号4頁，柳澤旭・労働法律旬報1847号34頁，根本到・法学セミナー727号123頁，中山慈夫・労働法令通信2397号27頁，木村一成・労働判例1118号5頁，中窪裕也・法学教室422号56頁，佐々木達也・労働法学研究会報2611号26頁，岩出誠・ジュリスト1489号124頁，梶川敦子・論究ジュリスト16号86頁，本久洋一・ジュリスト1492号225頁，桑村裕美子・判例時報2296号168頁（判例評論690号22頁），阿部理香・日本労働法学会誌128号191頁，須賀康太郎・ジュリスト1491号90頁などがある。 （須賀　康太郎）

〔16〕　1　匿名組合契約に基づき匿名組合員が受ける利益の分配と所得区分の判断
　　　2　匿名組合契約に基づき航空機のリース事業に出資をした匿名組合員が，当該契約に基づく損失の分配を不動産所得に係るものとして所得税の申告をしたことにつき，国税通則法65条4項にいう「正当な理由」があるとされた事例

（平成24年（行ヒ）第408号　同27年6月12日第二小法廷判決
　一部破棄自判，一部棄却
　第1審東京地裁　第2審東京高裁　民集69巻4号1121頁）

〔判決要旨〕
　1　匿名組合契約に基づき匿名組合員が営業者から受ける利益の分配に係る所得は，①当該契約において，匿名組合員に営業者の営む事業に係る重要な意思決定に関与するなどの権限が付与されており，匿名組合員が実質的に営業者と共同して事業を営む者としての地位を有するものと認められる場合には，当該事業の内容に従って事業所得又はその他の各種所得に該当し，②それ以外の場合には，当該事業の内容にかかわらず，その出資が匿名組合員自身の事業として行われているため事業所得となる場合を除き，雑所得に該当する。
　2　匿名組合契約に基づき航空機のリース事業に出資をした匿名組合員が，当該事業につき生じた損失のうち当該契約に基づく同人への損失の分配として計上された金額を不動産所得に係る損失に該当するものとして所得税の申告をしたところ，これに該当しないとして更正がされた場合において，匿名組合契約に基づき匿名組合員が受ける利益の分配に係る所得区分に関する課税庁の公的見解が上記申告後の通達改正によって変更されたが，変更前の公的見解によれば上記の金額は不動産所得に係る損失に該当するとされる

〔16〕 匿名組合契約に基づき匿名組合員が受ける利益の分配と所得区分の判断 その他

ものであったなど判示の事情の下では，上記申告をしたことにつき，国税通則法65条4項にいう「正当な理由」がある。

〔参照条文〕

（1，2につき） 商法535条

（1につき） 所得税法27条1項，35条1項，商法536条，539条

（2につき） 国税通則法65条4項，所得税法26条1項

〔解　説〕

第1　事案の概要

1　本件の概略

本件は，匿名組合契約に基づき航空機リース事業に出資をした匿名組合員であるAが，当該事業につき生じた損失のうち当該契約に基づくAへの損失の分配として計上された金額を不動産所得（所得税法26条1項）に係る損失に該当するものとして所得税の確定申告（3年分）をしたところ，所轄税務署長から，上記の計上金額は不動産所得に係る損失に該当せず同法69条に定める損益通算の対象とならないとして，各年分の所得税につき更正及び過少申告加算税の賦課決定を受けたため，Aの訴訟承継人であるXら(注1)が，国を相手に，上記の各更正及び各賦課決定の取消しを求めた事案である。

2　事実関係の概要

（1）外資系日本法人であるB社は，平成12年11月30日，英国領ケイマン諸島に所在する外国法人（以下「本件営業者」という。）との間で，本件営業者が営む航空機リース事業（外国の航空会社に航空機をリースする事業。以下「本件リース事業」という。）に出資をする旨の匿名組合契約(注2)（以下「本件匿名組合契約」という。）を締結して匿名組合員の地位を取得し，その後さらに，上記地位の一部をA（個人）に譲渡した(注3)（この地位譲渡に係る契約は，B社，A及び本件営業者の三者間で締結され，Aは，B社が本件営業者との間で本件匿名組合契約を締結した平成12年11月30日に遡って，匿名組合員の地位を取得した。）。本件匿名組合契約及び上記の地位譲渡契約に係る各契約書には，①本件リース事

業につき本件営業者に生ずる利益又は損失は匿名組合員の出資割合（地位譲渡契約により匿名組合員の地位を取得した者の拠出額が本件匿名組合契約におけるＢ社の出資額中に占める割合）に応じて分配される旨が記載されている一方，②本件リース事業は本件営業者がその単独の裁量に基づいて遂行するものであって，匿名組合員は本件リース事業の遂行及び運営に対していかなる形においても関与したり影響を及ぼすことができず，③本件営業者は自らが適当と判断する条件で本件リース事業の目的を達成するために必要又は有益と思われる契約を締結することができる旨が記載されている。そして，上記の各契約書には，匿名組合員に本件リース事業に係る重要な意思決定に関与するなどの権限が付与されていることをうかがわせる記載はなく，また，本件営業者とＡとの間で，Ａにそのような権限を付与する旨の合意がされたこともない。

（２）本件リース事業については，平成14年10月から同17年9月までの各計算期間（計算期間は，各年の10月1日から翌年9月30日まで）に本件営業者に損失が生じ，各計算期間の末日において，Ａの出資割合に応じた金額がＡへの損失の分配として計上された。(注4)

Ａは，上記のとおり計上された金額につき，これを所得税法26条1項に定める不動産所得に係る損失に該当するものとして他の所得の金額から控除（損益通算）して税額を算定した上で，平成15年分から同17年分までの所得税の各確定申告をした（以下「本件各申告」という。）。所轄税務署長は，後記3（1）の通達改正の後である平成19年2月22日，上記の計上金額は不動産所得に係る損失に該当せず，損益通算をすることはできないなどとして，上記各年分の所得税につき更正及び過少申告加算税の賦課決定をした（以下，これらの更正及び賦課決定の各処分中，本件訴訟において取消請求の対象とされているもののうち，原審における訴え却下部分を除いた部分を「本件各更正処分」又は「本件各賦課決定処分」という。）。

3　本件の争点

〔16〕 匿名組合契約に基づき匿名組合員が受ける利益の分配と所得区分の判断　その他

（1）商法535条に定める匿名組合契約は，当事者の一方（匿名組合員）が相手方（営業者）の営業のために出資をし，相手方がその営業から生ずる利益を分配することを約することによって，その効力を生ずるものである。匿名組合契約に基づき匿名組合員が営業者から受ける利益の分配につき，所得税法の定める所得区分（同法23条～35条）のいずれに該当するかについては解釈上争いがある。そして，これに関する課税庁の公的見解を示すものとして所得税基本通達36・37共－21が発出されているところ，同通達は，平成17年12月26日付け課個2－39ほかにより改正された（以下，この改正を「平成17年通達改正」といい，改正前の通達を「旧通達」，改正後の通達を「新通達」という。）。旧通達及び新通達の概要は，それぞれ次のとおりである。

（旧通達の概要）

原則として，営業者の営む事業の内容に従い，事業所得又はその他の各種所得に該当する。

例外として，営業の利益の有無にかかわらず一定額又は出資額に対する一定割合により分配を受ける場合は，貸金の利子と同視し得るものとして，その出資が匿名組合員自身の事業として行われているか否かに従って事業所得又は雑所得に該当する。

（新通達の概要）

原則として，雑所得に該当する。

例外として，匿名組合員が当該契約に基づいて営業者の営む事業に係る重要な業務執行の決定を行っているなど当該事業を営業者と共に営んでいると認められる場合には，当該事業の内容に従い，事業所得又はその他の各種所得に該当する。

（2）本件営業者が営む航空機リース事業（本件リース事業）は，所得税法

26条1項（不動産所得）にいう「航空機の貸付け」に当たる。そこで，仮に，Aが本件営業者から受ける利益の分配につき，本件営業者の営む事業の内容に従って所得区分が定められるものと解する立場によるとすれば，その所得は不動産所得に該当することとなる。不動産所得については同法69条により損益通算が認められているため，その所得金額の計算上生じた損失額（上記の立場によれば，Aが本件営業者から受ける損失の分配はこれに当たるものと解される。）を他の各種所得の金額から控除すること（損益通算）ができる。これに対し，仮に，Aが本件営業者から受ける利益の分配につき，雑所得に該当するものと解する立場によるとすれば，上記のような損益通算をすることができない。このように，いずれの所得区分に該当するかによって，税額の計算に違いが生ずることとなる。Aは，旧通達によればAが本件営業者から受ける利益の分配は不動産所得に当たる（損失の分配は不動産所得に係る損失に当たる）として，平成15～17年分の所得税額の計算につき損益通算を行って本件各申告をしたのであるが，所轄税務署長は，平成17年通達改正後に，本件各申告においてAが損益通算を行ったのは誤りであるとして，平成15年分の所得税に遡って本件各更正処分及び本件各賦課決定処分をしたものである。

本件訴訟において，Xらは，①匿名組合契約に基づき匿名組合員が営業者から受ける利益の分配は，営業者の営む事業の内容に従い事業所得又はその他の各種所得に該当すると解すべきであり，旧通達が正しく，新通達は誤っているから，新通達に基づいてされた本件各更正処分及び本件各賦課決定処分は違法である，②仮に本件各更正処分が適法であるとしても，Aは，課税庁の公的見解（旧通達）に従って本件各申告をしたのであるから，国税通則法65条4項にいう「正当な理由」があるというべきであり，これがないものとしてされた本件各賦課決定処分は違法であるなどと主張していた。

4　第1審及び原審の判断

第1審（東京地判平成22年11月18日）及び原審（東京高判平成24年7月19日）

［16］匿名組合契約に基づき匿名組合員が受ける利益の分配と所得区分の判断　その他

は，本件各更正処分及び本件各賦課決定処分はいずれも適法であるとして，これらの処分に係る取消請求を棄却すべきものとした。原判決における理由（第1審判決の理由を追加・訂正して引用したもの）の要旨は，次のとおりである。

（1）本件リース事業につき生じた損失のうち本件匿名組合契約に基づくAへの損失の分配として計上された金額は，Aの所得の金額の計算において，所得税法26条1項に定める不動産所得に係る損失に該当せず，同法69条に定める損益通算の対象とならない。

（2）新通達をもって，匿名組合契約に基づき匿名組合員が営業者から受ける利益の分配に係る所得区分の判断につき従前の行政解釈が変更されたものと評価することはできず，旧通達の下においても，本件匿名組合契約に基づく利益の分配は雑所得として取り扱われることになると解されるのであるから，Aの本件各申告に国税通則法65条4項にいう「正当な理由」があるということはできない。

第2　上告受理申立て理由と本判決

1　上告受理申立て理由

原判決に対し，Xらが上告受理の申立てをした。その論旨は，次のとおり，所得区分及び国税通則法65条4項にいう「正当な理由」の有無に関する原審の判断の誤りをいうものである。(注5)

（1）匿名組合員は経済的・実質的に共同事業者であるのみならず，少なくとも対内関係（営業者と匿名組合員との関係）では，法的にも共同事業者であるといえる。したがって，匿名組合契約に基づき匿名組合員が営業者から受ける利益の分配は，営業者の営む事業（対内的には営業者と匿名組合員が共同で営む事業）の内容に従い，事業所得又はその他の各種所得に該当するというべきであり，本件においてAへの損失の分配として計上された金額は，不動産所得に係る損失に該当するというべきである。

（2）Aは，課税庁の公的見解（旧通達）に従って，Aへの損失の分配とし

て計上された金額は不動産所得に係る損失に該当すると判断して本件各申告をしたものであり，本件各申告には，Aの責めに帰することのできない客観的な事情があり，Aに過少申告加算税を賦課することが不当又は酷になる場合に当たるから，国税通則法65条4項にいう「正当な理由」がある。

2　本判決

最高裁第二小法廷は，Xらの上告を受理し，原審の判断のうち，所得区分に関する部分は是認することができるが，国税通則法65条4項にいう「正当な理由」の有無に関する部分のうち平成17年通達改正の前に確定申告がされた平成15年分及び同16年分については是認することができないとして，原判決中，本件各賦課決定処分のうち上記各年分に係る部分（平成16年分については一部）を破棄し，同部分につき，第1審判決（請求棄却）を取り消してXらの請求を認容した。本判決のうち**判決要旨**に係る部分の判示は，次のとおりである。

（1）**判決要旨1**に係る判示

「ア　商法は，平成17年法律第87号による改正の前後を通じて（以下，同改正前の商法を「旧法」，同改正後の商法を「新法」という。），匿名組合契約を営業者とその相手方との間の契約として定め，その相手方である匿名組合員については，営業者が行う営業のために出資をしてその営業から生ずる利益の分配を受けるものとする（旧法535条，新法535条）一方，その出資は営業者の財産に属し，また，営業者の業務を執行し又は営業者を代表することができず，営業者の行為について第三者に対して権利及び義務を有しないものとし（旧法536条，542条，156条，新法536条），所定の条件の下で営業者の貸借対照表の閲覧又は謄写の請求をし，営業者の業務及び財産の状況を検査することができる（旧法542条，153条，新法539条）にとどまるものとしている。このように，匿名組合員は，これらの商法の規定の定める法律関係を前提とすれば，営業者の営む事業に対する出資者としての地位を有するにとどまるものといえるから，匿名組合契約に基づき匿名組合員が営業者から受ける利

[16] 匿名組合契約に基づき匿名組合員が受ける利益の分配と所得区分の判断　その他

益の分配は，基本的に，営業者の営む事業への投資に対する一種の配当としての性質を有するものと解される。

　イ　もっとも，匿名組合契約の法律関係については，契約当事者間の合意により匿名組合員の地位等につき一定の範囲で別段の定めをすることも可能であるところ，当該契約において，匿名組合員に営業者の営む事業に係る重要な意思決定に関与するなどの権限が付与されており，匿名組合員がそのような権限の行使を通じて実質的に営業者と共同してその事業を営む者としての地位を有するものと認められる場合には，このような地位を有する匿名組合員が当該契約に基づき営業者から受ける利益の分配は，実質的に営業者と匿名組合員との共同事業によって生じた利益の分配としての性質を有するものというべきである。

　ウ　そうすると，匿名組合契約に基づき匿名組合員が営業者から受ける利益の分配に係る所得区分は，上記イのように匿名組合員が実質的に営業者と共同して事業を営む者としての地位を有するものと認められる場合には，営業者の営む事業の内容に従って判断されるべきものと解され，他方，匿名組合員がこのような地位を有するものと認められない場合には，営業者の営む事業の内容にかかわらず，匿名組合員にとってその所得が有する性質に従って判断されるべきものと解される。そして，後者の場合における所得は，前記アのような営業者の営む事業への投資に対する一種の配当としての性質に鑑みると，その出資が匿名組合員自身の事業として行われているため事業所得となる場合を除き，所得税法23条から34条までに定める各所得のいずれにも該当しないものとして，同法35条1項に定める雑所得に該当するものというべきである。

　したがって，匿名組合契約に基づき匿名組合員が営業者から受ける利益の分配に係る所得は，当該契約において，匿名組合員に営業者の営む事業に係る重要な意思決定に関与するなどの権限が付与されており，匿名組合員が実質的に営業者と共同して事業を営む者としての地位を有するものと認められ

る場合には，当該事業の内容に従って事業所得又はその他の各種所得に該当し，それ以外の場合には，当該事業の内容にかかわらず，その出資が匿名組合員自身の事業として行われているため事業所得となる場合を除き，雑所得に該当するものと解するのが相当である。」

(2) **判決要旨2に係る判示**

「匿名組合契約に基づき匿名組合員が営業者から受ける利益の分配に係る所得区分について，旧通達においては，……その利益の分配が貸金の利子と同視し得るものでない限り，個別の契約において匿名組合員に営業者の営む事業に係る重要な意思決定に関与するなどの権限が付与されているか否かを問うことなく，匿名組合員が実質的に営業者と共同して事業を営む者としての地位を有するものといえるという理解に基づいて，当該事業の内容に従い事業所得又はその他の各種所得に該当するものとされていたものと解される。これに対し，新通達においては，……当該契約において匿名組合員に上記のような権限が付与されており，匿名組合員が上記の地位を有するものと認められる場合に限り，当該事業の内容に従い事業所得又はその他の各種所得に該当し，それ以外の場合には，匿名組合員にとってその所得が有する性質に従い雑所得に該当するものと解する見解に立って，……取扱いが示されるに至ったものと解される。このように，旧通達においては原則として当該事業の内容に従い事業所得又はその他の各種所得に該当するものとされているのに対し，新通達においては原則として雑所得に該当するものとされている点で，両者は取扱いの原則を異にするものということができ，また，当該契約において匿名組合員に上記のような意思決定への関与等の権限が付与されていない場合（当該利益の分配が貸金の利子と同視し得るものである場合を除く。）について，旧通達においては当該事業の内容に従い事業所得又はその他の各種所得に該当することとなるのに対し，新通達においては雑所得に該当することとなる点で，両者は本件を含む具体的な適用場面における帰結も異にするものということができることに鑑みると，平成17年通達改正によっ

[16] 匿名組合契約に基づき匿名組合員が受ける利益の分配と所得区分の判断　その他

て上記の所得区分に関する課税庁の公的見解は変更されたものというべきである。

　そうすると，少なくとも平成17年通達改正により課税庁の公的見解が変更されるまでの間は，納税者において，旧通達に従って，匿名組合契約に基づき匿名組合員が営業者から受ける利益の分配につき，これが貸金の利子と同視し得るものでない限りその所得区分の判断は営業者の営む事業の内容に従ってされるべきものと解して所得税の申告をしたとしても，それは当時の課税庁の公的見解に依拠した申告であるということができ，それをもって納税者の主観的な事情に基づく単なる法律解釈の誤りにすぎないものということはできない。そして，本件匿名組合契約に基づきＡが本件営業者から受ける利益の分配につき，……貸金の利子と同視し得るものと認めるべき事情はうかがわれず，本件リース事業につき生じた損失のうち本件匿名組合契約に基づくＡへの損失の分配として計上された金額は，旧通達によれば，本件リース事業の内容に従い不動産所得に係る損失に該当するとされるものであったといえる。

　以上のような事情の下においては，本件各申告のうち平成17年通達改正の前に旧通達に従ってされた平成15年分及び同16年分の各申告において，Ａが，本件リース事業につき生じた損失のうち本件匿名組合契約に基づく同人への損失の分配として計上された金額を不動産所得に係る損失に該当するものとして申告し，他の各種所得との損益通算により上記の金額を税額の計算の基礎としていなかったことについて，真にＡの責めに帰することのできない客観的な事情があり，過少申告加算税の趣旨に照らしてもなお同人に過少申告加算税を賦課することは不当又は酷になるというのが相当であるから，国税通則法65条4項にいう「正当な理由」があるものというべきである。」

第3　説　明

1　匿名組合契約に基づき匿名組合員が受ける利益の分配と所得区分の判

断について

（１）所得区分について

ア　所得区分の種類等

　所得税法は，納税者（居住者）の所得を10種類（利子所得，配当所得，不動産所得，事業所得，給与所得，退職所得，山林所得，譲渡所得，一時所得又は雑所得）に区分し，これらの各種所得ごとに所得の金額を計算し（21条１項１号），これを基礎に課税標準である総所得金額等を計算し（同項２号），これに所得控除（扶養控除，医療費控除等）を行って課税総所得金額等を計算し（同項３号），これに所定の税率を適用して所得税の額を計算する（同項４号）ことを定めている。

　戦前の日本においては，所得ごとに税率を異にする分類所得税制度が採用されていたが，昭和22年の所得税法改正において，個人が得る全ての所得を合算して税額を計算する総合所得税制度が採用され(注6)，利子所得以下の９種類の所得のいずれにも該当しない所得を雑所得とするキャッチ・オール条項（所得税法35条１項）が設けられている。

　総合所得税制度の下でもなお上記のような所得区分が採用されているのは，課税上の様々な要請に基づくものであって，例えば，①所得金額の計算技術上の要請（事業所得〔所得税法27条２項〕のように，所得金額を計算するために必要経費を控除すべきものがある一方，利子所得〔同法23条１項〕のように，必要経費の控除になじまないものもある。），②担税力に応じた課税の実現（給与所得に係る給与所得控除額の控除〔同法28条２項〕等），③法技術上の便宜（配当所得のように，源泉徴収の対象とされているもの〔同法181条１項，24条１項〕等）が挙げられている。すなわち，所得税法は，所得はその性質や発生の態様によって担税力が異なるという前提に立って，租税の公平負担の観点から，担税力の相違に応じた課税をすることができるようにするとともに，所得金額の計算技術上の要請や法技術上の便宜等も考慮して適切な課税方法を定めることができるようにするために，上記のような所得区分を定めてい

〔16〕匿名組合契約に基づき匿名組合員が受ける利益の分配と所得
区分の判断　その他

るものといえる。
(注7)

　本件で問題とされている不動産所得(注8)は，不動産，不動産の上に存する権利，船舶又は航空機の貸付けによる所得をいう（所得税法26条1項）。本件営業者が営む事業（本件リース事業）は，外国の航空会社に航空機をリースするというものであり，同項にいう「航空機の貸付け」に当たる。

　イ　所得区分と損益通算

　所得区分の違いによって総所得金額の計算に大きな差をもたらすこととなるのは，損益通算（ある所得の金額の計算上生じた損失の金額を，他の各種所得の金額から控除すること）の可否である。損益通算は，昭和22年の所得税法改正において総合所得税制度が採用されたことに伴い同法に定められたものであるが，損益通算をすることができるのは，不動産所得，事業所得，山林所得又は譲渡所得の金額の計算上生じた損失の金額に限られており（同法69条1項），雑所得については損益通算が認められていない(注9)。このように，所得区分によって損益通算をすることができるか否かが異なることとなるため，本件のように損益通算の可否が問題となる場面では，どの所得区分に当たるかの判断が特に重要となる。

　ウ　所得区分の判断の在り方についての一般論

　所得税法に定める各所得の定義については，同法23条以下及び同法施行令等に定められているが，これらの定義規定によってもどの所得区分に当たるかが不明な場合には，解釈によってこれを補うこととなる。

　この点に関し，最二小判昭和56.4.24判例タイムズ442号85頁は，弁護士の顧問料収入が事業所得と給与所得のいずれに当たるかについて，「およそ業務の遂行ないし労務の提供から生ずる所得が所得税法上の事業所得（同法27条1項，同法施行令63条12号）と給与所得（同法28条1項）のいずれに該当するかを判断するにあたっては，租税負担の公平を図るため，所得を事業所得，給与所得等に分類し，その種類に応じた課税を定めている所得税法の趣旨，目的に照らし，当該業務ないし労務及び所得の態様等を考察しなければ

ならない。したがって、弁護士の顧問料についても、これを一般的抽象的に事業所得又は給与所得のいずれかに分類すべきものではなく、その顧問業務の具体的態様に応じて、その法的性格を判断しなければならない」と判示しており、所得区分の判断に当たっては、当該収入を生み出す業務に係る法形式を踏まえつつ、当該業務の具体的態様を考察して実質的に判断すべきものとされている。(注10)

本件では、匿名組合契約に基づき匿名組合員が受ける利益の分配につき、その所得区分の判断が営業者の営む事業の内容に従ってされるべきか否かが問題とされているが、この点の説明をする前提として、以下においては、匿名組合契約の法的性質及びその利用の実際（特に航空機リース事業における利用）につきまず検討する。

（2）匿名組合契約の法的性質について

所得税法における匿名組合契約の概念は、私法上の概念を借用しており（借用概念）、私法（本件では商法）上の解釈と同一に解すべきものとされているため、以下においては、商法の規定に基づいて検討する（なお、本件匿名組合契約は、平成17年法律第87号による商法改正の前に締結されているが、商法における匿名組合契約に関する規定は、上記改正の前後を通じて実質的な差異がない。(注11)ここでは、説明の便宜上、基本的に上記改正後の商法の規定に基づいて説明をする。）。

ア 匿名組合契約の沿革等

匿名組合契約の起源は、10世紀頃から地中海沿岸で行われていたコンメンダ契約にあるとされており（commendaは委託を意味する。コンメンダ契約とは、資本家が企業家に商品等を委託し、企業家が海外に渡航して貿易を行い、その利益を資本家に分配するというものであった。）、ここから分化して、①資本家も名前を出し、出資額を限度として会社債権者に対し責任を負うものと、②資本家は名前を出さず、会社債権者に対し責任を負わないものとに分かれ、上記①は合資会社に、上記②は匿名組合契約にそれぞれ発展したとされて

(注12)
いる。

このようにして生まれた匿名組合契約は，ドイツを中心に普及し（Stille Gesellschaft，英語では silent partnership），日本の商法における匿名組合契約の制度も，ドイツの商法を参考にして設けられた。

伝統的な説明によれば，匿名組合契約を用いるメリットは，①出資者にとっては，その社会的地位や法律的制限等のため自ら営業者となることができない場合に，自らの名前を隠して投資することができること，また，②営業者にとっては，信用維持のため資本関係を秘密にでき，営業に対する出資者からの干渉を避けられることなどであるとされている。
(注13)

イ　匿名組合契約に関する商法の規定

以上のような匿名組合契約の沿革等から，商法の概説書等では，しばしば，匿名組合契約は共同事業者組織としての経済的機能を有する旨の説明がされてきた。しかし，これらの説明はあくまでも経済的機能に関するものであって，匿名組合契約の法的性質という点では，商法の規定は必ずしもそのような共同事業者組織性を反映したものとはなっていない。
(注14)

すなわち，商法における匿名組合契約の規定は，「第2編商行為」（旧法では第3編）中に置かれ，附属的商行為（商法503条）として位置付けられており，ドイツの商法において「第2編会社及び匿名組合」中に規定されているのと比べると，その法体系における位置付けからして異なっている。
(注15)

また，匿名組合契約の締結は匿名組合員と営業者との二者間に限られ，営業者がその資本力を強化するために多数の出資者との間で匿名組合契約を締結する場合でも，その契約は営業者と各出資者との間に各別に並存し，出資者相互の間には何の法律関係も存しないとされている。このように，商法に定める匿名組合契約は，本来，出資と利益の分配に関する二者間の契約にとどまるものであり，この点で民法上の組合契約（各当事者が出資をして共同事業を営むことを約する契約〔民法667条1項〕）と異なるものである。
(注16)

匿名組合契約に関する商法の具体的な規定をみても，匿名組合員は営業者

の営業のために出資しその営業から生ずる利益の分配を受ける権利を有する(注17)(同法535条)が，その出資は営業者の財産に属し(同法536条1項)，匿名組合員は営業者の業務を執行し又は営業者を代表することができず(同条3項)，また営業者の行為について第三者に対し権利義務を有しない(同条4項)と定められており，匿名組合員が単なる出資者であることを超えて共同事業者としての地位にあることをうかがわせる規定はない。僅かに，商法539条で，匿名組合員の営業者に対する①貸借対照表の閲覧・謄写請求権，②営業者の業務及び財産の状況に関する検査権(旧法では，542条により有限責任社員に係る153条の規定を準用)などが定められているが，これらは営業者の事業に対する監視権を定めたものにすぎないから，出資者の権利とみることもでき，これをもって直ちに匿名組合契約の共同事業者組織性のあらわれと解することはできないであろう。

　ウ　特約による共同事業者組織性の付与

　民法や商法の規定はその大部分が任意規定であり，匿名組合契約についても，契約当事者間の合意により匿名組合員の地位につき一定の範囲で別段の定めをすることは可能である。そこで，例えば，匿名組合員につき，対外的には名前を出さなくても，対内的には営業者の営む事業に係る重要な意思決定に関与する権限を付与するなどして，実質的な共同事業者としての地位を有するものとさせることは可能であると解される。(注18)

　商法の概説書等で，匿名組合契約の経済的機能として共同事業者組織性が挙げられることがあるのも，出資者が自らの名前を隠して出資することを可能にする匿名組合契約においては，匿名組合員が実質的な共同事業者として出資する場面で最もその特質が活かされるものといえ，そのような意味で，共同事業者組織性が，匿名組合契約の活用により期待される経済的機能のうち主要なものの一つに挙げられることを示しているものといえよう。しかし，そのような共同事業者組織性は，契約当事者間の合意による匿名組合員の地位等に関する別段の定めがなくても匿名組合契約の性質上当然に認めら

〔16〕匿名組合契約に基づき匿名組合員が受ける利益の分配と所得
区分の判断　その他

れるものではなく，個別の合意により匿名組合員に対して実質的な共同事業者と評価し得るような具体的な地位や権限を付与することによって初めて認められるものであることに留意すべきであろう。そして，後記（3）のような日本における匿名組合契約の利用の実際についてみると，必ずしも，商法の概説書等で想定されているような共同事業者組織的な実態を有する利用が行われてきたものとはいえない。

（3）匿名組合契約の利用の実際について
　ア　消費貸借契約等に代わるものとしての利用[注19]

　昭和24年，その当時に横行していた不正金融（いわゆる闇金融）の防止等を目的として，貸金業等の取締に関する法律（昭和24年法律第170号）が制定され，貸金業者が不特定多数の者からの金銭の受入れを行うことが禁止された。この規制を回避しつつ一般大衆から資金を集めるための手段として，この頃から，「保全経済会」等の闇金融業者により匿名組合契約が利用されるようになった。[注20][注21]

　このような状況の下で昭和26年に発出された所得税基本通達は，「匿名組合の組合員が当該組合の営業者から受ける利益の分配は，当該営業者の営業の内容にしたがい，事業所得又はその他の所得とする。但し，営業の利益の有無にかかわらず，一定額又は出資額に対する一定割合により分配をなすものは貸金の利子とし，……出資者の金融業の所得又は雑所得とする。」とした。この通達は，昭和45年の所得税基本通達の改正においても，僅かな表現の修正がされたのみでほぼそのまま引き継がれ，平成17年通達改正に至るまで維持された。[注22]

　イ　航空機リース事業における利用

　昭和50年代後半に入って，次のとおり，航空機リース事業における資金調達の手段として匿名組合契約が利用されるようになった。[注23]

（ア）航空機リース事業について

　航空機リース事業は，航空会社（エアライン）が十分な信用力を持たず，

— 329 —

購入しようとする航空機の機体価値の65～80％程度しか金融機関から借り入れることができないため，残りの資金を投資家から調達する方法として行われてきたものである。その基本的な仕組みは，レッサー（リースをする者）が少額の自己資金と多額の借入金により航空機を購入して所有者となり，エアライン（レッシー〔リースを受ける者〕）に対して航空機をリースするというものである。[注24] 日本では，これに節税効果を組み合わせたタックス・リースとして利用されてきた。

（イ）航空機リース事業における節税の仕組み

航空機は，法定耐用年数が10年であるのに対して，実質的な使用年数（経済耐用年数）は25～30年であり，リース契約において定められるリース期間も，法定耐用年数よりも長い期間となるのが通常である。税務上の減価償却費の計算は法定耐用年数を基礎とした定率法によるため，当該契約におけるリース料の定めにつきリース期間を通じた定額によるものとすると，リース期間の当初においては，減価償却費がリース料を上回って損失が計上されることになる。そこで，レッサーはこの損失をもって損金算入又は損益通算をすることにより，課税の軽減を図ることができる。[注25]

ところで，航空機リース事業においては，レッサーの倒産によるリース契約の解除や航空機の引揚げ等の事態が生ずるリスクを避けるため，航空機リース事業以外の事業を行わない特別目的会社（Special Purpose Company）をレッサーとするのが通常であるとされている。しかし，それではレッサーにおいて航空機リース事業について生じた損失をもって損金算入をすることのできる所得が見込めないので，レッサーに生じた損失を投資家に帰属させるための仕組みとして，民法上の組合契約や匿名組合契約が利用されることとなったのである。

レッサーが民法上の組合である場合には，組合財産や組合活動によって生ずる権利義務は組合員全員に帰属するので，航空機リース事業による損失も各組合員に帰属し，各組合員の所得税額の計算において損益通算をすること

− 330 −

[16] 匿名組合契約に基づき匿名組合員が受ける利益の分配と所得区分の判断　その他

ができる。これに対し，レッサーが匿名組合契約の営業者である場合には，航空機リース事業による損失はまず営業者に帰属し，同契約に基づき匿名組合員に分配されるところ，匿名組合員への利益の分配につき原則として営業者の営む事業の内容に従った所得区分とする見解（旧通達の見解）によれば，その所得区分は不動産所得となるため，匿名組合員は，自己の所得税額の計算において，営業者からの損失の分配の金額をもって自己の他の所得と損益通算をすることができることとなる。なお，前者（民法上の組合契約）は，投資者（組合員）がリース物件を所有することとなるため航空法の規制の対象となるのに対し，後者（匿名組合契約）は，投資者（匿名組合員）がこのような規制を受けずに済むという点においても有利な方法であるとされ，より頻繁に利用される傾向にあったようである。

（ウ）航空機リース事業に対する規制等

　上記のように航空機リース事業を節税効果のあるタックス・リースとして展開させることは，投資者にとっては節税効果という利点があり，エアライン（レッシー）にとっても，その節税のメリットがリース料の引下げという形で還元されるという利点がある。他方，税務当局は，これを租税回避であるとして，リース事業に関する税制の改正等の措置を次々に行い，リース事業者側は，その措置に対する対応策を講じて新たなリース事業を展開してきた。そして，税務当局は，これらの税制改正等の措置では十分に対応しきれないと考えるものについては，次に述べるように，法解釈や事実認定を通じた租税回避の否認によって対応してきた。

（エ）租税回避の否認とその限界

　租税回避の否認（狭義）とは，納税者による租税回避行為がされた場合に，その租税回避行為において用いられた法形式を租税法規の適用上は無視して取り扱うことをいう。

　このような租税回避の否認は，租税法律主義の下で，法律上の根拠なしに行うことは許されないものとされている。そこで，ある租税回避行為につい

て適用することのできる否認規定がない場合に，その租税回避の効果を否定するには，①租税法規の解釈による(注28)（例えば，課税減免規定の解釈により，減免の要件を満たしていないとして，その規定の適用を否定するなど）か，あるいは，②租税法規の適用の基礎となる事実の認定による（例えば，租税回避の効果を生じさせている契約の不存在をいうなど）こととなる。このような租税法規の解釈や事実認定による否認は，「私法上の法律構成の否認」とも呼ばれ，広義の租税回避の否認として位置付けられている。(注29)

しかし，上記のような広義の租税回避の否認のうち，特に事実認定による否認の運用は，しばしば行き過ぎたものとなり，当該契約が仮装行為に当たらず，その法形式の選択に関し契約当事者間に争いがあるわけでもないのに，課税庁において，租税回避の目的で法形式の選択がされたことのみをもって当該契約が成立していないものと認定したり，別の法形式による契約の成立を認定するような例が散見されるようになった。これに対し，租税法学者等からは，「事実認定は，あくまでも私法上の事実認定の原則に従って行われるべきである」などの指摘がされ，裁判例にも，事実認定による否認に関する課税庁側の主張を採用できないとするものが見られるようになった。(注30)

(オ) 名古屋事件判決及びこれを契機とする法改正等

名古屋地判平成16.10.28判例タイムズ1204号224頁（名古屋事件判決）は，納税者が，航空機リース事業により生じた損失が民法上の組合契約に基づき各組合員（納税者）に帰属しているとして損益通算をしたことにつき，課税庁が，民法上の組合契約の成立を否認して，利益配当契約の成立を主張したという事案である。上記判決は，課税庁側の主張を採用せず，「国民は，どのような法的手段，形式を用いるかについて，選択の自由を有するというべき」であり，「現代社会における合理的経済人にとって，税負担を考慮することなく法的手段，形式を選択することこそ経済原則に反するものであり，何らかの意味で税負担を考慮するのがむしろ通常である」として，証拠から認められる事実関係に照らして民法上の組合契約の成立要件が充足されてい

[16] 匿名組合契約に基づき匿名組合員が受ける利益の分配と所得区分の判断　その他

るといえる以上，これと契約類型の異なる利益配当契約の成立を認めることはできないとした。

　この名古屋事件判決は大きな反響を呼び，税務当局もこれを契機に従前の運用を見直し，租税回避の効果を否定する法律の規定を設けるなどの措置を採ることとした。すなわち，平成17年法律第21号による税制改正（平成17年税制改正）において，租税特別措置法41条の4の2が設けられ，特定組合員（組合契約を締結している組合員のうち，組合事業に係る重要な財産の処分等又は組合事業に係る多額の借財に関する業務の執行の決定に関与し，かつ，当該業務のうち契約を締結するための交渉その他の重要な部分を自ら執行する組合員以外の者をいう。）に該当する個人が平成18年以降の各年において組合事業から生ずる不動産所得を有する場合であって，その年分の不動産所得の金額の計算上当該組合事業による不動産所得の損失の金額として政令で定める金額があるときは，当該損失の金額に相当する金額は，所得税法69条1項の規定の適用については生じなかったものとみなす旨が定められた。つまり，民法上の組合契約において組合の事業に積極的に関与する組合員（特定組合員に該当しない組合員）については損益通算を認めるが，それ以外の組合員（特定組合員に該当する組合員）については損益通算を認めないこととしたものである。

（カ）平成17年通達改正による新通達の発出

　民法上の組合契約について損益通算に関する特例規定が上記のとおり設けられたことと併せて，匿名組合契約についても，所得税基本通達の改正（平成17年通達改正）という形で所得区分に関する解釈の見直しが行われ，前記第1の3（1）のとおり，匿名組合員が営業者から受ける利益の分配は原則として雑所得に当たるが，例外として，匿名組合員が事業に係る重要な業務執行の決定を行っているなど事業を営業者と共に経営していると認められる場合には，営業者が行う事業の内容に従い事業所得又はその他の各種所得に当たるものとする新通達が発出された。(注31)

（4）本判決の**判決要旨1**について

― 333 ―

本判決は，所得区分の判断の在り方に関する一般的な考え方（ある法形式の下で納税者に生ずる利益が所得税法の定める10種類の所得区分のいずれに該当するかについては，その法形式から一般的抽象的に判断されるべきものではなく，当該利益が生み出される具体的態様等を考慮して実質的に判断されるべきものとする〔前記（1）ウ参照〕。）を前提として，まず匿名組合契約について定める商法の規定を検討した上で，さらに，特約による共同事業者組織性の付与（契約当事者間の合意により匿名組合員の地位につき別段の定めがされる場合があること）についても検討している。

 匿名組合契約について定める商法の規定は，前記（2）イのとおりであって，その規定の定める法律関係を前提とすれば，匿名組合員は，営業者の営む事業に対する出資者としての地位を有するにとどまるものといえるから，匿名組合契約に基づき匿名組合員が受ける利益の分配は，基本的に，営業者の営む事業への投資に対する一種の配当としての性質を有するものと解される。

 一方，契約当事者間の合意により，匿名組合員に営業者の営む事業に係る重要な意思決定に関与するなどの権限が付与されており，匿名組合員がそのような権限の行使を通じて実質的に営業者と共同してその事業を営む者としての地位を有するものと認められる場合には，匿名組合員が受ける利益の分配は，実質的に営業者と匿名組合員との共同事業によって生じた利益の分配としての性質を有するものと解される。

 そうすると，匿名組合契約に基づき匿名組合員が営業者から受ける利益の分配に係る所得区分の判断については，匿名組合員が実質的な共同事業者としての地位を有しているか否かによって，その帰結が異なることとなるものと考えられる。すなわち，匿名組合員が実質的な共同事業者としての地位を有するものと認められる場合には，共同事業によって生じた利益の分配としての性質から，その所得区分は当該事業の内容に従って判断されるべきものと解され，例えば，当該事業の内容が製造業や卸売業であれば事業所得（所

〔16〕匿名組合契約に基づき匿名組合員が受ける利益の分配と所得区分の判断　その他

得税法27条）となり，不動産や航空機の貸付けを行うものであれば不動産所得（同法26条）となる。これに対し，匿名組合員が実質的な共同事業者としての地位を有するものと認められない場合には，共同事業によって生じた利益の分配としての性質を有するとはいえないため，その所得区分は，当該事業の内容にかかわらず，匿名組合員にとってその所得が有する性質（営業者の営む事業への投資に対する一種の配当としての性質）に従って判断されるべきものと解される。そうすると，後者の場合には，基本的に，所得税法23条から34条までに定める各種所得のいずれにも該当しないものとして，雑所得（同法35条1項）に該当することとなるものと解される（ただし，その出資が匿名組合員自身の事業として行われているときは，事業所得に該当する。)。(注32)(注33)

本判決は，匿名組合契約に基づき匿名組合員が受ける利益の分配の性質に関する上記のような理解に基づき，①当該契約において匿名組合員が実質的な共同事業者としての地位を有するものと認められる場合には，当該事業の内容に従い，事業所得又はその他の各種所得に該当し，②それ以外の場合には，当該事業の内容にかかわらず雑所得に該当する（ただし，その出資が匿名組合員自身の事業として行われている場合には，事業所得に該当する。）と判断したものと解される。これは，匿名組合員が実質的な共同事業者としての地位を有するという例外的な事情のない限り雑所得に該当することとするのと同じであるから，本判決は，新通達と同趣旨の解釈を採用したものと考えられる。

なお，以上のような見解に対しては，匿名組合契約が共同事業者組織としての経済的機能を有することを理由として，旧通達のように，営業者が行う事業の内容に従い事業所得又はその他の各種所得に該当するものと解すべきであるとする見解もある。(注34)しかし，匿名組合契約について定める商法の規定が必ずしも共同事業者組織性を反映したものとなっていないことは前記(2)イに述べたとおりである。たしかに，出資者が自らの名前を隠して投資することを可能とする匿名組合契約においては，匿名組合員が実質的な共同事業

者として投資をする場面で最もその特質が活かされて経済的な効果を発揮するものといえ，そのような意味において，共同事業者組織性が匿名組合契約の活用につき期待されている経済的機能のうち主要なものの一つであることは否定し難いが，契約当事者間の合意による別段の定めがなくても匿名組合契約の性質上当然に共同事業者組織性が認められるものではなく，個別の合意により匿名組合員に実質的な共同事業者と評価し得るような具体的な地位や権限が付与されることによって，初めて共同事業者組織性が認められるものであることに留意すべきであろう。(注35)

2 国税通則法65条4項にいう「正当な理由」の有無について

（1）過少申告加算税の趣旨

　国税通則法65条1項に定める過少申告加算税は，申告期限内に申告書の提出がされた後に修正申告書の提出又は更正があったときに，これらの修正申告や更正に基づき納付すべき税額に100分の10の割合を乗じて計算した金額に相当する加算税を課するというものであり，当初から適法に申告し納税した納税者との間の客観的不公平の実質的な是正を図るとともに，過少申告による納税義務違反の発生を防止し，適正な申告納税の実現を図り，もって納税の実を挙げようとする行政上の措置であるとされている（最一小判平成18.4.20民集60巻4号1611頁）。(注36)

（2）過少申告加算税の免除要件としての「正当な理由」

　国税通則法65条4項は，上記の例外として，修正申告又は更正に基づき納付すべき税額の計算の基礎となった事実のうちに，その税額の計算の基礎とされていなかったことについて正当な理由があると認められるものがある場合には，その事実に対応する部分については過少申告加算税を課さないこととしている。同項にいう「正当な理由があると認められる」の解釈につき，前掲最一小判平成18.4.20は，「真に納税者の責めに帰することのできない客観的な事情があり，上記のような過少申告加算税の趣旨に照らしても，なお，納税者に過少申告加算税を賦課することが不当又は酷になる場合をいう

ものと解するのが相当である」と判示している。

(3) 租税法規の解釈と「正当な理由」

　国税通則法65条4項にいう「正当な理由」の有無が問題となる場面は，①租税法規の解釈の疑義に関するもの，②事実関係の不知・誤認等に関するもの，③課税庁の対応（誤った指導等）に関するものに大別することができ，(注37)本件は，上記①（租税法規の解釈の疑義）に関するものである。

　租税法規の解釈に関して確定申告時に示されていた課税庁の公的見解が後になって変更されたために，修正申告や更正を余儀なくされた場合については，国税通則法65条4項にいう「正当な理由」があるとするのが通説的見解である。すなわち，日本の税法において採用されている申告納税制度の下では，納税者において課税要件に該当する事実の認定だけでなく租税法規の解釈についても一次的に行うことが予定されているところ，納税者は，税法の専門家でない者がほとんどであり，組織的に税務行政に携わっている課税庁とは租税法規の解釈適用に関する能力の点で大きな差があることは否定できない。そのため，租税法規の解釈に疑義がある場合には，課税庁が公的見解を表示するなどして解釈の統一が図られるような措置を採ることが少なく(注38)ない。また，納税者としては，課税庁の公的見解が通達等により表示されている場合には，これに従った申告をすれば，申告納税制度の下でなすべきものとされている行為をなしたものと考えるのが通常であろう。そうすると，課税庁の公的見解が当該申告の後に変更された場合には，「過少申告による納税義務違反の発生を防止し，適正な申告納税の実現を図る」という過少申告加算税の上記趣旨に照らし，「真に納税者の責めに帰することのできない客観的な事情があり，……過少申告加算税を賦課することが不当又は酷になる場合」に当たるものとして，「正当な理由」があるというべきである。(注39)

(4) 本判決の**判決要旨2**について

　本判決は，国税通則法65条4項にいう「正当な理由」に関する上記のような理解を前提に，本件における旧通達から新通達への改正（平成17年通達改

正)につき,課税庁の公的見解を変更したものであるとして,本件各申告のうち上記通達改正の前に旧通達に従ってされた平成15年分及び同16年分の各申告については,真に納税者の責めに帰することのできない客観的な事情があるとして,「正当な理由」を認めたものと解される。(注40)

　本判決が平成17年通達改正につき課税庁の公的見解の変更に当たるものとしたのは,旧通達と新通達とは取扱いの原則を異にするものであること(旧通達においては,原則として当該事業の内容に従い事業所得又はその他の各種所得に該当するものとされていたのに対し,新通達においては,原則として雑所得に該当するものとされている。),本件を含む具体的な適用場面についての帰結も異にすること(匿名組合員に営業者の営む事業に係る重要な意思決定への関与等の権限が付与されていない場合について,旧通達においては,当該事業の内容に従い事業所得又はその他の各種所得に該当することとなるのに対し,新通達においては,雑所得に該当することとなる。)を考慮したことによるものと解される。

　この点に関する学説の状況をみると,一部には,新通達をもって課税庁の公的見解を変更したものとはいえないとする見解もあるものの,公的見解の変更に当たるとする見解が圧倒的多数を占めており,本判決の立場は,このような多数的見解に沿うものといえる。(注41)

3　本判決の意義

　本判決は,行政解釈に変遷があり学説上も見解が分かれていた匿名組合契約に基づく利益の分配に係る所得区分について,新通達と同趣旨の解釈を採用すべきことを示した点で,所得区分に関する所得税法の解釈上重要な意義を有するものといえ,また,平成17年通達改正による新通達の発出が課税庁の公的見解の変更に当たることを明らかにして,変更前にされた確定申告につき国税通則法65条4項にいう「正当な理由」が認められるとした点でも,租税実務上重要な事例判断としての意義を有するものと考えられる。(注42)

（注1）　第1審における原告はAであったが,Aは控訴提起後に死亡したため,

〔16〕 匿名組合契約に基づき匿名組合員が受ける利益の分配と所得
区分の判断　その他

その相続人であるXらが訴訟を承継した。

(注2)　本件営業者とB社との間で作成された契約書には,「本契約は商法535条における匿名組合契約であり,本契約における営業者と出資者の関係は商法第3編第4章に定められた営業者と匿名組合員の関係である。」との条項があり,本件営業者とB社との間で締結された契約は日本の商法に規定された匿名組合契約であることが契約書上明らかにされている。

(注3)　B社作成のパンフレットには,外国の航空会社向けのリース事業に対する投資を募集する旨が記載されており,B社は,投資の募集に応じた顧客に対し自らの取得した匿名組合員の地位を当該顧客の出資割合に応じた割合で譲渡する目的で,本件営業者との間であらかじめ本件匿名組合契約を締結したものと推測される。なお,原審の認定によれば,Aの出資割合は1599万4000分の400万（約25％）であり,Aは,この出資割合に応じた匿名組合員の地位を譲り受けた対価として,B社に対し400万米ドルを支払っている。

(注4)　本件リース事業につき本件営業者に生じた損失額のうち,本件匿名組合契約に基づくAへの損失の分配として計上された額は,平成14年10月1日から同15年9月30日までにつき1億1500万円余,平成15年10月1日から同16年9月30日までにつき7200万円余,平成16年10月1日から同17年9月30日までにつき3800万円余であった。

(注5)　Xらの上告受理申立て理由においては,本文に挙げたほか,①本件各更正処分が信義則に違反するか否か,②本件各更正処分が平等原則に違反するか否かに関する原審の判断の誤り（原審は,いずれについても違反はないとした。）についても主張されていたが,これらの論旨は上告受理決定において排除されたため,本判決はこれらについての判断をしていない。

(注6)　増井良啓・租税法入門29〜30頁

(注7)　注解所得税法研究会・注解所得税法〔五訂版〕247〜251頁,金子宏・租税法〔第19版〕197頁

(注8)　不動産所得という所得区分は,昭和15年に設けられたが,総合所得税制度の採用（分類所得税制度の廃止）に伴い昭和22年に事業等所得に統合され,その後,シャウプ勧告を受けた昭和25年の税制改正により復活した。航空機の貸付けによる所得は,当初は雑所得に含まれていたが,昭和40年の所得税法改

正において，船舶の貸付けによる所得と異なる所得区分とする理由はないとして，不動産所得に加えられた（日野雅彦「所得区分の在り方」税大論叢58号518～528頁）。

(注9) 雑所得について損益通算が認められていないのは，昭和43年の所得税法改正によるもので，①雑所得の必要経費の支出には家事関連的な内容の支出が多いこと，②必要経費が収入を上回る場合があまり考えられず，損益通算を存置する実益が少ないことなどが改正の理由であったとされている（注解〔注7〕1028頁）。

(注10) 最二小判平成13.7.13集民202号673頁も，りんご生産等の事業を営むことを目的とする民法上の組合の組合員が当該組合から受けた労務費の名目による支払が給与所得と事業所得のいずれに当たるかにつき，最二小判昭和56.4.24と同様の観点から，「当該支払の原因となった法律関係についての組合及び組合員の意思ないし認識，当該労務の提供や支払の具体的態様等を考察して客観的，実質的に判断すべきものであって，組合員に対する金員の支払であるからといって当該支払が当然に利益の分配に該当することになるものではない。」としている。

(注11) 商法は，平成17年法律第87号により会社法の制定に伴う大規模な改正がされ，501条以下の商行為編についても現代語化等の改正がされた。しかし，匿名組合契約に関しては，現代語化に伴う若干の修正のほか，合資会社に関する規定の準用に係る旧542条（有限責任社員の監視権に関する規定の準用を定めるものであった。）が削除されたのに伴い，匿名組合員の営業者に対する貸借対照表の閲覧請求等並びに業務及び財産の状況に関する検査等を定めた新539条が加えられたなどの変更はあるものの，いずれも実質的な変更に当たるものではない。

(注12) 西原寛一・商行為法175～176頁，田中誠二ほか・コンメンタール商行為法217頁，細川健「匿名組合の税務とその問題点」税務弘報54巻11号140頁

(注13) 小町谷操三・商行為法論165頁，西原（注12）175頁

(注14) 平出慶道・商行為法〔第2版〕329頁，田村諄之輔＝平出慶道・現代法講義〔商法総則・商行為法〕207頁，大隅健一郎・商法〔上巻〕337頁，竹田省・商行為法80頁，小町谷（注13）170頁，田中（注12）218頁，鈴木竹雄・新

〔16〕 匿名組合契約に基づき匿名組合員が受ける利益の分配と所得
区分の判断 その他

版商行為法・保険法・海商法25〜26頁など
(注15) 平出（注14）326頁，竹田（注14）80頁，小町谷（注13）166頁
(注16) 民法上の組合契約と匿名組合契約との中間に位置するものとして，内的組合と呼ばれるものがある。内的組合とは，数人の者が共同して事業を行うに当たって事業活動に必要な法律行為を1人の名で行うものであり，対内的には組合関係があるが対外的行為は特定の組合員固有の名義で行われ，組合関係が外部に現れないものをいう（植松守雄・税経通信42巻6号43頁）。このような内的組合性を匿名組合契約に属する性質の一つと解する見解もある（金子宏「匿名組合に対する所得課税の検討」同編・租税法の基本問題164頁）が，匿名組合契約について定める商法の規定に照らせば，匿名組合契約が当然に内的組合の性質を有するものとは考え難く，個別の契約における約定の定め方によっては内的組合の性質を有することもあり得るというにとどまるものといえよう。
(注17) 商法535条は，営業者が行う事業につき利益が生じた場合にその利益を分配することを規定するにとどまり，当該事業につき生じた損失を匿名組合員が分担することまでを規定するものではない。しかし，匿名組合員が利益の分配に与る以上，原則として損失を分担する義務も負うと解するのが衡平に適うものといえ，また，匿名組合員が損失を分担することを前提とする規定も存する（同法538条，542条ただし書）ことから，損失を分担しない旨の特約のない限り，匿名組合員は損失を分担する義務を負うものと解される（大隅〔注14〕338頁，宮武敏夫「企業税制の理論と実務（6）匿名組合契約と税務」ジュリスト1255号109頁）。
(注18) 民法上の組合契約においても，各組合員の共同事業への関与の在り方は一様ではなく，自ら業務執行を行い代表の権限を行使することもあれば，業務執行に対する監督の権限（民法673条）を行使するにとどまることもある（鈴木祿彌編・新版注釈民法（17）債権（8）48頁）。そうすると，匿名組合契約と民法上の組合契約とは，それぞれの契約における具体的な約定の定め方によっては，組合員の事業への関与の在り方において似通ったものとなり得るということができる。匿名組合契約と民法上の組合契約とを識別する重要なメルクマールは，匿名組合契約では匿名組合員の出資は営業者の単独の財産となる（商

法536条1項）のに対し，民法上の組合契約では各組合員の出資は総組合員の共有に属する（民法668条）という点であるとされている（竹田〔注14〕83～84頁）。

(注19)　匿名組合契約は，出資と利益の分配に関する二者間の契約であるという点で，消費貸借契約との類似も指摘されている。消費貸借契約の場合には，一定額又は一定割合による利息の支払をするのが通常であるが，このような利息の支払の代わりに利益の分配をするような特殊な形態の消費貸借契約もあり得ることから，利息の支払か利益の分配かという点だけでは匿名組合契約との区別は困難であるとされており，結局のところ，契約の全趣旨に照らして元本の利用返還を目的としているか否かをみるほかないものと解される（平出〔注14〕331頁）。

(注20)　金子（注16）171頁，植松守雄・税経通信42巻7号59頁，村井正・税務弘報31巻6号140～141頁。特に，昭和25年の朝鮮戦争による特需ブーム時には，中小企業が既存の金融機関からの融資を受けにくい状況になったこともあり，闇金融の活動が盛んになった。保全経済会はその中でも最大級のものとされており，当時，約15万人の加入者から約45億円の資金を集めたといわれている（増井良啓「組合形式の投資媒体と所得課税」日税研論集44号133頁）。

(注21)　これらの「匿名組合契約」という名称を使用している契約の中には，そもそも法的にみれば匿名組合契約に当たらないものも含まれており，最二小判昭和36.10.27民集15巻9号2357頁は，出資金と引換えに元本に利息を加えた金額の約束手形を交付し，会社の帳簿にも出資金は借入金であり配当金は支払利息である旨が記載されていたなどの事情の下で，当該契約は匿名組合契約に準ずる契約とはいえない旨判示している。

　なお，上記判例は，商法上の匿名組合契約に準ずる契約に当たるというためには「出資者が隠れた事業者として事業に参加しその利益の配当を受ける意思を有することを必要とする」旨判示している（最三小判昭和37.10.2税務訴訟資料36号938頁も同様に判示）が，ここにいう事業への参加は，匿名組合員が営業者の事業に対する監視権を有するという程度のもので足りると解すべきであろう。金子（注16）172頁も，上記の判示について，「これは，本件のような疑似匿名組合を匿名組合又はそれに準ずるものの範囲から除外するための基準

〔16〕 匿名組合契約に基づき匿名組合員が受ける利益の分配と所得区分の判断　その他

であって，匿名組合の諸タイプのうち，消極参加型を匿名組合の範囲から除外するというような広い射程をもった判例として位置付け，引用することはできないと考える。」としている。

(注22)　石田敏彦ほか・所得税基本通達逐条解説〔平成14年版〕348頁は，旧通達の趣旨について，「匿名組合契約により組合員が受ける利益の分配は，その営業の内容に従って事業所得その他の所得として課税するのであるが，匿名組合契約といっても，その実体が消費寄託契約や消費貸借契約に非常に近いものもあるので，利益の有無にかかわらず一定額又は出資額に対する一定割合によって分配を受けるものは，組合の利益を分配したとみるよりも貸金の利子とみられるので，その出資する行為が組合員の事業として行われているかどうかにより，事業所得又は雑所得とするものである。」と解説している。

(注23)　金子（注16）154頁，米田保晴「匿名組合の現代的機能（2）」信州大学法学論集6号160頁以下

(注24)　鈴木秀彦ほか「航空機ファイナンスの理論と実務（上）」金融法務事情1994号10頁。少額の自己資金をもとに，レバレッジ（Leverage＝てこの原理）を効かせて高額のリース物件の所有権を取得することから，「レバレッジド・リース」と呼ばれる。

(注25)　大淵博義・法人税法解釈の検証と実践的展開185～186頁，新日本監査法人編・新版リースの会計処理と税務〔第5版〕260頁

(注26)　このように，ある団体が稼得した利益につき当該団体には課税されずその構成員に課税されることを，当該団体の利益が団体を通り抜ける（パス・スルー〔pass through〕）という意味で，「パス・スルー課税」ということがある（安岡克美「租税回避行為の否認のあり方について」税大論叢39号206頁）。

(注27)　鈴木（注24）15～19頁。数次にわたる税制改正の結果，平成20年には，航空機リース事業をファイナンス・リースにより行う場合には損益通算ができなくなり，これに代わってオペレーティング・リース（その法的性質は民法上の賃貸借契約とされる。）が用いられるようになった。オペレーティング・リースによる場合の基本的な仕組みはファイナンス・リースによる場合とほぼ同じであるが，オペレーティング・リースは賃貸借契約であるため，リース契約の終了時にレッシーからレッサーへ航空機が返還される（レッサーはこれを売

却することで残存価値を回収する）点で異なっている。本件で問題とされている航空機リース事業は，オペレーティング・リースによるものである。

(注28) 租税法規の解釈により租税回避の効果を否定した例として，最三小判平成18.1.24民集60巻1号252頁（フィルム・リース事件判決）がある。これは，法人たる投資家が民法上の組合を結成して外国の映画会社が制作した映画を購入し，当該映画に係る減価償却費の損金算入をしたことが問題とされたものである。課税庁は，映画を購入する売買契約は成立していないと主張したが，上記判決は，このような事実認定によることなく，当該映画は組合の事業において収益を生む源泉であるとみることはできず，組合の事業の用に供しているものということができないから，法人税法にいう減価償却資産に当たらないとの理由で，損金算入をすることができないものとした。

(注29) 中里実「租税法における事実認定と租税回避否認」金子宏編・租税法の基本問題139～140頁，占部裕典「租税回避に対する新たなアプローチの分析」税法学546号27～28頁

(注30) 中里（注29）128頁，金子（注7）127～128頁，大淵（注25）167頁，増田晋・ビジネスタックス374～375頁，金丸和弘・ビジネスタックス408頁，占部（注29）31頁。裁判例としては，本文（第3の1（3）イ(オ)）で紹介した名古屋事件判決のほか，東京高判平成11.6.21判例タイムズ1023号165頁，東京地判平成13.3.28判例時報1745号76頁，東京地判平成17.9.30判例タイムズ1266号185頁などがある。

(注31) 名古屋事件判決では，課税庁側の仮定的な主張として，匿名組合契約が成立していると認められた場合の所得区分についても言及され，匿名組合員が営業者の営む事業に参加していない場合には当該事業の内容を基準に所得区分を判断する合理性に乏しいから，匿名組合員が営業者から受ける利益の分配は雑所得に該当する旨の主張がされていた。名古屋事件判決後に進められた法改正作業においては，民法上の組合契約については法改正により対応し，匿名組合契約については通達の改正という形で租税法規の解釈を示すことにより対応するという切り分けがされていたものと推測される。なお，平成17年税制改正の解説（田名後正範「所得税法・租税特別措置法等（所得税関係）の改正について」税経通信60巻8号121頁，住澤整ほか・平成17年税制改正の解説157頁）

〔16〕匿名組合契約に基づき匿名組合員が受ける利益の分配と所得区分の判断　その他

によれば，租税特別措置法41条の4の2の「特定組合員」に匿名組合員が含まれない理由につき，「匿名組合の組合員は任意組合の組合員とは異なり……，個人の組合員が営業者から分配される利益については基本的には雑所得と扱われ，その損失については損益通算が認められていないことからあえて損失制限の対象とする必要性が乏しいことによる」と説明されている。

（注32）匿名組合員が営業者から受ける利益の分配が投資に対する一種の配当としての性質を有するという観点からは，配当所得（所得税法24条）の該当性も一応問題となり得る。しかし，同条において，配当所得とは法人から受ける剰余金の配当に係るものに限られるとされているところ，匿名組合員への利益の分配は，営業者にとっては匿名組合契約に基づく債務の履行にほかならず，匿名組合員に分配すべき利益の金額は営業者の会計上は必要経費ないし損金として計上される（金子〔注16〕160頁）ため，剰余金の配当に当たらず，配当所得に該当しないものと解されている（注解〔注7〕863～864頁）。

なお，本判決は，匿名組合員が営業者から受ける利益の分配について「一種の配当としての性質」を有するとしているのであって，損失の分配についてそのようにいっているのではない。利益の分配が事業所得又は不動産所得に該当する場合には，損失の分配も事業所得又は不動産所得に係る損失と捉えることができようが，利益の分配が一種の配当として雑所得に該当する場合に，損失の分配が雑所得に係る損失であるとは必ずしもいえないように思われる。この点につき，本判決は特に言及しておらず，「本件匿名組合契約において……その所得は雑所得に該当するものというべきである。したがって，……損失の分配として計上された金額が損益通算の対象とならないことを理由としてされた本件各更正処分は適法である。」と述べるにとどまっている。

（注33）投資活動が匿名組合員自身の事業として行われているというためには，相当規模の取引が継続的に行われていることを要するものと解されるところ，このような要件を満たし事業所得に該当するといえるような投資活動は，実際上はほとんど想定し難いといえよう。新通達が，匿名組合員が営業者と共に事業を営んでいると認められない場合につき，原則として雑所得に当たるというにとどまり，事業所得該当性について触れていないのは，このように事業所得に該当する場面が想定し難いことを考慮したものと考えられる。そうすると，

本判決の**判決要旨**1と新通達とは，その内容において実質的な差異はないということができよう。

(注34) 金子（注16）164～167頁

(注35) 日本における匿名組合契約の実際の運用としても，かつての闇金融業者や近年の航空機リース事業に見られるように，匿名組合員を共同事業者でなく単なる出資者としているものが少なくなく，匿名組合員が営業者の事業に積極的に関与しない非業務執行参加型はむしろ典型的なものであるとされている（遠藤克博「匿名組合をめぐる国際課税問題」税大ジャーナル1号90頁）。

(注36) 過少申告加算税は，昭和22年から採用された追徴税をその前身としている。租税の確定方式として，賦課課税方式（納税義務を専ら課税庁の処分によって確定するという方式）ではなく，申告納税方式（納税義務が納税者の申告行為によって確定することを原則とし，その申告がない場合又はその申告が正しくない場合に限り，課税庁の行為によって納税義務が確定するという方式）が採用されたことに伴って導入された制度である。すなわち，納税義務に違反した者に対して行政上の制裁を課し，適法な申告をした者よりも不利益な地位に置くことによって，納税者一般の申告意識を高め，納税者が申告納税制度の下で期待されている行為を正しく行うように誘導することを目的とするものとされている（山本英幸「過少申告加算税における『正当な理由』」行政と国民の権利690～698頁）。

(注37) 品川芳宣「税務官庁の対応に起因する『正当な理由』と最近の最高裁判決の問題点」納税者保護と法の支配226～227頁

(注38) 最三小判平成18.10.24民集60巻8号3128頁（ストックオプション事件判決）は，最高裁判決による判断が示されるまで下級審判決等における見解が分かれていた租税法規の解釈上の問題（外国法人である親会社から日本法人である子会社の従業員等に付与されたストックオプションの権利行使益が，給与所得又は一時所得のいずれに当たるか）について，かつて課税庁において一時所得として取り扱っていたのを，ある時期以降，通達の改正によらずに給与所得とする取扱いに変更し，その数年後に初めて上記変更後の取扱いを通達に明記したという事情の下で，その取扱い変更から通達改正までの間に従前の取扱いに従ってされた納税申告について，国税通則法65条4項にいう「正当な理由」

〔16〕 匿名組合契約に基づき匿名組合員が受ける利益の分配と所得区分の判断　その他

があるとしたものである。その理由中には，「課税庁が従来の取扱いを変更しようとする場合には，法令の改正によることが望ましく，仮に法令の改正によらないとしても，通達を発するなどして変更後の取扱いを納税者に周知させ，これが定着するよう必要な措置を講ずべきものである」という説示がある。

(注39)　この点に関する通達や下級審裁判例をみると，昭和26年発出の所得税基本通達において，「正当な理由」が認められる例として「税法の解釈に関して，申告当時に公表されていた見解が，その後改変されたため修正申告をなし，又は更正を受けるに至った場合」が挙げられており，その後の下級審裁判例（東京高判昭和51.5.24税務訴訟資料88号841頁等）においても，税法の解釈に関して申告当時に公表されていた見解がその後改変されたことに伴い修正申告をした場合には「正当な理由」があるとする考え方が一般的であった（品川〔注37〕224〜225頁）。また，その後国税庁長官が平成12年7月3日付けで発出した「申告所得税及び復興特別所得税の過少申告加算税及び無申告加算税の取扱いについて（事務運営指針）」（平成12年7月3日課所4−16ほか国税庁通達）でも，「税法の解釈に関し，申告書提出後新たに法令解釈が明確化されたため，その法令解釈と納税者の解釈とが異なることとなった場合において，その納税者の解釈について相当の理由があると認められること」が「正当な理由」が認められる例として挙げられている。このように，租税法規の解釈に関する税務官庁の公的見解が変更された場合に「正当な理由」が認められることについては，昭和26年の基本通達発出当時から一貫して肯定されているものといえる。

(注40)　本判決は，平成17年通達改正後にされた平成17年分の確定申告については「正当な理由」を認めなかった。これは，新通達により変更後の公的見解が示されたにもかかわらず，これに従わずに旧通達に示された解釈に基づいて確定申告をしたことから，真に納税者の責めに帰することのできない客観的な事情があるとはいえないとされたものであろう（本件において，平成17年分の確定申告時に，新通達に基づく申告をすることが困難であった事情はうかがわれない。）。

(注41)　新通達をもって従前の課税庁の公的見解を変更したものとはいえないとする学説として，酒井克彦教授が平成17年7月に発表した論文（酒井克彦「匿名組合契約に基づく分配金に係る所得区分」税大ジャーナル2号96頁）が挙げ

られる。この論文では，旧通達は，匿名組合員が営業者から受ける利益の分配が投資に対するリターンであるか否かという実態に即して所得区分を考えるものとしている点で，新通達と共通しているものであり，旧通達に挙げられている「貸金の利子」はその例示である，したがって，非業務執行参加型の匿名組合契約に基づき匿名組合員が受ける利益の分配は，旧通達の解釈によっても雑所得となる，という考え方が紹介されている（ただし，旧通達の記載振りには誤解を招く面もあるとして，旧通達を見直すべきである旨も併せて指摘されている。）。しかし，旧通達は，その文言上，匿名組合契約が業務執行参加型である場合とそうでない場合には全く言及することなく，原則として営業者が行う事業の内容に従い事業所得又はその他の各種所得に該当するものとし，その例外として当該契約が消費貸借契約等に類似している場合を挙げていることに照らせば，このように例外として挙げられた場合を除き営業者が行う事業の内容に従って所得区分の判断をすべきとの考え方を示したものと解するのが自然であり，新通達のような，匿名組合契約を業務執行参加型とそうでないものに分け，後者については雑所得とするという趣旨を含むものとして読むことは困難であると考えられる。

(注42) 本判決の評釈としては，酒井貴子・ジュリスト1488号10頁，酒井貴子・ジュリスト1492号197頁，田中啓之・ジュリスト1493号110頁，漆さき・租税判例百選〔第6版〕44頁，浅妻章如・民商法雑誌151巻6号543頁，大西篤史・訟務月報62巻4号669頁，酒井克彦・税務事例47巻10号1頁，池本征男・国税速報6373号14頁，林仲宣＝谷口智紀・税務弘報63巻12号122頁，清水知恵子・ジュリスト1496号68頁などがある。

(清水　知恵子)

裁 判 月 日 索 引

裁判月日	法廷	判例集 号	判例集 頁	解説番号	本書頁数	裁判月日	法廷	判例集 号	判例集 頁	解説番号	本書頁数
2月17日	三	1	1	1	1	9月8日	三	6	1607	18	379
19日	一	1	25	2	19	18日	二	6	1711	19	403
19日	一	1	51	3	42	18日	二	6	1729	20	431
3月3日	三	2	143	4	61	10月27日	三	7	1763	21	451
4日	大	2	178	5	82	11月6日	二	7	1796	22	466
10日	三	2	265	6	106	17日	三	7	1912	23	479
26日	一	2	365	7	140	19日	一	7	1988	24	505
27日	二	2	419	8	155	20日	二	7	2021	25	516
4月9日	一	3	455	9	186	25日	大	7	2035	26	523
28日	三	3	518	10	204	30日	一	7	2154	27	554
5月19日	三	4	635	11	245	12月8日	三	8	2211	28	572
6月1日	二	4	672	12	256	14日	一	8	2295	29	591
5日	二	4	700	13	268	14日	一	8	2348	30	609
5日	二	4	904	14	269	14日	一	8	2404	31	627
8日	二	4	1047	15	295	16日	大	8	2427	32	642
12日	二	4	1121	16	314	16日	大	8	2586	33	708
7月17日	二	5	1253	17	349						

最高裁判所判例解説民事篇 平成27年度 (上)（1月～6月分）	書籍番号 206127

平成30年6月1日　第1版第1刷発行

編　集	一般財団法人　法　曹　会
発行人	平　田　　　　豊
発行所	一般財団法人　法　曹　会

〒100-0013 東京都千代田区霞が関 1 - 1 - 1
振替 00120-0-15670番・電話 03-3581-2146
http://www.hosokai.or.jp/

落丁・乱丁はお取替えいたします。　　印刷・製本／大日本法令印刷

ISBN 978-4-908108-94-5